기본기부터 다시 새기는 러스트 특강

좋은 취향을 갖춘 러스트 개발자로 성장하는 길잡이

Rust for Rustaceans: Idiomatic Programming for Experienced Developers
by Jon Gjengset

기본기부터 다시 새기는 러스트 특강
좋은 취향을 갖춘 러스트 개발자로 성장하는 길잡이

초판 1쇄 발행 **2026년 2월 16일**

지은이 **욘 옝세** 옮긴이 **장현희** 펴낸이 **한기성** 편집 **송우일** 표지 디자인 **윤영준**
내지 디자인 **성은경** 제작·관리 **이유현** 영업·마케팅 **김진불** 경영지원 **박미경** 용지 **월드페이퍼**
인쇄·제본 **천광인쇄사**

펴낸곳 **(주)도서출판인사이트** 등록번호 **제2002-000049호** 등록일자 **2002년 2월 19일**
주소 **서울특별시 마포구 연남로5길 19-5** 전화 **02-322-5143** 팩스 **02-3143-5579**
이메일 **insight@insightbook.co.kr**

 ISBN **978-89-6626-516-9** 93000

책값은 뒤표지에 있습니다. 잘못 만들어진 책은 구입처에서 교환하실 수 있습니다.
이 책의 정오표는 https://blog.insightbook.co.kr에서 확인하실 수 있습니다.

글쓰기는 더 큰 배움에 이르는 보람 있는 여정입니다.
독자 여러분의 소중한 원고를 기다립니다. submit@insightbook.co.kr

기본기부터 다시 새기는 러스트 특강

좋은 취향을 갖춘 러스트 개발자로 성장하는 길잡이

욘 옌세 지음 | 장현희 옮김

인사이트

차례

8장 비동기 프로그래밍 159

9장 안전하지 않은 코드 193

추천의 글

이 책을 읽는 독자들에게 환영의 인사를 전한다.

지금까지 러스트를 경험해 오면서 기존 학습 자료가 제공하는 내용과 널리 사용되는 상위권 러스트 라이브러리 및 애플리케이션 개발자가 작성한 코드를 보면서 알게 된 내용 사이에 서로 차이가 있다는 점을 눈치챘을지도 모르겠다.

잘 동작하는 라이브러리에는 보통 원 개발자의 취향과 헌신이 드러난다. 즉, 무언가를 만들고 싶다는 마음과 그것을 만들어 내는 노력이 반영된 것이다.(간단하지 않은가.) 이 책은 둘 중 어느 것도 가르쳐 주지 않는다.

그런데 내 경험상 취향은 언어의 기반에 완전히 익숙해졌을 때 나타난다. 바로 이 지점에서 이 책이 여러분에게 도움이 되리라 생각한다. 널리 사용되는 오픈 소스 러스트 라이브러리 개발자 상당수가 이 책에서 다루는 내용을 모두 이해하고 있다는 점이 우연이라고는 생각하지 않는다. 그렇지 않더라도 그런 개발자들은 이 책에서 다루는 내용 하나하나를 모든 라이브러리에서 사용하고 있다.

이 책에서 여러분은 입문 자료에는 나오지 않는 의미와 기술적 절충, 의견을 마주하게 될 것이다. 구조체는 구조체이므로 구조체에 대해 어떤 의견을 가질 필요는 없다. 하지만 한없이 유연한 매크로 API(7장), 안전하지 않은 코드를 신중하게 사용하는 애플리케이션(9장), 생산성을 낮추는 것이 아니라 오히려 높여 주는 효과적인 테스트(6장) 등의 주제는 《러스트 프로그래밍 공식 가이드》를 공부했지만 그 이상은 잘 모르는 사람이라면, 자신이 알고 있는 것을 혁신적인 고품질 프로젝트에 잘 활용할 때 어려워할 주제이다. 이 책은 다듬어진 러스트 개발 방식을 토대로 여러분의 개인적인 취향을 만들어 나갈 수 있도록 안내한다. 이 책에서 읽은 내용을 실무에 적용하다 보면 여러 번 실패 끝에 한

두 번 성공하겠지만 그렇게 실력을 더 갖춰 가게 될 것이다.

나는 여러분이 이 시작점을 찾을 수 있는 기회를 꼭 붙잡길 권한다. 나는 여러분이 이 책에서도 뭔가 잘못된 점이 있다고, 현존하는 최선의 가이드도 뭔가 놓친 것이 있다고, 앞으로 몇 년 안에 어느 누가 상상했던 것보다 더 나은 뭔가를 스스로 이루어 낼 수 있을 것이라고 생각하기를 바란다. 러스트와 그 생태계는 지금까지 그런 식으로 발전해 왔다.

데이비드 톨네이(러스트 라이브러리 팀 개발자)

머리말

러스트 2018 로드맵에 명시된 목표 한 가지는 러스트 중급자들, 다시 말해 초보자는 아니지만 그렇다고 대여 검사기(borrow checker)의 개선된 설계를 이해할 수 있는 컴파일러 전문가도 아닌 개발자들을 더 잘 지원하기 위한 학습 자료를 개발하는 것이었다. 이 목표는 내게 라이브 스트리밍 코딩 세션에 대한 영감을 주었다. 토이 프로젝트를 만들거나 기본 개념만 구구절절 늘어놓는 것이 아니라 내 연구에 실제로 사용한 라이브러리와 도구를 러스트로 실시간으로 구현해 보는 세션이었다. 당시 나는 러스트 초보자라면 숙련된 러스트 프로그래머가 설계, 디버깅 그리고 그 반복이 포함된 전체 개발 프로세스를 진행하는 것을 눈으로 봐야 러스트 방식으로 생각하는 법을 이해할 수 있으리라 생각했다. 물론 초보자가 스스로 같은 시도를 해 볼 수는 있겠지만, 그 과정에서 언어까지 학습해야 하므로 훨씬 느리고 만족스럽지 못할 것이다.

내 영상이 러스트를 '실제로' 사용하는 방법을 배우는 데 좋은 방법을 제공한다는 피드백을 많은 개발자로부터 받았고 이는 매우 고무적이었다. 하지만 지난 몇 년간 영상을 통한 학습이 모두의 입맛에 맞지도, 모든 상황에 어울리지도 않는다는 점 역시 분명해졌다. 어떤 개발자들은 좀 더 주도적이길 원해서 자신의 속도에 맞춰 학습할 수 있는 자료를 원했다. 어떤 특정 주제만 좀 더 잘 이해하고 싶다거나 어떤 기능의 동작 원리나 상황에 따른 적절한 사용법을 알고 싶어 하는 개발자도 있었다. 이런 개발자들에게 6시간짜리 코딩 영상은 도움이 되지 않았다. 나는 중급 개발자들이 상황에 맞춰 찾아볼 수 있는 학습 자료를 만들고 싶었고 결국 이 책 집필을 결심하게 됐다. 내 목표는 그동안 영상을 통해 가르친 중급 러스트 예제에서 가장 중요한 중급 주제를 텍스트로 된 설명으로 뽑아내는 것이었다.

나는 책이 영상을 보완하지, 대신하지 않는다는 점을 일찌감치 깨달았다. 나는 여전히 언어에 대한 경험을 가장 빠르게 쌓는 방법은 매일 스스로 사용해 보고, 경험이 풍부한 누군가가 그 언어를 사용하는 방법을 보는 것이라고 믿는다. 하지만 책을 집필하면서 느낀 것이 있는데, 책이라는 형식은 포괄적이고 주제별로 참고할 수 있어 한곳에서 다양한 지식을 수집할 수 있으므로 매우 유용한 데 반해, 영상은 이런 면에서는 아주 부족한 형식이라는 점이었다. 코딩 세션은 여러분의 러스트 경험, 감각, 취향을 개발하는 데 도움이 된다. 반면 책은 이론, 메커니즘 그리고 언어의 관용 표현을 가르친다. 그리고 결국 개발자가 진정 뛰어난 역량을 갖추려면 이 모든 것을 갖출 필요가 있다.

수많은 단어를 쓰고 수차례 교정을 거친 끝에 지금 여러분 눈앞에 놓인 것은 중급 러스트를 가르치기 위한 학습 자료 중 비어 있는 한 구멍을 메꾸려는 내 시도의 결과물이다. 이 책이 독자들에게 도움이 되기를 바라며 우리가 러스트 2018 로드맵의 목표를 달성하는 데 한 걸음 더 가까이 다가가길 기대한다.

감사의 글

지금까지 책을 집필해 본 적이 없어서 그 과정이 어떤지 잘 알지 못했다. 그저 블로그 글이나 상세한 문서를 쓰는 일과 비슷하지 않을까 생각했지만 실제로 책을 집필한다는 것은 완전히 다른 이야기였다. 셀 수 없이 많은 시간을 연구하고 계획하고 집필하교 교정하고 지워 버리고 다시 생각하고 수정했다. 그리고 이 프로젝트를 진행하면서 수많은 깊은 밤을 지세우는 동안 여자친구 탈리아가 내게 보여 준 지지와 인내에 큰 고마움을 느낀다. 탈리아가 없었다면 이 집필 경험은 훨씬 암울했을 것이다.

이 책은 러스트 개발자와 커뮤니티가 없었다면 출간되지 못했을 것이다. 그들은 내가 즐겁게 사용할 수 있고 힘닿는 데까지 전파하고 가르치고 싶은 언어와 생태계를 개발했다. 내 지난 수년간의 활동을 지켜봐 준 훌륭한 사람들에게도 마찬가지로 고마움을 전한다. 그 사람들의 지속적인 지지와 독려, 끝없는 호기심이 없었다면 애초에 이 책을 집필할 수 있는 위치까지 오지 못했을 것이다.

이 책의 기술 검토자로 최적임자였던 데이비드 톨네이가 없었다면 이 책의 완성도는 절반에도 미치지 못했을 것이다. 데이비드는 이론 설명과 코드에서 오류를 찾아 주었고 그의 풍부한 경험, 상세 내용에 대한 집중, 교수법에 대한 철학은 정말 귀중한 도움이었다. 사려 깊고 통찰이 가득한 의견 때문에 한 절을 통째로 다시 쓰기로 결정한 적도 있었지만, 그렇게 다시 쓴 부분은 그 전에 비하면 이루 말할 수 없이 나아졌다.

편집자인 리즈 채드윅을 비롯해 노스타치 출간 팀도 같은 도움을 주었다. 리즈가 이 책을 완성해 가는 과정을 바라보는 것은 큰 즐거움이었다. 리즈가 책을 읽는 동안 러스트를 직접 다루어 보면서 중급자용 자료와 함께 책을 따라 해 봤을 사람만 낼 수 있는 의견을 주었을 때 나는 큰 보람을 느꼈다. 리즈가 잘 이해하지 못하는 내용을 항상 표시해 주어서 그 결과 훨씬 이해하기 쉽고 철저한 설명으로 이어졌다.

내게 러스트를 처음 소개해 준《러스트 프로그래밍 공식 가이드》의 지은이인 스티브 클라브닉과 캐럴 니컬스도 빠뜨릴 수 없다. 적어도 내게 이 책은 두 사람이 쓴 책의 후속편인데 러스트의 기초를 쉽게 잘 설명한 두 사람의 훌륭한 작업이 없었다면 이 책도 존재하지 못했을 것이다.

마지막으로, 독자들에게도 고개 숙여 인사하고 싶다. 이 책을 집필하는 것은 오랜 시간을 들인 과정이었으며, 이 책을 읽고 싶어 하는 수많은 사람의 지지와 격려 덕분에 이 모든 과정을 마칠 수 있었다. 그리고 자신의 지식과 역량을 계발하고 싶어 출간물이든 전자책이든 이 책을 선택한 여러분 같은 사람들이야말로 내가 최선을 다해 러스트를 가르치기 위한 학습 자료 수집에 계속 기여하게 하는 원동력이다.

모두에게 감사한다!

들어가는 글

어떤 언어든 입문 자료를 통해 배우는 것과 실제로 몇 년간의 경험을 통해 배우는 것 사이에는 큰 간극이 있다. 시간이 지나면서 관용 표현에 익숙해지고, 핵심 개념에 대한 더 나은 멘탈 모델을 개발하고, 어떤 설계와 패턴이 동작하고 동작하지 않는지 알아 가며, 주변 생태계에서 유용한 라이브러리와 도구를 찾아가게 된다. 이런 경험이 합쳐져서 더 짧은 시간에 더 나은 코드를 쓸 수 있게 되는 것이다.

수년간 러스트 코드를 작성해 온 내 경험이 정제되어 쉽게 이해할 수 있는 내용으로 이 책에 담겼기를 바란다. 이 책은 《러스트 프로그래밍 공식 가이드》에서 다루지 않는 부분을 다루고 있지만, 기본기 이상을 배우기 원하는 모든 러스트 프로그래머에게 적합한 책이다. 이 책은 안전하지 않은 코드, 트레이트 시스템, no_std 코드 및 매크로 같은 개념을 더 깊이 있게 다룬다. 또한 비동기 I/O, 테스트, 임베디드 개발 환경 및 인간 공학적인 API 설계 같은 새로운 분야도 다루고 있다. 나는 러스트의 강력한 고급 기능들을 쉽게 이해할 수 있도록 설명하려고 노력했으며, 이를 통해 독자들이 더 빠르고 더 인간 공학적이며 더 견고한 애플리케이션을 작성할 수 있게 하는 것을 목표로 했다.

이 책의 구성

이 책은 가이드이자 참고서 역할을 할 수 있도록 집필했다. 각 장은 어느 정도 독립적이어서 자신이 특히 관심 있는(아니면 지금 골머리를 앓고 있는) 주제로 바로 건너뛰어도 되고, 좀 더 전체적인 경험을 위해 처음부터 끝까지 읽어도 된다. 그래도 나머지 내용의 근간을 이루며 러스트 코드를 작성하는 개발자의 일상에서 일어날 수 있는 여러 주제를 다루는 1장과 2장부터 시작하기를 권한다. 이 책의 각 장에서 다루는 내용은 다음과 같다.

'1장 기초'에서는 변수, 메모리, 소유권, 대여, 수명 등 이 책의 나머지 내용을 위해 익숙해져야 할 러스트의 기초 개념을 상세히 설명한다.

'2장 타입'에서는 1장과 마찬가지로 러스트의 타입과 트레이트를 폭넓게 설명한다. 컴파일러가 타입과 트레이트를 추론하는 방법, 특징과 제약 사항 그리고 여러 고급 활용법을 소개한다.

'3장 인터페이스 설계'에서는 직관적이고 유연하며 실수 없이 사용할 수 있는 API를 설계하는 방법을 설명한다. 이름을 짓는 방식, 타입 시스템을 이용해 API 계약(contract)을 강제하는 방법 그리고 제네릭이 적합한 상황과 트레이트 객체가 적합한 상황을 판단하는 방법 등을 알아본다.

'4장 에러 처리'에서는 두 가지 주요 에러 종류(열거형 에러와 불투명 에러)를 알아보고 이 둘을 적절히 사용하는 방법과 더불어 두 에러를 정의하고 생성하고 전파하고 처리하는 방법에 대해 설명한다.

'5장 프로젝트 구조'에서는 카고 메타데이터와 설정, 크레이트 피처 및 버저닝 등 러스트 프로젝트에서 코드와는 무관한 부분을 설명한다.

'6장 테스트'에서는 러스트 표준 테스트 하니스(harness)의 동작 방식을 상세히 설명하고 표준 단위 테스트와 통합 테스트의 범위를 넘어서는 몇 가지 테스트 도구와 기법, 이를테면 퍼징(fuzzing) 및 성능 테스트 등을 소개한다.

'7장 매크로'에서는 선언적 매크로와 절차적 매크로를 모두 설명한다. 두 매크로 작성 방식에 어떤 차이가 있는지, 어떤 상황에서 유용하게 활용할 수 있는지 그리고 어떤 문제점이 있는지 알아본다.

'8장 비동기 프로그래밍'에서는 동기 및 비동기 인터페이스의 차이점을 소개하고 저수준의 `Future`와 `Pin` 및 고수준의 `async`와 `await`를 이용해 러스트에서 비동기 코드를 구현하는 방법을 알아본다. 또한 비동기 실행자(executor)의 역할과 모든 비동기 기법을 결합해 실행하는 과정에 대해 설명한다.

'9장 안전하지 않은 코드'에서는 `unsafe` 키워드의 강력함과 이를 활용할 때 주의할 점에 대해서 알아본다. 안전하지 않은 코드를 사용할 때 알아야 할 일반적인 주의 사항을 살펴볼 뿐 아니라 안전하지 않은 코드를 잘못 사용할 때 위험을 완화할 수 있는 도구와 기법에 대해서도 알아본다.

'10장 동시성과 병렬성'에서는 러스트에서 동시성을 구현하는 방법과 정확성 및 성능 관점에서 동시성 코드를 제대로 작성하기가 어려운 이유를 알아본다. 동시성과 비동기의 관련성(완전히 동일하지는 않음), 적절한 하드웨어가 갖춰졌을 때 동시성의 동작 방식, 동시적 프로그램을 정확하게 작성하는 데 필요한 판단력을 유지하는 방법 등을 소개한다.

'11장 FFI'에서는 러스트와 여타 언어를 함께 사용하는 방법과 `extern` 키워드 같은 FFI(foreign function interface) 기본 요소(primitive)가 수행하는 역할을 설명한다.

'12장 표준 라이브러리 없이 러스트 사용하기'에서는 완전한 표준 라이브러리를 사용할 수 없는 상황에 대해 설명한다. 이를테면 임베디드 장치나 기타 제약이 있는 플랫폼에서는 `core` 및 `alloc` 모듈이 제공하는 제한적인 기능만 쓸 수 있다.

'13장 러스트 생태계'에서는 특정한 러스트 주제를 다루기보다는 러스트 생태계에서 개발하는 데 필요한 폭넓은 가이드를 제공한다. 공통 디자인 패턴, 언어 최신 기능 및 권장 기법을 지속적으로 학습하는 방법, 유용한 도구에 관한 팁과 다른 곳에서는 찾아볼 수 없는, 내가 수년에 걸쳐 모아 둔 유용한 팁들을 소개한다.

이 책의 웹사이트(*https://rust-for-rustaceans.com*)에서는 이 책에 나오는 참고 자료, 정오표 등을 제공한다. 물론 노스타치 출판사 웹사이트(*https://nostarch.com/rust-rustaceans*)에서도 같은 정보를 얻을 수 있다.

그리고 이 모든 내용을 습득하고 나서 남은 일은 다음과 같이 코드를 작성하기 시작하는 것이다.

```
fn main() {}
```

1장

R u s t f o r R u s t a c e a n s

기초

러스트에 대해 더 자세히 알아 갈수록 기초를 확실히 이해하는 것이 중요하다. 다른 프로그래밍 언어와 마찬가지로 러스트를 제대로 사용하려면 다양한 키워드와 개념의 의미를 정확히 아는 것이 더욱 중요해진다. 이번 장에서는 러스트의 여러 가지 기본 요소를 살펴보고 그 명확한 정의와 동작 원리, 그렇게 설계된 이유에 대해 설명한다. 특히 변수와 값의 차이점, 메모리에 표현되는 방식 그리고 프로그램이 사용하는 메모리 영역의 차이 등에 대해 알아본다. 그다음에는 이 책을 계속 읽기에 앞서 반드시 다루어야 하는 소유권, 대여, 수명을 좀 더 자세히 설명한다.

원한다면 이번 장은 처음부터 차례로 읽어도 되지만 여러분이 확실히 이해하지 못한 것 같은 개념을 복습하기 위한 참고 자료로 사용해도 무방하다. 다만 이번 장에서 설명하는 개념을 완전히 이해하고 다음 장으로 넘어가길 권한다. 그렇지 않으면 더 수준 높은 주제를 이해하지 못하거나 잘못 사용하게 될 수도 있기 때문이다.

메모리에 대해 알아보자

모든 메모리가 똑같이 만들어지는 것은 아니다. 대부분의 프로그래밍 환경에서 프로그램은 스택, 힙, 텍스트 세그먼트, 메모리 맵 레지스터, 메모리 맵 파일 그리고 비휘발성 램에 접근할 수 있다. 주어진 상황에서 어떤 메모리를 사용하느냐에 따라 그 메모리에 저장할 수 있는 데이터, 데이터가 메모리에 유지되는 기간, 저장된 데이터에 접근하기 위한 메커니즘이 달라진다. 이 메모리 영역의 상세 내용은 플랫폼마다 서로 다르며 이 책의 범위를 벗어나지만 그중 일부는 여기서 다룰 러스트 코드의 동작을 유추하는 데 중요한 역할을 한다.

메모리 관련 용어

메모리 영역에 대해 더 자세히 알아보기에 앞서 값과 변수, 포인터 간 차이점을 이해해야 한다. 러스트에서 값은 값의 타입과 그 타입의 범주에 속하는 값의 요소로 이루어진다. 값은 그 타입의 표현에 따라 연속된 일련의 바이트가 될 수도 있지만 프로그래머가 의도한 값 자체라고 생각해도 된다. 예를 들어 `u8` 타입의 숫자 6은 수학의 정수 6의 인스턴스이며 메모리에는 `0x06` 바이트로 표현된다. 마찬가지로 `str` 타입 `"Hello world"`는 모든 문자열의 범위에 속하는 값으로 UTF-8 인코딩으로 표현한다. 값의 의미는 이 바이트가 저장된 위치와는 무관하다.

값은 장소(place)에 저장되는데 이는 러스트 용어로 '값을 보관할 수 있는 위치'를 의미한다. 이 장소는 스택일 수도 있고 힙일 수도 있으며 기타 다른 위치일 수도 있다. 값을 저장하는 가장 일반적인 장소는 변수이다. 변수는 값을 저장하기 위해 이름을 지어 둔 공간으로 스택에 위치한다.

포인터는 메모리 영역의 주소를 보관하는 값이다. 따라서 장소를 가리킨다. 포인터를 역참조(dereference)하면 포인터가 가리키는 장소에 보관된 값에 접근할 수 있다. 같은 포인터를 하나 이상의 변수에 저장해서 여러 변수가 메모리상의 같은 위치, 즉 결국은 같은 값을 참조하게 할 수도 있다.

이 세 가지 요소를 보여 주는 코드 1-1을 살펴보자.

코드 1-1 값, 변수, 포인터

```
let x = 42;
let y = 43;
let var1 = &x;
let mut var2 = &x;
var2 = &y; ❶
```

이 예에서는 42(i32 타입), 43(i32 타입), x의 주소(포인터), y의 주소(포인터) 등 값 네 개를 사용하고 있다. 또한 x, y, var1, var2 등 변수 네 개를 선언하고 있다. 마지막 두 변수는 참조, 즉 포인터인 값을 보관하고 있으므로 포인터 타입이다. var1과 var2는 기본적으로 같은 값을 보관하지만 그 값의 별개의 독립적인 복사본을 보관한다. 따라서 var2의 값을 변경해도(❶) var1의 값은 변경되지 않는다. 특히 = 연산자는 오른쪽 표현식의 값을 왼쪽의 이름을 가진 장소에 보관한다.

변수와 값, 포인터 사이의 차이점은 다음과 같은 코드에서 더욱 중요해진다.

```
let string = "Hello world";
```

이 코드는 string이라는 변수에 문자열 값을 대입하지만 변수의 실질적인 값은 문자열 값 "Hello world" 자체가 아니라 이 문자열의 첫 글자에 대한 포인터이다. 이 시점에서 '잠깐, 그러면 문자열 값은 어디에 저장되는 거지? 이 포인터는 어디를 가리키는 거지?' 하는 궁금증이 생길 수 있다. 이 점이 궁금해졌다면 여러분은 아주 예리한 사람이다. 그 답은 잠시 후에 살펴보자.

엄밀히 말하면 문자열 값에는 문자열의 길이도 포함되어 있다. 자세한 내용은 2장에서 포인터 타입을 다루면서 알아보자.

변수에 대해 더 깊이 알아보자

앞서 설명했던 변수의 정의는 광범위하고 그 자체로 뭔가 유용하지는 않은 정의였다. 더 복잡한 코드를 마주할수록 프로그램이 어떤 동작을 수행하는지 유추하는 데 도움이 되는 더 정확한 멘탈 모델이 필요할 것이다. 이런 멘탈 모델은 여러 가지가 있다. 이를 모두 설명하려면 여러 장이 필요해서 이 책의 범위를 벗어나는 주제지만 대략적으로 설명하면 결국 이런 모델은 크게 고수준 모델과 저수준 모델 두 가지로 분류할 수 있다. 고수준 모델은 수명과 대여 수준에서 코드에 대해 생각할 때 유용하며, 저수준 모델은 안전하지 않은 코드와 원시 포인터(raw pointer)에 대해 판단할 때 도움이 된다. 다음 두 절에서 변수에 대해 설명하는 모델은 이 책의 대부분의 내용을 이해하는 데 충분할 것이다.

고수준 모델

고수준 모델에서는 변수를 바이트 저장 공간이라고 생각하지 않는다. 그 대신 프로그램 내에서 초기화하고 이동하고 사용하는 어떤 값에 이름을 붙인 것뿐이라고 생각한다. 변수에 값을 대입하면 그 시점에서 그 값은 변수의 이름으로 불린다. 어떤 변수에 나중에 접근할 때 해당 변수에 대한 이전 접근과 새로운 접근 사이에 선을 그린다고 상상해 보자. 이때 두 접근 사이에 의존 관계가 성립된다. 변수의 값이 이동하면 더는 선을 그릴 수 없다.

이 모델에서 변수는 적절한 값을 보관하고 있는 동안에만 존재한다. 변수의 값이 초기화되지 않았거나 이동하면 선을 그릴 수 없으므로 그 변수는 더 이상 존재하지 않는 셈이 된다. 이 모델을 사용하면 전체 프로그램은 의존성을 나타내는 수많은 선으로 이루어진다. 이런 선을 흐름이라고 하며 각 흐름으로 값의 특정 인스턴스의 고유한 수명을 추적할 수 있다. 흐름은 브랜치에 의해 나뉘거나(fork) 병합(merge)되며 그 과정에서 값의 고유한 수명을 별개로 추적할 수 있다. 컴파일러는 프로그램의 어느 한 시점에 병렬로 존재하는 모든 흐름이 서로 충돌하지 않는지 확인할 수 있다. 예를 들어 한 값을 변경할 수 있는 두 개의 흐름이 동시에 존재할 수는 없다. 그 값을 소유하고 있는 흐름이 없다면 다른 흐름에서 그 값을 대여할 수도 없다. 코드 1-2는 이 두 사례를 보여 준다.

코드 1-2 대여 검사기가 잡아낼 허용되지 않는 흐름

```
let mut x;
// 다음 코드는 동작하지 않는다. 흐름을 그릴 곳이 없기 때문이다.
// assert_eq!(x, 42);
x = 42;      ❶
// 이 코드는 동작한다. 값을 대입한 윗줄부터 흐름을 그리기 시작할 수 있기 때문이다.
let y = &x; ❷
// 변수 x로부터 변경 가능한 두 번째 변수를 선언한다.
x = 43;      ❸
// x로부터 시작한 흐름에 이어서 y부터 흐름을 이어 갈 수 있다.
// 하지만 x에 값을 대입하는 흐름과 충돌이 일어난다!
assert_eq!(*y, 42); ❹
```

먼저 x는 초기화하기 전에는 사용할 수 없다. 흐름을 그릴 수 있는 곳이 없기 때문이다. 변수 x에 값을 대입했을 때에만 흐름을 그리기 시작할 수 있다. 이 코드는 두 개의 흐름을 갖는다. 하나는 ❶부터 ❸까지의 배타적(&mut) 흐름이고 다른 하나는 ❶부터 ❷ 그리고 ❹로 이어지는 공유(&) 흐름이다. 대여 검사기는 모든 흐름의 끝을 조사해서 충돌하는 흐름이 동시에 존재하는지 확인한다. 대여 검사기는 ❸의 배타적 흐름을 조사할 때 ❹에서 종료하는 공유 흐름이 있다는 것을 인식한다. 동시에 한 값을 배타적으로 사용하면서 공유할 수 없으므로 대여 검사기는 이 코드가 잘못됐다고 (정확히) 컴파일을 거부한다. ❹가 없다면 이 코드는 문제없이 컴파일될 것이다! 공유 흐름은 ❷에서 종료되고 배타적 흐름은 ❸에서 확인되었으므로 충돌하는 흐름이 존재하지 않는 것이다.

기존에 선언된 변수와 같은 이름으로 새 변수를 선언하면 이 둘은 여전히 고유한 변수로 취급된다. 이를 섀도잉이라고 한다. 나중에 선언한 변수가 이름이 같은 이전 변수를 '가리는' 셈이다. 이후의 코드는 먼저 선언한 변수에 더는 접근할 수 없지만 그래도 두 변수는 동시에 존재한다. 이 모델은 컴파일러와 대여 검사기가 여러분의 프로그램을 판단하는 것과 대략 일치하며, 컴파일러가 효율적인 코드를 만들어 내기 위해 내부적으로 활용하고 있다.

저수준 모델

변수가 지칭하는 메모리 위치에 적절한 값이 들어 있을 수도 있고 그렇지 않을 수도 있다. 변수는 '값의 슬롯'이라고 생각해도 좋다. 값을 할당하면 슬롯이 채워지고, 기존에 할당한 다른 값이 존재한다면 그 값은 지워지고 교체된다. 변수에 접근하게 되면 컴파일러는 슬롯이 비어 있지 않은지 확인한다. 슬롯이 비어 있다는 것은 변수가 초기화되지 않았거나 값이 이동했음을 의미한다. 변수에 대한 포인터는 변수의 메모리를 참조해 역참조를 거쳐 그 값을 가져올 수 있다. 예를 들어 `let x: usize`에서 변수 `x`는 값이 아직 대입되지는 않았지만(즉, 슬롯이 비어 있지만) `usize` 타입의 크기를 갖는 값을 저장할 수 있는 스택의 메모리 영역에 대한 이름이다. `x = 6`처럼 이 변수에 값을 대입하면 값 `6`을 표현하는 비트가 메모리 영역에 저장된다. `&x`의 값은 변수 `x`에 값을 대입해도 바뀌지 않는다. 이름이 같은 변수를 여러 개 선언해도 각 변수는 각자의 메모리 영역을 확보한다. 이 모델은 C와 C++를 비롯해 많은 저수준 언어에서 사용하는 메모리 모델과 일치하며 메모리에 대해 정확히 분석할 필요가 있을 때 유용하게 사용할 수 있다.

이 예에서는 CPU 레지스터는 고려하지 않으며 최적화를 위한 조치로 남겨 둔다. 실제로 컴파일러는 변수에 필요한 메모리 주소가 존재하지 않을 경우 메모리 영역 대신 레지스터를 사용하기도 한다.

둘 중 어느 한 모델이 여러분이 기존에 생각하던 모델에 더 잘 부합한다고 생각할 수도 있다. 하지만 두 모델을 모두 이해해 두기를 당부한다. 두 모델 모두 유효하며 다른 유용한 멘탈 모델이 그렇듯이 둘 다 간소화한 모델이다. 어떤 코드를 두 모델 관점에서 모두 고려할 수 있다면 복잡한 코드를 다루기가 훨씬 쉬워질 것이다. 코드가 컴파일되는 이유와 컴파일되지 않는 이유 그리고 예상대로 동작하는 이유와 동작하지 않는 이유를 이해할 수 있게 된다.

메모리 영역

이제 메모리를 참조하는 방법에 대해 이해했으므로 메모리가 실제로 무엇인지 알아보자. 메모리에는 수많은 영역이 있으며 놀랍게도 모든 영역이 컴퓨터의 DRAM에 저장되지는 않는다. 코드를 작성하는 방법은 메모리의 어떤 부분을 사용하느냐에 따라 크게 영향을 받는다. 러스트 코드를 작성하는 데 있어 가장 중요한 세 가지 영역은 스택, 힙, 정적 메모리이다.

스택

스택은 프로그램이 함수 호출을 위한 스크래치 공간[1]으로 사용하는 메모리 세그먼트이다. 함수를 호출할 때마다 프레임이라고 부르는 연속된 메모리 덩어리가 스택 맨 위에 할당된다. 스택 맨 밑에는 `main` 함수의 프레임이 자리하고 있으며 함수가 다른 함수를 호출하면 스택에 프레임이 계속 쌓인다. 함수의 프레임은 함수가 받아들인 인수를 비롯해 함수 내의 모든 변수가 저장되어 있다. 함수가 리턴되면 스택 프레임이 회수된다.

함수의 지역 변숫값을 구성하는 바이트가 곧바로 지워지지는 않지만 이어지는 함수 호출로 인해 회수한 프레임을 덮어쓸 수 있으므로 이 바이트에 접근하는 것은 안전하지 않다. 덮어쓰지 않았더라도 함수가 리턴될 때 이동된 값 등 사용할 수 없는 값을 가지고 있을 수도 있다.

궁극적으로 사라질 수 있다는 중요한 사실 때문에 스택 프레임은 러스트의 수명 개념과 아주 밀접하게 연관되어 있다. 스택상의 프레임에 저장된 모든 변수는 프레임이 사라지면 접근할 수 없게 되므로 이런 변수에 대한 모든 참조는 적어도 프레임의 수명만큼 긴 수명을 가져야 한다.

힙

힙은 프로그램의 현재 호출 스택과는 관련이 없는 메모리 풀이다. 힙 메모리의 값은 명시적으로 해제될 때까지 남아 있는다. 따라서 현재 함수의 프레임 수명보다 더 길게 사용할 수 있는 값이 필요할 때 유용하다. 이 값이 함수의 리턴값이라면 그 함수를 호출한 함수는 자신의 스택에 호출된 함수가 리턴 전에 값을 기록할 수 있는 공간을 남겨 둘 수 있다. 하지만 예컨대 현재 스레드에서 스택 프레임을 전혀 공유하지 않는 다른 스레드로 그 값을 보내고 싶다면 힙에 저장할 수 있다.

힙에는 연속된 메모리 세그먼트를 명시적으로 할당할 수 있다. 그렇게 하면

1 (옮긴이) 일종의 임시 공간을 의미한다.

메모리 세그먼트의 시작 지점을 가리키는 포인터를 얻게 된다. 이 메모리 세그먼트는 여러분이 사용할 수 있도록 예약되고 나중에 해제된다. 이 과정을 '풀어주기'라고도 하는데 C 표준 라이브러리의 해당 함수 이름(free)에서 비롯됐다. 힙 할당은 함수가 리턴되어도 없어지지 않으므로 어느 한 지점에서 값을 저장할 메모리 공간을 할당하고, 그 포인터를 다른 스레드에 전달해서 그 스레드가 포인터가 가리키는 위치의 값을 안전하게 사용하도록 할 수 있다. 다시 말해 힙 메모리를 할당하면 그 포인터는 수명에 제한이 없다. 즉, 프로그램이 실행되는 동안 계속해서 수명을 유지하게 된다.

러스트에서 힙을 사용하는 주요 메커니즘은 Box 타입이다. Box::new(value)라고 작성하면 그 값은 힙에 저장되며, 이때 리턴되는 값(Box<T>)은 힙에 저장된 값에 대한 포인터이다. Box 타입 변수를 드롭하면 그 메모리는 해제된다.

힙 메모리를 해제하는 것을 잊어버리면 그 메도리는 영원히 사용할 수 없게 되고 여러분의 프로그램은 결국 가용한 메모리를 전부 사용하게 될 것이다. 이를 메모리 누수라고 하는데 보통은 피해야 하는 것이다. 하지만 메모리 누수가 명시적으로 필요한 경우도 있다. 예를 들어 전체 프로그램이 접근해야 하는 읽기 전용 설정을 가지고 있다고 가정해 보자. 이 경우 설정을 힙에 할당하고 Box::leak 함수를 호출해 정적 참조를 얻을 수 있다.

정적 메모리

정적 메모리는 여러분의 프로그램을 컴파일한 파일의 위치 및 그 위치와 밀접하게 관련된 몇 가지 저장 영역을 모두 일컫는 말이다. 프로그램을 실행하면 프로그램 메모리에 세 가지 영역이 자동으로 로드된다. 정적 메모리에 저장되는 값은 프로그램이 실행되는 동안 계속해서 남아 있는다. 프로그램의 정적 메모리에는 보통 읽기 전용으로 매핑되는 프로그램의 바이너리 코드가 저장된다. 프로그램을 실행하면 텍스트 세그먼트 내의 바이너리 코드를 인스트럭션 단위로 훑어가며 함수를 호출할 때마다 그 위치로 이동한다. 정적 메모리에는 static 키워드로 선언한 변수뿐 아니라 문자열 등 코드의 상수도 보관된다.

정적 메모리 영역에서 이름을 따온 'static은 특별한 수명 선언으로 '정적 메모리가 존재하는 한', 즉 프로그램이 종료될 때까지 참조가 유효하다고 표시한다. 정적 변수의 메모리는 프로그램이 시작할 때 할당되므로 정적 메모리의 변수에 대한 참조는 말 그대로 `'static`이어서 프로그램이 종료될 때까지 해제되지 않는다. 반대 상황, 즉 `'static` 참조가 정적 메모리를 가리키지 않는 경우에는 그렇지 않지만 그래도 변수명은 여전히 유효하다. 정적 수명을 가진 참조를 만들면 그 참조가 가리키는 값은 적어도 프로그램이 원하는 만큼 사용할 수 있으므로 정적 메모리에 저장될 수도 있다.

러스트를 다루다 보면 실제 정적 메모리를 사용하는 변수(예를 들어 `static` 키워드로 선언한 변수)보다는 `'static` 수명을 가진 변수를 접할 경우가 훨씬 많을 것이다. 그 이유는 `'static` 수명을 타입 파라미터에 관한 트레이트 바운드에 사용하는 경우가 많기 때문이다. `T: 'static` 바운드는 타입 파라미터 `T`를 프로그램의 나머지 실행 시간 동안 원하는 만큼 오래 유지할 수 있음을 의미한다. 기본적으로 이 바운드를 사용하려면 `T`는 독립적이면서 소유권이 있는 타입이어야 한다. 다시 말해 다른 (정적이지 않은) 값을 대여한 상태가 아니거나 대여한 값도 `'static` 수명을 가지고 있어서 프로그램이 끝날 때까지 남아 있을 수 있어야 한다. `'static` 수명을 이용한 바운드의 좋은 예는 새 스레드를 생성하는 `std::thread::spawn` 함수이다. 이 함수에 전달하는 클로저는 `'static`이어야 한다. 새 스레드는 현재 스레드보다 오래 사용될 수 있으므로 새 스레드는 기존 스레드의 스택에 저장된 것은 그 어떤 것도 참조할 수 없다. 새 스레드는 스레드의 수명에 걸쳐 남아 있을 수 있는 값만 참조할 수 있으며, 그 값은 프로그램의 나머지 실행 기간 동안 유효한 것일 수 있다.

`const`와 `static`의 차이점이 궁금할 것이다. `const` 키워드는 그다음 아이템을 상수로 선언한다. 상수는 컴파일 타임에 완전한 계산이 가능하며 상수를 참조하는 코드라면 컴파일 시점에 상수의 계산된 값으로 교체할 수 있다. 상수는 메모리나 값과 관련된 다른 저장소를 사용하지 않는다.(즉, 장소가 아니다.) 상수는 특정 값을 편리하게 참조하기 위한 이름에 불과하다고 생각하면 된다.

소유권

러스트 메모리 모델의 중심에는 모든 값은 하나의 소유자가 있다는 생각이 존재한다. 즉, 정확히 한 위치(보통 스코프라고 한다.)에서 각 값의 최종적인 해제에 대한 책임을 진다는 뜻이다. 이 책임은 대여 검사기가 맡는다. 값을 새로운 변수에 대입하거나 벡터에 추가하거나 힙에 올리는 등 어떤 값이 이동하면 값의 소유권도 기존 위치에서 새로운 위치로 이동한다. 그러면 원래 소유자는 그 값의 비트가 원래 메모리 영역에 여전히 존재한다 하더라도 그 시점부터 변수를 통해 그 값에 더는 접근할 수 없다. 그 대신 옮겨진 값은 새로운 위치를 참조하는 다른 변수를 통해 접근해야 한다.

어떤 타입은 이 규칙을 따르지 않기도 한다. 값의 타입이 특별한 Copy 트레이트를 구현한다면 이 값은 새 메모리 위치로 다시 대입하더라도 이동한 것으로 간주되지 않는다. 그 대신 이 값은 복사되었으며 기존 위치는 물론 새 위치에서도 접근할 수 있다. 기본적으로 같은 값을 가진 또 다른 인스턴스는 값이 이동한 지점에서 만들어진다. 정수나 실수 같은 대부분의 러스트 기본 타입은 Copy 트레이트를 구현한다. Copy 트레이트를 구현한다는 것은 값을 단순히 비트 단위로 복사하기만 해도 그 타입의 값을 복제할 수 있다는 뜻이다. 따라서 Copy 트레이트를 구현하지 않는 타입을 가지고 있는 모든 타입과 값이 드롭될 때 직접 해제해야 하는 리소스를 가진 타입은 Copy 트레이트를 구현할 수 없다.

그 이유를 이해하기 위해 Box 같은 타입이 Copy 트레이트를 구현하면 어떤 일이 벌어질 수 있는지 생각해 보자. box2 = box1 코드를 실행하면 box1과 box2는 각자 할당된 힙 메모리를 소유하고 있다고 생각할 것이고, 스코프에서 벗어날 때 두 인스턴스가 모두 메모리를 해제하려고 시도할 것이다. 하지만 메모리를 두 번 해제하면 심각한 결과를 초래할 수 있다.

값의 소유자가 그 값을 더는 사용하지 않으면 값을 드롭해서 필요한 정리 작업을 수행하는 것은 소유자의 책임이다. 러스트에서 값의 드롭은 값을 저장한 변수가 스코프를 벗어나는 경우에 자동으로 일어난다. 타입은 저장한 값을 재귀적으로 드롭하므로 복합 타입의 변수를 드롭하면 여러 값을 한 번에 드롭하게 될 수도 있다. 러스트의 소유권 요구 사항은 별개이므로 같은 값을 실수로 여러 번 드롭할 수 없다. 다른 값에 대한 참조를 저장한 변수는 그 값을 소유하지 않으므로 그 변수가 드롭되어도 값은 드롭되지 않는다.

코드 1-3은 소유권, 이동과 복사, 드롭 등의 규칙을 잘 보여 준다.

코드 1-3 이동과 복사의 의미

```
let x1 = 42;
let y1 = Box::new(84);
{ // 새 스코프를 시작한다.
  let z = (x1, y1); ❶
  // z는 스코프를 벗어나면서 드롭된다.
  // 따라서 x1과 y1의 값도 드롭된다.
} ❷
// x1의 값은 Copy이므로 z로 이동하지 않았다.

let x2 = x1;      ❸
// y1의 값은 Copy가 아니므로 z로 이동했다.
// let y2 = y1; ❹
```

이 코드는 변수를 두 개 선언하는데 하나는 숫자 42를 가진 변수이고 하나는 숫자 84를 가진 (힙에 할당되는 값인) Box 타입의 변수이다. 전자는 Copy 타입인 반면 후자는 그렇지 않다. 이제 변수 x1과 y1을 튜플 변수 z에 저장(❶)하면 x1은 z로 복사되는 반면 y1은 z로 이동한다. 이 시점에서 x1은 여전히 접근할 수 있어 다시 사용할(❸) 수 있다. 반면 y1은 그 값이 이동하면서 접근이 불가능하게(❹) 되며, 이 값에 접근하려고 시도하면 컴파일러 에러를 유발하게 된다. z가 스코프를 벗어나면(❷) 저장되어 있던 튜플값이 드롭되고 그에 따라 x1에서 복사된 값과 y1에서 이동한 값도 드롭된다. y1에서 이동한 Box가 드롭되면 y1의 값을 보관하기 위해 사용하던 힙 메모리도 해제된다.

드롭 순서

러스트는 코드 1-3에서 보듯이 안쪽 스코프에서 사용하던 x1과 y1처럼 값이 스코프를 벗어나면 그 값을 자동으로 드롭한다. 이때 값을 드롭하는 순서는 매우 단순하다. 변수(함수 인수 포함)는 역순으로 드롭되며 중첩된 값은 소스 코드에 선언된 순서대로 드롭된다.

처음에는 이상하게 들릴 수도 있다. 왜 역순일까? 하지만 잘 살펴보면 상당히 말이 된다. 예

> 컨대 문자열을 선언하고 나서 그 문자열에 대한 참조를 새로운 해시 테이블에 삽입하는 함수를 작성한다고 가정해 보자. 이 함수가 리턴될 때에는 해시 테이블이 반드시 먼저 드롭되어야 한다. 문자열이 먼저 드롭되면 해시 테이블은 유효하지 않은 참조를 저장하게 되기 때문이다. 보통 나중에 선언한 변수는 앞서 선언한 값에 대한 참조를 가지고 있는 반면, 그 반대 상황은 러스트의 수명 규칙 때문에 발생할 수가 없다. 그런 이유로 러스트는 변수를 역순으로 드롭한다.
>
> 이제 튜플, 배열, 구조체 등에서 사용하는 값 같은 중첩된 값에도 같은 동작을 하도록 할 수 있지만 그러면 사용자가 예상치 못한 결과를 유발할 수 있다. 두 개의 값을 가진 배열을 만들었을 때 배열에 나중에 추가된 값이 먼저 드롭되는 것이 이상하게 보일 수 있다. 튜플과 구조체의 경우도 마찬가지이다. 이런 경우에는 튜플의 첫 번째 값이나 구조체의 첫 번째 필드를 먼저 드롭하고 그다음 두 번째 값이나 필드를 드롭하는 것이 좀 더 직관적인 동작이다. 러스트는 (현재) 하나의 값에 대한 자체 참조를 허용하지 않으므로 변수와 달리 역순으로 드롭할 필요가 없다. 따라서 러스트는 더 직관적인 방법을 사용한다.

대여와 수명

러스트는 값의 참조를 이용해 소유자가 값의 소유권을 포기하지 않으면서 다른 위치로 대여하는 것을 허용한다. 참조는 그 사용 방법에 대한 추가적인 계약을 가진 포인터이다. 이를테면 참조된 값에 대해 배타적 접근을 제공하는지 또는 참조된 값을 가리키는 다른 참조도 가질 수 있는지 등이 있다.

공유 참조

공유 참조 &T는 그 이름에서 알 수 있듯이 포인터를 공유할 수 있다. 같은 값을 참조하는 여러 참조가 존재할 수 있으며, 이 경우 각 공유 참조는 Copy이므로 몇 개든 만들어 낼 수 있다. 공유 참조가 가리키는 값은 불변이다. 즉, 공유 참조가 가리키는 값을 수정하거나 재할당할 수 없을뿐더러 공유 참조를 가변값으로 바꿀 수도 없다.

러스트 컴파일러는 어떤 값에 대한 공유 참조가 존재하면 그 참조가 유지되는 동안에는 그 값이 변경되지 않는 것으로 간주한다. 예를 들어 러스트 컴파일러는 한 함수가 공유 참조가 가리키는 값을 여러 번 읽어도, 한 번 읽어서 그 값을 재사용하는 것과 마찬가지로 적법한 행동이라고 생각한다. 좀 더 구체적으로 말하면 코드 1-4의 단정문은 절대 실패하지 않는다.

코드 1-4 러스트는 공유 참조를 불변으로 생각한다.

```
fn cache(input: &i32, sum: &mut i32) {
  *sum = *input + *input;
  assert_eq!(*sum, 2 * *input);
}
```

컴파일러가 주어진 최적화를 적용할지 여부는 크게 관계가 없다. 컴파일러의 판단은 시간이 지나면서 바뀔 수 있으므로 보통은 어느 한 시점에 어떤 상황에서의 컴파일러 동작을 따르기보다는 컴파일러가 허용하는 범위 내에서 코드를 작성하게 될 것이다.

가변 참조

공유 참조 외에도 가변 참조 `&mut T`를 사용할 수 있다. 러스트 컴파일러는 참조가 가지는 계약을 가변 참조에도 반영한다. 즉, 컴파일러는 공유 참조이든 가변 참조이든 이것들이 가리키는 값에 접근하는 또 다른 스레드가 없다고 가정한다. 다시 말해 가변 참조는 배타적이라고 가정한다. 이로 인해 다른 언어에서는 쉽게 가능하지 않은 흥미로운 최적화를 할 수 있다. 코드 1-5를 살펴보자.

코드 1-5 러스트는 가변 참조가 배타적이라고 가정한다.

```
fn noalias(input: &i32, output: &mut i32) {
  if *input == 1 {
    *output = 2;    ❶
  }
  if *input != 1 { ❷
    *output = 3;
  }
}
```

러스트 컴파일러는 `input`과 `output` 변수가 같은 메모리를 가리키지 않는다고 가정한다. 그래서 ❶에서 `output` 변수에 다른 값을 대입해도 ❷의 검사에 영향을 주지 않으며 함수 전체가 하나의 if-else 블록으로 컴파일된다. 컴파일러가 배타적 가변성(mutability) 계약에 의존할 수 없다면 이 함수를 noalias(&x, &mut x)처럼 호출했을 때 input 변수의 값이 1이어도 output 변수가 3이 될 수도 있으므로 이런 최적화를 수행할 수 없다.

가변 참조를 이용하면 참조가 가리키는 메모리 위치만 변경할 수 있다. 직접 참조가 가리키는 값을 변경할 수 있는지 여부는 그 타입이 제공하는 메서드에 따라 다르다. 예제를 이용하는 편이 이해하기 쉬울 것이므로 코드 1-6을 살펴보자.

코드 1-6 가변성은 메모리에 대한 직접 참조에만 적용된다.

```
let x = 42;
let mut y = &x; // y는 &i32 타입이다.
let z = &mut y; // z는 &mut &i32 타입이다.
```

이 예를 보면 다른 변수를 참조하도록 해서 포인터 y의 값을 다른 값(즉, 다른 포인터)으로 변경할 수 있지만 포인터가 가리키는 값(즉, x의 값)은 변경할 수 없다. 마찬가지로 z를 이용해 y의 포인터값을 변경할 수는 있지만 z 자체가 다른 참조를 갖도록 변경할 수는 없다.

값을 소유하는 것과 가변 참조를 갖는 것의 주된 차이점은 값이 더는 필요하지 않을 때 그 값을 드롭하는 책임은 소유자가 갖는다는 점이다. 그 외에는 값을 소유했을 때 할 수 있는 모든 동작은 가변 참조를 통해서도 가능하다. 다만 가변 참조가 가리키는 값이 이동하면 그 위치에 다른 값을 반드시 남겨야 한다는 점에만 주의하면 된다. 그렇지 않으면 소유자는 여전히 그 값을 드롭해야 한다고 생각하지만 실제로 드롭할 값이 없게 된다.

코드 1-7은 가변 참조가 가리키는 값을 이동하는 방법을 보여 준다.

코드 1-7 가변 참조를 통해 접근하려면 값을 반드시 남겨야 한다.

```
fn replace_with_84(s: &mut Box<i32>) {
  // 다음 줄은 *s가 빈 값일 수 있으므로 적절하지 않다.
  // let was = *s; ❶
  // 하지만 다음과 같이 값을 참조하는 것은 괜찮다.
  let was = std::mem::take(s); ❷
  // 따라서 다음 줄도 동작한다.
```

```
  *s = was; ❸
  // &mut이 가리키는 값을 교체할 수 있다.
  let mut r = Box::new(84);
  std::mem::swap(s, &mut r); ❹
  assert_ne!(*r, 84);
}
let mut s = Box::new(42);
replace_with_84(&mut s);
❺
```

앞의 코드에서 허용되지 않는 동작은 주석으로 표기했다. 먼저 ❶처럼 간단히 값을 이동할 수 없다. 그 이유는 호출자가 여전히 그 값을 소유하고 있으며 ❺ 지점에서 그 값을 해제하려 하기 때문에 이중 해제가 되어서이다. 뭔가 유효한 값을 남겨 두려면 ❷ 지점의 `std::mem::take`를 사용하는 것이 좋다. 이는 `std::mem::replace(&mut value, Default::default());`와 동일하게 동작하며 가변 참조가 가리키는 `value`의 값을 이동하고 그 자리에 타입의 기본값을 남겨 놓는다. 기본값은 별도의 소유된 값이므로 호출자가 ❺ 지점에서 스코프를 벗어나면서 안전하게 드롭할 수 있다.

아니면 참조가 가리키던 값이 필요하지 않을 경우 ❸처럼 이미 소유하고 있는 다른 값으로 덮어써서 호출자가 나중에 그 값을 드롭하도록 할 수 있다. 이렇게 하면 가변 참조가 가리키는 값은 즉시 드롭된다.

마지막으로, 가변 참조가 2개라면 ❹처럼 둘 다 소유하지 않고도 그 값을 서로 바꿀 수 있다. 그러면 두 참조가 가리키는 값은 모두 각자의 소유자가 해제할 수 있다.

내부 가변성

어떤 타입은 공유 참조를 이용해 값을 변경할 수 있는 내부 가변성을 제공한다. 이런 타입은 주로 배타적 참조의 의미에 의존하지 않고 안전한 가변성을 제공하는 추가 메커니즘(원자적 CPU 인스트럭션 같은)이나 불변 조건을 이용한다. 이런 타입은 크게 두 가지 범주로 구분할 수 있다. 첫 번째 범주는 공유 참조를 이용해 가변 참조를 얻게 해 주는 타입이고, 두 번째 범주는 공유 참조만을 이용해 값을 교체할 수 있게 해 주는 타입이다.

첫 번째 범주에는 Mutex, RefCell 같은 타입이 있는데 가변 참조를 제공하는 값에 대해 어느 시점에 반드시 (공유 참조 없이) 하나의 가변 참조만 존재할 수 있게 하는 안전성 메커니즘이 포함되어 있다. 내부적으로 이런 타입(및 유사 타입)은 이름만 보면 별로 사용하고 싶지 않은 UnsafeCell이라는 타입을 활용한다. UnsafeCell 타입은 9장에서 자세히 다룬다. 우선은 공유 참조를 이용해 값을 변경하는 유일한 방법이라는 점만 알아 두자.

내부 가변성을 지원하는 또 다른 범주의 타입은 내부 값에 대한 가변 참조를 제공하지는 않지만 그 값을 조작할 수 있는 메서드를 제공한다. std::sync::atomic의 원자적 정수 타입과 std::cell::Cell 타입이 이 범주에 해당한다. 이 타입들이 관리하는 usize나 i32 타입의 값을 직접 참조할 수는 없지만 필요한 시점에 그 값을 읽고 교체할 수는 있다.

표준 라이브러리의 Cell 타입은 불변 조건을 통한 안전한 내부 가변성을 지원하는 흥미로운 예이다. 이 타입은 스레드 간에 공유가 불가능하고 Cell 내부에 저장된 값에 대한 참조는 전혀 제공하지 않는다. 그 대신 이 타입이 제공하는 메서드는 모두 값을 완전히 교체하거나 값의 복사본을 리턴한다. 내부 값에 대한 참조가 존재할 수 없으므로 이 타입은 언제든 이동할 수 있다. 또한 Cell은 스레드 간에 공유가 불가능하므로 내부 값은 공유 참조를 이용해 값을 변경하더라도 값이 절대 동시에 변경되지 않는다.

수명

이 책을 읽는 개발자라면 수명 규칙 위반에 대한 컴파일러의 경고를 여러 차례 마주하면서 수명에 대한 개념을 이미 이해하고 있을지도 모르겠다. 그 정도만 이해해도 대부분의 러스트 코드를 작성하는 데 충분하겠지만 우리는 러스트의 더욱 복잡한 면모를 깊이 있게 다룰 것이므로 더 견고한 멘탈 모델을 확립할 필요가 있다.

러스트를 처음 접하는 개발자들은 보통 수명을 스코프에 대응되는 것으로 생각하도록 배운다. 즉, 어떤 변수의 참조를 얻을 때 수명이 시작해서 그 변수가 이동하거나 스코프를 벗어날 때 끝난다는 식이다. 대부분의 경우 이 설명이 맞고 보통은 이렇게 생각하는 것이 좋지만 실제로는 이보다 좀 더 복잡하다.

실제로 수명은 어떤 참조가 반드시 유효한 코드 영역에 대한 이름이다. 수명이 스코프와 연관이 있는 경우가 많지만 꼭 그렇지는 않다. 다음 절에서 좀 더 자세히 살펴보자.

수명과 대여 검사기

러스트 수명의 중심에는 대여 검사기가 있다. 어떤 참조에 수명 'a를 사용하면 대여 검사기는 'a 수명이 여전히 살아 있는지 검사한다. 이 검사는 참조를 사용한 지점부터 수명 'a가 시작한 지점, 즉 참조를 얻은 지점을 추적해 그 사이에 충돌을 유발하는 사용 사례가 없는지 확인하는 것이다. 이렇게 해서 참조가 안전하게 접근할 수 있는 값을 가리키는지 확인한다. 이 과정은 앞서 설명했던 '데이터 흐름' 멘탈 모델과 유사하다. 컴파일러는 우리가 접근하는 참조의 흐름이 또 다른 흐름과 충돌하지 않는지 검사하는 것이다.

코드 1-8은 변수 x에 대한 참조에 수명을 지정하는 간단한 코드를 보여 준다.

코드 1-8 수명이 인접해야 할 필요는 없다.

```
let mut x = Box::new(42);
let r = &x;           // 'a ❶
if rand() > 0.5 {
  *x = 84; ❷
} else {
  println!("{}", r); // 'a ❸
}
❹
```

수명은 ❶ 지점에서 x에 대한 참조를 얻을 때 시작한다. 첫 번째 브랜치 ❷에서는 x의 값을 84로 바꾸려고 시도하며 그러기 위해서는 &mut x가 필요하다. 대여 검사기는 x에 대한 가변 참조를 가져와 곧바로 그 사용 방식을 확인한다. 참조를 얻은 시점과 사용하는 시점 사이에 충돌을 유발하는 다른 사용 방식이 없으므로 이 코드에는 문제가 없다고 판단한다. 수명과 스코프를 동일시하는 방법에 익숙하다면 이 부분이 선뜻 납득되지 않을 수 있다. r이 여전히 ❷ 지점의 스코프 내에 있기 때문이다. 하지만 대여 검사기는 충분히 똑똑해서 이 브랜치가 실행된다면 r은 이후로도 사용될 일이 없다는 점을 알아채므로 x의 값을 변경하려는 시도를 허용하는 것이다. 다시 말해 ❶에서 생성된 수명은 이 브랜치로 확대되지 않는다. ❷ 이후로는 r을 사용하는 흐름이 없으며 그런 이유로 충돌하는 흐름이 없는 것이다. 그런 후 대여 검사기는 ❸의 print 문에서 r이 사용되고 있다는 점을 알아낸다. 그러면 다시 ❶ 지점으로 돌아가 충돌하는 사용 사례가 없음을 확인하므로(❷가 해당 경로에 존재하지 않음) 이 두 번째 브랜치 또한 문제없다고 판단하는 것이다.

코드 1-8의 ❹ 지점에 r을 사용하는 코드를 추가하면 이 코드는 더 이상 컴파일되지 않는다. 그렇게 하면 수명 'a는 ❶에서 (r을 마지막으로 사용하는) ❹ 지점까지 유지되므로 대여 검사기가 r을 사용하는 새로운 코드를 검사할 때 ❷ 지점에서 충돌이 발생한다는 것을 발견하기 때문이다.

수명은 복잡하게 얽힐 수 있다. 코드 1-9는 시작하는 지점과 마지막으로 종료되는 지점 사이에 간헐적으로 무효화되는 허점을 가진 수명의 예를 보여준다.

코드 1-9 허점을 가진 수명

```
let mut x = Box::new(42);
let mut z = &x;        // 'a ❶
for i in 0..100 {
  println!("{}", z); // 'a ❷
  x = Box::new(i);       ❸
  z = &x;            // 'a ❹
}
println!("{}", z);   // 'a
```

수명은 x에 대한 참조를 얻는 ❶ 지점에서 시작한다. 그런 후 ❸ 지점에서 x를 이동하면 수명 'a는 더 이상 유효하지 않게 되어 종료된다. 대여 검사기는 수명 'a가 ❷에서 종료되는 것으로 생각해 이 코드에는 문제가 없으며 ❸ 지점의 x 흐름이 충돌을 유발하지 않는다고 판단한다. 그런 후 ❹ 지점에서 z의 참조를 수정하면서 수명이 다시 시작된다. 이 시점에서 루프를 다시 실행하든 아니면 마지막 print 문을 실행하든 흐름이 시작된 지점부터 유효한 값을 가지고 있으며 충돌하는 흐름이 없으므로 대여 검사기는 이 코드가 문제없다고 판단한다!

다시 말하지만 이는 앞서 메모리의 데이터 흐름 모델과 완벽하게 일치한다.

x가 이동하면 x는 더 이상 존재하지 않는다. 나중에 z에 다른 값을 할당하면 이 시점부터만 존재하는 완전히 새로운 변수를 생성한 것이다. 그 새로운 변수의 이름도 z이기 때문에 벌어지는 일이다. 이 점을 염두에 둔다면 코드 1-9가 이상하게 보이지는 않을 것이다.

대여 검사기는 보수적이며 보수적이어야 한다. 유효하지 않은 대여를 허용했을 때 결과가 큰 문제가 될 수 있으므로 대여한 값이 유효한지 확신할 수 없다면 컴파일을 허용하지 않는다. 대여 검사기는 계속해서 똑똑해지고 있지만 대여가 적법한 이유를 이해하기 위해 도움이 필요한 경우도 있다. 그렇기 때문에 안전하지 않은 러스트 코드가 존재하는 것이다.

제네릭 수명

직접 설계한 타입에 참조를 저장해야 할 때가 이따금 있다. 이런 참조에는 수명을 지정해야 그 타입의 다양한 메서드가 참조를 활용할 때 대여 검사기가 참조의 유효성을 검사할 수 있다. 특히 타입의 메서드가 타입 자체보다 오래 유지되어야 하는 참조를 리턴하는 경우에는 더욱 그렇다.

러스트에서는 타입 정의를 제네릭으로 만들 수 있는데 이는 타입에서와 마찬가지로 수명에도 적용된다. 《러스트 프로그래밍 공식 가이드》에서 이 주제를 잘 다루므로 이 책에서는 제네릭에 대한 기본을 되풀이해 다루지는 않는다. 하지만 더 복잡한 타입을 작성할 경우 이런 타입과 수명 간의 상호 작용에 있어 알아야 할 두 가지 미묘한 부분이 있다.

먼저 Drop 트레이트를 구현한 타입을 드롭하면 제네릭에 지정한 타입이나 수명을 사용하는 것으로 간주한다. 기본적으로 타입의 인스턴스가 드롭되면 대여 검사기는 인스턴스를 드롭하기 전에 타입의 제네릭 수명을 사용하는 것이 여전히 유효한지 검사한다. 인스턴스를 드롭하는 코드가 이런 참조를 사용하는 경우라면 이 검사는 필수이다. 타입이 Drop 트레이트를 구현하지 않는다면 타입의 드롭은 사용으로 간주되지 않으며, 코드 1-7에서 살펴봤듯이 사용자가 타입이 제공하는 참조를 더는 사용하지 않는다면 타입에 저장된 참조는 무시해도 무방하다. 드롭에 대한 규칙은 9장에서 더 자세히 살펴보자.

다음으로 여러 수명을 가진 제네릭을 사용하는 타입을 정의할 수 있지만 그렇게 하면 보통은 타입의 시그너처가 불필요하게 복잡해질 뿐이다. 보통 수명이 하나인 제네릭 타입은 문제가 없으며 타입에 추가된 참조는 하나의 수명만 가지므로 컴파일러는 더 짧은 수명을 사용하게 될 것이다. 타입에 참조를 여러 개 저장할 때에만 제네릭 수명 파라미터를 여러 개 사용해야 하며, 참조를 리턴하는 메서드는 참조 중 하나의 수명에만 관련이 있어야 한다.

문자열을 지정한 문자로 분리한 후 분리된 문자열에 접근하기 위한 반복자를 리턴하는 타입을 구현한 코드 1-10을 살펴보자.

코드 1-10 여러 제네릭 수명이 필요한 타입

```
struct StrSplit<'s, 'p> {
  delimiter: &'p str,
  document: &'s str,
}
impl<'s, 'p> Iterator for StrSplit<'s, 'p> {
  type Item = &'s str;
  fn next(&mut self) -> Option<Self::Item> {
    todo!()
  }
}
fn str_before(s: &str, c: char) -> Option<&str> {
  StrSplit { document: s, delimiter: &c.to_string() }.next()
}
```

이러한 타입을 만들려면 검색할 `delimiter`와 `document`를 지정해야 하며 둘 다 문자열 값에 대한 참조이다. 다음 문자열을 얻을 때에는 문서 내의 문자열에 대한 참조를 얻게 된다. 이 타입에 수명을 한 개만 사용할 때 어떤 일이 일어날지 생각해 보자. 반복자가 리턴한 값은 `document` 및 `delimiter`의 수명과 묶인다. 그러면 `str_before` 메서드가 쓰기를 수행할 수가 없게 된다. 리턴 타입은 함수의 지역 변수, 즉 `to_string` 메서드가 만들어 낸 문자열(`String`)과 관련된 수명을 갖게 되어 대여 검사기가 이 코드의 실행을 허용하지 않는다.

수명 변이성

변이성(variance)은 프로그래머라면 자주 접하는 개념임에도 눈에 잘 띄지 않아 구체적인 용어까지 알고 있는 경우가 드물다. 간단히 말하면 변이성은 어떤 타입이 다른 타입의 서브타입인지, 언제 서브타입을 슈퍼타입 대신 사용할 수 있는지(또는 그 반대)를 설명하는 것이다. 타입 A가 최소한 타입 B처럼 사용될 수 있다면 타입 A를 타입 B의 서브타입이라고 할 수 있다. 자바에서 Turtle 타입이 Animal 타입의 서브타입이라면 Animal 타입을 요구하는 함수에 Turtle 타입을 전달한다거나 러스트에서 &'a str을 요구하는 함수에 &'static str을 전달할 수 있는 것도 이 변이성 때문이다.

이런 변이성은 보통 눈에 띄지 않지만 동작 원리는 알아 둘 필요가 있다. Turtle 타입은 Animal 타입의 서브타입이므로 Animal 타입이 할 수 있는 모든 일은 물론 그 외의 일도 실행할 수 있다. 마찬가지로 'static 수명이 'a 수명의 서브타입인 이유는 'a 수명보다 더 오래 유지되기 때문이다. 또는 'b: 'a('b가 'a보다 수명이 길다.)라면 'b는 'a의 서브타입이다. 물론 공식적인 정의는 아니지만 특정 사용 방식은 충분히 설명할 수 있다.

(수명이나 타입 파라미터에) 제네릭 파라미터를 사용하는 모든 타입은 변이성이 있어서 기타 유사한 타입으로 그 타입을 대체할 수 있다. 변이성에는 공변이(covariant), 불변이(invariant), 반변이(contravariant) 세 가지가 있다. 어떤 타입의 자리에 서브타입을 사용할 수 있다면 이 타입은 공변이다. 예를 들어 변수의 타입이 &'a T라면 &'static T 타입의 값을 제공할 수 있다. &'a T는 'a. &'a의 공변이며 T도 T의 공변이므로 &Vec<&'a str> 타입을 요구하는 함수에 &Vec<&'static str> 타입을 전달할 수 있다.

어떤 타입은 불변이다. 즉, 반드시 같은 타입을 사용해야 한다는 뜻이다. &mut T가 좋은 예이다. 어떤 함수가 &mut Vec<&'a str>을 취한다면 그 함수에는 &mut Vec<&'static str> 타입을 전달할 수 없다. 이는 &mut T는 T와 불변이기 때문이다. 이것이 가능해진다면 함수는 수명이 짧은 문자열을 Vec에 추가할 수 있게 되고, 호출자는 이 값이 Vec<&'static str>이므로 문자열도 'static이라고 생각해서 계속 사용하게 된다! 가변성을 제공하는 타입은 보통 같은 이유로 불변이다. 예를 들어 Cell<T>는 T에 대해 불변이다.

마지막으로, 반변이는 보통 함수 인수와 연관이 있다. 함수 타입은 인수가 덜 구체적인 타입일수록 더 유연해진다. 이는 인수 타입 자체의 변이성과 함수 인수로 사용할 때의 변이성을 비교해 보면 더 분명하게 알 수 있다.

```
let x: &'static str; // 수명이 길어서 유연성이 높아진다.
let x: &'a str;       // 수명이 짧아서 유연성이 떨어진다.

fn take_func1(&'static str) // 강제성이 높아 유연성이 떨어진다.
fn take_func2(&'a str)       // 강제성이 낮아 유연성이 높아진다.
```

이처럼 함수 Fn(T)에서 T가 더 일반적인 타입일수록 함수의 유연성이 높아지므로 Fn(T)와 T 사이의 관계는 반변이라고 할 수 있다.

그런데 수명을 이해하기 위해 변이성을 알아야 하는 이유가 뭘까? 변이성은 제네릭 수명 파라미터 및 대여 검사기의 관계와 연관이 있다. 코드 1-11에서 보듯이 한 필드에 여러 수명을 사용하는 타입을 생각해 보자.

코드 1-11 여러 수명을 사용하는 제네릭 파라미터를 가진 타입

```
struct MutStr<'a, 'b> {
  s: &'a mut &'b str
}
let mut s = "hello";
*MutStr { s: &mut s }.s = "world"; ❶
println!("{}", s);
```

언뜻 보면 수명을 두 개 사용할 필요가 없어 보인다. 코드 1-10의 StrSplit 함수에서처럼 구조체의 다른 필드를 별도로 대여할 수 있도록 구현해야 할 메서드가 없기 때문이다. 하지만 이 두 수명을 'a라는 하나의 수명으로 교체하면 이 코드는 더 이상 컴파일되지 않는다! 그리고 그 이유는 바로 변이성 때문이다.

❶의 문법이 이상해 보일 수 있다. 이는 MutStr 타입의 변수 x를 선언하고 *x.s = "world"처럼 값을 대입하는 것과 같다. 다만 이 문법은 변수를 사용하지 않으므로 MutStr이 바로 드롭된다.

❶에서 컴파일러는 수명 파라미터에 어떤 수명이 지정되어야 하는지 반드시 결정해야 한다. 수명이 두 개라면 'a가 s 대여 시 추후 결정될 수명으로 지정되

고 'b는 문자열 "hello"의 수명으로 사용하기 위해 'static이 된다. 하지만 수명이 'a 하나뿐이라면 컴파일러는 이 수명이 반드시 'static이어야 한다고 추론한다.

나중에 s에 저장한 문자열을 출력하기 위해 그 참조에 접근하려고 하면 컴파일러는 MutStr이 사용하는 s에 대한 공유 대여를 허용하기 위해 s에 대한 가변 대여의 수명을 더 짧게 지정하려 한다.

수명이 두 개인 경우라면 'a는 println 함수를 호출하기 전에 끝나며, 'b는 println 함수의 호출 지점까지 이어진다. 하지만 수명이 하나뿐이라면 문제가 된다. 컴파일러는 s의 대여 수명을 짧게 하고 싶지만 그럴 수 없다. 게다가 str의 대여 수명도 짧게 해야 할 수도 있다. &'static str은 보통 &'a str(&'a T는 'a의 공변이)보다 짧지만, 이 예의 경우 이 값은 T에 불변이인 &mut T로 선언되어 있다. 불변이는 관련 타입을 서브타입이나 슈퍼타입으로 대체할 수 없으므로 컴파일러가 대여를 짧게 하려는 시도는 실패하게 되고 결국 s는 가변 상태로 대여되었다고 보고할 수밖에 없게 된다. 어이쿠!

불변이는 유연성이 낮으므로 여러분이 정의하는 타입은 최대한 많은 제네릭 파라미터를 공변이(또는 필요하다면 반변이)로 유지해야 한다. 그러기 위해서 수명 파라미터가 더 필요하다면 추가된 파라미터를 이해하는 데 들어가는 비용과 불변이를 쓰는 데 필요한 비용을 잘 비교해야 할 것이다.

요약

이번 장의 목표는 앞으로의 내용을 위한 견고한 토대를 마련하는 것이었다. 이로써 러스트의 메모리와 소유권 모델을 확실히 이해하고 대여 검사기가 내뱉는 에러를 좀 더 잘 이해할 수 있게 되었기를 바란다. 이번 장에서 다룬 내용을 부분적으로 알고 있었을 수도 있겠지만 이 장을 읽고 전체적인 이해도가 높아졌기를 바란다. 다음 장에서는 타입에 대해 비슷한 내용을 알아본다. 타입이 메모리에 보관되는 방법과 제네릭과 트레이트가 실행 코드를 만들어 내는 방법을 살펴본 후 러스트가 제공하는 특별한 타입과 트레이트 몇 가지를 살펴보겠다.

2장

R u s t f o r R u s t a c e a n s

타입

1장에서 기본적인 내용은 살펴봤으므로 이제 러스트의 타입 시스템에 대해 알아보자. 《러스트 프로그래밍 공식 가이드》에서 설명하는 내용은 건너뛰지만 그 대신 여러 타입이 메모리에 저장되는 방식, 트레이트의 내외부와 트레이트 바운드, 존재 타입(existential type) 그리고 크레이트의 경계를 넘어 타입을 사용하는 규칙 등을 살펴본다.

메모리상의 타입

러스트의 모든 값에는 타입이 있다. 이번 장에서 살펴보겠지만 러스트에서 타입은 여러 목적으로 사용되는데, 가장 기본적인 역할 중 하나는 메모리상의 비트를 해석하는 방법을 표현한다는 점이다. 예를 들어 `0b10111101`(십육진수로는 `0xBD`)라는 일련의 비트는 타입을 할당하기 전까지는 그 어떤 의미도 없다. 이 값을 `u8` 타입으로 해석하면 이 일련의 비트는 숫자 189이다. 이를 `i8` 타입으로 해석하면 -67이다. 타입을 직접 정의할 경우 타입의 각 필드를 메모리에 어떻게 표현할지는 컴파일러가 결정한다. 구조체의 각 필드를 표현하는 일련의 비트는 어디에 보관될까? 열거형의 판별값은 어디에 저장할까? 좀 더 수준 높은 러스트 코드를 작성하다 보면 이런 과정을 이해하는 것이 중요하다. 이런 상세 내용은 코드의 정확성은 물론 성능에도 영향을 미치기 때문이다.

정렬

타입을 메모리에 표현하는 방식을 어떻게 결정하는지에 대해 알아보기 앞서 정렬(alignment)에 대해 먼저 알아볼 필요가 있다. 정렬은 타입의 바이트를 어디에 저장할지 지정한다. 타입의 표현이 결정되면 메모리의 아무 위치에나 저장하고, 그 위치에 저장된 바이트를 타입이라고 해석하면 되지 않을까 생각할 수도 있다. 이론적으로는 맞는 말이지만 실제로는 타입을 저장할 위치에 대해 하드웨어적인 제약도 있다. 가장 명확한 예는 비트가 아닌 바이트를 가리키는 포인터이다. 4비트로 시작하는 타입 `T`의 값을 컴퓨터의 메모리에 올리면 그 위치를 참조할 방법이 없다. 0바이트 또는 1바이트(8비트)를 가리키는 포인터만 만들 수 있어서이다. 그런 이유로 타입과 관계없이 모든 값은 바이트 경계에서 시작해야 한다. 모든 값은 적어도 바이트 정렬되어야 한다. 즉, 8비트의 배수인 주소에 저장되어야 한다.

어떤 값은 바이트 정렬보다 더 엄격한 정렬 규칙을 가지고 있다. CPU와 메모리 시스템에서 메모리는 하나의 바이트보다 큰 블록 단위로 접근하는 경우가 많다. 예를 들어 64비트 CPU의 경우 대부분의 값은 8바이트 단위(64비트)로 접근하며 이때 각 연산은 8바이트 정렬된 주소로 시작한다. 이를 CPU의 워드 크기라고 한다. 그런 다음 CPU는 나름의 방법을 이용해 더 작은 값이나 이 단위의 경계를 넘어서는 큰 값을 읽고 쓴다.

가능하다면 하드웨어가 '네이티브' 정렬로 동작하기를 원할 것이다. 그 이유를 알아보기 위해 8바이트 블록의 중간에서 시작하는(다시 말해 포인터가 8바이트 정렬되지 않은 경우) `i64` 타입의 값을 읽는 경우를 가정해 보자. 하드웨어는 읽기를 두 번 수행해야 한다. 하나는 첫 번째 블록의 후반부를 읽어 `i64` 값의 시작값을 얻기 위함이고, 다른 하나는 두 번째 블록의 전반부를 읽어 나머지 값을 얻기 위함이다. 그런 후 이 결과를 합쳐야 한다. 이는 별로 효과적인 방법이 아니다. 연산이 메모리의 여러 지점에 접근해야 하므로 읽어 들인 메모리에 다른 스레드가 동시에 값을 쓴다면 이상한 결과를 얻게 될 수도 있다. 다른 스레드가 쓰기를 시작하기 전에 처음 4바이트를 읽고, 그다음에 나머지 4바이트를 읽게 되면 엉뚱한 값이 될 수 있다.

정렬되지 않은 데이터에 대한 연산을 정렬되지 않은 접근이라고 하며 낮은 성능과 동시성 문제를 유발할 수 있다. 그런 이유로 많은 CPU 연산은 데이터가 자연스럽게(naturally) 정렬되어 있기를 요구하거나 이를 강하게 선호한다. 자연스럽게 정렬된 값은 정렬이 그 크기와 일치하는 값이다. 예를 들어 8바이트를 읽는 경우 그 주소는 8바이트 정렬이 되어 있어야 한다.

일반적으로 정렬된 메모리 접근은 더 빠르고 강한 일관성을 제공하므로 컴파일러는 이런 정렬된 접근을 최대한 활용한다. 그러기 위해 각 타입에 대해 해당 타입이 포함하는 하위 타입들을 기준으로 계산하여 정렬한다. 기본 내장 타입들의 경우 보통 자신의 크기에 맞춰 정렬된다. 예를 들어 `u8`은 1바이트로, `u16`은 2바이트로, `u32`는 4바이트로, `u64`는 8바이트로 정렬된다. 다른 타입을 포함하는 복합 타입의 경우는 가장 큰 정렬값을 갖는 타입을 기준으로 메모리에 할당된다. 예를 들어 `u8`, `u16`, `u32`를 포함하는 타입은 `u32`를 기준으로 4바이트로 정렬된다.

레이아웃

이제 정렬에 대해 알게 되었으므로 컴파일러가 메모리에 이 값을 표현하는 방식, 즉 레이아웃을 어떻게 결정하는지 알아보자. 잠시 후에 살펴보겠지만 러스트 컴파일러는 기본적으로 타입의 레이아웃에 대해 보장하는 것이 별로 없어서 근본적인 원리를 이해하기가 쉽지 않다. 다행히 러스트는 타입을 정의할 때 `repr` 속성(attribute)을 추가해 그 타입을 위한 특정한 메모리 내 표현을 요청할 수 있다. 가장 일반적인 속성은 `repr(C)`이다. 이름에서 알 수 있듯이 이 속성은 C나 C++ 컴파일러가 사용하는 레이아웃과 호환되는 레이아웃을 타입에 적용한다. 이 방식은 다른 언어의 컴파일러가 예상하는 레이아웃과 같은 레이아웃을 생성하므로 11장에서 살펴볼 FFI를 이용해 다른 언어에 대한 인터페이스 역할을 수행하는 러스트 코드를 작성할 때 유용하다. C 레이아웃은 예측 가능하며 변경되지 않기 때문에 `repr(C)`는 타입에 대한 원시 포인터를 다루거나 같은 필드를 가지고 있는 서로 다른 타입 간 형 변환이 필요한 경우 등 안전하지 않은 코드를 작성할 때에도 유용하다. 물론 레이아웃 알고리즘에 대한 첫발을 떼는 데도 도움이 된다.

또 다른 유용한 표현은 repr(transparent)로 단일 필드를 가진 타입에서만 사용하며, 이 경우 바깥쪽 타입(outer type)의 레이아웃은 안쪽 타입(inner type)의 레이아웃과 완전히 똑같아진다. 이는 struct A와 struct NewA(A)의 메모리 내 표현을 동일한 것처럼 다루는 '뉴타입' 패턴과 함께 사용할 때 유용하다. repr(transparent)를 지정하지 않으면 러스트 컴파일러는 두 구조체가 레이아웃이 같음을 보장하지 않는다.

그러면 컴파일러가 코드 2-1처럼 repr(C) 속성을 가진 Foo 타입의 레이아웃을 결정하는 방법을 살펴보자. 이 타입의 메모리 레이아웃은 어떨까?

코드 2-1 **정렬은 레이아웃에 영향을 미친다.**

```
#[repr(C)]
struct Foo {
  tiny: bool,
  normal: u32,
  small: u8,
  long: u64,
  short: u16,
}
```

먼저 컴파일러는 논리 크기가 1비트(true 또는 false)인 tiny 필드를 보게 된다. 하지만 CPU와 메모리는 바이트 단위로 운영되기 때문에 tiny 필드는 메모리에 1바이트로 표현된다. 다음으로 normal 필드는 4바이트 타입이므로 4바이트 정렬을 적용하고 싶다. 하지만 Foo 타입이 정렬되더라도 tiny 필드에 할당된 1바이트 때문에 normal 필드의 정렬이 어긋나게 된다. 이를 바로잡기 위해 컴파일러는 3바이트의 패딩(padding: 사용자 코드에서는 무시하는 비결정적 값을 가진 바이트)을 tiny와 normal 사이의 메모리 내 표현에 추가한다. 패딩에는 아무런 값도 들어가지 않지만 메모리 공간은 차지하는 셈이다.

다음으로 small 필드의 경우에는 정렬이 단순하다. 1바이트 값이고 현재 구조체 바이트의 오프셋은 1 + 3 + 4 = 8이다. 이미 바이트 정렬되어 있으므로 small 필드는 normal 필드 바로 다음에 정렬된다. 하지만 long 필드를 만나면서 문제가 다시 발생한다. 이제 Foo 구조체는 1 + 3 + 4 + 1 = 9바이트를 차지한다. Foo가 정렬되어 있다면 long 필드는 우리가 원하는 대로 8바이트 정렬되지 않으므로 long 필드를 정렬하려면 또 다른 7바이트 패딩을 추가해야 한다. 그렇게 하면 마지막 필드인 short 필드를 2바이트 정렬하기도 편하며, 최종적으로 이 구조체는 26바이트를 차지하게 된다. 이제 모든 필드를 살펴봤으므로 Foo 구조체 자체에 대한 정렬을 결정해야 한다. 이때 사용하는 규칙은 Foo 구조체의 필드 중 가장 크기가 큰 정렬을 사용하는 것인데, long 필드 때문에 8바이트 정렬을 사용하게 된다. 따라서 Foo 구조체가 예컨대 배열에 들어 있을 때 정렬되게 하려면 컴파일러는 Foo 구조체의 크기가 32바이트 배수로 정렬되도록 하기 위해 6바이트의 패딩을 마지막으로 추가한다.

이제 C 언어의 방식에 대해 이해했으므로 코드 2-1에서 repr(C)를 사용하지 않았을 때 어떤 레이아웃이 만들어지는지 생각해 보자. C 표현식의 주요 제약 중 하나는 모든 필드가 구조체에 정의된 순서대로 메모리에 위치해야 한다는 점이다. 러스트의 기본 표현인 repr(Rust)는 이 제약을 없앤 것 외에도 몇 가지 강제력이 덜한 제약, 예를 들면 같은 필드를 갖는 타입에 대한 결정적(deterministic) 필드 순서 같은 제약도 없앴다. 따라서 서로 다른 두 타입이 같은 타입의 같은 필드를 같은 순서대로 정의하더라도 기본 러스트 레이아웃을 사용하면 두 타입의 레이아웃이 같지 않을 수도 있다.

이제 필드의 순서를 바꿀 수 있게 되었으므로 구조체의 크기를 줄일 수 있다. 즉, Foo 타입의 필드 중간에 패딩을 추가할 필요가 없고 필드 자체로 필요한 정렬을 수행할 수 있게 된 것이다! Foo 타입은 이제 정의한 필드의 크기, 즉 16바이트만 차지하게 된다. 바로 이 점이 러스트가 메모리 내에서 타입 레이아웃을 제대로 보장하지 않는 이유 중 하나이다. 컴파일러가 필요에 따라 재배치할 수 있어서 좀 더 효율적인 코드를 만들어 낼 수 있는 것이다.

게다가 이렇게 함으로써 타입의 레이아웃을 결정하는 세 번째 방법이 생겼다. 필드 사이에 패딩을 넣지 말라고 컴파일러에 요구하는 것이다. 이렇게 하면 정렬되지 않은 접근을 사용하는 데 따른 성능상의 불이익을 감수해야 한다. 이 방법을 사용하는 가장 일반적인 사례는 타입의 인스턴스를 많이 만들거나 메모리가 매우 제한되어 있거나 대역폭이 좁은 네트워크 연결을 통해 메모리 내 표현을 보내는 등 메모리에 바이트를 추가하면 큰 영향을 받게 되는 경우이다. 이 동작을 사용하려면 타입에 `#[repr(packed)]` 속성을 지정하면 된다. 이렇게 하면 코드가 훨씬 느려질 수도 있으며, 최악의 경우 정렬된 접근만 지원하는 CPU를 사용하는 때에는 프로그램이 중단될 수도 있다.

간혹 특정 필드나 타입에 기술적으로 필요한 것보다 큰 정렬이 필요한 경우도 있다. 그럴 때에는 `#[repr(align(n))]` 속성을 이용하면 된다. 이 방법을 사용하는 일반적인 경우는 (배열처럼) 인접한 메모리에 저장된 여러 값이 서로 다른 CPU 캐시에 기록되는 경우이다. 이렇게 하면 동시성 프로그램에서 상당한 성능 저하를 유발할 수 있는 거짓 공유 문제를 피할 수 있다. 거짓 공유는 서로 다른 CPU 두 개가 한 캐시에 공유된 서로 다른 값에 접근할 때 발생한다. 이론적으로는 병렬로 동작할 수 있지만 결국은 두 CPU가 캐시의 같은 엔트리를 업데이트하려고 다투는 상황이 되고 만다. 동시성은 10장에서 더 자세히 살펴보자.

복합 타입

컴파일러가 그 외 러스트 타입은 메모리에 어떻게 표현하는지 궁금해할 개발자들을 위해 간단히 정리했다.

- 튜플: 튜플값들과 같은 타입을 가지면서 같은 순서로 배열된 필드들을 가진 구조체처럼 표현한다.
- 배열: 요소 간 패딩 없이 들어 있는 타입의 값을 연속된 형태로 표현한다.
- 공용체: 열것값별로 독립적으로 레이아웃을 선택한다. 모든 열것값 중 크기가 가장 큰 값을 기준으로 정렬된다.
- 열거형: 공용체와 같지만 열것값 판별자를 저장하기 위해 숨겨진 공유 필드가 추가되는 점이 다르다. 이 판별자는 어떤 열것값이 주어진 값을 저장하고 있는지 결정하기 위해 코드가 사용하는 값이다. 이 판별자 필드는 값의 개수에 따라 다르다.

동적 크기 타입과 와이드 포인터

러스트 문서와 에러 메시지에서 이따금 `Sized` 마커(marker) 트레이트를 마주친 적이 있을 것이다. 이는 대개 컴파일러에 `Sized` 트레이트를 구현한 타입이 필요한데 해당 타입이 없을 경우에 나타난다. 러스트의 타입은 대부분 `Sized` 트레이트를 자동으로 구현하지만(즉, 컴파일 시점에 타입 크기를 알 수 있다.) 트레이트 객체와 슬라이스는 `Sized` 트레이트를 구현하지 않는다. 예를 들어 `dyn Iterator`나 `[u8]`의 경우는 그 크기가 모호하다. 이것들의 크기는 컴파일 시점이 아니라 프로그램이 실행 중일 때 알 수 있게 되는 어떤 정보에 따라 달라지며, 그렇기 때문에 이런 타입을 동적 크기 타입(dynamically sized type, DST)이라고 한다. 아무도 함수에 전달된 `dyn Iterator`가 200바이트 구조체인지, 8바이트 구조체인지 미리 알 수는 없다. 바로 이 점이 문제이다. 컴파일러가 크기를 알아야 유효한 코드를 만들어 낼 수 있는 경우가 있는데, 이를테면 튜플 타입`(i32, dyn Iterator, [u8], i32` 등)에 할당할 공간을 파악하거나 코드가 어떤 필드에 접근하는 데 필요한 오프셋을 계산하는 경우이다. 하지만 타입이 `Sized` 트레이트를 구현하지 않는다면 이 정보를 얻을 수 없다.

컴파일러 입장에서는 거의 모든 곳에서 타입이 `Sized` 트레이트를 구현해야 한다. 구조체 필드, 함수 인수, 리턴값, 변수 타입, 배열 타입은 반드시 모두 크기를 알 수 있어야 한다. `T: ?Sized`(`?`는 '구현하지 않을 수도 있다'는 의미)를 명시적으로 지정하지 않는다면 `T: Sized`를 포함해 모든 타입 바운드에 이 제약이 적용된다. 함수가 트레이트 객체나 슬라이스를 인수로 사용해야 하는 등 동적 크기 타입을 다루어야 한다면 `T: ?Sized`를 이용하는 방법은 그다지 도움이 되지 않는다.

크기를 모르는 타입과 크기를 알 수 있는 타입 사이의 차이를 좁히는 방법 중 하나는 와이드 포인터 또는 팻 포인터(fat pointer)로 크기가 지정되지 않은 타입을 가리키는 것이다. 와이드 포인터는 일반적인 포인터와 같지만 워드 크기의 필드가 하나 더 포함되어 있는데, 이 필드는 컴파일러가 포인터를 적절히 다루는 코드를 생성하는 데 필요한 추가 정보를 가지고 있다. 동적 크기 타입에 대한 참조를 얻을 때 컴파일러는 와이드 포인터를 자동으로 만들어 준다.

슬라이스의 경우 이 추가 정보는 단순히 슬라이스의 길이이다. 트레이트 객체의 경우는 나중에 좀 더 살펴보자. 그리고 결정적으로 와이드 포인터는 크기가 정해져 있다. 특히 `usize` 타입(타깃 플랫폼의 워드 크기) 크기의 두 배이다. 한 `usize`는 포인터를 저장하기 위한 것이고, 또 다른 `usize`는 타입을 '완전'하게 만드는 데 필요한 추가 정보를 저장하기 위한 것이다.

`Box`와 `Arc`가 `T: ?Sized`를 지원하는 이유는 둘 다 와이드 포인터를 지원하기 때문이다.

트레이트와 트레이트 바운드

트레이트는 러스트 타입 시스템의 핵심이다. 타입을 정의하는 시점에 다른 타입에 대해 알지 못해도 상호 작용할 수 있게 이어 주는 역할을 수행한다. 《러스트 프로그래밍 공식 가이드》에서 트레이트를 정의하고 사용하는 방법을 잘 설명하고 있으므로 이 책에서는 따로 설명하지 않는다. 그 대신 트레이트를 좀 더 기술적인 관점에서 살펴본다. 트레이트 구현, 활용상 제약 그리고 몇 가지 난해한 사용법 등을 알아본다.

컴파일과 디스패치

지금까지 러스트에서 제네릭 코드를 어느 정도 작성해 봤을 것이다. 타입과 메서드에 제네릭 타입 파라미터를 선언하고 여기저기 몇 가지 트레이트 바운드도 사용했을 것이다. 하지만 컴파일을 하면 제네릭 코드에 실제로 어떤 일이 벌어지는지, 아니면 `dyn Trait`의 트레이트 메서드를 호출하면 어떤 일이 일어나는지 궁금했던 적이 있는가?

제네릭 타입 `T`를 사용하는 타입이나 함수를 작성한다는 것은 `T`에 전달되는 각 타입에 대해 타입이나 함수의 복사본을 만들라고 컴파일러에 명령하는 것이나 다름없다. `Vec<i32>`나 `HashMap<String, bool>` 인스턴스를 만들면 컴파일러는 기본적으로 제네릭 타입과 모든 구현 블록을 복사해 붙여 넣은 후 제네릭 파라미터의 모든 인스턴스를 사용자가 제공한 구체적 타입(concrete type)으로 교체한다. 즉, 전자의 경우 모든 T 타입을 i32로 교체한 Vec 타입의 완전한 복사본을 만들고, 후자의 경우 모든 K를 String으로 교체하고 모든 V를 bool로 교체한 HashMap 타입의 완전한 복사본을 만든다는 뜻이다.

실제로 컴파일러가 완전히 복사-붙여 넣기를 하지는 않는다. 그저 실제로 사용하는 부분의 코드만 복사할 뿐이다. 따라서 Vec<i32>의 find 함수를 호출하지 않는다면 find 함수의 코드는 복사, 컴파일되지 않는다.

제네릭 함수에도 같은 방식이 적용된다. 코드 2-2의 제네릭 메서드를 살펴보자.

코드 2-2 **정적 디스패치를 사용하는 제네릭 메서드**

```
impl String {
  pub fn contains(&self, p: impl Pattern) -> bool {
    p.is_contained_in(self)
  }
}
```

이 메서드의 복사본은 별개의 패턴 타입마다 만들어진다.(impl 트레이트는 <T: Trait>의 약식 표현이다.) impl Pattern 타입마다 별개의 함수 복사본이 필요한 이유는 is_contained_in 함수를 호출할 주소를 알아야 하기 때문이다. CPU는 어디로 점프해서 실행을 계속해야 하는지 알아야 한다. 어떤 패턴이 주어지든 컴파일러는 그 주소가 패턴 타입이 트레이트 메서드를 구현하는 위치라는 점을 알게 된다. 하지만 한 주소를 모든 타입에 사용할 수는 없으므로 각 타입마다 점프할 각자의 주소를 가진 복사본이 필요한 것이다. 이처럼 메서드의 복사본마다 '이동하게 될' 주소가 정적으로 결정되어 있으므로 이를 정적 디스패치라고 한다.

'정적'이라는 단어를 너무 많이 사용한다는 점을 느꼈을지도 모르겠다. 정적이라 함은 보통 컴파일 시점에 알고 있는 것이나 1장에서 설명했듯이 정적 메모리에 기록할 수 있어서 알고 있다고 취급할 수 있는 것들을 지칭한다.

한 제네릭 타입을 여러 개의 비제네릭 타입으로 바꾸는 이 과정을 단형화(monomorphization)라고 하며 러스트의 제네릭 코드가 비제네릭 코드만큼이나 빠르게 동작하는 이유이기도 하다. 컴파일러가 코드를 최적화할 때에는 제네릭이 아예 존재하지 않는 것이다! 각 인스턴스는 모든 타입을 알고 있는 상태에서 각각 최적화된다. 그 결과 `is_contained_in` 메서드의 패턴은 아무런 트레이트 없이 직접 호출된 것만큼 효율적으로 동작한다. 컴파일러는 관련된 타입을 모두 알고 있으며 원한다면 `is_contained_in` 메서드의 구현체에 삽입할 수도 있다.

하지만 단형화에는 비용이 따른다. 타입의 인스턴스마다 별도로 컴파일되어야 하므로 컴파일러가 이 타입들을 최적화할 수 없다면 컴파일 시간이 늘어난다. 게다가 이 과정을 거쳐 복사된 함수는 각자의 머신 코드를 갖게 되므로 프로그램 크기가 증가한다. 또한 제네릭 타입 메서드의 서로 다른 인스턴스 간에 인스트럭션이 공유되지 않으므로 똑같은 인스트럭션의 복사본 여러 개를 효과적으로 보관해야 해서 CPU의 인스트럭션 캐시 효율성이 떨어질 수 있다.

비제네릭 내부 함수

보통 제네릭 메서드의 코드 대부분은 타입에 의존적이지 않는다. 예를 들어 `HashMap::insert` 함수 구현을 살펴보자. 제공한 키의 해시를 계산하는 코드는 맵의 키 타입에 의존적이지만, 삽입 지점을 찾기 위해 맵의 버킷을 살펴보는 코드는 그렇지 않을 수 있다. 이런 경우 비제네릭 부분의 머신 코드는 여러 구현체가 공유하고, 실제로 필요한 부분만 별개의 복사본을 생성하는 편이 더 효율적일 것이다.

이런 경우 사용할 수 있는 패턴은 공통 작업을 수행하는 비제네릭 헬퍼 함수를 제네릭 메서드 안에 선언하는 것이다. 이렇게 하면 컴파일러는 타입에 의존적인 코드는 복사하면서 공통 함수를 공유할 수 있다.

게다가 내부 함수를 선언하면 목적이 한 가지뿐인 함수로 모듈이 지저분해지는 것을 방지할 수 있다는 장점도 생긴다. 이런 헬퍼 함수는 메서드 외부에 선언할 수 있다. 다만 제네릭 `impl` 블록의 메서드로 선언하지 않도록 주의하라. 그렇게 되면 단형화되어 버린다.

정적 디스패치 대신 선택할 수 있는 방식으로는 동적 디스패치가 있다. 이를 통해 제네릭 타입의 메서드가 실제 타입을 알지 못해도 트레이트 메서드를 호출할 수 있다. 코드 2-2에서 메서드의 여러 인스턴스가 필요했던 이유는 프로그램이 주어진 패턴으로 트레이트 메서드인 `is_contained_in` 메서드를 호출하기 위해 점프해야 하는 주소를 알지 못하기 때문이라고 설명한 바 있다. 하지만 동적 디스패치를 사용하면 호출자가 이를 알려 줄 수 있다. `impl Pattern`을 `&dyn Pattern`으로 교체하면 호출자에게 이 인수에 대해 두 가지 정보를 반드시 제공해야 한다고 지시하는 것이다. 이 두 가지 정보란 패턴의 주소와 `is_contained_in` 메서드의 주소이다. 실제로 호출자는 가상 메서드 테이블 또는 vtable이라고 하는 메모리에 대한 포인터를 준다. vtable은 제네릭 타입을 위한 트레이트의 모든 메서드 구현체에 대한 주소를 가지고 있으며 `is_contained_in` 메서드도 그중 하나이다. 메서드 내의 코드가 지정한 패턴에 대해 트레이트 함수를 호출할 때 가상 메서드 테이블에서 `is_contained_in` 구현체의 주소를 찾아 그 주소의 함수를 호출한다. 이렇게 하면 호출자가 사용하고자 하는 타입과 무관하게 같은 함수 본문을 사용할 수 있다.

모든 vtable은 구체적 타입의 레이아웃과 정렬에 대한 정보도 가지고 있다. 타입을 다룰 때 항상 필요한 정보이기 때문이다. vtable이 정확히 어떻게 생겼는지 궁금하다면 `std::task::RawWakerVTable` 타입을 살펴보기 바란다.

`dyn` 키워드로 동적 디스패치를 사용하면 그 앞에 `&`를 붙여야 한다는 점을 알아챘을 것이다. 그 이유는 컴파일 시점에 호출자가 전달하는 패턴 타입의 크기를 모르므로 공간을 얼마나 할당해야 할지 알 수 없기 때문이다. 다시 말해 `dyn Trait`는 `!Sized`이다.(`!`는 '부정'을 의미한다.) 이를 `Sized`로 만들어 인수로 취하려면 (크기를 알고 있는) 포인터로 전달해야 한다. 또한 메서드 주소의 테이블도 전달해야 하므로 이 포인터는 vtable에 대한 포인터까지 보관하는 와이드 포인터가 된다. `&mut`, `Box`, `Arc` 등 와이드 포인터를 가질 수 있는 타입이라면 동적 디스패치를 활용할 수 있다. 코드 2-3은 코드 2-2를 동적 디스패치로 다시 구현한 것이다.

코드 2-3 동적 디스패치를 사용한 제네릭 메서드

```
impl String {
  pub fn contains(&self, p: &dyn Pattern) -> bool {
    p.is_contained_in(self)
  }
}
```

트레이트와 vtable을 모두 구현한 복합 타입을 트레이트 객체라고 한다. 대부분의 트레이트는 트레이트 객체로 전환할 수 있지만 모두 그렇지는 않다. 예를 들어 Self를 리턴하는 clone 메서드를 정의한 Clone 트레이트는 트레이트 객체가 될 수 없다. dyn Clone 트레이트 객체를 받아 clone 메서드를 호출하면 컴파일러는 리턴 타입을 알 수 없다. 또 다른 예로 extend 제네릭 메서드(따라서 이 메서드의 복사본이 여러 개 존재할 수 있다.)를 제공하는 표준 라이브러리의 Extend 트레이트를 생각해 보자. dyn Extend를 받는 메서드를 호출하면 extend 메서드가 트레이트 객체의 vtable을 찾는 데 필요한 주소가 하나 이상일 수 있다. extend 메서드를 호출할 수 있는 모든 타입에 대한 엔트리는 하나뿐이어야 한다. 이런 트레이트는 객체 안전(object-safe)하지 않은 트레이트의 예이며 이 경우 트레이트 객체로 전환될 수 없다. 객체 안전하려면 트레이트의 메서드는 제네릭이거나 Self 타입이어서는 안 된다. 게다가 트레이트는 어떤 인스턴스의 메서드를 호출해야 하는지 알 수 없기 때문에 (첫 번째 인수가 Self로 역참조되지 않는) 정적 메서드도 가질 수 없다. 예를 들어 FromIterator::from_iter(&[0])은 어떤 코드를 실행해야 하는지 명확하지 않다.

트레이트 객체에 대해 공부하다 보면 Self: Sized에 트레이트 바운드에 대한 언급을 보게 될 것이다. 이런 바운드는 트레이트 객체 내에서 Self를 사용하지 않는다는 점을 암시한다.(그렇다면 !Sized가 된다.) 어떤 트레이트에 바운드를 적용해서 그 트레이트에서 동적 디스패치를 절대 사용하지 못하게 하거나 특정 메서드에 바운드를 적용해서 트레이트 객체를 통해 해당 트레이트에 접근할 때 그 메서드를 사용하지 못하게 할 수 있다. where Self: Sized 바운드를 가진 메서드는 트레이트가 객체 안전한지 확인하는 과정에서 제외된다.

동적 디스패치는 타입과 메서드의 복사본을 컴파일할 필요가 없으므로 컴파일 시간을 줄여 주며 CPU 인스트럭션 캐시의 효율성을 높여 준다. 하지만 컴파일러가 특정 타입의 최적화를 수행하지 못하는 원인이 되기도 한다. 동적 디스패치를 이용하면 컴파일러가 코드 2-2의 `contains` 함수에 대해 할 수 있는 일이라곤 vtable을 통해 함수를 호출하는 것뿐이다. 함수 호출의 다른 쪽에 어떤 코드가 존재하는지 모르기 때문에 더는 최적화를 수행할 수 없다. 게다가 트레이트 객체의 모든 메서드 호출에는 vtable 조회가 필요하므로 메서드를 직접 호출할 때에 비해 오버헤드가 약간 발생한다.

정적 디스패치와 동적 디스패치 중에서 선택해야 할 때 어떤 것이 옳은 선택인지 분명한 경우는 드물다. 하지만 전반적으로 라이브러리에서는 정적 디스패치를 사용하고, 바이너리에서는 동적 디스패치를 사용하는 편이 좋다. 라이브러리의 경우 사용자의 요구 사항을 모두 알 수 없으므로 사용자가 어떤 디스패치를 사용할지 결정할 수 있게 해 주는 편이 좋다. 동적 디스패치를 사용하면 사용자도 어쩔 수 없이 동적 디스패치를 사용할 수밖에 없지만, 정적 디스패치를 사용하면 사용자가 동적 디스패치 사용 여부를 선택할 수 있다. 반면 바이너리의 경우라면 여러분이 최종적인 코드를 작성하는 셈이므로 자신이 작성하는 코드 외에 다른 코드를 고려할 필요가 없다. 동적 디스패치를 사용하면 제네릭 파라미터 없이 더 깔끔한 코드를 작성할 수 있고 더 빨리 컴파일되며 (대개는) 성능 비용도 크게 들지 않으므로 바이너리를 위한 더 나은 선택이 될 수 있다.

제네릭 트레이트

러스트의 트레이트는 둘 중 한 가지 방법으로 제네릭이 될 수 있다. 하나는 `Foo<T>`처럼 제네릭 타입 파라미터를 사용하는 방법이고, 하나는 `Foo { type Bar; }`처럼 연관 타입(associated type)을 사용하는 방법이다. 두 방법 간 차이점은 바로 드러나지는 않지만 다행히 선택의 규칙은 간단하다. 주어진 타입에 대해 트레이트를 하나만 구현한다면 연관 타입을 사용하고, 그렇지 않으면 제네릭 타입 파라미터를 사용하면 된다.

이 규칙의 근거는 연관 타입은 다루기 훨씬 쉽지만 다중 구현을 지원하지 않는다는 데 있다. 좀 더 간단히 얘기하면 가능한 한 연관 타입을 사용해야 한다.

제네릭 트레이트를 사용하는 경우 사용자는 반드시 모든 제네릭 파라미터를 명시하고 파라미터마다 바운드를 반복해 적용해야 한다. 그러다 보면 코드가 금세 복잡해지고 관리하기 어려워진다. 트레이트에 제네릭 파라미터를 추가하면 그 트레이트의 모든 사용자는 변경 사항이 있을 경우 반드시 모두 반영해야 한다. 그리고 특정 타입에 대해 트레이트의 여러 구현체가 있을 수 있으므로 컴파일러는 여러분이 사용하려는 인스턴스를 판단하기 어려워져서 모호함을 없애기 위해 FromIterator::<u32>::from_iter처럼 무시무시한 함수를 호출하기도 한다. 하지만 장점은 같은 타입에 대해 트레이트를 여러 번 구현할 수 있다는 것이다. 예를 들어 PartialEq의 우변에 사용할 타입에 따라 트레이트를 여러 번 구현하거나 제네릭 트레이트의 유연성을 활용해 FromIterator<T>와 FromIterator<&T> where T: Clone을 동시에 구현할 수 있다.

반면 연관 타입을 사용하면 컴파일러는 트레이트를 구현하는 타입만 알면 되는데 그러면 모든 연관 타입이 도출된다.(구현체가 하나뿐이기 때문이다.) 그렇다는 것은 바운드가 트레이트 자체에 존재하며 사용할 때마다 반복할 필요가 없다는 뜻이다. 따라서 사용자에게 영향을 주지 않고도 트레이트에 연관 타입을 추가할 수 있다. 게다가 타입이 트레이트의 모든 연관 타입을 제공하므로 앞서 나온 통합 함수 호출 문법으로 모호함을 없앨 필요가 전혀 없다. 하지만 여러 Target 타입에 대해 Deref를 구현할 수 없을 뿐 아니라 여러 Item 타입에 대해 Iterator를 구현할 수도 없다.

일관성과 고아 규칙

러스트는 트레이트 구현 위치와 구현 타입에 대해 제법 엄격한 규칙을 적용한다. 이 규칙은 일관성을 유지하기 위해 존재한다. 즉, 어떤 타입과 메서드에 대해 해당 타입을 사용할 메서드를 구현하는 방법은 한 가지뿐이어야 한다. 이 점이 중요한 이유를 알아보기 위해 표준 라이브러리의 bool 타입에 Display 트레이트를 직접 구현하면 어떤 일이 벌어질지 생각해 보자. 이제 bool 값을 출력하면서 직접 구현한 크레이트를 포함하려 하면 컴파일러는 표준 라이브러리의 트레이트를 사용해야 하는지, 직접 구현한 트레이트를 사용해야 하는지 알 수 없게 된다. 어떤 선택도 다른 것보다 옳거나 나은 선택이 아니며 컴파일러는 당연히 아무거나 선택할 수 없다. 표준 라이브러리를 전혀 사용하지 않더라도 서로 의존적인 크레이트를 두 개 가지고 있고 두 크레이트가 모두 공통 타입에 대한 트레이트를 구현하고 있는 경우에도 같은 문제가 생긴다. 일관성은 컴파일러가 이런 상황에 빠지지 않도록 하기 위한 것이다. 정확히 명확한 선택 하나만 항상 존재해야 한다.

일관성을 유지하는 적절한 방법은 트레이트를 정의하는 크레이트만 그 트레이트를 구현할 수 있도록 하는 것이다. 아무도 트레이트를 구현할 수 없다면 구현체 충돌도 없을 것이다. 하지만 현실적으로 이는 너무 제한적이어서 여러분이 직접 정의하는 타입이 크레이트에 포함되지 않는다면, `std::fmt::Debug`와 `serde::Serialize` 같은 트레이트를 구현할 수 없어 결과적으로 트레이트 자체가 무용지물이 되어 버린다. 반대로 여러분의 타입에서만 트레이트를 구현할 수 있다면 이 문제는 해결되지만 또 다른 문제가 생긴다. 트레이트를 정의하는 크레이트가 표준 라이브러리나 다른 유용한 크레이트의 타입에 대해 트레이트를 구현할 수 없게 되는 것이다. 이상적으로는 다운스트림 크레이트가 업스트림 크레이트의 트레이트를 구현해야 하는 상황과 업스트림 크레이트가 다운스트림 코드에 영향을 미치지 않고 트레이트를 직접 구현할 수 있는 상황 사이에서 균형을 맞추기 위한 규칙을 찾아야 할 것이다.

업스트림은 여러분의 코드가 의존하는 부분을, 다운스트림은 여러분의 코드에 의존하는 부분을 의미한다. 보통 이 용어는 크레이트 의존성을 표현하는 데 사용하기도 하지만 코드의 원본을 의미하기도 한다. 예컨대 러스트 컴파일러를 포크했다면 공식 러스트 컴파일러가 여러분의 '업스트림'이 되는 것이다.

러스트에서는 고아 규칙(orphan rule)으로 이런 균형을 유지한다. 간단히 말하면 고아 규칙이란 트레이트나 타입이 크레이트에 지역적일 때에만 트레이트를 구현할 수 있게 하는 것이다. 따라서 여러분의 타입에 `Debug` 트레이트를 구현할 수 있고 `bool` 타입에 `MyNeatTrait` 트레이트를 구현할 수 있지만 `bool` 타입에 Debug 트레이트를 구현할 수는 없다. 이를 시도하면 코드는 컴파일되지 않으며 컴파일러는 구현 충돌이 있음을 알려 줄 것이다.

이 정도만 되어도 충분하다. 서드 파티 타입에 대해 여러분의 트레이트를 구현할 수 있으며 여러분의 타입에 서드 파티 트레이트를 구현할 수도 있다. 하지만 고아 규칙으로 모든 문제가 해결되지는 않는다. 여러분이 알아야 할 추가적인 영향과 위험 요소 그리고 예외 상황이 있다.

포괄적 구현

고아 규칙은 impl<T> MyTrait for T where T: 같은 코드로 여러 타입에 트레이트를 구현하는 것을 허용한다. 이를 포괄적 구현(blanket implementation)이라고 하며 특정 타입 하나에만 제한되지 않고 여러 타입에 적용된다. 트레이트를 정의한 크레이트만 포괄적 구현이 가능하며 기존 트레이트에 포괄적 구현을 추가하는 것은 단절적 변경(breaking change)이다. 이를 단절적 변경으로 취급하지 않는다면 MyTrait 트레이트를 정의한 크레이트가 업데이트된 것이므로 impl MyTrait for Foo 코드를 포함하는 다운스트림 크레이트가 갑자기 구현 충돌로 인해 컴파일되지 않을 수 있다.

기반 타입

어떤 타입은 너무 필수여서 고아 규칙을 위반하는 것처럼 보이더라도 누구든 트레이트를 구현할 수 있도록 해야 한다. 이런 타입들은 #[fundamental] 속성으로 표시되어 있으며 &, &mut, Box 타입이 여기에 해당한다. 고아 규칙의 목적을 생각하면 기반 타입(fundamental type)은 없는 것이나 마찬가지이다. 예컨대 IntoIterator for &MyType을 구현하려면 고아 규칙 검사 전에 기반 타입을 소거해야 해서이다. 하지만 고아 규칙만 적용한다면 IntoIterator와 &가 표준 라이브러리에 정의되어 있는 관계로 외래(foreign) 타입에 대해 외래 트레이트를 구현하는 것이 되므로 허용되지 않는다. 기반 타입에 대한 포괄적 구현을 추가하는 것 역시 단절적 변경이다.

가려진 구현

고아 규칙에서는 보통 허용하지 않지만 그럼에도 외래 타입에 외래 트레이트를 구현해야 하는 경우가 간혹 있다. 가장 간단한 예는 impl From<MyType> for Vec<i32> 같은 코드를 작성하는 경우이다. 여기서 From 트레이트와 Vec 타입은 모두 외래 요소이지만 일관성을 해칠 위험은 없다. 충돌하는 구현은 표준 라이브러리의 포괄적 구현을 통해서만 추가될 수 있으며(그렇지 않으면 표준 라이브러리가 MyType이라는 타입을 인식하지 못한다.) 어쨌든 단절적 변경이기 때문이다.

이런 구현을 허용하기 위해 고아 규칙은 아주 특정한 경우에만 외래 타입에 외래 트레이트 구현을 허용하는 최소한의 예외 처리를 내장하고 있다. 구체적으로 impl<P1..=Pn> ForeignTrait<T1..=Tm> for T0 같은 코드는 다음과 같은 경우에만 허용된다. 최소 하나의 Ti가 지역 타입이고 첫 번째 로컬 타입(예: T3)이 열거되기 전에 나오는 Ti(예: T1과 T2)가 제네릭 타입 P1..=Pn에 속하지 않아야 한다. 제네릭 타입 파라미터(P 타입들)는 일부 중간 타입으로 가려진 경우에만 T0..Ti에 사용할 수 있다. T는 다른 타입의 타입 파라미터로 사용되는 경우(예를 들어 Vec<T>)에는 가려지지만, 그 자체로 사용하거나(그냥 T로 나타나거나) &T처럼 기반 타입으로 사용하는 경우에는 가려지지 않는다. 따라서 코드 2-4의 모든 구현은 유효하다.

코드 2-4 외래 타입에 대한 외래 트레이트의 유효한 구현

```
impl<T> From<T> for MyType
impl<T> From<T> for MyType<T>
impl<T> From<MyType> for Vec<T>
impl<T> ForeignTrait<MyType, T> for Vec<T>
```

하지만 코드 2-5는 유효하지 않다.

코드 2-5 외래 타입에 외래 트레이트 구현이 허용되지 않는 경우

```
impl<T> ForeignTrait for T
impl<T> From<T> for T
impl<T> From<Vec<T>> for T
impl<T> From<MyType<T>> for T
```

```
impl<T> From<T> for Vec<T>
impl<T> ForeignTrait<T, MyType> for Vec<T>
```

이렇게 고아 규칙을 완화하면 기존 트레이트에 대한 새 구현을 추가할 때 이것이 단절적 변경이 되는지 판단하기 위한 규칙이 더 복잡해진다. 기존 트레이트에 추가하는 새 구현 방식이 적어도 하나의 새 지역 타입을 가지고 있고 그 새로운 지역 타입이 앞서 설명한 면제 규칙을 만족하는 경우에만 호환성이 유지된다. 그 외 모든 새로운 구현 추가는 단절적 변경이다.

`impl<T> ForeignTrait<LocalType, T> for ForeignType`은 유효하지만 `impl<T> ForeignTrait<T, LocalType> for ForeignType`은 그렇지 않다는 점을 기억하자! 대수롭지 않아 보이지만 이 규칙이 없다면 여러분이 `impl<T> ForeignTrait<T, LocalType> for ForeignType` 타입을 구현하고 다른 사람이 `impl<T>ForeignTrait<TheirType, T> for ForeignType`을 구현하면 두 크레이트를 함께 사용할 때 충돌이 생긴다. 그래서 고아 규칙은 이런 패턴을 아예 사용하지 못하게 하는 대신 여러분의 지역 타입을 타입 파라미터 앞에 선언하게 함으로써 우선순위를 갖게 하고 두 크레이트가 독자적으로는 물론 함께 사용할 때에도 일관성을 갖게 하는 것이다.

트레이트 바운드

표준 라이브러리에는 트레이트 바운드가 상당수 정의되어 있는데 `HashMap`의 키는 반드시 `Hash + Eq`를 구현해야 한다거나 `thread::spawn` 메서드에 전달하는 함수는 반드시 `FnOnce + Send + 'static`이어야 한다는 것 등이 있다. 제네릭 코드를 직접 작성하다 보면 거의 매번 트레이트 바운드를 설정할 수밖에 없다. 그렇지 않으면 제네릭 파라미터에 전달된 타입으로 할 수 있는 일이 많지 않기 때문이다. 제네릭 코드를 더 정교하게 구현하다 보면 트레이트 바운드를 더 엄수해야 하므로 이를 달성할 수 있는 몇 가지 방법을 살펴보자.

가장 먼저 트레이트 바운드가 `T: Trait` 형태일 필요는 없다. 여기서 `T`는 여러분의 구현이나 타입이 제네릭 타입으로 취급할 타입을 의미한다. 바운드는 타입을 임의로 제한할 수 있으며 제네릭 파라미터, 인수 타입 또는 지역 타입을 포함할 필요도 없다. `where String: Clone`으로 트레이트 바운드를 정할 수도 있다. String: Clone이 항상 참이며 지역 타입도 갖고 있지 않더라도 말이다. 또한 제네릭 파라미터를 반드시 좌변에만 사용해야 하는 것도 아니므로 where io::Error: From<MyError<T>>처럼 작성할 수도 있다. 예를 들어 여러분이 작성하는 메서드가 키는 제네릭 타입 T이고 값은 usize인 HashMap<K, V, S>를 만들고 싶다면 where T: Hash + Eq, S: BuildHasher + Default처럼 작성하지 않고 where HashMap<T, usize, S>: FromIterator처럼 작성하면 된다. 이렇게 하면 여러분이 사용할 메서드의 정확한 바운드 요구 사항을 찾아볼 필요가 없으며 여러분의 코드가 '정말로' 요구하는 내용을 더 명확하게 표현할 수 있다. 게다가 여러분이 호출하고자 하는 트레이트 메서드의 바운드가 복잡해도 여러분의 바운드는 그렇게 복잡해지지 않는다.

파생 트레이트

#[derive(Trait)]는 무척 편리하지만 트레이트 바운드의 관점에서 구현 방식에 대해 한 가지 짚고 넘어가야 할 점이 있다. #[derive(Trait)] 확장의 대부분은 impl Trait for Foo<T> where T: Trait로 해석된다. 물론 대부분 이렇게 동작하기를 기대하겠지만 항상 그렇지는 않다. 예를 들어 Arc<T>를 가지고 있는 Foo<T>에 대해 Clone 트레이트를 이 방식으로 구현한다고 가정해 보자. Arc는 T가 Clone을 구현하는지 여부와는 무관하게 Clone을 구현하지만 파생 바운드 때문에 Foo는 T가 Clone을 구현할 때에만 Clone을 구현한다. 대부분은 큰 문제가 아니지만 불필요한 곳에 바운드를 추가하게 된다. 타입 이름을 Shared로 바꾸면 이 문제를 좀 더 잘 파악할 수 있다. Shared<NotClone> 타입을 사용하는 사용자가 이 타입을 복제할 수 없다는 컴파일러 에러를 보게 되면 얼마나 헷갈릴지 생각해 보자. 이 책을 집필하는 현재 표준 라이브러리가 제공하는 #[derive(Clone)]은 이 방식으로 동작하지만 향후에는 바뀔 수 있다.

때로는 제네릭 타입의 연관 타입에 대한 바운드가 필요한 경우도 있다. 예를 들어 flatten 반복자 메서드를 살펴보자. 이 메서드는 중첩된 반복자를 입력으로 받아서 해당 안쪽 반복자의 항목으로 구성된 반복자를 리턴한다. 이 메서드가 생산하는 타입 Flatten은 바깥쪽 반복자의 타입을 I 제네릭 파라미터로 표현한다. Flatten 타입은 I가 Iterator를 구현하고 I가 생산하는 아이템들도 IntoIterator를 구현하는 경우에만 Iterator를 구현한다. 러스트는 이 바운드를 허용하기 위해 Type::AssocType 문법을 이용해 타입의 연관 타입을 참조한다. 예를 들어 I의 Item 타입은 I::Item 문법으로 참조할 수 있다. 타입이 같은 이름의 연관 타입을 여러 개 갖고 있는 경우, 이를테면 연관 타입을 제공하는 트레이트 자체가 제네릭인(그래서 여러 구현체가 존재하는) 경우 <Type as Trait>::AssocType으로 모호함을 해소할 수 있다. 이렇게 하면 바깥쪽 반복자 타입뿐 아니라 그 바깥쪽 반복자의 아이템 타입을 위한 바운드를 작성할 수 있다.

코드에서 제네릭을 광범위하게 사용하다 보면 타입에 대한 참조를 위한 바운드를 작성해야 할 때가 있다. 보통은 이런 참조에 대한 제네릭 수명 파라미터를 사용할 것이므로 문제가 되지 않는다. 하지만 경우에 따라서는 '이 참조는 수명과 관계없이 이 트레이트를 구현한다'는 의미를 지닌 바운드가 필요한 경우가 있다. 이런 타입의 바운드를 상위(higher-ranked) 트레이트 바운드라고 하며 Fn 트레이트와 관련이 있을 때 특히 유용하다. 예를 들어 제네릭 타입 T를 사용하는 함수에 대한 참조를 받아서 그 T 내부의 참조를 리턴하는 함수를 작성한다고 가정해 보자. F: Fn(&T) -> &U와 같은 코드를 작성하면 이 참조에 대한 수명을 제공해야 하지만, 실제로 필요한 수명은 '출력과 입력에 동일하게 적용된' 수명이다. 상위 수명을 사용하면 F: for<'a> Fn(&'a T) -> &'a U와 같이 코드를 작성해 'a에 어떤 수명이든 바운드를 제공해야 한다는 점을 표현할 수 있다. 러스트 컴파일러는 상당히 똑똑해서 이렇게 참조를 가진 Fn 바운드를 작성하면 이 기능이 필요한 대부분의 경우에 적합하도록 알아서 for를 추가한다. 명시적 형식이 필요한 경우는 매우 드물기 때문에 이 책을 집필하는 시점에 표준 라이브러리에서도 이를 사용하는 부분은 세 군데뿐이다. 그럼에도 필요한 경우가 있으니 알아 두는 편이 좋다.

지금까지 설명한 내용을 종합해서 반복 가능하며 요소가 Debug 트레이트를 구현하는 모든 타입에 대해 Debug 트레이트를 구현하는 코드 2-6을 살펴보자.

코드 2-6 모든 반복 가능한 컬렉션에 대해 Debug 트레이트를 구현하는 제네릭 구현 코드

```
impl Debug for AnyIterable
  where for<'a> &'a Self: IntoIterator,
        for<'a> <&'a Self as IntoIterator>::Item: Debug {
    fn fmt(&self, f: &mut Formatter) -> Result<(), Error> {
        f.debug_list().entries(self).finish()
  }
}
```

이 코드는 거의 모든 컬렉션 타입에 적용할 수 있으며 '문제없이' 동작할 것이다. 물론 더 유용한 디버그 구현 코드가 필요할 수도 있겠지만 적어도 이 예는 트레이트 바운드의 강력함을 잘 설명하고 있다.

마커 트레이트

보통 트레이트는 여러 타입이 지원할 수 있는 기능을 나타내기 위해 사용한다. Hash 타입은 hash 메서드를 호출해서 해시값으로 변환될 수 있고, Clone 타입은 clone 메서드를 호출해 복제 가능하며, Debug 타입은 fmt 메서드를 호출해 형식화된 디버깅 정보를 제공할 수 있다. 하지만 모든 트레이트가 이런 식으로 기능하지는 않는다. 마커 트레이트라는 일부 트레이트는 구현하는 타입의 프로퍼티를 나타내기만 한다. 마커 트레이트는 메서드나 연관 타입을 갖지 않으며 특정 타입을 어떤 방식으로 사용할 수 있는지 여부만 알려 준다. 예를 들어 타입이 Send 마커 트레이트를 구현한다면 그 타입의 값을 스레드 경계 너머로 보내도 안전하다는 것을 의미한다. 이 마커 트레이트를 구현하지 않는다면 다른 스레드로 보내는 것은 안전하지 않다. 이 동작과 관련된 메서드나 연관 타입은 존재하지 않는다. 그저 타입에 대한 사실만 알려 주는 셈이다. 표준 라이브러리는 std::marker 모듈을 통해 Send, Sync, Copy, Sized, Unpin 같은 마커 트레이트를 제공한다. 모든 트레이트(Copy 제외)는 자동 트레이트이다. 즉, 타입이 가진 모든 요소가 마커 트레이트를 구현하고 있다면 컴파일러가 타입에 마커 트레이트를 자동으로 구현해 준다.

마커 트레이트는 코드가 직접 표현하지 않는 의미적인 요구 사항을 표현하는 바운드를 작성할 수 있게 해 준다는 중요한 목적이 있다. 예컨대 send 메서

드에는 타입이 Send를 구현하는지 요구하는 코드가 없다. 그 대신 코드는 주어진 타입을 다른 스레드에서 사용해도 괜찮다고 가정할 뿐이다. 마커 트레이트가 없다면 컴파일러가 이런 가정을 확인할 방법이 없다. 그러면 프로그래머가 이 가정을 기억하고 있다가 코드를 주의해서 읽어야 하는데 알다시피 이런 방법은 우리가 선호하는 방법이 아니다. 그러다 보면 데이터 경쟁(data race) 상태, 세그폴트를 비롯한 런타임 이슈를 유발하게 된다.

마커 트레이트와 비슷한 것으로 마커 타입이 있다. 이런 타입은 단위 타입(struct MyMarker; 같은)이며 데이터를 보관하지도 않고 메서드를 제공하지도 않는다. 이런 타입은 사용자가 API를 잘못 사용하지 못하게 할 때 편리하다. 예를 들어 SshConnection 같은 타입을 생각해 보자. 이 타입은 인증을 받았을 수도 있고 그렇지 않았을 수도 있다. 이 타입에 제네릭 타입 인수를 추가해 Unauthenticated와 Authenticated라는 두 가지 마커 타입을 만들 수 있다. 사용자가 처음 연결을 시도할 때에는 SshConnection<Unauthenticated> 타입을 얻게 된다. 이 타입의 impl 블록에는 connect라는 메서드 하나만 제공하면 된다. connect 메서드는 SshConnection<Authenticated> 타입을 리턴하고 이 타입의 impl 블록에는 명령을 실행하기 위한 나머지 메서드를 제공하면 된다. 이 패턴은 3장에서 더 자세히 살펴본다.

존재 타입

러스트에서는 함수 본문에 선언한 변수의 타입이나 호출하려는 메서드의 제네릭 인수 타입을 명시해야 하는 경우가 거의 없다. 이는 타입 추론 덕분이다. 타입 추론이란 컴파일러가 코드의 문맥, 즉 해당 타입을 사용하는 표현식이 어떤 타입으로 평가되는지에 따라 적절한 타입을 자동으로 결정하는 과정이다. 컴파일러는 보통 변수나 클로저의 인수(그리고 리턴값)의 타입을 추론한다. 함수, 타입, 트레이트 및 트레이트 구현 블록 같은 최상위 수준 정의에는 모든 타입의 이름을 명시적으로 지정해야 한다. 이렇게 해야 하는 이유는 여러 가지인데 그중 가장 중요한 이유는 적어도 추론을 시작할 지점이 있으면 타입 추론이 훨씬 쉬워지기 때문이다. 하지만 타입의 전체 이름을 알아내기가 항상 쉽거나 가능하지는 않다. 예를 들어 함수에서 클로저를 리턴하거나 트레이트 메서드에서 async 블록을 리턴하면 그 타입은 코드에서 사용할 타입 이름을 가지고 있지 않다.

이런 상황을 해결하기 위해 러스트는 존재 타입을 지원한다. 존재 타입을 사용하는 경우를 이미 본 적이 있을 것이다. async fn으로 표시된 함수나 리턴 타입이 impl Trait인 함수는 존재 리턴 타입을 가지고 있다. 함수의 시그너처가 리턴값의 실제 타입을 명시하지는 않는다. 단지 힌트를 제공하는데 함수가 리턴하는 어떤 타입이 호출자가 사용할 수 있는 어떤 트레이트를 구현한다고 알려 줄 뿐이다. 게다가 결정적으로 호출자는 그 트레이트를 구현하는 리턴 타입만 사용할 수 있을 뿐 다른 타입은 사용할 수 없다.

기술적으로 호출자가 리턴 타입 외의 다른 타입은 사용할 수 없다는 게 딱 맞는 말은 아니다. 컴파일러는 리턴 지점에 impl Trait를 통해 Send와 Sync 같은 자동 트레이트를 전파한다. 다음 장에서 좀 더 자세히 살펴보자.

존재 타입이라는 이름은 이 동작에서 유래했다. 우리는 시그너처에 일치하는 구체적 타입이 존재하리라고 가정할 뿐, 실제로는 컴파일러가 그 타입이 뭔지 알아내도록 하는 것이다. 그러면 컴파일러는 보통 함수 본문에 타입 추론을 적용해 그 타입을 알아낸다.

impl Trait의 모든 인스턴스가 존재 타입을 사용하지는 않는다. 함수 인수 자리에 impl Trait를 사용하면 약식으로 그 함수의 제네릭 파라미터에 이름을 붙이지 않을 뿐이다. 예를 들어 fn foo(s: impl ToString)은 fn foo<S: ToString>(s: S)를 더 짧게 표현한 것일 뿐이다.

존재 타입은 연관 타입을 가진 트레이트를 구현할 때 특히 편리하다. 예를 들어 IntoIterator 트레이트를 구현한다고 가정해 보자. 이 트레이트는 주어진 타입을 차례로 리턴하는 반복자의 타입을 표현하는 IntoIter 연관 타입을 가지고 있다. 존재 타입을 사용하면 IntoIter에 사용할 별도의 반복자 타입을 정의할 필요가 없다. 그저 impl Iterator<Item = Self::Item>을 연관 타입으로 제공하고, fn into_iter(self) 함수에서는 존재하는 반복자 타입에 맵과 필터를 사용하는 등의 방법으로 이 타입을 `Iterator`로 평가하는 표현식을 작성하면 된다.

존재 타입은 단순한 편의를 넘어 무비용 타입 소거(erasure)를 실행할 수 있게 해 준다. 단순히 헬퍼 타입이 공개 시그너처에 사용된다는 이유만으로(일반적인 예를 들자면 반복자와 퓨처) 이를 내보내는 것이 아니라 존재 타입을 이용해 구체적 타입을 숨길 수 있다. 여러분의 인터페이스를 사용하는 사용자에게는 타입 구현에 관련된 트레이트만 보이는 반면 구체적 타입은 구현 상세에 남겨지는 것이다. 이렇게 하면 인터페이스가 간결해질 뿐 아니라 나중에 다운스트림 코드에 영향을 주지 않고도 구현 방식을 변경할 수 있다.

요약

이번 장에서는 러스트의 타입 시스템에 대해 상세히 알아봤다. 그리고 컴파일러가 메모리에 저장된 값의 타입을 표현하는 방법과 타입 자체를 추론하는 방법에 대해 살펴봤다. 이는 이 책의 나머지 부분에서 안전하지 않은 코드, 복잡한 애플리케이션 인터페이스, 비동기 코드를 작성하는 데 필요한 매우 중요한 기반 지식이다. 또한 다음 장에서 러스트 코드 인터페이스를 설계할 때 이번 장에서 알아본 타입 추론이 적용되는 경우를 보게 될 것이다.

3장

Rust for Rustaceans

인터페이스 설계

모든 프로젝트는 규모와 상관없이 API를 제공한다. 사실 보통은 API를 여러 개 제공한다. 이 중 HTTP 엔드포인트나 명령 줄 인터페이스 같은 일부 API는 사용자가 직접 사용하기도 하고, 라이브러리의 공개 인터페이스 같은 어떤 API는 개발자가 사용하기도 한다. 게다가 러스트 크레이트 또한 내부 인터페이스를 제공한다. 모든 타입, 트레이트, 모듈 경계는 여러분의 코드를 위한 작은 API를 각각 제공한다. 기반 코드의 크기와 복잡도가 증가할수록 내부 API라도 시간과 노력을 들여 설계해야 시간이 지나도 코드 사용과 유지 보수 경험을 최대한 즐겁게 유지할 수 있음을 알게 될 것이다.

이번 장에서는 사용자가 사용할 코드이든, 다른 개발자가 사용할 라이브러리이든 러스트에서 관용적인 인터페이스를 작성하기 위해 고려해야 할 가장 중요한 요소들을 살펴볼 것이다. 이는 기본적으로 네 가지 원리로 압축할 수 있다. 인터페이스는 예상 가능해야 하고, 유연해야 하며, 명확해야 하고, 제한적이어야 한다. 이 원리를 차례대로 설명하면서 안정적이고 사용하기 좋은 인터페이스를 위한 가이드를 제공할 예정이다.

이번 장을 읽고 나서 'Rust API Guidelines'(*https://rust-lang.github.io/api-guidelines/*)를 살펴볼 것을 강력히 권한다. 각각의 권장 사항에 대한 상세한 설

명은 물론 여러분이 활용할 수 있는 훌륭한 체크리스트도 제공한다. 이번 장에서 소개할 권장 사항 중 상당수는 `cargo clippy` 도구에서도 확인하는 것이다. 이 도구를 아직 사용하고 있지 않다면 이제부터라도 사용해야 한다. 또한 러스트 RFC 1105(*https://rust-lang.github.io/rfcs/1105-api-evolution.html*)와 'The Cargo Book'에서 SemVer 호환성(*https://doc.rust-lang.org/cargo/reference/semver.html*)을 설명하는 부분도 읽어 보기를 권한다. 이 내용은 러스트에서 어떤 부분이 단절적 변경이고 어떤 부분이 그렇지 않은지 설명한다.

예상 가능한 인터페이스

소프트웨어 엔지니어링에서 예상과 다르게 동작하는 부분을 최소화해야 한다는 원리는 러스트 인터페이스에도 그대로 적용된다. 가능하다면 여러분의 인터페이스는 직관적이어서 사용자가 인터페이스 사용법을 대체로 정확히 예상할 수 있어야 한다. 물론 애플리케이션의 모든 부분이 이처럼 직관적일 수는 없겠지만 예상 가능한 부분은 예상 가능해야 한다. 중요한 점은 사용자가 이미 알고 있을 것 같은 내용을 최대한 유지해서 이미 익숙한 것과 다른 방법으로 개념을 다시 학습할 필요가 없도록 하는 것이다. 그렇게 하면 사용자는 여러분이 만든 인터페이스의 특징을 알아내기 위해 머리를 굴릴 필요가 없다.

인터페이스를 예상 가능하게 만드는 방법은 여러 가지이다. 여기서는 사용자를 돕기 위한 명명 관례와 공통 트레이트 및 인간 공학적 트레이트 구현 방법 등을 알아보자.

명명 관례

사용자는 인터페이스의 이름을 가장 먼저 보게 된다. 그러면 사용자는 타입, 메서드, 변수, 필드, 라이브러리 이름을 이용해 여러 가지를 유추하기 시작할 것이다. 여러분의 인터페이스가 다른(아마도 일반적인) 인터페이스의 메서드 및 타입과 같은 이름을 그대로 사용한다면, 사용자는 여러분의 메서드와 타입을 유추할 수 있을 것이다. `iter`라는 이름의 메서드는 십중팔구 `&self`를 받아 반복자를 리턴할 것이다. `into_inner` 메서드는 아마도 `self`를 받아 어떤 래핑된 타입을 리턴할 것이다. SomethingError라는 타입은 std::error::Error 트레이트를 구현하며 여러 Result 타입에 등장할 것이다. 같은 목적에 일반적인 이름을 사용하면 사용자가 동작을 예상하기 쉬워지고 인터페이스의 차이점도 쉽게 이해할 수 있다.

이 방법은 이름을 공유하는 것들은 반드시 같은 방법으로 동작해야 한다는 결론으로 귀결된다. 그렇지 않을 경우, 예컨대 iter 메서드가 self를 받거나 SomethingError 타입이 Error 트레이트를 구현하지 않는다면, 사용자는 인터페이스 동작에 대한 예상을 토대로 잘못된 코드를 작성하게 될 것이다. 그러면 예상과 다른 동작에 당황하며 여러분의 인터페이스가 왜 예상과 다른지 알아내느라 시간을 허비할 것이다. 프로그래머로서 사용자를 이런 충돌로부터 구해 낼 수 있다면 그렇게 해야 한다.

타입에 대한 공통 트레이트

러스트 사용자는 인터페이스의 모든 것이 '제대로 동작'하리라 가정할 것이다. {:?}로 모든 타입값을 출력할 수 있으며, 다른 스레드로 뭐든 보낼 수 있고, 모든 타입이 Clone 타입이라고 생각할 것이다. 가능하다면 사용자가 당황할 만한 상황은 피하고 당장 필요하지 않더라도 인터페이스를 구현하는 개발자 입장에서 표준 트레이트의 대부분을 적극적으로 구현해야 한다.

컴파일러는 2장에서 언급했던 일관성 규칙 때문에 인터페이스 사용자가 필요할 때 이런 트레이트를 구현하는 것을 허용하지 않는다. 따라서 사용자는 여러분이 제공하는 인터페이스의 외래 타입에 대해 외래 트레이트(이를테면 Clone)를 구현할 수 없다. 그 대신 여러분의 인터페이스에 정의한 타입을 각자의 타입으로 감싸야 할 것이고, 그러면 타입 내부에 접근하지 못하는 상태에서 적절한 동작을 구현하기가 상당히 어려울 수 있다.

표준 트레이트 중 첫 번째로 Debug 트레이트를 살펴보자. 거의 모든 타입은 Debug 트레이트를 구현할 수 있고 타입 이름만 출력하는 한이 있더라도 이 트레이트를 구현해야 한다. 보통은 #[derive(Debug)]를 이용하는 것이 인터페이스에 Debug 트레이트를 구현하는 가장 좋은 방법이지만, 모든 파생 트레이트

(derived trait)는 제네릭 파라미터에 대해 같은 바운드를 자동으로 추가한다는 점을 기억해야 한다. 물론 fmt::Formatter에 여러 debug_ 헬퍼 함수를 활용해 직접 구현해도 무방하다.

두 번째로 살펴볼 것은 러스트의 자동 트레이트인 Send와 Sync(그리고 하나 더 추가하면 Unpin)이다. 타입이 이 트레이트 중 하나를 구현하지 않는다면 적절한 이유가 반드시 있어야 한다. Send를 구현하지 않는 타입은 Mutex에 보관할 수 없으며 심지어 스레드 풀을 가진 애플리케이션에서는 스레드 간에 전달도 불가능하다. Sync를 구현하지 않는 타입은 Arc를 통해 공유할 수 없으며 정적 변수로 선언할 수 없다. 하지만 사용자는, 특히 거의 모든 것이 스레드 풀에서 실행되는 비동기 세계에서는 더욱 더 타입들이 '무난히 동작'하리라고 생각하므로 여러분의 타입이 이런 트레이트를 구현하지 않는다면 크게 당황할 것이다. 여러분의 타입이 이 트레이트를 구현할 수 없다면 그 사실과 이유를 잘 문서화하기 바란다.

그다음으로 거의 공통적으로 구현해야 할 트레이트는 Clone과 Default 트레이트다. 이 트레이트는 파생 가능하고 쉽게 구현할 수도 있으며 대부분의 타입이 구현하는 편이 낫다. 타입이 이 트레이트를 구현할 수 없다면 문서에 명확히 표시해야 한다. 사용자는 보통 필요하다면 그 타입의 인스턴스를 여러 개 생성할 수 있다고 생각하므로 그렇게 할 수 없다면 꽤나 당황할 것이다.

이 외에도 구현할 것으로 기대하는 트레이트는 PartialEq, PartialOrd, Hash, Eq, Ord 같은 비교 트레이트이다. 사용자는 어느 시점에 결국 타입의 인스턴스 두 개를 ==나 assert_eq!로 비교할 것이므로 PartialEq 트레이트는 특히 더 구현해야 한다. 타입이 같은 인스턴스에 대해서만 동등 비교를 수행하더라도 PartialEq를 구현해서 사용자가 assert_eq!를 사용할 수 있도록 지원하는 편이 좋다.

PartialOrd와 Hash는 좀 더 특화된 트레이트이므로 광범위하게 적용되지 않을 수도 있지만 가능하다면 이 트레이트도 구현해야 할 것이다. 사용자가 타입을 맵의 키로 사용하거나 std::collection 타입을 이용해 중복을 제거하려 한다면 이 바운드가 필요하므로 특히 더 그래야 한다. Eq와 Ord는 타입의 비교 연산을 구현할 때 PartialEq와 PartialOrd보다 의미적 요구 사항이 더 많다. 이 트레이트는 문서에 잘 설명되어 있으며 타입이 요구하는 의미들이 타입에 실제로 적용될 수 있는 경우에만 이 트레이트를 구현해야 한다.

마지막으로, 대부분의 타입은 serde 크레이트의 Serialize와 Deserialize 트레이트를 구현해야 한다. 이 트레이트는 쉽게 파생 가능하며 serde_derive 크레이트는 하나의 필드나 열겻값에 대한 직렬화를 덮어쓸 수 있는 메커니즘도 제공한다. serde는 서드 파티 크레이트이므로 여기에 의존성을 추가하고 싶지는 않을 것이다. 그래서 대부분의 라이브러리는 사용자가 원하는 경우에만 이에 대한 지원을 추가하는 serde 기능을 제공한다.

이번 절에서 파생 가능한 Copy 트레이트를 언급하지 않은 이유가 궁금할 것이다. 두 가지 면에서 Copy 트레이트는 지금까지 언급한 다른 트레이트와 구별된다. 첫 번째는 사용자는 보통 값을 복사할 수 있을 것이라 생각하지 않는다는 점이다. 오히려 복사본이 필요하다면 clone 메서드를 호출한다. Copy는 주어진 타입의 값을 이동할 때 의미를 바꾸는 경향이 있어 오히려 사용자가 당황할 수 있다. 이런 점은 두 번째 통찰로 이어진다. Copy 타입은 제약이 많아서 조금만 실수해도 복사가 되지 않는 경우가 많다. 예를 들어 처음에 타입을 간단하게 구현하느라 String을 비롯해 복사가 안 되는 타입을 사용하게 되는 일이 많다. 이런 경우에는 Copy 구현을 제거해야 하며 이는 하위 호환이 되지 않는 변경이다. 반대로 Clone 구현을 제거해야 하는 경우는 거의 없기 때문에 부담이 적다.

인간 공학적 트레이트 구현

러스트는 트레이트를 구현한 타입을 참조하기 위해 트레이트를 자동으로 구현하지 않는다. 다시 설명하면 Bar: Trait라 하더라도 &Bar로 fn foo<T: Trait>(t: T)를 호출할 수 없다. 그 이유는 Trait가 &mut self나 self를 받는 메서드를 가지고 있을 수 있으며 이런 메서드는 당연히 &Bar로 호출할 수 없기 때문이다. 그럼에도 사용자가 Trait에는 &self 파라미터를 갖는 메서드만 구현되어 있음을 본다면 상당히 당황할 것이다.

그래서 새로운 트레이트를 정의할 때에는 &T where T: Trait, &mut T where T: Trait, Box<T> where T: Trait의 포괄적 구현을 제공해야 한다. Trait에 정의한 메서드의 수신자에 따라 이 중 일부만 구현할 수도 있다. 표준 라이브러리가 제공하는 트레이트 중 상당수는 비슷한 구현을 가지고 있으며 이는 사용자에게 직관성을 제공하기 위해서이다.

반복자는 타입 참조에 트레이트 구현체를 추가해야 하는 또 다른 사례이다. 반복 가능한 타입이라면 &MyType과 &mut MyType 모두에 IntoIterator 트레이트를 구현하는 것을 고려하자. 그러면 사용자는 대여한 타입 인스턴스에 for 루프를 사용할 수 있다.

래퍼 타입

러스트는 전통적인 객체 상속을 지원하지 않는다. 하지만 Deref 트레이트와 AsRef 트레이트는 T 타입의 값을 가질 수 있으며, T: Deref<Target = U> 바운드를 선언한 경우 T 타입을 통해 U 타입의 메서드를 호출할 수 있게 해 준다. 사용자 입장에서는 마치 마법처럼 보이며 대부분의 경우 끝내준다.

비교적 투명한 래퍼 타입(Arc 같은)을 제공하다 보면 Deref 트레이트를 구현해서 사용자가 .(마침표) 연산자로 내부 타입의 메서드를 호출하는 것을 지원하게 되는 경우가 있다. 내부 타입에 접근하기 위해 복잡하거나 느린 로직을 작성할 필요가 없다면 AsRef 트레이트를 구현해 사용자가 &WrapperType을 &InnerType으로 쉽게 사용할 수 있도록 할 수 있다. 대부분의 래퍼 타입은 가능한 한 From<InnerType>과 Into<InnerType> 트레이트를 구현해서 사용자가 래핑을 쉽게 추가하거나 제거할 수 있어야 한다.

Deref나 AsRef 트레이트와 비슷한 Borrow 트레이트는 실상은 앞서 언급한 트레이트와 조금 다르다. Borrow 트레이트는 훨씬 제한적인 사용법, 즉 기본적으로는 같은 타입의 동일한 변형 중 하나를 호출자에게 제공하기 위한 목적으로 설계되었다. 어쩌면 Equivalent라고 불러야 했을 수도 있다. 예를 들어 HashSet<String> 타입의 경우 Borrow는 호출자가 &str이나 &String 중 하나를 선택해 제공할 수 있게 해 준다. AsRef를 이용해도 같은 기능을 구현할 수 있지만 Borrow 트레이트 구현 시 요구 사항, 다시 말해 타깃 타입이 구현 타입과 정확히 동일하게 Hash, Eq, Ord 트레이트를 구현해야 한다는 요구 사항이 없다면 안전하지 않다. 게다가 Borrow는 T, &T, &mut T를 위한 Borrow<T>의 포괄적 구현을 제공하므로 트레이트 바운드에서 이러한 구현을 사용해 주어진 타입의 소유권이 있는 값이나 참조된 값을 모두 받아들이기가 편리해진다. 보통 Borrow는 여러분의 타입이 다른 타입과 동등할 때 사용하도록 설계된 반면, Deref와 AsRef는 다른 타입'처럼 동작하는' 타입을 더 광범위하게 구현하기 위해 설계되었다.

 **Deref와 상속 메서드**

마침표 연산자와 Deref 트레이트의 마법 같은 기능은 T 타입에 &self를 받는 메서드가 존재하는 경우 혼동을 유발할 수 있다. 예를 들어 어떤 값 t: T가 주어졌을 때 t.frobnicate() 메서드가 T 타입의 메서드인지, U 타입의 메서드인지 불분명하다.

그런 이유로 미리 알 수 없는 내부 타입의 메서드를 투명하게 호출할 수 있는 타입은 상속 메서드 사용을 피해야 한다. Vec 타입이 슬라이드를 역참조하더라도 push 메서드를 제공하는 것이 문제없는 이유는 슬라이스에 당분간은 push 메서드가 추가되지 않을 것임을 알기 때문이다. 하지만 여러분의 타입이 사용자가 제어하는 타입을 역참조한다면 여러분이 추가하는 상속 메서드가 사용자가 제어하는 타입에 이미 존재할 수도 있고 따라서 문제를 유발할 수 있다. 이런 경우에는 fn frobnicate(t: T)처럼 정적 메서드를 사용하면 된다. 그렇게 하면 t.frobnicate()는 U::frobinicate를 항상 호출하며, T::frobnicate(t)는 T 타입의 frobnicate 메서드 호출에 사용할 수 있다.

유연한 인터페이스

여러분이 작성하는 모든 코드는 명시적이든 암묵적이든 계약을 포함하고 있다. 계약은 일련의 요구 사항과 약속으로 이루어진다. 요구 사항은 코드를 사용하는 방법에 대한 제약이며, 약속은 코드를 사용하는 방법에 대한 보장이다. 새 인터페이스를 설계할 때에는 이 계약에 대해 깊이 생각해야 한다. 한 가지 좋은 방법은 불필요한 제약을 피하고 지킬 수 있는 약속만 하는 것이다. 제약을 추가하거나 약속을 제거하는 것은 시맨틱 버전의 주 버전을 바꾸는 것이며 그러면 다른 곳의 코드에 문제가 생길 수 있다. 반면 제약을 완화하거나 약속을 추가하는 것은 보통 하위 호환이 가능하다.

러스트에서 제약은 보통 트레이트 바운드와 인수 타입으로 정의하며 약속은 트레이트 구현과 리턴 타입으로 정의한다. 예를 들어 코드 3-1에 선언한 세 가지 함수 시그너처를 비교해 보자.

코드 3-1 **비슷하지만 서로 다른 계약을 정의한 함수 시그너처**

```
fn frobnicate1(s: String) -> String
fn frobnicate2(s: &str) -> Cow<'_, str>
fn frobnicate3(s: impl AsRef<str>) -> impl AsRef<str>
```

이 세 함수 시그너처는 모두 문자열을 받아서 문자열을 리턴하지만 계약이 서로 사뭇 다르다.

첫 번째 함수는 호출자가 `String` 타입의 문자열을 소유해야 하며 소유한 `String` 값을 리턴할 것을 약속하고 있다. 계약에 따르면 호출자는 소유한 문자열을 할당해야 하고 우리도 소유한 문자열을 리턴해야 하므로 나중에 이 함수를 하위 호환이 되는 방법으로 할당 없이 호출하도록 변경할 수 없다.

두 번째 함수의 계약은 이 제약을 완화하고 있다. 호출자는 문자열에 대한 어떤 참조도 전달할 수 있으므로 사용자는 문자열을 할당하거나 소유권을 포기할 필요가 없다. 또한 `std::borrow::Cow` 타입을 리턴한다. 이는 문자열을 소유할 필요가 있는지에 따라 문자열 참조를 리턴할 수도 있고 소유한 문자열을 리턴할 수도 있다는 뜻이다. 이 계약의 약속은 함수가 `Cow` 타입을 항상 리턴한다는 것이며 따라서 나중에 뭔가 다른 최적화된 문자열 표현으로 대체할 수는 없다. 호출자는 반드시 `&str` 값을 전달해야 하므로 이미 존재하는 문자열을 소유하고 있다면 함수를 호출할 때 반드시 `&str`로 역참조해야 한다.

세 번째 함수는 이 제약을 강화한다. 사용자는 문자열에 대한 참조를 만들어 낼 수 있는 타입만 전달할 수 있으며, 문자열에 대한 참조를 만들어 낼 수 있는 값만 리턴한다.

이 세 함수 시그너처 중에 어떤 것이 가장 좋다고 할 수는 없다. 함수가 문자열을 소유해야 한다면 추가적인 문자열 복사를 피하기 위해 첫 번째 인수 타입을 사용해야 한다. 호출자가 소유한 문자열이 할당되고 리턴되는 장점을 활용하기를 원한다면 `Cow` 타입을 리턴하는 두 번째 함수가 좋은 선택이다. 계약을 변경하면 문제를 유발할 수 있으므로 어떤 계약이 여러분의 인터페이스에 적합한지 깊이 생각해 보기 바란다.

이 절의 나머지 부분에서는 인터페이스 설계에 대한 결정의 예와 그 결정이 인터페이스 계약에 미치는 영향에 대해 설명한다.

제네릭 인수

인터페이스가 제시해야 할 분명한 요구 사항 한 가지는 사용자가 코드에 제공해야 하는 타입을 명시하는 것이다. 함수가 명시적으로 `Foo` 타입을 필요로 한다면 사용자는 반드시 `Foo` 타입을 넘겨주어야 한다. 그 외에 다른 방법은 없다. 특정 타입만이 아니라 함수가 실제로 필요한 어떤 타입이든 넘겨줄 수 있도록 하려면 구체적 타입 대신 제네릭 타입을 사용하면 된다. 코드 3-1의 `impl AsRef<str>`을 `&str`로 변경하는 것이 이런 제약 완화의 좋은 예이다. 이런 식으로 요구 사항을 완화하는 방법 중 하나는 인수를 바운드 없는 완전한 제네릭으로 선언하고 컴파일러 에러를 따라 필요한 바운드를 추가하는 것이다.

하지만 이 접근 방식을 극단적으로 적용하면 모든 함수의 인수를 전부 제네릭 타입으로 선언할 수도 있는데 그러면 코드를 읽고 이해하기가 어려워진다. 언제 제네릭 파라미터를 사용해야 하는지 또는 사용하지 말아야 하는지에 대한 규칙은 딱히 없으므로 잘 판단해야 한다. 한 가지 좋은 규칙은 사용자가 타당한 이유로 여러분이 정의한 구체적 타입 대신 다른 타입을 빈번하게 사용할 것 같은 경우에만 제네릭 인수를 사용하는 것이다.

2장에서 살펴봤듯이 제네릭 코드는 사용하는 모든 타입의 조합에 대해 단형화를 통해 코드가 복제된다. 이 점을 생각한다면 제네릭 인수를 너무 많이 사용할 경우 바이너리 크기가 비대해질 염려가 있다. 2장에서 동적 디스패치를 사용해 (보통은) 성능 저하가 거의 없이 바이너리 크기를 어느 정도 줄일 수 있는 방법을 살펴봤는데 그 방법은 여기에도 해당된다. 참조로 받는 인수라면 (dyn Trait는 Sized가 아니므로 사용하려면 와이드 포인터가 필요하다는 점을 기억하자.) 제네릭 인수를 동적 디스패치를 사용하는 것으로 쉽게 바꿀 수 있다. 예를 들어 impl AsRef<str> 대신 &dyn AsRef<str>을 사용할 수 있다.

하지만 동적 디스패치를 사용하기 전에 몇 가지 고려해야 할 점이 있다. 첫째, 여러분의 사용자가 동적 디스패치를 사용할 수밖에 없게 된다는 점이다. 동적 디스패치를 적용하는 코드가 성능에 민감하지 않은 것이 확실하다면 괜찮다. 하지만 고성능 애플리케이션을 개발하는 사용자가 여러분의 라이브러리를 사용하고 싶어 한다면, 매우 자주 실행되는 루프 내에서 호출되는 함수가 동적 디스패치를 사용할 경우 그 사용자에게 문제가 될 수 있다. 둘째, 이 책을 집필하는 현재 동적 디스패치 사용은 T: AsRef<str>이나 impl AsRef<str>처럼 트레이트 바운드가 간단한 경우에만 동작한다는 점이다. 바운드가 복잡하면 러스트는 동적 디스패치 vtable을 구성할 수 없다. 그래서 예컨대 &syn Hash + Eq를 사용할 수 없다. 그리고 마지막으로, 제네릭을 사용하면 호출자는 트레이트 객체를 전달해 스스로 동적 디스패치를 사용하는 것을 선택할 수 있다. 하지만 그 반대는 가능하지 않다. 트레이트 객체를 받는다면 호출자는 반드시 이를 제공해야 한다.

처음에는 구체적 타입을 사용해 인터페이스를 정의하고 나중에 제네릭으로 바꾸고 싶을 수도 있다. 그렇게 해도 되지만 타입을 제네릭으로 변경하면 하위 호환이 되지 않을 수 있다. 그 이유를 알아보기 위해 fn foo(v: &Vec<usize>)를 fn foo(v: impl AsRef<[usize]>)로 바꾸는 경우를 생각해 보자. 모든 &Vec<usize>는 AsRef<[usize]>를 구현하지만 타입 추론에 여전히 문제가 발생할 수 있다. 호출자가 이 함수를 foo(&iter.collect())처럼 호출하면 어떤 일이 벌어질까? 원래 버전이라면 컴파일러는 값들이 Vec에 저장된다고 판단할 수 있지만 이제는 값들이 AsRef<[usize]>를 구현하는 어떤 타입에 저장된다는 것밖에 알 수 없다. 그런 타입이 한둘이 아니니 코드를 이렇게 변경하면 호출자의 코드는 더 이상 컴파일되지 않는다.

객체 안전성

새 트레이트를 정의할 때 트레이트가 객체 안전한지(2장 '컴파일과 디스패치' 마지막 부분 참고) 여부는 트레이트 계약으로 표현되지 않는 부분이다. 트레이트가 객체 안전하다면 사용자는 dyn Trait 구문으로 여러분의 트레이트를 구현하는 서로 다른 타입을 하나의 공통 타입처럼 취급할 수 있다. 하지만 그렇지 않다면 컴파일러는 그 트레이트에 대한 dyn Trait 구문을 허용하지 않을 것이다. 객체 안전성으로 인해 트레이트를 새로운 방식으로 사용할 수 있으므로 사용하는 데 약간 불편하더라도(예를 들어 &str 대신 AsRef<str>을 사용하게 되더라도) 가급적 트레이트는 객체 안전하게 정의해야 한다. 트레이트가 반드시 제네릭 메서드를 가져야 한다면 그 제네릭 파라미터를 트레이트 자체에 선언할 수 있는지, 아니면 트레이트의 객체 안전성을 유지하기 위해 제네릭 파라미터가 동적 디스패치도 사용할 수 있는지 고려해 보자. 아니면 where Self: Sized 트레이트 바운드를 메서드에 추가해서 트레이트의 인스턴스를 통해서만(dyn Trait이 아닌) 메서드를 호출하도록 할 수 있다. 이 패턴은 객체 안전하면서 구체적 인스턴스에 몇 가지 편의 메서드를 제공하는 Iterator와 Read 트레이트에서 찾아볼 수 있다.

객체 안전성을 지키기 위해 얼마나 많은 손해를 감수해야 하는지에 대한 정답은 없다. 여러분의 트레이트를 어떻게 사용하게 될지, 사용자 입장에서 트레이트를 트레이트 객체로 사용하는 것이 타당한지 여부를 생각해 보길 권한다. 사용자가 트레이트의 여러 인스턴스를 많이 사용하기를 원할 것 같다면 그렇지 않을 때보다 객체 안전성을 제공하기 위해 훨씬 더 노력해야 한다. 예를 들어 FromIterator 트레이트를 사용할 때 동적 디스패치는 그다지 유용하지 않다. 메서드 하나가 self를 받지 않아서 애초에 트레이트 객체를 생성할 수 없기 때문이다. 마찬가지로 std::io::Seek 역시 트레이트 객체로는 아무 쓸모가 없다. 트레이트 객체로는 읽기와 쓰기가 불가능하며 그저 탐색만 가능하기 때문이다.

Drop 트레이트 객체

Drop 트레이트 역시 트레이트 객체로서 할 수 있는 일이 그저 드롭하는 것밖에 없기 때문에 그다지 유용하지 않다고 생각할 수 있다. 하지만 단순히 임의의 타입을 드롭하기를 원하는 라이브러리도 있다. 예를 들어 동시적 가비지 컬렉션이나 연기된(deferred) 정리처럼 어떤 값을 나중에 드롭하는 기능을 제공하는 라이브러리의 경우 그 값을 드롭할 수 있는지가 중요할 뿐 다른 점은 중요하지 않다. 흥미롭게도 Drop 트레이트의 기능은 여기에만 그치지 않는다. 러스트는 트레이트 객체도 드롭할 수 있어야 하기 때문에 모든 vtable은 drop 메서드를 가지고 있다. 그래서 모든 dyn Trait는 dyn Drop이기도 하다.

객체 안전성은 여러분의 공개 인터페이스의 일부임을 기억하자. 트레이트를 기본 구현체와 함께 메서드를 추가하는 등 하위 호환이 되는 방식으로 변경했지만 그 덕분에 트레이트가 객체 안전하지 않다면 시맨틱 버전의 주 버전을 바꿔야 한다.

대여 대 소유

러스트로 정의하는 거의 모든 함수, 트레이트, 타입에 대해 데이터를 소유할지, 아니면 단순히 참조만 가질지 결정해야 한다. 어떤 결정을 내리느냐에 따라 인터페이스 사용법과 성능에 큰 영향을 미친다. 다행히 이런 결정은 대부분 자연스럽게 내려진다.

여러분의 코드가 self를 받는 메서드를 호출하거나 데이터를 다른 스레드로 옮기는 등 데이터에 대한 소유권을 필요로 한다면 소유한 데이터를 반드시 저장해야 한다. 여러분의 코드가 반드시 데이터를 소유해야 한다면 보통은 값을 참조로 받아 복제하기보다는 호출자가 소유한 데이터를 제공하게 해야 한다. 그렇게 하면 호출자가 할당을 제어할 수 있으며 이는 인터페이스를 사용하기 위한 일종의 비용이라고 볼 수 있다.

반면 코드가 데이터를 소유할 필요가 없다면 참조를 활용해야 한다. 이 규칙에 예외가 있다면 i32, bool, i64처럼 참조를 저장하는 것만큼이나 값을 복사하는 비용이 적은 작은 타입을 다룰 때이다. 하지만 Copy 타입 모두가 그렇지는 않다. [u8; 8192]는 Copy 타입이지만 모든 곳에 이 값을 복사해 보관하기에는 비용이 많이 든다.

때로는 코드가 데이터를 소유해야 하는지 여부는 런타임에 의존적이므로 미리 알 수 없다. 이런 경우에는 Cow 타입을 활용할 수 있다. 이 타입은 참조나 소유한 값을 저장해서 데이터가 소유된 것일 수도 있다고 표현할 수 있게 해 준다. Cow 타입이 참조를 가지고 있는데 소유한 값을 만들어 내야 한다면 ToOwned 트레이트로 값을 복제해서 소유한 값을 만들어 낸다. Cow는 주로 함수가 경우에 따라 할당을 수행한다는 점을 표현하기 위해 함수의 리턴 타입에 사용한다. 예를 들어 String::from_utf8_lossy 메서드는 전달된 바이트 시퀀스에 유효하지 않은 UTF-8 시퀀스가 있는 경우에만 할당을 수행한다. 함수는 때때로 소유권이 이미 있는 입력값을 활용할 수 있고 Cow는 그러한 함수의 인수로 사용할 수 있지만 현실에서 이런 경우는 거의 드물다.

참조 수명 때문에 인터페이스가 복잡해져서 사용하기 어려워지는 경우도 있다. 사용자가 여러분의 인터페이스를 사용하는 코드를 컴파일하는 데 어려움을 겪는다면 이는 (필요하지 않더라도) 데이터 일부에 대한 소유권을 원한다는 신호이다. 데이터의 소유권을 갖게 한다면 힙에 거대한 데이터를 할당할 수도 있으므로 결정을 내리기 앞서 복제 비용이 낮거나 성능에 민감하지 않은 데이터부터 소유권을 갖게 하자.

소멸자 사용 시 주의 사항

I/O의 중심에 있는 타입들은 드롭될 때 정리 작업을 수행해야 하는 경우가 많다. 이 정리 작업은 기록한 내용을 디스크에 실제로 쓰기, 파일 닫기 또는 원격 호스트 연결 닫기 등이다. 이런 정리 작업을 수행하는 자연스러운 위치는 타입의 Drop 트레이트 구현 코드이다. 안타깝게도 일단 값이 드롭되면 패닉 외에는 사용자에게 에러를 전달할 방법이 없다. 비동기 코드에서도 작업이 대기 중이지만 정리가 필요한 경우에 비슷한 문제가 생긴다. drop 메서드가 호출되는 시점에 실행자가 종료 중이라면 다른 작업을 수행할 방법이 없다. 다른 실행자를 시작할 수도 있겠지만 그러면 8장에서 살펴볼 비동기 코드의 블로킹 같은 문제

가 생긴다.

이 문제에 대한 완벽한 해결책은 없으며 우리가 어떤 방법을 택하든 어떤 애플리케이션은 불가피하게 우리의 `Drop` 구현체에 의지할 수밖에 없게 된다. 그래서 우리는 `Drop` 구현을 통해 최대한의 정리 작업을 수행해야 한다. 정리 작업 도중 에러가 발생하면 적어도 에러를 그냥 무시하고 계속해야 한다. 실행자를 계속 사용할 수 있다면 퓨처를 스폰(spawn)해 정리 작업을 수행할 수도 있지만 이 코드가 실행되지 않더라도 우리는 할 수 있는 최선을 다한 것이다.

하지만 더 나은 대안을 제공해야 한다. 이는 명시적 소멸자(destructor)를 제공해야 한다는 의미이다. 명시적 소멸자는 보통 `self`에 대한 소유권을 가지며 소멸 과정에 내재된 오류는 `-> Result<_, _>`를 사용하여 드러내거나 비동기성은 `async fn`을 사용하여 드러내는 메서드의 형태를 취한다. 그러면 사용자는 이 메서드를 이용해 관련된 리소스를 해제할 수 있다.

✅ 문서에 명시적 소멸자를 반드시 언급하자!

늘 그렇듯이 트레이드오프가 있다. 명시적 소멸자를 추가하는 순간 두 가지 문제에 직면하게 된다. 첫 번째 문제는 타입이 `Drop` 트레이트를 구현하기 때문에 타입의 필드를 소멸자에서 이동할 수 없다는 것이다. 그 이유는 명시적 소멸자가 실행된 이후에도 `Drop::drop` 메서드가 여전히 호출되며 `&mut self`를 받기 때문이다. 이는 인스턴스의 필드를 이동하지 않는 것을 요구한다. 두 번째 문제는 `drop` 메서드가 `self`가 아닌 `&mut self`를 받으므로 `Drop` 트레이트를 구현하는 코드가 명시적 소멸자를 호출하고 그 리턴값을 무시할 수 없다는 점이다.(`self`를 소유하지 않기 때문이다.) 이 문제를 우회할 수 있는 방법이 몇 가지 있지만 완벽하지는 않다.

첫 번째 방법은 최상위 타입을 `Option`을 이용한 뉴타입 래퍼로 정의해서 타입의 모든 필드를 저장하는 몇 가지 내부 타입을 갖도록 하는 것이다. 그러면 두 소멸자 모두에서 `Option::take` 메서드를 사용할 수 있고, 내부 타입의 소유권이 넘어가지 않은 경우에만 내부 타입의 명시적 소멸자를 호출할 수 있다.

내부 타입은 Drop 트레이트를 구현하지 않으므로 내부 타입의 모든 필드에 대한 소유권을 가질 수 있다. 이 방법의 단점은 최상위 타입에서 제공하고자 하는 모든 메서드의 코드는 Option 타입(인스턴스의 drop 메서드가 아직 호출되지 않았으므로 항상 Some 타입임을 알고 있겠지만)을 통해 내부 타입의 필드에 접근해야 한다는 점이다.

두 번째 방법은 모든 필드가 값을 가져올 수 있는(takeable) 필드라고 선언하는 것이다. Option을 None으로 교체해서 값을 '가져올' 수 있는데(Option::take 메서드가 이 동작을 수행한다.) 다른 많은 타입에도 이런 동작을 수행할 수 있다. 예를 들어 Vec이나 HashMap을 기본값으로 교체해서 값을 가져올 수 있다. 이 경우에는 std::mem::take 메서드를 사용하면 된다. 이 방법은 여러분의 타입이 적절한 '빈' 값을 가지는 경우에는 잘 동작하지만 Option의 거의 모든 필드를 wrap하고 이 필드에 대한 접근을 모두 unwrap하는 방식으로 바꿔야 한다면 상당히 고된 방법이 된다.

세 번째 방법은 내부 타입에 대한 역참조를 가지고 있어서 unwrap 메서드를 호출할 필요가 없는 ManuallyDrop 타입 내부에 데이터를 저장하는 것이다. 또한 drop 메서드 안에서 ManuallyDrop::take 메서드를 호출해 소멸 시점에 소유권을 가져올 수도 있다. 이 방법의 주된 단점은 ManuallyDrop::take 메서드가 안전하지 않다는 점이다. ManuallyDrop 구현체 안에서 take 메서드를 호출한 후에 값을 사용하려 하거나 take 메서드를 여러 번 호출하는 것에 대한 보호 장치가 없어서이다. 이런 동작을 하게 되면 프로그램은 아무런 경고 없이 미정의 동작(undefined behavior)을 수행하고 좋지 않은 결과로 이어질 것이다.

결국 여러분의 애플리케이션에 가장 적절한 방법을 선택해야 한다. 나라면 두 번째 방법을 택할 것이고 Option을 너무 많이 사용하게 되는 경우에만 다른 방법을 사용할 것이다. ManuallyDrop 방식은 코드의 안전성을 쉽게 확인할 수 있을 정도로 코드가 단순해서 충분히 자신이 있는 경우에만 사용하는 편이 좋다.

명확한 인터페이스

여러분의 인터페이스가 구현된 방식에 익숙한 사용자라도 모든 규칙과 제약을 이해하고 있지는 않을 것이다. 사용자는 bar를 호출한 다음에는 foo를 절대 호출하면 안 된다거나 달이 47도로 기울어 있고 지난 18초 동안 아무도 재채기를 하지 않았을 때에만 안전하지 않은 baz 메서드를 호출해야 안전하다는 점을 알 수 없을 것이다. 사용자는 인터페이스 내에서 뭔가 이상한 일이 벌어지고 있다는 확신이 서면 그제서야 문서를 찾거나 타입 시그너처를 주의 깊게 읽을 것이다. 그래서 가능한 한 사용자가 인터페이스를 이해하기는 쉽게, 잘못 사용하기는 어렵게 만드는 것이 중요하다. 그러기 위해 사용할 수 있는 두 가지 방법은 문서화와 타입 시스템이므로 이것들을 차례로 살펴보자.

이름을 이용해서 인터페이스에 보이는 것 이상의 뭔가가 있다는 것을 사용자에게 알릴 수도 있다. 사용자는 dangerous라는 이름을 보게 되면 분명 그 문서를 읽으려 할 것이다.

문서화

인터페이스를 투명하게 만드는 첫 번째 단계는 좋은 문서를 작성하는 것이다. 문서화라는 주제만으로도 책 한 권을 쓸 수 있지만 여기서는 러스트에 한정된 조언을 하고자 한다.

첫째, 코드가 뭔가 예상과는 다른 작업을 하게 되거나 사용자가 타입 시그너처로 알 수 있는 것 이상의 작업을 해야 하는 경우가 있다면 명확하게 문서화하자. 패닉은 이런 상황의 좋은 예이다. 코드가 패닉에 빠질 수 있다면 그 사실과 패닉에 빠지는 상황을 문서화하자. 마찬가지로 코드가 에러를 리턴하면 어떤 경우에 에러를 리턴하는지 문서화하자. 안전하지 않은 함수라면 어떻게 해야 호출자가 안전하게 호출할 수 있는지 문서화하자.

둘째, 크레이트와 모듈 수준에서 여러분의 코드에 대한 사용법 예제를 작성하자. 사용자가 이 예제를 통해 코드가 맞물려 동작하는 과정을 이해할 수 있으므로 특정 타입이나 메서드에 대한 예시보다 훨씬 중요하다. 인터페이스의 구조를 어느 정도 이해한다면 개발자는 특정 메서드와 타입이 무슨 동작을 하는지 그리고 이를 어디에 사용해야 하는지 금세 깨달을 것이다. 사용자는 예제를 통해 자신의 사용 방식을 맞춰 갈 수 있으며, 예제를 복사한 후 필요에 따라 수정할 수도 있다. 사용자가 이렇게 '직접 실행하며 학습하는' 방법은 이런저런 방법으로 직접 시도해 보는 것보다 효과가 훨씬 좋다.

'len 메서드는 길이를 리턴한다'처럼 메서드에 너무 특화된 예는 여러분의 코드에 대해 그다지 새로운 정보를 제공하지 못하는 경우가 많다.

셋째, 문서를 체계적으로 정리하자. 모든 타입과 트레이트, 함수를 하나의 최상위 모듈에 정의하면 사용자가 어디서부터 시작해야 할지 감을 잡기 어려워진다. 모듈의 장점을 살려 의미적으로 관련된 것들끼리 그룹으로 묶자. 그런 후 문서 내부 링크를 이용해 항목들을 연결하자. 타입 A에 대한 문서가 트레이트 B를 언급한다면 그 트레이트로 연결되는 링크를 제공해야 한다. 사용자가 인터페이스를 쉽게 살펴볼 수 있게 하면 중요한 연결이나 의존성을 놓칠 가능성이 낮아진다. 또한 공개 인터페이스는 아닌데 레거시 때문에 필요한 경우라면 `#[doc(hidden)]`을 이용해 문서에 드러나지 않게 하자.

마지막으로, 문서를 가능한 한 풍부하게 작성해야 한다. 인터페이스가 사용하는 개념, 자료 구조, 알고리즘 및 기타 자료를 더 자세히 설명하는 외부 참고 자료 링크를 제공하자. RFC, 블로그 글, 백서 등 관련 있는 문서라면 무엇이든 좋다. `#[doc(cfg(..))]`를 이용해 특정 설정에서만 사용 가능한 아이템을 표시하면 사용자는 문서에 나타난 메서드를 왜 사용할 수 없는지 빠르게 알아챌 수 있다. `#[doc(alias = "...")]`를 이용하면 타입과 메서드를 사용자가 다른 이름으로 검색해도 결과에 표시되도록 할 수 있다. 최상위 문서에는 자주 사용하게 될 모듈, 기능, 타입, 트레이트, 메서드 등을 나열하자.

타입 시스템 지침

타입 시스템은 명확하고 그 자체로 문서 역할을 하며 오용을 막는 인터페이스를 구현하기 위한 훌륭한 도구이다. 인터페이스를 잘못 사용하기 어렵게 만들어서 항상 정확하게 사용할 수밖에 없게 하는 여러 가지 방법이 있다.

첫 번째 방법은 시맨틱 타이핑이라는 방법으로 기본 타입을 사용하지 않고 값의 의미를 표현하는 타입을 추가하는 것이다. 가장 전형적인 예는 불 타입이다. 함수가 bool 인수를 취하는데 사용자가 값의 순서를 잘못 지정하면 뭔가 잘못된 후에나 알아차릴 가능성이 높아진다. 반면 값을 두 개 가진 열거형(예: enum … { …, … }) 세 개를 인수로 받는다면 사용자는 컴파일러가 굳이 경고하지 않아도 순서를 잘못 지정할 수 없게 된다. 예를 들어 overwrite 인수에 DryRun::Yes를 전달하면 제대로 동작하지 않을뿐더러 dry_run 인수로 Overwrite::No를 전달할 일도 없다. 불 외에도 시맨틱 타이핑을 적용할 수 있는 방법이 있다. 예를 들어 숫자 타입으로 새 타입을 만들 때 타입이 가진 값의 단위를 제공하거나 다른 메서드가 리턴한 원시 포인터만 사용하게 제한할 수 있다.

이와 밀접하게 관련된 방법으로는 크기가 0인 타입을 이용해 타입의 인스턴스에 대한 특정 조건이 사실임을 표시하는 것이다. 예컨대 실제 로켓 상태를 표현하는 Rocket 타입이 있다고 가정해 보자. 이 타입에는 로켓 상태와 관련 없이 실행 가능해야 하는 작업(메서드)도 있지만 특정 상황에서만 가능한 작업도 있다. 예를 들어 로켓을 이미 발사했다면 다시 발사할 수 없다. 마찬가지로 로켓이 아직 발사되지 않았다면 연료 탱크를 분리할 수도 없다. 열것값을 이용하면 이런 상황을 모델링할 수 있지만 그러면 로켓 상태와 무관하게 모든 메서드를 호출할 수 있게 되어 결국은 패닉을 적용해야 한다.

그 대신 코드 3-2에서 보듯이 Rocket 타입에 제네릭 파라미터 Stage를 적용해 언제 어떤 메서드를 호출할 수 있는지 제한할 수 있다.

코드 3-2 마커 타입을 이용해 구현을 제한하는 방법

```
struct Grounded; ❶
struct Launched;
// 기타
struct Rocket<Stage = Grounded> {
  stage: std::marker::PhantomData<Stage>, ❷
}

impl Default for Rocket<Grounded> {} ❸
impl Rocket<Grounded> {
```

```
  pub fn launch(self) -> Rocket<Launched> { }
}
impl Rocket<Launched> { ❹
  pub fn accelerate(&mut self) { }
  pub fn decelerate(&mut self) { }
}

impl<Stage> Rocket<Stage> { ❺
  pub fn color(&self) -> Color { }
  pub fn weight(&self) -> Kilograms { }
}
```

이 코드에서는 로켓의 각 단계(stage)를 표현하는 단위 타입을 정의(❶)했다. 실제로 단계를 저장할 필요는 없으므로(단위 타입이 제공하는 메타 정보만 사용하면 된다.) 각 단계를 PhantomData(❷)에 저장해서 컴파일 타임에 제거하도록 했다. 그런 다음 Rocket이 특정 타입 파라미터를 가진 경우에만 적용되는 구현 블록을 작성했다. 일단 로켓의 인스턴스는 아직 발사 전 상태(Grounded)로만 생성할 수 있으며 이 상태에서만 발사 가능(❸)하다. 일단 로켓이 발사되면 그다음부터는 속도를 제어(❹)할 수 있다. 로켓의 단계와 무관하게 언제든 실행할 수 있는 작업은 제네릭 구현 블록(❺)에 구현했다. 인터페이스를 이렇게 설계하면 사용자가 잘못된 시점에 메서드를 호출하기가 불가능함을 알 수 있을 것이다. 사용 규칙을 타입 자체에 내장함으로써 잘못된 상태에 진입할 수 없게 만든 것이다.

이 방법은 다른 도메인에도 얼마든지 적용할 수 있다. 불 인수의 값이 참이 아닌 경우 함수가 포인터 인수를 무시한다면 두 인수를 합치는 편이 좋다. 포인터 없는 false 값과 포인터 있는 true 값을 가진 열거형을 정의하면 호출자는 물론 구현자도 둘 사이의 관계를 오해할 소지가 없어진다. 아주 강력한 방법이므로 반드시 활용해 볼 것을 권한다.

명확한 인터페이스 구현을 위한 작지만 유용한 또 다른 도구는 #[must_use] 애너테이션이다. 타입, 트레이트 또는 함수에 이 애너테이션을 추가하면 사용자 코드가 그 타입 또는 트레이트를 받거나 함수를 호출할 때마다 경고를 출력하고 명시적으로 처리하지 않는다. Result를 사용할 때 이런 경우를 이미 본 적이 있을 것이다. 함수가 `Result`를 리턴했는데 그 리턴값을 어딘가에 대입하지 않는다면 컴파일러가 경고를 출력한다. 다만 이 애너테이션을 너무 남용하지 않는 편이 좋다. 사용자가 리턴값을 사용하지 않는다면 실수할 가능성이 높은 경우에만 추가하자.

제한적인 인터페이스

시간이 지나면 일부 사용자는 버그든 기능이든 여러분의 인터페이스가 가진 모든 프로퍼티를 활용하게 될 것이다. 특히 공개 라이브러리라면 더욱 그런데 여러분이 사용자를 제어할 수 없기 때문이다. 따라서 사용자가 체감할 수 있는 부분을 변경하기 전에 주의 깊게 생각해야 한다. 새 타입, 필드, 메서드를 추가하거나 트레이트를 구현하거나 기존 구현을 변경할 경우 변경 사항이 사용자의 코드에 문제를 일으키지 않도록 해야 하며 그 변경 사항을 한동안 관리해야 한다. 하위 호환성을 제공하지 못하는 변경(시맨틱 버전의 주 버전이 바뀌는 변경)이 빈번하게 이루어지면 사용자의 분노를 사게 될 것이다.

공개 타입의 이름을 변경하거나 공개 메서드를 제거하는 등 하위 호환이 되지 않는 변경은 대부분 명확한 편이지만, 어떤 변경은 그보다 덜 명확하며 러스트가 동작하는 방식과 깊이 관련이 있다. 지금부터는 골치 아프고 미묘한 변경을 살펴보고 이런 변경을 계획하는 방법을 알아본다. 이런 변경과 유연성 사이에서 균형을 유지해야 하며 경우에 따라서는 뭔가를 제공해야 할 수도 있다.

타입 수정

공개 타입을 제거하거나 이름을 변경하면 사용자 코드에 거의 늘 문제가 생긴다. 이를 해결하려면 `pub(crate)`와 `pub(in path)` 같은 러스트의 가시성 수정자(visibility modifier)를 가능한 한 활용해야 한다. 공개 타입의 수가 적을수록 기존 코드에 문제를 일으키지 않고 나중에 변경하기가 더 자유로워진다.

하지만 사용자 코드는 이름 말고도 더 많은 방식으로 여러분이 정의한 타입을 사용할 수 있다. 코드 3-3에서 정의한 공개 타입을 살펴보자.

코드 3-3 아무런 문제가 없어 보이는 공개 타입

```
// 인터페이스에 정의한 타입
pub struct Unit;
// 사용자 코드
let u = lib::Unit;
```

이제 Unit 타입에 비공개 필드를 추가하면 어떤 일이 일어날지 생각해 보자. 필드는 비공개로 추가했지만 이 변경은 사용자 코드에 여전히 문제를 유발한다. 그 이유는 사용자가 사용하던 생성자가 없어졌기 때문이다. 마찬가지로 코드 3-4를 살펴보자.

코드 3-4 하나의 공개 필드에 접근하는 사용자 코드

```
// 인터페이스에 정의한 타입
pub struct Unit { pub field: bool };
// 사용자 코드
fn is_true(u: lib::Unit) -> bool {
  matches!(u, Unit { field: true })
}
```

이 예에서도 Unit 타입에 비공개 필드를 추가하면 사용자 코드에 문제가 생기는데, 사용자는 볼 수 없는 인터페이스의 필드를 러스트의 철저한(exhaustive) 패턴 매치 검사 로직은 볼 수 있기 때문에 발생하는 문제이다. 이 검사 로직은 사용자가 접근할 수 없는 필드도 인지하므로 사용자의 패턴이 완전하지 않다고 판단하게 된다. 튜플 구조체를 이름이 있는 일반 구조체로 변경해도 비슷한 문제가 생긴다. 필드가 완전히 같더라도 기존 패턴은 새 타입과 더는 호환되지 않는다.

러스트는 이런 문제를 해결하는 데 도움이 되도록 #[non_exhaustive] 속성을 제공한다. 이 속성은 타입 정의에 추가할 수 있다. 그러면 컴파일러는 암시적 생성자(lib::Unit { field1: true } 같은) 사용이나 그 타입의 철저하지 않은 패턴 매치(, ..로 끝나지 않는 패턴)를 허용하지 않는다. 나중에 특정 타입을 변경할 가능성이 높을 때 추가하면 좋은 속성이다. 하지만 사용자가 철저한 패턴 매치를 사용하지 못하게 하는 등 사용자 코드에도 제약이 생기므로 타입을 안정적으로 유지할 수 있다고 생각한다면 굳이 이 속성을 추가하지 않는 편이 좋다.

트레이트 구현

2장에서도 살펴봤듯이 러스트의 일관성 규칙은 특정 타입이 어떤 트레이트를 여러 번 구현하는 것을 허용하지 않는다. 다운스트림 코드가 어떤 구현을 추가할지 알 수 없으므로 기존 트레이트에 포괄적 구현을 추가하는 것은 보통 단절적 변경이다. 기존 타입에 외래 트레이트를 구현한다거나 외래 타입에 기존 트레이트를 구현하는 것도 마찬가지이다. 두 경우 모두 외래 트레이트나 타입의 소유자가 또 다른 구현을 추가하면 충돌이 발생할 수 있으므로 이런 변경도 단절적 변경이라고 봐야 한다.

트레이트 구현을 제거하는 것 역시 단절적 변경이지만 새 타입에 트레이트를 구현하는 것은 그 타입과 충돌을 일으키는 구현체를 가진 크레이트가 없으므로 전혀 문제가 되지 않는다.

직관적이지 않을 수 있겠지만 기존 타입에 어떤 트레이트를 구현하든 주의를 기울여야 한다. 그 이유는 코드 3-5를 통해 알아보자.

코드 3-5 기존 타입에 트레이트를 구현하면 문제가 생길 수 있다.

```
// crate1 1.0
pub struct Unit;
put trait Foo1 { fn foo(&self) }
// Unit 타입은 Foo1 트레이트를 구현하지 않는다는 점을 기억하자.

// crate2는 crate1 1.0에 의존한다.
use crate1::{Unit, Foo1};
trait Foo2 { fn foo(&self) }
impl Foo2 for Unit { .. }
fn main() {
  Unit.foo();
}
```

crate1에 단절적 변경으로 표시하지 않고 impl Foo1 for Unit 구현을 추가하면 foo에 대한 호출이 모호해져서 다운스트림 코드가 갑자기 컴파일되지 않는다. 다운스트림 크레이트가 와일드카드 가져오기(use crate1::*)를 사용한다면, 새로운 공개 트레이트를 구현해도 마찬가지 문제가 생긴다. 사용자로 하여금 와일드카드 가져오기를 사용하게 하는 prelude 모듈을 제공하는 경우에는 특히 더 주의해야 한다.

메서드 시그너처 변경이나 새 메서드 추가 등 기존 트레이트에 대한 변경은 대부분 단절적 변경이다. 메서드 시그너처를 변경하면 모든 구현이 깨지고 트레이트를 사용하는 상당수의 코드에 문제가 생길 수도 있는 반면, 새 메서드 추가는 '단지' 모든 구현에만 문제를 일으킨다. 하지만 기본 구현과 함께 새 메서드를 추가하면 기존 구현이 여전히 반영되므로 문제가 없다.

내가 여기서 '보통'이나 '대부분'이라고 표현한 이유는 인터페이스를 구현하는 입장에서 이런 규칙 중 일부를 생략할 수 있는 도구, 즉 봉인 트레이트(sealed trait)가 있기 때문이다. 봉인 트레이트는 사용만 할 수 있을 뿐 다른 크레이트가 구현할 수 없는 트레이트이다. 이 트레이트만 활용해도 수많은 단절적 변경이 유발하는 문제를 피할 수 있다. 예를 들어 봉인 트레이트는 현재 크레이트 외부에서 구현할 수 없으므로 새 메서드를 언제든 추가할 수 있다. 마찬가지로 외래 크레이트가 정의한 타입에는 충돌을 유발하는 구현을 추가할 수 없으므로 새로운 외래 타입에 봉인 트레이트를 구현해도 무방하다.

봉인 트레이트는 보통 파생 트레이트에 사용하는데 이는 다른 특정 트레이트를 구현하는 타입에 포괄적 구현을 제공하는 트레이트를 말한다. 봉인 트레이트는 외래 크레이트가 여러분의 트레이트를 구현하는 것이 타당하지 않은 경우에만 사용해야 한다. 봉인 트레이트는 트레이트의 유용성에 상당한 제약을 가하는데, 다운스트림 크레이트가 자신의 타입에 필요한 트레이트를 구현할 수 없기 때문이다. 또한 코드 3-2의 `Rocket` 타입 예에서 `Grounded`와 `Launched` 타입만 `Stage` 타입으로 사용할 수 있도록 제한하는 등 타입 인수로 사용할 수 있는 타입을 제한하기 위한 용도로도 봉인 트레이트를 사용할 수 있다.

코드 3-6은 봉인 트레이트를 정의하고 크레이트 내에서 구현을 추가하는 방법을 보여 준다.

코드 3-6 봉인 트레이트의 정의와 구현

```
pub trait CanUseCannotImplement: sealed::Sealed { .. } ❶
mod sealed {
```

```
  pub trait Sealed {}
  impl<T> Sealed for T where T: TraitBounds {} ❷
}
impl<T> CanUseCannotImplement for T where T: TraitBounds {}
```

여기서 핵심은 비공개이며 비어 있는 트레이트를 봉인형으로 정의할 트레이트의 슈퍼트레이트로 추가하는(❶) 것이다. 슈퍼트레이트가 비공개 모듈에 정의되어 있으므로 다른 크레이트는 그 트레이트에 접근할 수 없으며 따라서 구현도 불가능하다. 봉인 트레이트는 그 기반이 되는 타입이 `Sealed` 트레이트를 구현할 것을 요구하므로 ❷에서 명시적으로 허용한 타입만 그 트레이트를 구현할 수 있다.

이 방법으로 봉인 트레이트를 정의한다면 문서에 이 사실을 기술해서 사용자들이 트레이트를 직접 구현하지 않도록 하자.

숨겨진 계약

경우에 따라 여러분의 코드 일부에 적용한 변경이 인터페이스의 다른 계약에 영향을 끼치는 경우도 있다. 이 문제가 생기는 두 가지 주요 원인은 다시 내보내기(re-export)와 자동 트레이트이다.

다시 내보내기

인터페이스에서 외래 타입을 노출하는 부분이 있다면 이 외래 타입 중 하나만 바뀌어도 여러분의 인터페이스가 바뀌는 셈이 된다. 예를 들어 의존 크레이트의 새로운 주 버전을 사용하기로 결정하고 그 크레이트에서 제공하는 타입을 외부에 노출하는 경우 어떤 일이 벌어지는지 살펴보자. 여러분의 인터페이스를 사용하는 사용자 역시 여러분이 사용하는 크레이트를 사용한다면, 인터페이스가 리턴하는 타입과 의존 크레이트가 제공하는 타입의 이름이 같기 때문에 같은 타입이라고 생각할 것이다. 하지만 여러분이 의존 크레이트의 주 버전을 변경하면 이제는 이름이 같더라도 더는 같은 타입이 아니다. 코드 3-7을 살펴보자.

코드 3-7 다시 내보내기 때문에 외래 크레이트가 인터페이스 계약의 일부가 되는 경우

```
// 여러분의 크레이트: bestiter
pub fn iter<T>() -> itercrate::Empty<T> { .. }
// 의존 크레이트
struct EmptyIterator { it: itercrate::Empty<()> }
EmptyIterator { it: bestiter::iter() }
```

itercrate 1.0에서 itercrate 2.0으로 의존성을 바꾸고 다른 부분은 변경하지 않으면 이 예제 코드는 더 이상 컴파일되지 않는다. 타입은 변경되지 않았지만 컴파일러는 itercrate1.0::Empty와 itercrate2.0::Empty가 서로 다른 타입이라고 생각한다. 그래서 itercrate1.0::Empty 타입에 itercrate2.0::Empty 타입을 대입할 수 없어 인터페이스의 단절적 변경을 유발하게 된다.

이런 문제를 해결하려면 뉴타입 패턴을 이용해 외래 타입을 감싸고 나서 필요하다고 생각하는 외래 타입의 일부만 노출하면 된다. 대다수의 경우 impl Trait를 이용해 아주 최소한의 계약만 호출자에게 제공한다면 뉴타입 래퍼를 사용하지 않아도 된다. 외부에 제공하는 것이 적을수록 문제를 유발할 변경의 양도 줄어든다.

시맨틱 버전 활용

itercrate 예가 여러분에게 짜증을 불러일으켰을지도 모르겠다. Empty 타입이 변경되지 않았다면 버전 1.0을 사용하든 2.0을 사용하든, 코드가 계속 동작하도록 컴파일러가 허용하면 되지 않을까? 그 답은..., 좀 복잡하다. 사실 러스트 컴파일러는 두 타입이 같은 필드를 가지고 있다고 해서 둘이 같다고 생각하지 않는다. 간단히 생각해서 itercrate 2.0의 Empty 타입에 #[derive(Copy)]를 추가했다고 가정해 보자. 이제 이 타입은 1.0을 사용하는지 2.0을 사용하는지에 따라 갑자기 의미적인 동작이 달라진다. 그래서 한 버전의 타입을 염두에 두고 작성한 코드는 다른 버전의 타입과는 동작하지 않게 된다.

이 문제는 널리 사용하는 라이브러리일수록 두드러지는 경향이 있다. 시간이 지남에 크레이트의 어딘가에 단절적 변경이 생길 가능성이 높아지기 때문이다. 안타깝게도 시맨틱 버저닝은 크레이트 수준에 적용되지, 타입 수준에 적용되지 않기 때문에 어느 한 곳의 단절적 변경은 모든 곳의 단절적 변경이 된다.

> 그렇다고 단점만 있는 것은 아니다. 몇 년 전 데이비드 톨네이(serde를 비롯해 러스트에 다방면으로 기여한 개발자)가 이 상황을 해소할 수 있는 깔끔한 방법을 제시했다. 데이비드는 이를 '시맨틱 버저닝 트릭(semver trick)'이라고 불렀다. 발상은 간단하다. 어떤 타입 T가 단절적 변경(예컨대 1.0에서 2.0으로)을 거쳐도 동일하게 유지된다면 2.0을 릴리스한 후, 새로운 1.0 부 버전을 릴리스해서 2.0에 의존하게 하고 T를 2.0에서 다시 내보낸 것으로 교체하는 것이다.
>
> 이렇게 하면 주 버전이 서로 다른 라이브러리가 하나의 타입 T만 사용하게 된다. 그러면 1.0에 의존하는 크레이트는 모두 2.0의 T를 사용하게 된다. 그리고 이 방법은 명시적으로 선택한 타입에만 적용되므로 단절을 유발한 변경은 계속 유지된다.

자동 트레이트

러스트는 타입이 가지고 있는 값에 따라 모든 타입에 자동으로 구현되는 트레이트를 몇 가지 제공한다. 이 주제와 가장 관련이 있는 트레이트는 Send와 Sync인데 Unpin, Sized, UnwindSafe 트레이트도 유사한 문제를 가지고 있다. 이런 트레이트는 본질적으로 인터페이스의 거의 모든 타입에 보이지 않는 약속을 추가한다. 심지어 impl Trait 같은 '타입이 소거된'(type-erased) 타입을 통해서도 전파된다.

이런 트레이트 구현은 (대개) 컴파일러에 의해 자동으로 추가되지만 한편으로는 더 이상 해당되지 않는다면 자동으로 구현되지 않는다. 예컨대 공개 타입 A가 비공개 타입 B를 가지고 있는데 B를 변경해서 B가 더는 Send를 구현하지 않는다면 A 또한 Send를 구현하지 않게 된다. 이 역시 단절적 변경이다.

이런 변경은 추적이 어려운 데다 인터페이스 사용자의 코드에 문제가 생겼다고 보고받기 전까지는 알아채지 못하는 경우도 많다. 이런 문제를 사전에 알아채려면 간단한 테스트 코드를 통해 모든 타입이 원하는 방식으로 이런 트레이트를 구현하는지 확인하면 된다. 코드 3-8은 이런 테스트의 예를 보여 준다.

코드 3-8 타입이 트레이트를 구현하는지 확인하는 테스트 코드

```
fn is_normal<T: Sized + Send + Sync + Unpin>() {}
#[test]
```

```
fn normal_types() {
  is_normal::<MyType>();
}
```

이 테스트는 어떤 코드도 실행하지 않으며 다만 코드가 컴파일되는지만 테스트한다. MyType이 더는 Sync를 구현하지 않으면 테스트 코드는 컴파일되지 않을 것이고, 따라서 변경 사항으로 인해 자동 트레이트 구현에 문제가 생겼음을 알 수 있다.

문서에서 아이템을 숨기기

공개 아이템에 #[doc(hidden)] 속성을 적용하면 코드에서는 여전히 그 아이템을 사용할 수 있지만 문서에는 그 공개 아이템이 보이지 않는다. 이는 매크로를 위해 필요하지만 사용자 코드에서는 필요하지 않은 메서드와 타입을 노출하는 데 자주 사용한다. 이런 숨겨진 아이템들이 인터페이스 계약과 어떻게 상호 작용하는지는 약간의 논쟁거리이다. 보통 #[doc(hidden)] 속성이 적용된 아이템들은 공개형이라면 계약의 일부로 간주한다. 예를 들어 사용자 코드가 숨겨진 타입을 사용한다면 그 타입이 Send를 구현하든 그렇지 않든 계약의 일부인 반면 그 타입의 이름은 계약의 일부가 아니다. 숨겨진 상속 메서드와 봉인 트레이트의 숨겨진 트레이트 메서드는 보통 인터페이스 계약의 일부로 보지 않지만 이런 메서드는 문서에 명확하게 표시해야 한다. 물론 숨겨진 아이템들도 여전히 문서화해야 한다.

요약

이번 장에서는 외부 사용자가 사용하든, 크레이트 안의 여러 모듈 간 추상적 경계로 사용하든, 러스트 인터페이스 설계 시 고려할 여러 가지 요소를 살펴봤다. 이 과정에서 수많은 위험 요소와 기법을 살펴봤는데 결국 인터페이스 설계에 대한 고민에 도움이 되는 원칙은 예상 가능하고 유연하며 명확하고 제한적인 인터페이스를 설계해야 한다는 것이다. 다음 장에서는 러스트 코드에서 에러를 표현하고 처리하는 방법을 알아본다.

4장

R u s t f o r R u s t a c e a n s

에러 처리

아무리 간단하더라도 여러분이 작성한 메서드는 실패할 여지가 있다. 이번 장에서는 이런 실패를 표현하고 처리하며 전파하는 여러 가지 방법과 각각의 장단점에 대해 알아본다. 먼저 열거와 소거를 포함해 에러를 표현하는 여러 가지 방법을 알아본 후 다른 표현 기법이 필요한 특별한 사례를 살펴본다.

한 가지 알아 둘 것은 러스트의 에러 처리에 대한 권장 사례는 여전히 활발히 논의 중인 주제이며, 이 책을 집필하는 현재 러스트 생태계에서는 단일화된 에러 처리 방식이 정립되지 않았다는 점이다. 그래서 이번 장에서는 특정 크레이트나 패턴을 권장하기보다는 근간이 되는 원리와 기법을 위주로 설명한다.

에러 표현

실패할 가능성이 있는 코드를 작성할 때 스스로 생각해 봐야 할 가장 중요한 점은 사용자가 리턴된 에러를 처리하는 방법이다. 정확히 무엇이 잘못돼서 어떤 에러가 발생했는지 사용자가 알아야 할까? 아니면 단순히 에러를 로그에 기록하고 어떻게든 에러 상황을 타개하면 될까? 이를 이해하려면 본질적으로 에러가 호출자의 의도에 어떤 영향을 미칠 수 있는지 살펴봐야 한다. 그리고 이에 따라 서로 다른 에러를 표현하는 방법이 결정된다.

에러를 표현하는 방법은 크게 열거형을 이용하는 방법과 소거를 이용하는 방법이 있다. 즉, 발생 가능한 에러의 조건을 열거해서 호출자가 구별하게 하거나 하나의 불투명 에러(opaque error)를 제공하면 된다. 두 방법을 차례로 살펴보자.

열거형

먼저 std::io::copy처럼 어떤 입력 스트림에서 출력 스트림으로 바이트를 복사하는 라이브러리 함수를 예로 들어 보자. 사용자는 이 함수에 스트림을 두 개 전달한다. 여러분은 이 중 한 스트림에서 바이트를 읽어 다른 하나로 복사한다. 이 과정에서 둘 중 한 스트림이 실패할 가능성은 얼마든지 있으며, 그렇게 되면 복사는 중단되고 사용자에게 에러를 리턴하게 된다. 여기서 사용자는 실패가 발생한 스트림이 입력용인지 출력용인지 알고 싶어 할 것이다. 웹 서버의 경우를 예로 들어 보자. 클라이언트에 파일을 스트리밍하는 동안 입력 스트림에서 에러가 발생한다면 드물지만 디스크가 추출됐기 때문일 수도 있다. 반면 출력 스트림 에러라면 단순히 클라이언트 연결이 끊어진 것일 수 있다. 후자의 경우에는 새 연결로 이루어지는 복사가 여전히 동작한다면 서버가 에러를 무시해도 되지만, 전자의 경우에는 전체 서버를 셧다운해야 한다.

이런 경우가 에러를 열거해야 하는 경우이다. 사용자는 에러가 발생하는 경우를 구분해 적절히 대응해야 하므로 코드 4-1처럼 CopyError라는 enum을 사용해 각 열것값에 발생할 수 있는 에러를 별도로 표현할 수 있다.

코드 4-1 열거형을 이용해 표현한 에러의 종류

```
pub enum CopyError {
  In(std::io::Error),
  Out(std::io::Error),
}
```

각 열것값은 발생한 에러 정보도 포함하고 있어서 어떤 문제가 있었는지 호출자에게 더 많은 정보를 제공하고 있다.

에러 타입을 직접 정의할 때에는 그 에러가 나머지 러스트 생태계와 잘 어울리도록 몇 가지 단계를 거쳐야 한다.

첫째, 에러 타입은 호출자가 에러 타입을 검사할 수 있는 공통 메서드를 제공하는 `std::error::Error` 트레이트를 구현해야 한다. 가장 중요한 메서드는 에러의 원인을 찾을 수 있는 메커니즘을 제공하는 `Error::source` 메서드다. 이 메서드는 보통 에러의 근본 원인을 찾을 수 있는 정보를 출력하는 데 사용한다. `CopyError` 타입의 경우 `source` 메서드 구현은 상당히 직관적이다. `self`를 맞춰 보고 그 안의 `std::io::Error`를 리턴하면 된다.

둘째, 새 에러 타입은 `Display`와 `Debug` 트레이트를 구현해서 호출자가 에러를 의미 있는 형태로 출력할 수 있어야 한다. `Error` 트레이트를 구현한다면 필수로 구현해야 한다. 보통 `Display` 트레이트의 구현 코드는 다른 에러 메시지에 쉽게 반영할 수 있도록 문제를 한 줄로 요약해서 제공한다. 이 에러 메시지는 문장 부호 없이 모두 소문자로만 표시해서 더 큰 에러 보고서에 잘 어울릴 수 있어야 한다. `Debug`는 포트 번호, 요청 식별자, 파일 경로 등 오류의 원인을 추적하는 데 유용한 부가 정보를 비롯해 더 상세한 에러 메시지를 제공해야 한다. 보통은 `#[derive(Debug)]`를 사용하기만 해도 이런 목적을 충분히 달성할 수 있다.

오래된 러스트 코드에서는 `Error::description` 메서드를 사용하는 것을 볼 수도 있는데 이 메서드는 `Display` 트레이트가 나오면서 더는 권장되지 않는다.

셋째, 여러분이 정의한 에러 타입은 가능하다면 `Send`와 `Sync`를 모두 구현해서 사용자가 스레드 경계를 넘어 에러를 공유할 수 있어야 한다. 그렇지 않으면 여러분의 크레이트는 멀티스레드 환경에서 거의 사용할 수 없게 된다. `Send`와 `Sync`를 구현하는 에러 타입은 매우 일반적인 `std::io::Error` 타입과 함께 사용하기가 훨씬 쉬워서 `Error`, `Send`, `Sync`를 구현하는 에러를 감쌀 수 있다. 물론 스레드에 지역적인 리소스를 사용하는 경우 등 에러 타입이 `Send`와 `Sync`를 반드시 구현할 필요가 없는 경우도 있고 그래도 무방하다. 이런 경우는 스레드 경계를 넘어 에러를 보낼 일이 거의 없을 것이다. 하지만 `Rc<String>`과 `RefCell<bool>` 타입을 에러 타입 안에서 사용하려면 에러 타입이 `Send`와 `Sync`를 구현하는지 미리 확인해야 한다.

마지막으로, 가능하다면 에러 타입은 'static이어야 한다. 이 경우 가장 직접적인 장점은 호출자가 수명 관련 문제에 대해 걱정할 필요 없이 에러를 호출 스택에 쉽게 전파할 수 있다는 점이다. 그리고 잠시 후에 살펴볼 타입이 소거된 에러 타입과도 더 쉽게 사용할 수 있다.

불투명 에러

이제 이미지 디코딩 라이브러리라는 다른 예를 생각해 보자. 라이브러리에 디코딩할 대량의 바이트를 전달할 수 있으며 라이브러리는 이미지를 조작할 여러 메서드를 제공한다. 디코딩이 실패하면 사용자는 이 문제를 해결할 수 있는 방법을 찾을 수 있어야 하므로 문제의 원인을 이해해야 한다. 하지만 이미지 헤더의 size 필드값이 잘못되었거나 압축 알고리즘이 블록의 압축을 해제하지 못했다는 점이 중요할까? 아마도 그렇지 않을 것이다. 이런 상황이라면 원인을 알더라도 애플리케이션을 복구할 수 없다. 따라서 라이브러리 작성자 입장에서는 불투명 에러 타입을 하나 제공하는 편이 나을 것이다. 그러면 한 에러 타입만 사용하므로 라이브러리를 사용하기가 좀 더 수월해진다. 이 에러 타입은 Send, Debug, Display 그리고 Error(적절한 경우 source 메서드 포함) 등의 트레이트를 구현해야 하지만 호출자 입장에서 그 이상은 별로 필요하지 않다. 내부적으로는 훨씬 세밀한 에러 상태를 표현할 수 있겠지만 이를 라이브러리 사용자에게까지 노출할 필요는 없다. 그래 봤자 라이브러리 크기만 불필요하게 증가하며 API만 복잡해질 뿐이다.

불투명 에러 타입이 정확히 무엇일지는 여러분에게 달려 있다. 모든 정보를 비공개 필드에 저장하고 사용자가 에러에 대해 조사할 수 있는 정보를 제공하는 메서드만 몇 개 가진 타입일 수도 있고, Box<dyn Error + Send + Sync + 'static>처럼 타입이 소거된 에러 타입이어서 에러를 표현하기만 할 뿐 사용자가 에러를 더 조사할 수 없게 하는 타입일 수도 있다. 에러 타입을 얼마나 불분명하게 정의할지는 에러에 대한 설명을 넘어 뭔가 더 필요한 정보가 있는지 여부에 따라 다르다. Box<dyn Error> 타입을 활용하면 에러를 전파하는 것 외에 약간의 옵션을 사용자에게 더 제공할 수 있다. 예컨대 그냥 동적인 에러 메시지이거나 프로그램 내부에서 발생한 무관한 에러 중 하나인 경우처럼 사용자에게 정보를 제공하는 가치가 아예 없는 경우에는 괜찮다. 하지만 줄 번호나 상태 코드처럼 더 중요한 요소를 지닌 에러라면 불투명하지만 구체적인 타입을 사용해 이런 정보를 제공하고자 할 것이다.

러스트 커뮤니티에서 대부분 동의하는 내용은 에러는 자주 발생하지 않으므로 '코드가 문제없이 실행되는 과정'에 에러 처리 비용이 추가되어서는 안 된다는 것이다. 이런 이유로 에러는 보통 Box나 Arc 같은 포인터 타입으로 처리한다. 이렇게 하면 Result 타입의 크기에 큰 영향을 미치지 않는다.

타입 소거 에러를 사용할 때 장점 중 하나는 다른 에러 타입을 추가하지 않고도 다른 곳의 에러를 쉽게 결합할 수 있다는 점이다. 즉, 타입 소거 에러는 손쉽게 조합할 수 있어서 제약 없이 에러를 표현할 수 있다. Box<dyn Error + ...>를 리턴하는 함수를 작성한다면 이 함수 안에서 발생하는 모든 에러 타입에 ? 연산자를 이용해 하나의 공통 에러 타입으로 바꿀 수 있다.

Box<dyn Error + Send + Syn + 'static>의 'static 바운드는 소거라는 맥락에서 시간을 약간 더 할애할 가치가 있다. 앞서 설명했듯이 'static 바운드는 실패한 메서드의 수명 바운드에 대한 걱정 없이 호출자가 에러를 전파할 수 있게 하는 데 유용하지만 그보다는 다운캐스팅에 대한 접근이라는 더 큰 목적을 제공한다. 다운캐스팅은 한 타입의 아이템을 가져와 좀 더 특정한 타입으로 캐스팅하는 과정이다. 이는 러스트가 런타임에 타입 정보를 제공하는 몇 안 되는 경우 중 하나로 동적 언어에서 주로 제공하는 타입 리플렉션의 좀 더 제한된 형태라고 볼 수 있다. 에러가 발생했을 때 다운캐스팅을 사용하면 사용자는 dyn Error를 에러의 원래 타입으로 바꿀 수 있다. 예를 들어 사용자가 std::io::Error를 받았을 때 그 에러의 원래 타입이 std::io::ErrorKind::WouldBlock 타입이라면 특정한 동작을 수행하고, 그렇지 않은 경우에는 같은 동작을 수행하지 않을 수 있다. 사용자는 dyn Error 타입의 Error::downcast_ref 메서드를 이용해 에러를 std::io::Error 타입으로 다운캐스팅할 수 있다. downcast_ref 메서드는 다운캐스팅이 성공했는지 여부를 알려 주는 Option 타입을 리턴한다. 여기서 주의할 점이 하나 있다. downcast_ref 메서드는 인수가 'static인 경우에만 동작한다. 'static이 아닌 불분명한 Error 타입을 리턴하면 사용자는 지금까지 설명한 방식으로 에러에 대해 조사할 수 없게 된다.

라이브러리의 타입이 소거된 에러(또는 타입이 소거된 타입)를 안정 버전의 공개 API에 사용해도 될 것인지에 대해 동의하지 않는 사람들도 있다. 예컨대 라이브러리의 foo 메서드가 lib::MyError를 Box<dyn Error> 타입으로 리턴할 때 이 리턴값을 다른 에러 타입으로 바꾸는 것은 단절적 변경일까? 타입 시그너처는 바뀌지 않았지만 리턴된 에러를 lib::MyError 타입으로 다운캐스팅할 수 있다는 사실을 전제로 사용자가 코드를 작성했을지도 모른다. 내 생각에 여러분이 어떤 이유로든 Box<dyn Error> 타입을(lib::MyError가 아니라) 리턴하기로 결정했고 명확히 문서화되어 있지 않다면 그게 다운캐스팅을 특별히 보장하지는 않는다.

Box<dyn Error + ...>는 매력적인 타입 소거 에러 타입이지만 반면에 자체적으로 Error 트레이트를 구현하지 않는다. 따라서 타입 소거를 지원하며 Error 트레이트를 구현하는 BoxError 타입을 자체적으로 구현하는 것을 고려해야 한다.

어째서 Error::downcast_ref 메서드가 안전한지 궁금할 것이다. 다시 말해 dyn Error 인수가 주어진 타입 T임을 어떻게 알 수 있는지 궁금할 것이다. 심지어 표준 라이브러리는 어느 타입을 위해서나 구현되는 Any 트레이트를 제공하며 이 트레이트는 dyn Any 타입을 위해 downcast_ref 메서드를 구현하고 있다. 어떻게 그럴 수 있을까? 그 답은 타입의 고유한 식별자를 얻기 위해 컴파일러가 지원하는 std::any::TypeId 타입에 있다. Error 트레이트는 기본적으로 type_id라는 숨겨진 메서드를 제공하는데, 그 기본 구현은 TypeId::of::<Self>()를 리턴하는 것이다. 마찬가지로 Any 타입은 impl Any for T 포괄적 구현을 제공하며 이를 구현한 코드의 type_id 메서드도 같은 값을 리턴한다. 이 impl 블록을 보면 Self의 구체적 타입은 알려져 있으므로 type_id 메서드가 리턴하는 값이 실제 타입의 타입 식별자이다. 이 식별자는 downcast_ref 메서드에 필요한 모든 정보를 제공한다. downcast_ref 메서드는 self.type_id를 호출하는데 이

는 크기가 동적인 타입(2장 참고)의 vtable을 기반이 되는 타입의 구현에 제공해서 다운캐스팅 타입의 타입 식별자와 비교한다. 두 타입 식별자가 일치하면 dyn Error나 dyn Any에 숨겨진 타입은 타입은 T이고, 따라서 한 타입에 대한 참조를 다른 타입에 대한 참조로 안전하게 캐스팅할 수 있다.

특별한 에러 상황

어떤 함수는 실패하면서 그 상황에서 어떤 의미 있는 에러도 리턴하지 못하기도 한다. 개념적으로 이런 함수는 Result<T, ()> 타입을 리턴한다. 어떤 코드에서는 Option<T>를 대신 사용하는 경우도 있다. 두 타입 모두 이런 함수의 리턴 타입으로 사용할 수 있지만 이 둘은 의미론상 뜻이 서로 다르며 '단순성'을 위해 Result<T, ()>를 Option<T>로 대체하는 것은 삼가야 한다. Err(())는 작업이 실패해서 재시도하거나 보고하거나 예외적으로 처리해야 한다는 것을 의미한다. 반면 None은 함수가 아무것도 리턴하지 않았음을 의미한다. 이 경우는 대개 예외 상황이거나 반드시 처리해야 하는 상황이라고 보지 않는다. Result 타입의 #[must_use] 애너테이션을 보면 알 수 있다. Result 타입의 값에 대해서는 두 가지 경우를 다 처리해야 한다. 반면 Option 타입의 경우에는 반드시 처리하지 않아도 된다.

또한 ()는 Error 트레이트를 구현하지 않는다는 점에 유의해야 한다. 이는 ()가 Box<dyn Error>로 타입 소거될 수 없으며 ? 연산자와 함께 사용하기가 좀 더 어렵다는 점을 의미한다. 그렇기 때문에 이런 경우에는 구조체 타입을 직접 정의하고 Error 트레이트를 구현해 () 대신 에러로 사용하는 편이 낫다.

계속해서 실행하는 서버 루프를 시작하는 등의 일부 함수는 에러만 리턴하면 된다. 따라서 에러가 발생하지 않는다면 영원히 실행된다. 또 어떤 함수는 에러가 절대 발생하지 않음에도 트레이트 시그너처를 맞추기 위한 이유 등 여러 이유로 Result 타입을 리턴한다. 러스트는 이런 함수를 위해 ! 문법을 사용하는 네버(never) 타입을 제공한다. 네버 타입은 절대 생성될 수 없는 값을 의미한다. 이 타입의 인스턴스는 여러분 스스로 생성할 수 없다. 스스로 생성할 수 있는 방법은 무한 루프나 패닉에 진입하거나 실행이 끝나지 않는다는 것을 컴파일러가 알고 있는 몇 가지 특별한 연산을 통하는 것뿐이다. Result 타입의 경우 Ok 또는 Err 값을 얻었지만 이 값을 절대 사용할 일이 없다는 점을 알고 있다면 ! 타입으로 설정할 수 있다. Result<T, !> 타입을 리턴하는 함수를 작성한다면 Err 값은 절대 리턴할 수 없다. 그렇게 할 수 있는 유일한 방법은 절대 리턴되지 않는 코드로 진입하는 것뿐이기 때문이다. 컴파일러는 ! 문법을 사용한 코드는 결코 값을 생성할 수 없음을 알고 있으므로 Result<T, !> 값의 unwrap 호출에 대해 패닉 코드를 생성하지 않는 등의 방법으로 코드를 최적화한다. 그리고 패턴 매칭을 할 때 컴파일러는 ! 문법을 사용한 코드는 나열할 필요가 없다는 점도 알고 있다. 깔끔하지 않은가.

마지막으로, 궁금해할 에러는 std::thread::Result 에러 타입이다. 이 타입의 정의는 다음과 같다.

```
type Result<T> = Result<T, Box<dyn Any + Send + 'static>>;
```

이 에러 타입은 타입이 소거되었지만 지금까지 살펴봤듯이 dyn Error 타입이 아니라 dyn Any 타입으로 소거된다. 이는 에러가 어떤 타입이라는 점만 보장할 뿐 그 외에 보장하는 것은 거의 없다. 이처럼 이상해 보이는 에러 타입이 있는 이유는 std::thread::Result 타입의 에러는 패닉에 대응하기 위한 경우, 특히 패닉이 발생한 스레드를 조인하는 경우에만 사용하기 때문이다. 이 경우 조인하는 스레드가 에러를 무시하거나 unwrap을 이용해 스스로 패닉을 일으키는 것 외에 어떤 일을 더 할 수 있는지는 불분명하다. 기본적으로 에러 타입은 '패닉'이며 그 값은 'panic!에 전달된 인수'를 의미하기에 따지자면 (형식화된 문자열인 경우가 대부분이기는 하지만) 어떤 타입도 될 수 있다.

에러 전파

러스트의 ? 연산자는 언래핑하기 또는 일찍 리턴하기를 짧게 표현한 것으로 에러를 쉽게 다루기 위한 용도이다. 그러나 이 연산자에는 알아 둘 만한 몇 가지 트릭이 있다. 우선 ? 연산자는 From 트레이트를 통한 타입 변환을 수행한다.

Result<T, E>를 리턴하는 함수에서 Result<T, X> where E: From<X> 타입에 ? 연산자를 사용할 수 있다. 이는 Box<dyn Error>를 통한 에러 소거를 매우 매력적으로 만드는 기능이다. 특정 에러 타입에 대한 걱정 없이 어디서든 ? 연산자를 사용하면 보통은 '그냥 동작'한다.

From과 Into 트레이트

표준 라이브러리는 타입을 변환하는 여러 트레이트를 제공하지만 그중 핵심은 From과 Into 트레이트이다. 어쩌면 두 트레이트를 제공하는 점이 놀라울지도 모르겠다. From이 있다면 왜 Into가 필요하고 Into가 있는데 왜 From이 필요할까? 여기에는 몇 가지 이유가 있지만 먼저 역사적인 이유부터 살펴보자. 러스트 초기에는 2장에서 설명한 일관성 규칙 때문에 트레이트 하나만 제공하기가 불가능했다. 좀 더 구체적으로 말하자면 그 당시의 일관성 규칙 때문이다.

크레이트에 정의한 어떤 로컬 타입과 표준 라이브러리에 정의한 어떤 타입 간에 양방향 변환을 구현한다고 가정해 보자. 이 경우 impl<T> From<Vec<T>> for MyType<T>와 impl<T> Into<Vec<T>> for MyType<T>는 쉽게 구현할 수 있지만, From이나 Into 중 하나만 있다면 impl<T> From<MyType<T>> for Vec<T>나 impl<T> Into<MyType<T>> for Vec<T>를 구현해야 한다. 하지만 컴파일러는 이런 구현을 허용하지 않는다. 이 코드는 일관성 규칙에 커버 타입에 대한 예외가 추가된 러스트 1.41.0 이후 버전에서만 가능하다. 이 변경 이전에는 두 트레이트가 모두 필요했다. 그리고 대부분의 러스트 코드는 러스트 1.41.0 이전에 작성되었기 때문에 두 트레이트 모두 제거할 수 없다.

하지만 이런 사실 외에 러스트를 지금 다시 개발한다고 해도 두 트레이트를 모두 갖추는 편이 더 좋은 이유가 있다. 상황에 따라 둘 중 하나를 선택해서 사용하는 편이 훨씬 쉽기 때문이다. 예를 들어 Foo 타입으로 바꿀 수 있는 타입을 파라미터로 갖는 메서드를 작성한다면 fn(impl Into<Foo>)라고 작성할 텐가, 아니면 fn<T>(T) where Foo: From<T>라고 작성할 텐가? 그리고 반대로 문자열을 문법 식별자로 바꾼다면 Ident::from("foo")라고 작성할 텐가, 아니면 <_ as Into<Indent>>::into("foo")?라고 작성할 텐가? 두 트레이트는 모두 나름의 활용법이 있으므로 둘 다 있는 편이 낫다.

일단 두 트레이트가 모두 존재하는 상황에서 여러분의 코드에 어떤 것을 사용해야 할지 궁금할 것이다. 그 답은 매우 간단하다. 구현에는 From을 사용하고 바운드에는 Into를 사용하는 것이다. 그 이유는 Into가 From을 구현하는 모든 타입 T에 대한 포괄적 구현을 가지고 있으므로 타입이 명시적으로 From이나 Into를 구현하는지 여부와는 무관하게 Into를 구현하고 있기 때문이다!

물론 간단한 일들이 흔히 그렇듯이 이야기는 여기서 끝나지 않는다. Into를 바운드로 사용하면 컴파일러는 포괄적 구현을 '살펴봐야' 하므로 타입이 Into를 구현하는지 유추하는 것이 From을 구현하는지 확인하는 것보다 더 복잡하다. 그리고 경우에 따라 컴파일러가 제대로 확인하지 못하는 경우도 있다. 이런 이유로 이 책을 집필하는 현재 ? 연산자는 Into가 아니라 From을 사용한다. 대부분의 타입은 From을 구현하므로 큰 차이점을 느끼기는 어렵지만, Into를 구현하는 오래된 라이브러리의 에러 타입은 ? 연산자와 제대로 동작하지 않을 수 있다. 컴파일러가 좀 더 똑똑해지면 ? 연산자가 Into를 사용하도록 '업그레이드'될 가능성이 있고 그 시점에는 이런 문제가 사라지겠지만 당장은 그렇지 않다.

? 연산자에 대해 알아 둘 또 다른 내용은 이 연산자는 Try라는 잠정적인 이름을 붙인 트레이트를 위한 편의 문법일 뿐이라는 점이다. 이 책을 집필하는 현재 Try 트레이트는 안정화되어 있지 않지만 여러분이 이 책을 읽을 때 즈음에는 안정화되어 있거나 뭔가 아주 비슷한 장치가 마련되어 있을 것이다. 상세한 내용은 아직 공개되지 않았으므로 전체 메서드 시그너처보다는 Try가 동작하는 방식을 간단히 설명하겠다. Try 트레이트가 정의하는 래퍼 타입은 그 상태가 유용하거나(정상적인 상태) 그렇지 않거나 둘 중 하나이다. 모나드를 잘 이해하고 있는 사람들도 있겠지만 여기서는 모나드와의 연결 고리는 설명하지 않겠다. 예를 들어 Result<T, E> 값이 Ok(t) 값을 의미한다면 t.unwrap을 통해 정상적인 상태를 유지해 나갈 수 있다. 하지만 Err(e) 값을 가진다면 t가 없으므로 연산이 더는 불가능하다. 따라서 실행을 중단하고 에러값을 즉시 생성할 것이다.

Try 트레이트의 흥미로운 점은 Result 외의 타입에도 적용할 수 있다는 것이다. 예를 들어 Option<T>도 같은 패턴을 따른다. Some(t)가 존재한다면 정상적인 상태를 유지할 수 있는 반면, None 값이 존재한다면 계속하지 않고 None 값을 리턴한다. 이 패턴은 Poll<Result<T, E>> 같은 복잡한 타입에도 그대로 적용되는데 Poll<T> 값이 존재하면 여러분이 생각하는 것보다 훨씬 많은 경우에

? 연산자를 적용할 수 있다. Try 트레이트가 안정화되면 ? 연산자를 모든 타입에 사용하게 되어 훨씬 깔끔해진 코드를 볼 수 있을 것이다.

? 연산자는 실패 가능성이 있는 함수, 독테스트(doctest), fn main에서 이미 사용 가능하다. 하지만 그 잠재력을 최대로 활용하려면 이 에러를 처리할 스코프를 정의할 수 있는 방법이 필요하다. 예를 들어 코드 4-2를 살펴보자.

코드 4-2 ? 연산자를 사용하는 다단계 실패 함수

```
fn do_the_thing() -> Result<(), Error> {
  let thing = Thing::setup()?;
  // thing과 ? 연산자를 사용하는 코드
  thing.cleanup();
  Ok(())
}
```

이 코드는 의도대로 동작하지 않는다. setup 메서드와 cleanup 메서드 사이에 있는 ? 연산자를 사용하면 전체 함수로부터 일찍 리턴을 수행하게 되므로 cleanup 메서드를 건너뛰게 된다. try 블록이 해결하려는 문제가 바로 이 문제이다. try 블록은 한 차례만 수행하는 루프처럼 동작하는 반면 ? 연산자는 return 대신 break를 사용하는 것처럼 동작하며 블록의 마지막 표현식은 암묵적으로 break 문을 갖는다. 코드 4-2를 코드 4-3처럼 수정하면 cleanup 메서드를 항상 호출할 수 있다.

코드 4-3 정리 작업을 항상 수행하는 다단계 실패 함수

```
fn do_the_thing() -> Result<(), Error> {
  let thing = Thing::setup()?;
  let r = try {
    // thing과 ? 연산자를 사용하는 코드
  };
  thing.cleanup();
  r
}
```

이 책을 집필하는 현재 try 블록 역시 안정화되지 않았지만 그 유용성에 대해서는 충분한 동의가 이루어졌으므로 여기서 설명한 내용과 비슷한 형태로 안정화될 것이다.

요약

이번 장에서는 열거형과 소거 등 러스트에서 에러 타입을 만드는 두 가지 방법과 각각의 장단점에 대해 알아봤다. 또한 ? 연산자에 대해 몇 가지 측면을 살펴봤고, 앞으로 ? 연산자를 더 유용하게 사용할 수 있는 방법에 대해서도 생각해 봤다. 다음 장에서는 코드에서 한 걸음 물러나 러스트 프로젝트를 구성하는 방법을 살펴본다. 피처 플래그, 의존성 및 버전 관리뿐 아니라 워크스페이스와 서브크레이트 등을 사용해 더 복잡한 크레이트를 관리하는 방법도 살펴본다.

5장

R u s t f o r R u s t a c e a n s

프로젝트 구조

이번 장에서는 러스트로 프로젝트를 어떻게 구성할지에 대해 몇 가지 아이디어를 제공한다. 간단한 프로젝트라면 `cargo new` 명령으로 생성한 구조를 그대로 사용할 수 있다. 물론 코드를 분리하기 위해 몇 가지 모듈을 더하고 부가 기능을 위해 몇 가지 의존성을 추가할 수도 있지만 그 외에는 구조가 크게 달라지지 않을 것이다. 하지만 프로젝트 크기와 복잡도가 증가하면 그 이상이 필요하다. 크레이트 컴파일 시간을 감당할 수 없게 되거나 조건부 의존성이 필요하다거나 지속적 통합을 위한 더 나은 전략이 필요할 수도 있다. 이번 장에서는 러스트 언어와 카고가 제공하는 몇 가지 도구를 이용해 이런 문제를 해결하는 방법을 알아본다.

피처

피처(feature)는 프로젝트를 커스터마이징하기 위해 러스트에서 주로 사용하는 수단이다. 기본적으로 피처는 기능을 선택적으로 추가하기 위해 크레이트가 의존성에 전달할 수 있는 빌드 플래그이다. 그 자체로 어떤 의미를 갖지 않으며 여러분의 크레이트에서 피처가 어떤 의미를 가질지는 여러분이 결정한다.

보통 피처를 이용하는 방법은 크게 세 가지이다. 의존성을 선택적으로 추가하거나 크레이트의 추가 컴포넌트를 선택적으로 포함하거나 코드의 동작을 확장하는 것이다. 이 세 가지 방법은 모두 부가적인 것임을 알아 두자. 피처는 크레이트의 기능을 추가할 수는 있지만 모듈을 제거하거나 타입이나 함수 시그너처를 대체하지는 않는다. 이는 개발자가 Cargo.toml 파일에 새 의존성을 추가하거나 피처를 활성화하는 간단한 변경을 가했을 때 다른 사용자의 크레이트가 컴파일되지 않는 일은 없어야 한다는 원칙에서 비롯된 것이다. 하지만 크레이트가 상호 배타적인 피처를 가지고 있다면 이 원칙은 순식간에 엎어질 수 있다. 예컨대 크레이트 C의 어떤 피처에 의존하는 크레이트 A가 있고 크레이트 C의 또 다른 상호 배타적인 피처에 의존하는 크레이트 B가 있는데 이때 크레이트 A에 크레이트 B를 의존성으로 추가하면 크레이트 A에 문제를 일으킬 수 있다. 그런 이유로 크레이트 A가 크레이트 C의 일부 피처에 대해 컴파일된다면 크레이트 C의 모든 피처가 활성화되어도 컴파일되어야만 한다는 원칙을 따르는 것이다.

카고는 이 원칙에 상당히 엄격한 편이다. 예를 들어 크레이트 C에 의존하는 두 크레이트(A와 B)가 크레이트 C의 서로 다른 피처를 활성화한다면, 카고는 크레이트 A나 B가 필요로 하는 모든 피처를 활성화한 크레이트 C를 한 번만 컴파일한다. 즉, 크레이트 C는 크레이트 A와 B에 필요한 피처의 합집합을 갖게 된다는 뜻이다. 그래서 러스트 크레이트에 상호 배타적인 피처를 추가하기는 쉽지 않다. 두 의존자가 크레이트의 서로 다른 피처에 의존적이고 이 피처가 상호 배타적이라면 다운스트림 크레이트를 빌드하는 데 실패할 것이다.

가능한 피처를 모두 조합해도 크레이트가 컴파일되는지 확인하도록 지속적 통합 인프라스트럭처를 구성할 것을 강력히 권한다. *https://github.com/taiki-e/cargo-hack/*에서 다운로드할 수 있는 cargo-hack 도구의 도움을 받기 바란다.

피처 정의와 포함

피처는 Cargo.toml 파일에 정의한다. 코드 5-1은 `foo`라는 크레이트에 `syn` 크레이트에 대한 의존성을 선택적으로 사용하는 예이다.

코드 5-1 선택적 의존성을 활성화하는 피처

```
[package]
name = "foo"
...
[features]
derive = ["syn"]

[dependencies]
syn = { version = "1", optional = true }
```

카고는 이 크레이트를 컴파일할 때 기본적으로 syn 크레이트를 컴파일하지 않기 때문에 컴파일 시간이 (대부분의 경우 상당히) 줄어든다. syn 크레이트가 컴파일되는 경우는 다운스트림 크레이트가 derive 피처로 활성화한 API를 사용해야 하고 명시적으로 그렇게 하도록 설정한 경우뿐이다. 코드 5-2는 다운스트림 크레이트 bar가 derive 피처를 활성화하고 그에 따라 syn 크레이트에 대한 의존성을 포함하게 되는 예를 보여 준다.

코드 5-2 의존성의 피처를 활성화하는 방법

```
[package]
name = "bar"
...

[dependencies]
foo = { version = "1", features = ["derive"] }
```

어떤 피처는 너무 자주 사용되어서 사용하도록 설정하기보다는 오히려 사용하지 않도록 설정하는 편이 더 나은 경우도 있다. 카고는 이런 경우를 지원하기 위해 크레이트의 기본 피처를 정의할 수 있는 방법을 제공한다. 그리고 마찬가지로 의존성의 기본 피처를 비활성화하는 방법도 제공한다. 코드 5-3은 foo 크레이트가 derive 피처를 기본적으로 활성화하는 동시에 syn 크레이트의 기본 피처 중 일부는 비활성화하고 derive 피처에 필요한 것만 활성화하는 경우를 보여 준다.

코드 5-3 크레이트에 기본 피처를 추가하고 선택적 의존성의 기본 피처를 비활성화하면서 필요한 피처만 활성화하는 예

```
[package]
name = "foo"
...
[features]
derive = ["syn"]
default = ["derive"]

[dependencies.syn]
version = "1"
default-features = false
features = ["derive", "parsing", "printing"]
optional = true
```

어떤 크레이트가 foo 크레이트에 의존하며 기본 피처를 명시적으로 비활성화하지 않았다면 foo 크레이트의 syn 의존성까지 컴파일한다. 그래서 syn 크레이트는 나열된 피처 세 개만 가진 채 빌드된다. 이렇게 기본 피처를 비활성화하고 필요한 피처만 활성화하는 것은 컴파일 시간을 줄일 수 있는 좋은 방법이다.

피처로서의 선택적 의존성

피처를 정의할 때 등호 다음에 나오는 목록이 바로 피처 목록이다. 언뜻 보면 이상하게 보일지도 모른다. 코드 5-3의 syn은 의존성이지 피처가 아니기 때문이다. 그 이유는 카고가 모든 선택적 의존성을 의존성과 같은 이름을 가진 피처로 만들기 때문이다. 선택적 의존성과 같은 이름을 가진 피처를 추가해 보면 알 수 있을 것이다. 카고는 이런 피처 이름을 허용하지 않는다. 피처와 의존성에 서로 다른 네임스페이스를 지원할 수 있도록 카고를 개발 중이지만 아직 안정화되지 않았다. 안정화되는 동안 의존성과 같은 이름을 가진 피처를 정의하고 싶다면 이름 충돌을 피하기 위해 package = ""를 이용해 의존성의 이름을 바꿔야 한다. 피처를 활성화하기 위한 피처 목록에는 의존성의 피처도 포함할 수 있다. 예를 들어 derive = ["syn/derive"]처럼 작성하면 derive 피처는 syn 의존성의 derive 피처를 활성화한다.

크레이트에서 피처 사용하기

피처를 사용할 때에는 가능할 경우에만 코드가 의존성을 사용하도록 해야 한다. 그리고 피처가 특정 컴포넌트를 활성화한다면 피처를 비활성화했을 때 그 컴포넌트가 포함되지 않는지 확인해야 한다.

그러려면 조건부 컴파일을 사용해야 한다. 그렇게 하면 애너테이션을 사용해 특정 코드를 컴파일할지 말지에 대한 조건을 명시할 수 있다. 조건부 컴파일은 #[cfg] 속성을 이용해 표현한다. 그리고 유사한 조건을 기반으로 런타임 동작을 변경할 수 있는 cfg! 매크로도 이와 밀접한 관련이 있다. 조건부 컴파일로 필요한 모든 것을 할 수 있다. 하지만 이번 장 후반부에서도 다루듯이 가장 기본적인 형태는 #[cfg(feature = "some-feature")]이다. 이 구문은 some-feature 피처가 활성화되어 있을 때에만 이어지는 소스 코드에 나오는 '무언가가' 컴파일되게 한다. 마찬가지로 if cfg!(feature = "some-feature")는 some-feature 피처가 활성화된 경우에만 if true와 같이 동작한다.(그렇지 않으면 if false처럼 동작한다.)

cfg! 매크로보다는 #[cfg] 속성을 더 자주 사용하는데 매크로는 피처에 따라 런타임 동작을 변경해서 피처가 부수적인지 확인하기 어렵기 때문이다. #[cfg] 속성은 특정 러스트 아이템, 이를테면 함수와 타입 정의, impl 블록, 모듈, use 문 등 앞에 지정할 수 있을 뿐 아니라 구조체 필드, 함수 인수, 구문 등 다른 요소에도 사용할 수 있다. 하지만 #[cfg] 속성을 모든 곳에 사용할 수는 없다. 조건부 컴파일로 인해 너무 이상하거나 디버깅하기 어려운 상황이 발생하지 않도록 러스트 언어 팀이 이를 사용할 수 있는 곳을 주의해서 제한하고 있다.

API에서 공개된 부분을 수정하면 피처가 부수적이지 않게 될 수도 있다. 그렇게 되면 일부 사용자는 여러분의 크레이트를 컴파일할 수 없게 될 것이다. 그래서 하위 호환 가능한 변경과 관련된 규칙을 적용해야 한다. 예를 들어 열것값이나 구조체의 공개 필드를 피처에 따라 조건부로 선언한다면, 그 타입에 #[non_exhausitve] 속성을 반영하는 것이다. 그렇지 않으면 피처를 활성화하지 않은 의존자 크레이트는 의존성 트리의 두 번째 크레이트 때문에 피처가 추가되는 순간 더는 컴파일되지 않을 수 있다.

사용자가 전체 기능의 일부만 사용할 대규모 크레이트를 작성 중이라면 더 많은 컴포넌트(보통은 모듈)를 피처로 보호하는 것을 고려해야 한다. 그렇게 하면 사용자는 원하는 피처를 활성화해서 정말 필요한 부분만 컴파일할 수 있다.

워크스페이스

크레이트는 러스트에서 다양한 역할을 담당한다. 의존성 그래프의 정점이자 크레이트 일관성의 경계이며 컴파일 피처의 스코프이다. 그래서 각 크레이트는 단일 컴파일 단위로 관리한다. 러스트 컴파일러는 크레이트를 하나의 거대한 소스 파일로 취급해 이를 한 덩어리로 컴파일해서 최종적으로 결국 하나의 바이너리 결과물(바이너리 또는 라이브러리)로 만든다.

이렇게 하면 컴파일러 측면에서는 여러 가지로 편리하지만 규모가 큰 크레이트는 다루기가 꽤나 괴로워진다. 단위 테스트나 주석 또는 애플리케이션 내의 어떤 타입을 변경하면 컴파일러는 전체 크레이트에서 변경된 부분이 있는지 다시 평가해야 한다. 내부적으로 컴파일러가 증분 재컴파일과 병렬 코드 생성 등을 빠르게 수행할 수 있는 여러 가지 메커니즘을 구현하고 있지만, 결국 크레이트 크기가 프로젝트를 컴파일하는 시간에 큰 영향을 미친다.

그렇기 때문에 프로젝트 규모가 커지면 여러 크레이트로 분리해서 내부적으로 서로 의존하게 만들고 싶을 것이다. 카고는 이런 경우에 편리하게 사용할 수 있는 피처인 워크스페이스를 제공한다. 워크스페이스는 코드 5-4처럼 최상위 Cargo.toml을 통해 하나로 묶이는 크레이트(흔히 서브크레이트라고 부르는)들의 집합이다.

코드 5-4 워크스페이스 Cargo.toml 파일

```
[workspace]
members = [
  "foo",
  "bar/one",
  "bar/two",
]
```

members 배열은 워크스페이스의 각 크레이트를 담고 있는 디렉터리 목록이다. 이 크레이트는 모두 서브디렉터리에 각자의 Cargo.toml 파일을 가지고 있지만 단일 출력 디렉터리와 단일 Cargo.lock 파일을 공유한다. 크레이트 이름은 members 배열 이름과 반드시 일치할 필요는 없다. 필수는 아니지만 대부분 워크스페이스의 크레이트는 이름 접두사를 공유하며 보통은 '주' 크레이트의 이름을 따른다. 예를 들어 tokio 크레이트의 경우 members 배열에는 tokio, tokio-test, tokio-macros 등이 나열되어 있다.

워크스페이스의 가장 중요한 기능은 워크스페이스의 루트에서 cargo 명령으로 모든 멤버를 관리할 수 있다는 것이다. 크레이트가 모두 컴파일되는지 확인하고 싶은가? cargo check 명령이 모든 크레이트를 확인해 줄 것이다. 모든 테스트를 실행하고 싶은가? cargo test가 모든 크레이트의 테스트를 실행해 줄 것이다. 모든 것을 하나의 크레이트로 구현하는 것만큼 편리하지는 않으니 아주 작은 크레이트로 하나하나 나눌 필요는 없지만 tokio 예는 꽤 적절하다고 할 수 있다.

cargo 명령은 워크스페이스 안에서 보통은 '잘' 동작한다. 두 워크스페이스 크레이트가 이름이 같은 바이너리를 갖는 등 모호함을 없애야 할 필요가 있을 경우에는 -p 플래그를 사용하면 된다. 특정 워크스페이스 크레이트의 서브디렉터리에서 --workspace 플래그를 이용하면 명령을 전체 워크스페이스에 대해 실행할 수 있다.

워크스페이스의 최상위 루트에 멤버를 나열한 Cargo.toml 파일을 갖췄다면 의존성 경로를 이용해 한 크레이트가 다른 크레이트에 의존하도록 설정할 수 있다. 코드 5-5를 살펴보자.

코드 5-5 워크스페이스 크레이트 간의 상호 의존성

```
# bar/two/Cargo.toml
[dependencies]
one = { path = "../one" }
# bar/one/Cargo.toml
[dependencies]
foo = { path = "../../foo" }
```

이제 bar/two 크레이트에 어떤 변경을 가하면 foo와 bar/one은 변경되지 않았으므로 bar/two 크레이트만 다시 컴파일된다. 컴파일러가 프로젝트 전체 소스를 최적화하기 위해 재평가할 필요가 없으므로 프로젝트를 처음 컴파일할 때보다 빠르게 컴파일할 수도 있다.

워크스페이스 내부의 의존성 지정

워크스페이스의 한 크레이트가 다른 크레이트에 의존함을 지정하는 가장 명확한 방법은 코드 5-5에서 살펴봤던 경로 지정자를 사용하는 것이다. 하지만 개별적인 서브크레이트의 공개적 사용을 허용할 생각이라면 경로 지정자 대신 버전 지정자를 사용할 필요가 있다.

예컨대 어떤 크레이트는 one = { git = "..." }으로 코드 5-5의 bar 워크스페이스에 있는 one 크레이트의 깃 버전에 의존하고 있고, foo 크레이트는(역시 bar 워크스페이스에 있는) foo = "1.0.0"으로 릴리스 버전에 의존하고 있다고 가정해 보자. 카고는 충실하게 bar 워크스페이스 전체가 보관된 one 깃 저장소를 읽어 one이 foo에 의존하고 있다는 사실을 알아내고는 워크스페이스 내의 ../../foo 경로에서 크레이트를 찾는다. 하지만 카고는 릴리스 버전 foo = "1.0.0"과 깃 저장소의 foo 크레이트가 같은 크레이트라는 사실을 알지 못한다. 그저 서로 다른 두 의존성이 어쩌다 이름이 같다고 생각할 뿐이다.

이제 어떤 일이 벌어질지 이미 눈치챘을 것이다. one 크레이트의 API 중 foo 크레이트의 타입을 요구하는 API를 사용할 때 foo (1.0.0)의 타입을 전달하면 컴파일러는 코드 컴파일을 허용하지 않는다. 타입 이름이 같더라도 컴파일러는 두 타입이 같은 타입임을 알지 못한다. 게다가 컴파일러는 "expected foo::Type, got foo::Type." 같은 에러 메시지를 출력할 것이므로 사용자는 완전히 혼란에 빠질 것이다.

이 문제를 해결하는 가장 좋은 방법은 서브크레이트가 공개되지 않는 변경에 의존할 때에만 경로 지정자를 사용하는 것이다. one 크레이트가 foo 1.0.0과 동작할 수 있다면 의존성 목록에 foo = "1.0.0"을 나열해야 한다. one 크레이트만 필요해서 foo 크레이트를 변경할 때에만 one 크레이트가 경로 지정자를 사용하도록 변경해야 한다. 그리고 one 크레이트가 의존할 수 있는 새 버전의 foo 크레이트를 릴리스했다면 경로 지정자는 다시 제거해야 한다.

이 방법도 단점은 있다. 이제 foo 크레이트를 변경하고 one 크레이트에 대한 테스트를 실행하면, one 크레이트가 이전 버전의 foo 크레이트를 사용해 원치 않는 결과를 보게 될 수 있다. 이 문제를 해결하려면 각 서브크레이트가 다른 서브크레이트의 최신 릴리스 버전을 사용하도록 경로 지정자를 변경해서 테스트를 수행하게 지속적 통합 인프라스트럭처를 변경해야 한다.

프로젝트 설정

`cargo new` 명령을 실행하면 크레이트 이름, 버전 번호, 저작자 정보 그리고 빈 의존성 목록을 가진 최소한의 Cargo.toml 파일이 만들어진다. 한동안은 이 파일에 손댈 필요가 없겠지만 프로젝트가 점차 무르익어 가면 Cargo.toml에 추가하게 될 몇 가지 유용한 것들이 있다.

크레이트 메타데이터

Cargo.toml 파일에 가장 먼저 그리고 가장 확실하게 추가하게 될 것은 카고가 지원하는 모든 메타데이터 지시문이다. `description`과 `homepage` 같은 뻔한 필드 외에도 크레이트의 README 파일(`readme`) 경로, `cargo run`(`default-run`)을 실행할 때 기본으로 실행될 바이너리, crates.io 사이트가 크레이트를 분류하는 데 도움이 되는 추가 키워드(`keywords`)와 카테고리(`categories`) 등의 정보를 추가하는 것이 좋다.

프로젝트 레이아웃이 좀 더 복잡한 크레이트라면 `include`와 `exclude` 메타데이터 필드를 설정하는 편이 좋다. 이 두 필드는 패키지에 어떤 파일을 포함해 공개할지 결정한다. 기본적으로 카고는 크레이트의 모든 디렉터리와 파일을 포함하지만(.gitignore 파일에 나열된 것은 제외) 버전 관리를 원하는 디렉터리에 테스트 도구, 관련 없는 스크립트, 보조 데이터 등까지 포함하기를 원하지는 않을 것이다. 그 이름에서 알 수 있듯이 `include`와 `exclude` 필드는 각각 특정 파일만 포함하거나 특정 파일만 제외한다.

크레이트를 공개할 일이 없거나 다른 레지스트리(crates.io가 아니라)에만 공개한다면 `publish` 필드를 `false`로 설정하거나 허용할 레지스트리 목록을 설정하면 된다.

메타데이터 필드 목록은 계속해서 늘어나고 있으므로 카고 레퍼런스의 메니페스트 형식 페이지(*https://doc.rust-lang.org/cargo/reference/manifest.html*)를 주기적으로 참고하기 바란다.

빌드 설정

Cargo.toml 파일에는 카고가 크레이트를 빌드하는 방법을 제어하기 위한 설정도 추가할 수 있다. 가장 확실한 도구는 완전히 커스터마이징한 빌드 프로그램을 작성할 수 있게 해 주는 `build` 파라미터이다.(11장에서 다시 살펴본다.) 그런데 카고는 또한 패치와 프로파일이라는 작지만 아주 유용한 두 가지 메커니즘을 제공한다.

[patch]

Cargo.toml 파일의 `[patch]` 섹션에 의존성의 다른 원본을 지정하면 의존성이 필요한 위치와 무관하게 다른 버전의 의존성을 일시적으로 사용할 수 있다. 버그 수정, 성능 개선 또는 곧 공개할 새 마이너 릴리스 등을 테스트하기 위해 수정한 버전의 과도기적인 의존성으로 크레이트를 컴파일해야 할 때 특히 유용하다. 코드 5-6은 이 섹션을 이용해 다른 버전의 의존성을 일시적으로 사용하는 방법을 보여 준다.

코드 5-6 `[patch]` 섹션을 이용해 의존성 원본을 일시적으로 대체하는 방법

```
[patch.crates-io]
# 로컬 환경의 (수정된) 버전 사용
regex = { path = "/home/jon/regex" }
# 수정된 깃 브랜치 사용
serde = { git = "https://github.com/serde-rs/serde.git", branch = "faster" }
# 깃 의존성 패치
[patch.'https://github.com/jonhoo/project.git']
project = { path = "/home/jon/project" }
```

카고는 다른 버전의 의존성을 지정하더라도 크레이트 버전을 확인하므로 실수로라도 주 버전이 다른 크레이트를 패치하게 되는 경우는 없다. 어떤 이유로 같은 트레이트의 서로 다른 주 버전에 의존해야 한다면 코드 5-7처럼 유일한

식별자를 지정해 각각 다른 버전을 패치할 수 있다.

코드 5-7 [patch] 섹션을 이용해 같은 크레이트의 여러 버전을 대체하는 방법

```
[patch.crates-io]
nom4 = { path = "/home/jon/nom4", package = "nom" }
nom5 = { path = "/home/jon/nom5", package = "nom" }
```

카고는 Cargo.toml 파일의 각 경로를 살펴보고 /nom4는 주 버전이 4이고, /nom5는 주 버전이 5라는 점을 알아낸 후 두 버전을 각각 패치한다. package 키워드 덕분에 카고는 두 경우 모두 (왼쪽) 의존성 식별자가 아니라 원래 하던 것처럼 nom이라는 이름의 크레이트를 탐색할 수 있다. package 키워드를 이용하면 일반적인 의존성도 다른 이름으로 사용할 수 있다.

크레이트를 공개할 때 업로드한 패키지에는 패치가 고려되지 않는다는 점에 주의하라. 여러분의 크레이트에 의존하는 크레이트는 여러분의 크레이트에 정의한 [patch] 섹션이 아니라 자신의 [patch] 섹션만 사용한다.(어쩌면 비어 있을 수도 있다.)

크레이트 대 패키지

패키지와 크레이트 사이의 차이점이 무엇일지 궁금할 것이다. 이 두 용어는 보통 바꿔 쓸 수 있지만 러스트 컴파일러, 카고, crates.io 또는 다른 어떤 주제에 따라 그 정의가 달라질 수 있다. 개인적으로 크레이트는 루트 .rs 파일(#![feature] 같은 크레이트 수준의 속성을 지정하는 파일, 보통은 lib.rs나 main.rs)에서 계층적으로 시작하는 러스트 모듈이라고 생각한다. 반면 패키지는 크레이트와 메타데이터의 집합이어서 기본적으로 모두 Cargo.toml 파일에 정의된다. 여기에는 라이브러리 크레이트, 다중 라이브러리 크레이트, 통합 테스트 크레이트, 심지어 각자의 Cargo.toml 파일을 갖는 여러 워크스페이스 멤버가 포함된다.

[profile]

[profile] 섹션은 러스트 컴파일러가 크레이트를 컴파일하는 방법을 바꾸는 데 필요한 추가 옵션을 전달하는 섹션이다. 이 옵션은 크게 성능 옵션, 디버깅

옵션, 사용자가 원하는 대로 코드 동작을 변경하는 옵션 등 세 가지로 나눌 수 있다. 이 옵션들은 디버그 모드로 컴파일하는지, 릴리스 모드로 컴파일하는지(또는 어떤 다른 모드로 컴파일하는지)에 따라 기본값이 서로 다르다.

성능 옵션 중 가장 중요한 세 가지는 `opt-level`, `codegen-units`, `lto`이다. `opt-level` 옵션은 프로그램 최적화를 얼마나 공격적으로 수행할지를 지시해 런타임 성능을 조정하는 옵션이다.(`0`은 '최적화를 하지 않음'을, `3`은 '최적화를 최대한 수행함'을 의미한다.) 설정값이 높을수록 코드는 더 최적화되므로 더 빠르게 동작할 수도 있다. 추가적인 최적화에는 더 긴 컴파일 시간이 필요한데 그렇기 때문에 최적화는 보통 릴리스 빌드에만 활성화되어 있다.

`opt-level` 옵션값을 `"s"`로 지정하면 바이너리 크기를 최적화하며 이는 임베디드 플랫폼에서 중요한 역할을 한다.

`codegen-units` 옵션은 컴파일 시간 성능에 대한 옵션이다. 이 옵션을 통해 컴파일러가 하나의 크레이트 컴파일을 몇 개의 독립적인 컴파일 태스크(코드 생성 단위)로 분리할지 결정할 수 있다. 거대한 크레이트 컴파일을 더 작게 나눌수록 더 많은 스레드가 병렬로 크레이트 컴파일을 수행하므로 컴파일 시간이 더 빨라진다. 하지만 더 빠른 컴파일을 위해 스레드가 거의 독립적으로 동작해야 하므로 코드 최적화에 어려움을 겪게 된다. 예를 들어 한 스레드에서 컴파일 중인 크레이트의 일부에 다른 부분의 어떤 코드를 인라인으로 포함하면 더 나은 효과를 얻을 수 있다고 가정해 보자. 하지만 두 코드가 독립적으로 컴파일되고 있으므로 코드를 인라인으로 포함할 수 없다. 그래서 이 옵션은 컴파일 시간 성능과 런타임 성능 간의 절충이다. 기본적으로 러스트는 디버그 모드에서는 코드 생성 단위 수에 제한을 두지 않으며(기본적으로 '최대한 빨리 컴파일'하며) 릴리스 모드에서는 더 작은 수의 단위(이 책을 집필하는 현재 16개)를 사용한다.

`lto` 옵션은 링크 시간 최적화(link-time optimization)를 토글한다. 이 옵션을 켜면 컴파일러(더 구체적으로 말하면 링커)가 원래는 따로 컴파일되는 컴파일 단위를 함께 최적할 수 있다. 링크 시간 최적화에 대한 더 정확한 설명은 이 책

의 범위를 벗어나지만, 기본적인 아이디어는 각 컴파일 단위의 출력에 그 단위에 들어간 코드에 대한 정보를 포함하는 것이다. 모든 단위가 컴파일되면 링커는 모든 단위를 살펴보고 그 추가 정보를 이용해 컴파일된 전체 코드의 최적화를 수행한다. 이 추가 작업으로 인해 컴파일 시간은 늘어나지만 작은 부분으로 컴파일을 나누어 수행하느라 잃을 수도 있는 런타임 성능을 대부분 복구할 수 있다. 특히 링크 시간 최적화를 사용하면 교차 크레이트(cross-crate) 최적화의 혜택을 받을 수 있는 성능에 민감한 프로그램의 경우 상당한 성능 향상을 이룬다. 하지만 교차 크레이트 링크 시간 최적화로 인해 컴파일 시간이 상당히 늘어난다는 점을 알아 두자.

러스트는 여러 코드 생성 단위를 이용하느라 발생할 수 있는 최적화 손실을 막기 위해 기본적으로 각 크레이트 내 모든 코드 생성 단위에 대해 링크 시간 최적화를 수행한다. 링크 시간 최적화는 각 크레이트 내에서만 실행되므로 큰 부담이 되지는 않으며, 컴파일 시간이 늘어난다고 해도 수많은 코드 생성 단위를 사용해서 절약할 수 있는 시간보다도 더 적은 시간이 늘어날 뿐이다. 러스트는 ThinLTO라는 기법도 제공한다. 이 기법은 '완전한' 링크 시간 최적화에서만 가능한 일부 최적화를 포기하고 링크 시간 최적화 대부분을 병렬화하는 기법이다.

링크 시간 최적화는 대부분의 경우 FFI 경계에도 사용할 수 있다. 더 자세한 내용은 `rustc` 도구의 `linker-plugin-lto` 플래그를 살펴보기 바란다.

`[profile]` 섹션은 `debug`, `debug-assertions`, `overflow-checks` 등 디버깅과 관련된 플래그도 지원한다. `debug` 플래그를 지정하면 컴파일러는 디버그 심벌을 포함해 바이너리를 컴파일한다. 그렇게 하면 바이너리 크기는 늘어나지만 추적 및 프로파일 데이터에서 인스트럭션 주소뿐 아니라 함수 이름 등을 볼 수 있게 된다. `debug-assertions` 플래그를 지정하면 평소에는 컴파일되지 않는 `debug_assert!` 매크로 및 디버그 관련 코드를 (`cfg(debug_assertions)`를 통해) 사용할 수 있다. 이런 코드가 포함되면 프로그램 실행이 느려질 수 있지만 런타임에 의문스러운 동작을 쉽게 잡아낼 수 있다. `overflow-checks` 플래그는 그 이

름에서 유추할 수 있듯이 정수 연산 중 오버플로를 검사할 수 있게 해 준다. 그 덕분에 프로그램이 좀 더 느려질 수 있지만 까다로운 버그를 일찍 잡아내는 데 도움이 된다. 이 플래그들은 디버그 모드에서는 기본적으로 활성화되며 릴리스 모드에서는 비활성화된다.

[profile.*.panic]

[profile] 섹션에는 별도의 하위 섹션을 갖는 panic이라는 플래그가 있다. 이 옵션은 프로그램이 panic! 매크로를 직접 호출하거나 unwrap 같은 여타 함수를 통해 간접적으로 호출할 때 어떤 동작을 수행할지 결정한다. panic 플래그는 unwind(대부분의 플랫폼을 위한 기본 설정)나 abort를 지정할 수 있다. 패닉과 언와인딩(unwinding)에 대해서는 9장에서 자세히 다룰 예정이지만 여기서 간략하게 설명해 보겠다.

보통 러스트 프로그램에서 패닉이 발생하면 그 스레드는 스택을 언와인딩하기 시작한다. 언와인딩은 현재 함수로부터 재귀적으로 스레드 스택의 끝까지 강제로 리턴하게 하는 과정이라고 생각하면 된다. 예컨대 main 함수가 foo 함수를 호출하고 foo 함수가 bar 함수를 호출하고 bar 함수가 baz 함수를 호출하는데, baz 함수에서 패닉이 발생하면 baz를 강제로 리턴한 후 bar와 foo를 거쳐 마지막으로 main 함수가 리턴되어 프로그램이 종료되게 한다. 언와인딩을 수행하는 스레드는 보통 스택의 모든 값을 드롭하면서 그 값들이 리소스를 정리하고 에러를 보고하는 등의 작업을 수행할 기회를 준다. 따라서 패닉이 발생하더라도 실행 중인 시스템이 우아하게 종료할 수 있는 기회를 주는 셈이다.

스레드에서 패닉이 발생해 언와인딩을 수행하더라도 다른 스레드는 영향을 받지 않고 계속 실행된다. 그 스레드가 main 함수를 실행할 때에만 프로그램이 비정상 종료된다. 즉, 패닉은 패닉이 발생한 스레드에만 국한된다는 뜻이다.

이는 언와인딩이 양날의 검이라는 뜻이기도 하다. 예컨대 프로그램의 일부 컴포넌트에 장애가 생겨서 이상한 동작을 수행하게 되기도 한다. 예를 들어 어떤 스레드에서 Mutex 상태를 업데이트하다 말고 패닉이 발생했다고 가정해 보자. 이 스레드 다음으로 Mutex를 얻게 되는 스레드는 부분적으로 업데이트되어 모순된 상태에 빠진 Mutex를 처리할 준비를 해야만 한다. 그래서 동기화 기본 타입(Mutex 같은)은 마지막으로 접근했을 때 패닉이 발생했는지 여부를 기억하고 이후에 기본 타입에 접근하려고 하는 스레드에 이 사실을 공유한다. 보통 이런 상태를 접하게 되는 스레드는 마찬가지로 패닉이 발생하며, 이런 상황이 연속되어 결국 전체 프로그램이 비정상 종료된다. 하지만 손상된 상태에서 계속 실행되는 것보다는 차라리 나은 편이다.

언와인딩을 지원하기 위해 필요한 정보를 기록하는 데에는 부담이 따르며 컴파일러와 타깃 플랫폼의 특별한 지원이 필요한 경우도 있다. 예를 들어 대다수 임베디드 플랫폼은 스택을 효과적으로 언와인딩할 수 없다. 그래서 러스트는 여러 가지 패닉 모드를 제공한다. abort 모드는 패닉이 발생하면 전체 프로그램을 즉시 종료한다. 이 모드에서는 어떤 스레드도 정리 작업을 수행하지 않는다. 너무 가차 없는 방법이기는 하지만 그 덕분에 프로그램이 손상된 상태에서 동작하는 일은 없으며 발생한 에러를 곧바로 확인할 수 있다.

 패닉은 전역 설정이다. 따라서 패닉을 abort로 설정하면 모든 의존성도 abort 모드로 컴파일된다.

스레드에서 패닉이 발생하면 백트레이스를 출력하려 한다는 점을 눈치챘을 것이다. 백트레이스란 패닉이 발생한 지점까지의 함수 호출 기록을 말한다. 이 역시 일종의 언와인딩이지만 여기서 설명하는 패닉 발생 시 언와인딩 동작과는 다르다. 패닉이 발생해서 프로그램이 비정상 종료되더라도 스택을 추적하는 데 필요한 정보를 포함하게 하는 -Cforce-unwind-tables 옵션을 rustc 컴파일러에 지정하면 panic=abort로 설정하더라도 백트레이스 결과를 볼 수 있다.

프로파일 오버라이드

프로파일 오버라이드를 이용하면 특정 의존성이나 프로파일에만 프로파일 옵션을 적용할 수 있다. 코드 5-8을 보면 [profile.<profile-name>.package.<crate-name>] 문법을 이용해, 디버그 모드일 경우 serde 크레이트에만 공격적 최적화를 활성화하며 다른 크레이트에는 중간 수준의 최적화를 수행하도록 하고 있다.

코드 5-8 특정 의존성이나 특정 모드에만 프로파일 옵션을 오버라이드하는 코드

```
[profile.dev.package.serde]
opt-level = 3
[profile.dev.package."*"]
opt-level = 2
```

이런 식의 최적화 오버라이드는 특정 의존성이 디버그 모드에서 말도 안 되게 느린 경우(예를 들어 압축 해제나 영상 인코딩 등)에 편리하며 이런 경우 최적화를 통해 테스트 실행에 며칠이 걸리는 일이 없도록 할 수 있다. 또한 ~/.cargo/config 파일의 `[profile.dev]`(또는 비슷한) 섹션을 이용해 프로파일 기본 설정을 전역화할 수도 있다.

특정 의존성에 대해 설정한 최적화 파라미터는 크레이트의 일부로 컴파일되는 코드에만 적용된다는 점을 기억하자. 이 예에서 `serde` 크레이트가 여러분의 크레이트에 정의한 제네릭 메서드나 타입을 사용한다면, 그 메서드나 타입의 코드는 단형화로 인해 크레이트에 포함되어 최적화되며, 따라서 `serde` 의존성을 위해 오버라이드한 프로파일 설정이 아니라 크레이트의 프로파일 설정이 적용된다.

조건부 컴파일

여러분이 작성하는 대부분의 러스트 코드는 유니버설 코드이다. 즉, CPU나 운영 체제와는 관계없이 동일하게 동작한다. 하지만 간혹 윈도 운영 체제나 암 칩 또는 특정한 플랫폼 ABI(application binary interface)에서 코드가 동작하게 하려면 특별한 조치가 필요한 경우도 있다. 또는 CPU 인스트럭션이 지원하는 경우 특정 함수를 최적화하고 싶다거나 지속적 통합 환경에서 실행하는 경우 느리지만 관련 없는 셋업 코드를 비활성화하고 싶을 수도 있다. 이런 상황에 대비해 러스트는 조건부 컴파일이라는 메커니즘을 제공한다. 이 메커니즘은 컴파일 환경의 어떤 조건을 만족하는 경우에만 코드의 특정 부분이 컴파일되도록 하는 것이다.

이 장 앞부분 '크레이트에서 피처 사용하기' 절에서 `cfg` 키워드를 이용해 조건부 컴파일을 적용하는 방법을 살펴봤다. 이 방법은 보통 `#[cfg(condition)]` 속성을 이용해 주어진 조건(`condition`)이 참인 경우에만 컴파일하도록 하는

방법이다. 러스트는 #[cfg_attr(condition, attribute)]도 제공하는데, 이는 condition이 참인 경우에만 #[attribute]처럼 컴파일하고 그렇지 않으면 아무것도 하지 않도록 컴파일한다. cfg!(condition) 매크로를 이용하면 불 표현식을 cfg의 조건으로 사용할 수도 있다.

모든 cfg 구문 구조는 feature="some-feature" 같은 옵션으로 구성된 하나의 조건을 받으며 all, any, not 등의 결합 지시자를 이용할 수도 있다. 옵션은 unix 같은 간단한 이름이거나 피처 조건에 사용하던 키-값 쌍일 수도 있다.

컴파일에 사용할 수 있는 여러 가지 옵션이 제공되므로 가장 일반적인 것부터 활용 빈도가 가장 낮은 순서로 살펴보자.

피처 옵션

이 옵션은 앞서 이미 살펴봤다. 피처 옵션은 feature = "피처 이름" 형태이며 지정한 피처가 활성화되어 있으면 참으로 평가된다. 결합 지시자를 이용하면 여러 피처를 하나의 조건으로 사용할 수도 있다. 예를 들어 any(feature = "f1", feature="f2") 조건은 피처 f1이나 피처 f2가 활성화되어 있으면 참으로 평가된다.

운영 체제 옵션

이 옵션은 키-값 문법을 사용하며 target_os 키에 windows, macos, linux 등의 값을 사용할 수 있다. target_family 키를 이용하면 windows나 unix 같은 값을 이용해 운영 체제 종류를 지정할 수도 있다. 이 옵션은 cfg(windows)와 cfg(unix)처럼 값을 직접 지정하는 단축 버전도 제공해서 활용도가 높다. 예를 들어 특정 코드가 맥OS와 윈도에서만 컴파일되게 하려면 #[cfg(any(windows, target_os = "macos"))]라고 쓰면 된다.

콘텍스트 옵션

이 옵션은 특정한 컴파일 콘텍스트로 코드를 다듬는 데 사용한다. 가장 일반적인 옵션은 test 옵션으로, 이 옵션을 true로 설정하면 테스트 프로파일을 이용해 크레이트를 컴파일한다. test는 크레이트를 테스트할 때 사용하는 옵션이지, 그 의존성을 테스트할 때 사용하는 옵션은 아니라는 점을 알아 두자. 이는 또한 통합 테스트를 수행할 때 크레이트에 test 옵션을 설정하지 않음을 의미한다. 이 경우 통합 테스트는 테스트 프로파일로 컴파일되는 반면 여러분의 실제 크레이트는 일반적으로(다시 말해 test 옵션 없이) 컴파일된다. 문서를 구축할 때와 문서 테스트를 컴파일할 때 사용하는 doc과 doctest 옵션도 마찬가지이다. 그리고 기본적으로 디버그 모드를 설정하는 debug_assertions 옵션도 있다.

도구 옵션

클리피(clippy)와 미리(Miri) 같은 몇몇 도구는 해당 도구를 실행할 때 컴파일을 조정할 수 있는 여러 가지 옵션을 제공한다.(나중에 더 설명하겠다.) 보통 이런 옵션은 사용하는 도구의 이름을 따른다. 예를 들어 #[cfg_attr(miri, ignore)] 속성을 지정하면 미리를 이용해 실행할 때에는 특정한 연산 집약적인 테스트를 실행하지 않도록 설정할 수 있다.

아키텍처 옵션

아키텍처 옵션은 컴파일러가 타깃으로 하는 CPU 인스트럭션 집합을 바탕으로 컴파일하는 옵션을 제공한다. target_arch 옵션을 이용해 특정 아키텍처를 지정할 수 있으며 이 옵션에 사용할 수 있는 값으로는 x86, mips, aarch64 등이 있다. 또는 target_feature 옵션을 이용해 특정 플랫폼의 기능을 지정할 수 있다. 이 옵션에는 avx나 sse2 같은 값을 지정할 수 있다. 매우 저수준 코드인 경우에는 target_endian과 target_pointer_width 옵션이 유용할 것이다.

컴파일러 옵션

이 옵션으로는 코드가 컴파일되는 타깃 플랫폼의 ABI를 적용한다. target_env 옵션에 gnu, msvc, musl 같은 값을 지정하면 된다. 역사적인 이유로 이 값

> 은 특히 GNU 플랫폼에 대해서는 빈 값을 적용해 왔다. 보통은 `#[link]`를 이용해 ABI 전용 심벌을 링크하는 등 ABI와 직접적인 상호 작용이 필요할 때에만 사용한다.

`cfg` 조건은 보통 코드 커스터마이징에 사용하지만 경우에 따라서는 의존성을 커스터마이징할 때에도 사용할 수 있다. 예를 들어 `winrt` 의존성은 보통 윈도 운영체제에서만 의미가 있으며 `nix` 크레이트는 유닉스 기반 플랫폼에서만 사용할 것이다. 코드 5-9는 `cfg` 조건을 이용해 이런 의존성을 제어하는 방법을 보여 준다.

코드 5-9 조건부 의존성

```
[target.'cfg(windows)'.dependencies]
winrt = "0.7"
[target.'cfg(unix)'.dependencies]
nix = "0.17"
```

이 예에서 `winrt` 0.7 버전에 대한 의존성은 `cfg(windows)` 옵션이 지정된 경우(즉, 윈도 환경)에만 추가하며, `nix` 0.17 버전에 대한 의존성은 `cfg(unix)` 옵션이 지정된 경우(즉, 리눅스, 맥OS 및 기타 유닉스 기반 플랫폼)에만 추가한다. 여기서 한 가지 주의할 점은 `[dependencies]` 섹션은 빌드 과정 초반부에 평가되는데 이 단계에서는 일부 `cfg` 옵션만 사용할 수 있다는 점이다. 특히 피처와 콘텍스트 옵션은 이 시점에서 사용할 수 없으므로 피처와 콘텍스트를 기반으로 의존성을 조정할 수는 없다. 하지만 타깃 명세나 아키텍처에 의존하는 `cfg` 옵션은 물론 (`cfg(miri)`처럼) `rustc`를 호출하는 도구를 명시적으로 지정하는 옵션은 모두 사용할 수 있다.

지금은 의존성 명세에 대한 주제를 다루고 있지만 나는 `cargo-deny`와 `cargo-audit` 같은 도구를 이용해 지속적 통합 인프라스트럭처가 기본적인 감사를 수행하도록 구성할 것을 강력히 권한다. 이 도구는 여러 주 버전에 과도적으로 의존하는 경우, 유지 보수되지 않거나 알려진 보안 취약점을 지닌 크레이트에 의존하는 경우, 아니면 피해야 할 라이선스를 사용하는 경우를 탐지해 준다. 이런 도구를 이용하면 코드베이스 품질을 자동으로 높일 수 있다.

또한 여러분이 조건부 컴파일 옵션을 직접 추가하는 것도 어렵지 않다. rustc 컴파일러가 크레이트를 컴파일할 때 --cfg=myoption이 전달되도록 하기만 하면 된다. 가장 쉬운 방법은 RUSTFLAGS 환경 변수에 필요한 --cfg 옵션을 추가하는 것이다. 이 방법은 지속적 통합 시 특히 편리한데 지속적 통합 장비에서 실행하는지, 개발 장비에서 실행하는지에 따라 테스트 스위트를 커스터마이징하고 싶을 수도 있기 때문이다. 지속적 통합 환경에서는 RUSTFLAGS 환경 변수에 --cfg=ci를 추가하고 코드에 cfg(ci)와 (cfg(not(ci)) 옵션을 사용하면 된다. 이 옵션은 Cargo.toml의 의존성 목록에서도 사용할 수 있다.

버저닝

모든 러스트 크레이트는 버전이 지정되어 있으며 카고의 시맨틱 버저닝을 따른다. 시맨틱 버저닝이란 어떤 종류의 변경에 대해 어떤 종류의 버전이 올라가야 하는지 그리고 어떤 버전이 호환성을 어떤 식으로 보장하는지 등을 정의하는 규칙을 의미한다. RFC 1105 표준은 읽어 볼 만하지만(아주 기술적인 문서는 아니다.) 요약하자면 이 표준은 변경의 종류를 세 가지로 정의한다. 먼저 단절적 변경은 주 버전 변경이 필요다. 기능 추가는 부 버전을 변경하며 마지막으로, 버그 수정은 패치 버전을 변경한다. RFC 1105는 러스트에서 단절적 변경이 어떤 것인지를 잘 정의하고 있으며 이 책의 다른 부분에서도 이를 다루고 있다.

앞서 언급한 세 가지 변경의 정확한 의미에 대해서는 더 자세히 다루지 않는다. 그 대신 러스트 생태계에서 볼 수 있는 비교적 덜 직관적인 버전 지정 방식을 다루고자 한다. 이는 여러분의 크레이트 버전을 결정할 때 고려해야 할 사항이다.

최소 지원 러스트 버전

가장 먼저 살펴볼 버전은 최소 지원 러스트 버전(Minimum Supported Rust Version, 이하 MSRV)이다. 러스트 커뮤니티 내에서 MSRV와 버저닝에 있어 프로젝트가 준수해야 할 정책에 대한 여러 의견이 분분하지만 명쾌한 답은 없는 상황이다. 문제의 핵심은 선택에 제약이 있을 수밖에 없는 엔터프라이즈 환경 사용자 등 일부 러스트 사용자가 이전 버전의 러스트 사용에 제약을 받게 된다는 점이다. 우리가 새로 안정화되는 API의 장점을 계속 활용한다면 이런 사용자는 최신 버전의 크레이트를 컴파일할 수 없게 된다.

이런 사용자들이 크레이트를 좀 더 쉽게 사용할 수 있게 하는 방법은 두 가지가 있다. 첫 번째 방법은 새 버전의 크레이트가 지난 몇 달 사이에 릴리스된 안정 버전이라면 문제없이 컴파일되도록 보장하는 MSRV 정책을 수립하는 것이다. 정확한 숫자는 다를 수 있지만 보통 6개월에서 12개월 사이의 기간을 지원한다. 러스트의 6주 릴리스 주기를 고려하면 6개월과 12개월은 각각 최신 4번 또는 8번의 안정 버전 릴리스를 지원하는 셈이다. 프로젝트에 추가된 새로운 코드라면 반드시 MSRV 컴파일러로(보통 지속적 통합에서 확인한다.) 컴파일되어야 하거나 아니면 MSRV 정책이 병합을 허용할 때까지 기다려야 한다. 이렇게 하면 언어가 제공하는 최신 기능을 크레이트가 활용하지 못해 어려움을 겪을 수도 있지만 사용자 입장에서는 크레이트를 사용하기가 더 쉬워진다.

두 번째 방법은 MSRV 변경이 발생할 때마다 부 버전 번호를 올리는 것이다. 즉, 여러분이 크레이트 버전 2.7.0을 릴리스하고 MSRV를 러스트 1.44에서 러스트 1.45로 올렸다면 러스트 1.44와 여러분의 크레이트를 사용하는 프로젝트는 러스트 1.45를 도입하기 전까지 의존성 버전을 `version = "2, <2.7"`과 같이 지정하면 된다. 이때 패치 버전뿐 아니라 부 버전도 올리는 것이 중요하다. 그러면 나중에 필요할 때 또 다른 패치 버전을 릴리스해서 이전 MSRV 릴리스의 중요한 보안 이슈 수정 같은 작업을 계속할 수 있다.

어떤 프로젝트는 의존성의 MSRV 지원을 진지하게 취급해서 MSRV 변경을 단절적 변경으로 간주하고 주 버전을 높이기도 한다. 이는 다운스트림 프로젝트가 MSRV 변경을 거부하지 않고 명시적으로 동의한다는 뜻이지만, 또 한편으로는 MSRV 요구 사항을 이렇게 엄격히 정의하지 않는 사용자는 의존성을 업데이트하지 않고는 향후 버그 수정 등의 혜택을 얻을 수 없다는 뜻이기도 하다. 이 경우에는 사용자 또한 단절적 변경을 적용해야 한다는 뜻이기도 하다. 앞서 설명했지만 두 방법 모두 단점이 있다.

현재 러스트 생태계에서 MSRV를 강제하는 것은 어려운 일이다. 아주 적은 수의 크레이트만 MSRV를 보장하고 있으며, 여러분이 사용하는 의존성이 MSRV를 지원하더라도 언제 MSRV 버전이 올라가는지 계속 모니터링해야 한다. 의존성의 MSRV 버전이 올라가면 여러분의 크레이트도 여러분의 MSRV가 변경되지 않도록 앞서 언급한 제한된 버전 바운드를 사용해서 새로운 릴리스를 수행해야 한다. 그러다 보면 여러분의 MSRV 정책이 허용할 때까지 예전 버전을 계속 사용해야 하기 때문에 의존성에 적용된 보안 및 성능 개선을 어쩔 수 없이 포기해야 경우도 생긴다. 그리고 이 결정은 여러분의 크레이트에 의존하는 다른 프로젝트에도 이어진다. 카고 자체가 MSRV를 확인하게 하자는 제안도 있지만 이 책을 집필하는 현재 안정성이 충분히 검증된 방식은 없다.

최소 의존성 버전

의존성을 처음 추가할 때 어떤 버전을 지정해야 할지 늘 명확한 것은 아니다. 프로그래머는 대개 최신 버전을 선택하거나 현재 주 버전을 선택하는데 이 두 가지 모두 잘못된 선택이 될 수 있다. 여기서 '잘못된' 선택이라는 말은 여러분의 크레이트가 컴파일되지 않는다는 게 아니라 여러분의 선택으로 인해 다운스트림 사용자에게 문제가 생길 수 있다는 뜻이다. 지금부터 이 두 선택이 어떻게 문제를 일으키는지 살펴보자.

먼저 여러분이 최신 버전인 `hugs = "1.7.3"` 의존성을 추가했다고 하자. 이제 어느 개발자가 여러분의 크레이트에 의존하는 한편, `hugs` 크레이트에 의존하는 또 다른 크레이트 `foo`에도 의존한다고 가정해 보자. 게다가 `foo` 크레이트 개발자는 자신의 MSRV 정책에 진심이어서 `hugs = "1, <1.6"` 버전에 의존하고 있다고 하자. 이렇게 되면 여러분은 문제를 겪게 된다. 카고는 `hugs = "1.7.3"`의존성을 `hugs` 버전이 1.7보다 크거나 같아야 하는 조건으로 인지하기 때문이다. 그런데 `foo`의 의존성을 보니 `hugs` 의존성 버전은 1.6보다 낮아야 한다. 그래서 카고는 문제 해결을 포기하고 `hugs` 의존성 버전이 서로 호환되지 않는다고 보고할 수밖에 없다.

현실적으로 크레이트가 최신 버전의 의존성을 명시적으로 사용하지 않는 여러 가지 이유가 있다. 가장 일반적인 이유는 엔터프라이즈 감사 요구 사항을 준수(새 버전은 감사되지 않은 코드를 가질 것이므로)하고 정확히 나열된 버전을 사용할 때에만 재현 가능한 빌드(reproducible build)를 할 수 있도록 MSRV를 강제하기 위해서이다.

이 문제는 사실 일종의 불운이다. 여러분의 크레이트가 `hugs 1.5.6` 버전, 심지어는 `1.x` 버전이라면 어떤 버전과도 컴파일될 수도 있기 때문이다. 하지만 최신 버전을 사용하면 카고는 지정한 주 버전과 부 버전 및 그 이후 버전만 고려한다. 그렇다면 `hugs = "1"`처럼 버전을 지정하면 문제가 해결될까? 그렇지 않다. 이 방법도 옳지 않다. 여러분의 코드가 `hugs 1.6`에 추가된 어떤 코드에만 의존적이어서 `1.6.2` 버전은 문제가 없을 수 있지만 `1.5.6` 버전과는 문제가 생길 수도 있다. 항상 최신 버전의 크레이트를 사용하는 환경에서 여러분의 크레이트를 컴파일해 왔다면 이 점을 눈치채지 못하겠지만, 의존성 그래프상의 어떤 크레이트가 `hugs = "1, <1.5"`처럼 버전을 지정했다면 여러분의 크레이트는 컴파일되지 않을 것이다.

적절한 전략은 여러분의 크레이트가 의존하는 모든 기능을 갖춘 버전 중 가장 오래된 버전을 선택하고, 크레이트에 새 코드를 추가해도 의존성 버전을 올릴 필요가 없도록 유지하는 것이다. 하지만 향후 변경 사항이 의존성 버전에 영향을 주지 않도록 어떻게 관리할 수 있을까? 현재 가장 적절한 방법은 아직 안정적이지는 않지만 카고의 `-Zminimal-versions` 플래그를 사용하는 것이다. 이 플래그는 크레이트가 모든 의존성에 대해 가장 높은 버전이 아니라 가능한 한 가장 낮은 버전을 사용하도록 한다. 그런 다음 모든 의존성을 최근 주 버전으로 설정하고 컴파일해 본 후, 컴파일을 방해하는 의존성에 대해 부 버전을 하나씩 추가한다. 코드가 완전히 컴파일될 때까지 이 과정을 되풀이하면 최소 필요 버전이 갖춰지는 것이다.

최소 버전 확인도 MSRV처럼 생태계 도입이라는 같은 문제에 직면해 있다는 점을 언급하는 편이 좋겠다. 여러분이 모든 버전 식별자를 정확하게 설정해도 여러분이 의존하는 프로젝트는 그렇지 않을 수 있다. 그래서 카고의 최소 버전 플래그가 사용하기 어려운(그리고 여전히 불안정한) 것이다. 여러분이 `foo`

에 의존하고 `foo`는 `bar="1"` 버전 식별자를 이용해 `bar`에 의존하는데 실제로 필요한 버전은 `bar = "1.4"`라면, 카고는 `foo` 버전을 뭘로 지정하든 컴파일하는 데 실패했다고 보고할 것이다. 그 이유는 `-Z` 플래그 때문에 항상 최소 버전을 사용하려 하기 때문이다. 이 문제는 `bar`를 여러분의 의존성으로 직접 명시하고 적절한 버전을 지정해서 해결할 수도 있지만, 이런 편법을 쓰면 향후 유지 보수가 어려워질 수 있다. 의존성이 요구하는 의존성 목록까지 포함한 대규모 의존성 목록을 만들어야 하고 시간이 지나도 계속해서 유지해야 하기 때문이다.

지금까지 나온 제안 중 하나는 현재 크레이트에는 최소 버전을 반영하되 나머지 의존성에는 최대 버전을 반영하는 플래그를 제공하자는 것인데 상당히 괜찮아 보인다.

체인지로그

나는 사소한 크레이트를 제외한 모든 크레이트에 대해 체인지로그를 관리할 것을 강력히 권한다. 의존성의 주 버전이 올라가고 나서야 깃 로그를 뒤져서 어떤 점이 변경되었고 여러분의 코드를 어떻게 업데이트해야 하는지 알아내는 것만큼 어려운 일도 없다. 깃 로그를 changelog라는 파일에 그냥 버리지 말고 체인지로그를 수동으로 관리하기를 강력히 권한다. 유용하게 활용할 수 있는 가능성이 매우 높기 때문이다.

간단하면서도 좋은 체인지로그 형식은 *https://keepachangelog.com*에서 살펴볼 수 있다.

릴리스되지 않은 버전

러스트는 의존성 원본이 디렉터리이거나 깃 저장소인 경우에도 버전 번호를 고려한다. 이는 릴리스를 crates.io에 공개하지 않았더라도 시맨틱 버저닝이 중요하다는 뜻이다. 릴리스 사이에 어떤 버전이 Cargo.toml 파일에 명시되었는지가 중요하다. 시맨틱 버저닝 표준은 이런 경우를 어떻게 처리하는지는 다루지 않는데, 큰 부담이 없으면서도 그럭저럭 동작하는 작업 흐름을 소개하고자 한다.

일단 릴리스했다면 곧바로 다음 패치 버전에 -alpha.1 같은 접미사를 붙여 Cargo.toml 파일에 기록해 두자. 2.0.3 버전을 릴리스했다면 새 버전은 2.0.4-alpha.1이 되는 것이다. 그리고 알파 버전을 릴리스했다면 알파 버전 번호를 올리면 된다.

릴리스 사이에 코드를 변경하면서 추가 코드나 단절적 변경에 주의하자. 이런 변경이 발생했는데 그에 대응하는 버전 번호가 마지막 릴리스 이후로 변경되지 않았다면 버전을 올리자. 예를 들어 마지막 릴리스 버전이 2.0.3이고 현재 버전이 2.0.4-alpha.2이며 추가 기능을 위한 변경이 만들어졌다면 버전 번호를 2.1.0-alpha.1로 변경해야 한다. 단절적 변경이 만들어졌다면 버전 번호는 3.0.0-alpha.1이 된다. 변경에 대응해 버전이 이미 바뀌었다면 알파 번호만 변경해 주면 된다.

릴리스할 때에는 (사전 릴리스를 할 것이 아니라면) 접미사는 제거하고 공개한 후 처음부터 다시 반복하면 된다.

이 절차가 효과적인 이유는 두 가지 일반적인 작업 흐름이 훨씬 유기적으로 동작하기 때문이다. 먼저 개발자가 여러분 크레이트의 주 버전 2에 의존하고 있지만 현재 깃에서만 사용 가능한 기능을 요구한다고 가정해 보자. 그리고 단절적 변경을 커밋했다고 하자. 주 버전 번호를 동시에 올리지 않으면 사용자의 코드는 컴파일되지 않거나 런타임에 비정상적으로 동작하는 등 예상치 못한 방식으로 갑자기 실패할 것이다. 지금까지 설명한 절차를 따른다면 그 개발자는 카고를 통해 단절적 변경 발생에 대해 알게 되고 문제를 해결하거나 특정 커밋을 지정해 사용할 수 있다.

다음으로 어떤 개발자가 이제 막 여러분의 크레이트에 기여한 기능이 필요한데 그 기능은 어떤 릴리스 버전에도 아직 포함되지 않은 상태이다. 이 개발자는 한동안 깃 의존성으로 여러분의 크레이트를 사용해 왔고, 그 프로젝트에 참여한 다른 개발자들은 해당 크레이트 저장소의 예전 커밋을 이미 체크아웃해서 사용 중이다. 이때 깃에 있는 주 버전 번호를 올리지 않는다면 이 개발자는 프로젝트가 지금 막 병합된 기능에 의존하게 되었다는 사실을 다른 개발자에게 전달할 방법이 없다. 이 상태로 변경 사항을 푸시하면 다른 개발자들은 카고가 앞서 체크아웃한 예전 버전을 그대로 재사용하기 때문에 프로젝트가 더는 컴파일되지 않는 문제를 겪게 된다. 반면 깃 의존성에서 부 버전 번호를 올릴 수 있다면 카고는 기존에 체크아웃한 버전이 더는 최신 버전이 아님을 감지하고 새로운 버전을 사용할 수 있게 된다.

이 작업 흐름은 완벽하지 않다. 릴리스 사이에 발생한 여러 가지 부 버전 및 주 버전 변경을 제대로 알릴 방법을 제공하지 못하며, 버전을 추적하기 위해 어느 정도 작업이 필요하다. 하지만 러스트 개발자들이 깃 의존성으로 작업할 때 맞닥뜨릴 수 있는 두 가지 일반적인 이슈를 해결할 수 있으며, 릴리스 사이에 이런 변경을 여러 번 만들더라도 많은 이슈를 해결할 수 있다.

릴리스 때 작은(또는 연속된) 버전 번호에 대해 크게 개의치 않는다면 적절한 버전 번호를 늘 올리는 방식으로 이 작업 흐름을 개선할 수 있다. 하지만 얼마나 자주 변경을 만드느냐에 따라 버전 번호가 상당히 커질 수도 있다는 점은 알아 두자.

요약

이번 장에서는 여러분은 물론 여러분의 사용자에게 도움이 되는 방법으로 크레이트를 설정하고 정리하며 공개하는 여러 가지 메커니즘에 대해 알아봤다. 또한 가까운 미래에는 그럴 필요가 없기를 바라지만 카고를 이용해 의존성과 피처를 다룰 때 몇 가지 일반적인 주의점에 대해서도 알아봤다. 다음 장에서는 테스트로 관심을 돌려 우리 모두가 익히 잘 알고 사랑하는 `#[test]` 함수 이상의 작업을 수행하는 방법을 알아본다.

6장

R u s t f o r R u s t a c e a n s

테스트

이번 장에서는 러스트의 테스트 능력을 확장하고 기존 테스트 스위트에 추가할 수 있는 다른 종류의 테스트에 대해서도 살펴본다. 러스트의 내장 테스트 기능은 《러스트 프로그래밍 공식 가이드》에 잘 소개되어 있으며 보통은 `#[test]` 속성과 tests 디렉터리를 활용한다. 이러한 방식은 여러 종류와 규모의 애플리케이션에서 잘 돌아가며 프로젝트를 시작할 때에는 그 이상을 고려할 필요가 없는 경우도 많다. 하지만 코드베이스가 계속 개발되고 그에 따라 더 정교한 테스트가 필요해지면, 그냥 함수에 `#[test]` 속성을 추가하는 것 이상의 뭔가가 필요할 것이다.

이번 장은 크게 두 개 절로 나뉜다. 첫 번째 절에서는 표준 테스트 하니스와 조건부 테스트 같은 러스트의 테스트 메커니즘에 대해 살펴본다. 그 후에는 벤치마크, 린팅, 퍼징 같은 러스트 코드의 정확성을 평가할 수 있는 기타 방법들을 소개한다.

러스트 테스트 메커니즘

러스트가 제공하는 다양한 테스트 메커니즘을 이해하려면 먼저 러스트가 테스트를 빌드하고 실행하는 방법을 반드시 이해해야 한다. `cargo test --lib` 명령을 실행할 때 카고가 수행하는 단 한 가지 작업은 `rustc`에 `--test` 플래그를 전달하는 것이다. 이 플래그는 크레이트의 라이브러리나 바이너리만 컴파일하는 것이 아니라 모든 단위 테스트를 실행하는 테스트 라이브러리도 생성할 것을 rustc에 지시한다. 내부적으로 --test 플래그는 두 가지 효과를 낸다. 첫째, cfg(test)를 활성화해 테스트 코드를 조건부로 포함할 수 있게 해 준다.(더 자세한 내용은 잠시 후에 살펴보자.) 둘째, 컴파일러가 테스트 하니스를 생성하게 한다. 테스트 하니스는 프로그램의 #[test] 함수를 모두 실행하도록 만들어진 별도의 main 함수다.

테스트 하니스

컴파일러는 7장에서 자세히 살펴볼 절차적 매크로로 마법을 부려 테스트 하니스 main 함수를 생성한다. 기본적으로 하니스는 #[test] 속성이 지정된 모든 함수를 테스트 서술자(descriptor)로 변환한다. 이 부분이 절차적 매크로가 관여하는 부분이다. 그런 다음에는 생성된 main 함수에 각 서술자의 경로를 노출한다. 이 부분이 마법에 해당하는 부분이다. 서술자는 테스트 이름, 추가 옵션(이를테면 #[should_panic]) 등의 정보를 포함하고 있다. 테스트 하니스의 핵심은 크레이트의 테스트를 반복하면서 하나씩 실행하고 그 결과를 얻어 내 출력하는 것이다. 게다가 명령 줄 인수(이를테면 --test-threads=1)를 구문 분석하고 실행해야 할 테스트 목록을 알아내서 병렬로 실행하고 그 결과를 수집하는 로직도 포함하고 있다.

이 책을 집필하는 현재 러스트 개발자들은 테스트 하니스 생성의 마법에 해당하는 부분을 공개적으로 사용 가능한 API로 만들어서 개발자들이 각자 테스트 하니스를 구현할 수 있도록 지원하는 작업을 진행하고 있다. 이 작업은 아직 실험 단계이지만 제안 내용은 기존 모델과 상당히 비슷하다. 이 마법에 해당하는 부분에서 알아내야 하는 것은 비공개 서브모듈에 선언된 #[test] 함수들에도 main 함수에서 접근할 수 있게 하는 방법이다.

통합 테스트(tests 디렉터리의 테스트)도 단위 테스트와 같은 절차를 따르지만 한 가지 다른 점은 각 테스트가 별개의 크레이트로 컴파일된다는 점이다. 즉, 이 테스트들은 주 크레이트의 공개 인터페이스만 접근 가능하며

#[cfg(test)] 없이 컴파일된 주 크레이트를 통해 실행된다. 테스트 하니스는 tests 디렉터리의 각 파일마다 하나씩 생성된다. 하지만 tests 디렉터리의 서브 디렉터리에 있는 파일들은 테스트의 서브모듈을 공유하기 위해 테스트 하니스가 생성되지 않는다.

서브디렉터리에 있는 파일의 테스트 하니스를 생성하고자 한다면 파일 이름을 main.rs로 지으면 된다.

반드시 기본 테스트 하니스를 사용할 필요는 없다. 코드 6-1처럼 Cargo.toml 파일의 통합 테스트에 harness = false를 지정해서 테스트 러너(runner) 역할을 수행할 main 메서드를 직접 구현할 수 있다. 그러면 이 main 메서드를 호출해 테스트를 실행한다.

코드 6-1 표준 테스트 하니스를 사용하지 않는 설정

```
[[test]]
name = "custom"
path = "tests/custom.rs"
harness = false
```

테스트 하니스가 없다면 #[test] 속성과 관련된 마법은 어떤 것도 일어나지 않는다. 그 대신 여러분이 실행하고자 하는 테스트 코드를 실행하는 main 함수를 직접 작성해야 한다. 기본적으로는 cargo test 명령으로 실행할 일반적인 러스트 라이브러리를 작성하는 것이다. 이 바이너리는 명령 줄 플래그처럼 기본 하니스가 일반적으로 수행하는 모든 작업(지원하고자 한다면)을 처리해야 한다. 각 통합 테스트마다 harness 프로퍼티를 별도로 지정하면 파일마다 표준 하니스를 사용할지 말지 결정할 수 있다.

기본 테스트 하니스에 대한 논쟁

기본 테스트 하니스는 테스트 실행을 조율하기 위한 여러 가지 명령 줄 인수를 지원한다. 이 인수들은 cargo test 명령에 직접 전달되는 것이 아니라 카고가 컴파일하고 실행하는 테스트 바이너리에 전달된다. 이 플래그에 접근하려면 cargo test 명령에 --를 전달하고 그 뒤에 테스트 바이너리에 전달할 인수를 지정하면 된다. 예를 들어 테스트 바이너리의 도움말을 보고 싶다면 cargo test -- --help 명령을 실행하면 된다.

이 명령 줄 인수를 통해 전달할 수 있는 편리한 설정 옵션이 몇 가지 있다. --nocapture 플래그는 러스트 테스트를 실행할 때 보통 일어나는 출력 캡처를 비활성화한다. 이는 일단 테스트가 실패한 시점이 아니라 실시간으로 테스트 출력을 확인하고자 할 때 유용하다. 동시에 실행할 테스트 수는 --test-threads 옵션으로 조정할 수 있다. 이 옵션은 테스트가 멈추거나 세그폴트가 발생할 경우 테스트를 연속적으로 실행하면서 어떤 테스트에서 문제가 발생했는지 파악할 때 유용하다. 또한 --skip 옵션은 특정 패턴과 일치하는 테스트를 건너뛰며, —ignored 옵션은 보통은 무시하는 테스트(예를 들어 외부 프로그램 실행이 필요한)까지 수행한다. 마지막으로, --list 옵션은 실행 가능한 테스트 목록을 출력한다.

이 인수들은 기본 테스트 하니스에 모두 구현되어 있으므로 이를 비활성화한다면(harness = false 지정) 여러분의 main 함수에 직접 구현해야 한다는 점을 기억하자.

하니스가 없는 통합 테스트는 나중에 살펴볼 벤치마크를 위한 것이지만 '함수 하나에 테스트 하나'를 지향하는 표준 모델에 맞지 않는 테스트를 실행할 때에도 유용하다. 예를 들어 퍼저(fuzzer), 모델 체커 또는 커스텀 전역 셋업(웹어셈블리나 커스텀 타깃용)이 필요한 테스트는 하니스 없는 테스트를 주로 사용하게 될 것이다.

#[cfg(test)]

러스트는 테스트를 위해 코드를 빌드할 때 test라는 컴파일러 설정 플래그를 지정한다. 이 플래그는 특별히 테스트 중이 아니라면 코드가 컴파일에서 제외되는 조건부 컴파일을 적용할 수 있다. 겉으로 보기에는 뭔가 이상해 보인다. 프로덕션 환경에 릴리스하는 것과 정확히 같은 코드를 테스트해야 하는 것 아닌가? 물론 그렇다. 하지만 테스트에만 사용하는 코드를 갖춘다면 더 나은 철저한 테스트를 작성할 수 있다.

모킹

테스트를 작성할 때에는 테스트 중인 코드 및 코드와 함께 상호 동작하는 다른 타입을 철저히 제어하고 싶을 것이다. 예를 들어 네트워크 클라이언트를 테스트한다면 실제 네트워크에서 단위 테스트를 실행하기보다는 '네트워크'가 어느 시점에 어떤 바이트를 전달하는지 직접 제어하고 싶을 것이다. 또는 자료 구조를 테스트할 경우에는 각 메서드를 호출할 때 리턴값을 제어할 수 있는 타입을 이용해 테스트를 진행하고 싶을 것이다. 게다가 주어진 메서드가 얼마나 자주 호출되는지 또는 원하는 바이트 시퀀스가 리턴되는지 같은 지표를 수집하고 싶을 수도 있다.

이런 '가짜'(fake) 타입과 구현을 목(mock)이라고 하며 방대한 단위 테스트 스위트에서는 중요한 기능이다. 이런 종류의 제어에 필요한 작업을 직접 수행하는 경우도 많지만 까다로운 세부 사항을 처리해 주는 라이브러리를 사용하는 편이 더 낫다. 자동화된 모킹이 필요한 부분이 바로 이 부분이다. 모킹 라이브러리는 (함수를 비롯해) 특정 프로퍼티나 시그너처를 갖는 타입을 생성하는 기능은 물론, 테스트가 실행되는 동안 이렇게 생성된 아이템들을 제어하고 관찰할 수 있는 메커니즘을 제공한다.

러스트에서 모킹은 일반적으로 제네릭을 통해 이루어진다. 프로그램, 자료 구조, 프레임워크 또는 도구가 모킹하고자 하는 무엇이든 제네릭 파라미터로(또는 트레이트 객체로) 사용할 수 있다면 모킹 라이브러리를 이용해 이런 제네릭 파라미터를 구체화하는 타입을 생성할 수 있다. 그러면 생성된 목 타입을 이용해 제네릭 생성자를 구체화해서 단위 테스트를 작성하면 된다.

제네릭을 사용하기 불편하거나 적합하지 않은 경우, 이를테면 여러분의 타입을 사용자에게 제네릭으로 노출하고 싶지 않은 상황이라면 목을 사용하고자 하는 상태와 동작을 전용 구조체에 캡슐화하면 된다. 그런 다음에는 그 구조체와 그 메서드를 모킹하고 조건부 컴파일을 적용해서 `cfg(test)` 또는 `cfg(feature = "test_mock_foo")` 같은 테스트 전용 피처를 이용해 실제 구현체와 모킹 구조체를 선택적으로 사용할 수 있다.

현재 러스트 커뮤니티에서 정답으로 받아들여지는 모킹 라이브러리나 모킹 접근법은 없는 상태이다. 가장 방대하면서도 완전한 모킹 라이브러리는 `mockall` 크레이트이지만 아직 활발히 개발 중이며 그 외에도 여러 옵션이 있다.

테스트 전용 API

먼저 테스트 전용 코드를 갖추면 추가 메서드, 필드, 타입을 (단위) 테스트에 노출해서 테스트 코드가 공개 API의 동작을 테스트할 수 있을 뿐 아니라 내부 상태가 정확한지도 테스트할 수 있게 된다. 예를 들어 표준 라이브러리의 HashMap을 구현하는 크레이트인 hashbrown의 HashMap 타입을 생각해 보자. HashMap 타입은 사실 해시 테이블 로직의 대부분을 구현하는 RawTable 타입의 래퍼일 뿐이다. 빈 맵에 HashMap::insert 메서드를 호출한 후 코드 6-2처럼 맵 안의 한 버킷이 더는 비어 있지 않은지를 검사하고 싶다고 하자.

코드 6-2 **접근 불가능한 내부 상태에 접근하기 때문에 컴파일되지 않는 테스트**

```
#[test]
fn insert_just_one() {
  let mut m = HashMap::new();
  m.insert(42, ());
  let full = m.table.buckets.iter().filter(Bucket::is_full).count();
  assert_eq!(full, 1);
}
```

이 코드는 그대로 컴파일되지 않는다. 테스트 코드는 HashMap의 비공개 table 필드에는 접근 가능하지만 RawTable 타입은 다른 모듈에 있으므로 RawTable 타입의 비공개 필드인 buckets 필드에는 접근 불가능하기 때문이다. 이 문제는 buckets 필드를 pub(crate)로 설정해 해결할 수 있지만 그렇게 하면 HashMap 타입이 buckets 필드를 건드릴 경우 실수로 RawTable 타입의 내부 상태를 손상시킬 수 있다. buckets 필드를 읽기 전용으로 노출한다고 해도 HashMap 타입에 새로 추가되는 코드가 RawTable 타입의 내부 상태에 의존하게 되면 향후 수정이 더 어려워지므로 이 역시 문제가 된다.

해결책은 #[cfg(test)]를 이용하는 것이다. 코드 6-3처럼 RawTable 타입에 메서드를 추가하고 테스트 중일 때에만 buckets 필드에 접근을 허용하면 나머지 코드에 대해 도끼로 제 발등을 찍는 일을 막을 수 있다. 이렇게 코드 6-2에서 비공개 buckets 필드가 아닌 buckets() 메서드를 호출하도록 수정하면 된다.

코드 6-3 #[cfg(test)]를 이용해 테스트에서만 내부 상태에 접근하게 하는 방법

```
impl RawTable {
  #[cfg(test)]
  pub(crate) fn buckets(&self) -> &[Bucket] {
    &self.buckets
  }
}
```

테스트 단정문을 위한 기록

테스트를 수행하는 동안에만 존재하는 코드를 갖는 두 번째 장점은 추가적인 런타임 기록을 수행해 테스트 중에 살펴볼 수 있도록 프로그램을 확장할 수 있다는 점이다. 예를 들어 표준 라이브러리의 `BufWriter` 타입을 직접 구현한다고 가정해 보자. 이 타입을 테스트할 때 `BufWriter` 타입이 불필요한 시스템 호출을 수행하지 않는지 확인하고 싶을 것이다. 이를 확인할 수 있는 가장 좋은 방법은 `BufWriter` 타입이 기반 `Write` 타입의 `write` 메서드를 몇 번이나 호출하는지 기록하는 것이다. 하지만 프로덕션 환경에서 이 정보는 중요하지 않으며 이 정보를 기록하면 (미미하지만) 성능과 메모리 오버헤드를 유발한다. `#[cfg(test)]`를 이용하면 코드 6-4처럼 이런 추가 정보 기록이 테스트 과정에서만 실행되도록 할 수 있다.

코드 6-4 #[cfg(test)]를 이용해 테스트 중에만 추가 정보를 기록하는 코드

```
struct BufWriter<T> {
  #[cfg(test)]
  write_through: usize,
  // 다른 필드들...
}

impl<T: Write> Write for BufWriter<T> {
  fn write(&mut self, buf: &[u8]) -> Result<usize> {
    // ...
    if self.full() {
      #[cfg(test)]
      self.write_through += 1;
      let n = self.inner.write(&self.buffer[..])?;
    // ...
  }
}
```

test는 크레이트를 테스트용으로 컴파일할 때에만 설정한다는 점을 기억하자. 단위 테스트의 경우라면 여러분이 익히 알고 있듯이 이 트레이트 자체가 테스트용으로 컴파일된다. 하지만 통합 테스트의 경우에는 통합 테스트 라이브러리가 테스트용으로 컴파일되며 테스트하려는 크레이트는 라이브러리로 컴파일되므로 test가 설정되지 않는다.

독테스트

문서에 들어 있는 러스트 코드는 테스트 케이스로 자동 실행된다. 이런 코드를 보통 독테스트라고 한다. 독테스트는 크레이트의 공개 문서에 나타나며 사용자가 문서의 내용을 흉내 낼 가능성이 있으므로 독테스트는 통합 테스트로 실행된다. 이는 독테스트는 비공개 필드와 메서드에 접근할 수 없으며 메인 크레이트 코드에 test가 설정되지 않음을 의미한다. 각 독테스트는 전용 크레이트로 컴파일되며 사용자가 자신의 프로그램에 독테스트를 복사해 붙여 넣은 것과 마찬가지로 격리되어 실행된다.

내부적으로 컴파일러는 독테스트를 좀 더 간결하게 만들기 위한 전처리를 수행한다. 가장 중요한 것은 여러분의 코드 주변에 fn main을 자동으로 추가한다는 점이다. 그 덕분에 독테스트는 불필요한 코드 없이 사용자가 실제로 라이브러리에서 사용하게 될 타입과 메서드 같은 중요한 부분에만 집중할 수 있다.

독테스트에 fn main을 직접 추가해서 이 자동 래핑을 사용하지 않을 수도 있다. 예컨대 #[tokio::main] async fn main처럼 비동기 main 함수를 사용하고 싶거나 독테스트에 추가 모듈을 추가하고 싶을 때 이 방법을 사용할 수 있다.

독테스트에서 ? 연산자를 사용하려 한다면 보통은 커스텀 main 함수를 사용할 필요가 없다. rustdoc 도구는 여러분의 코드가 ? 연산자를 사용하는 것 같으면(예를 들어 코드가 Ok(())로 끝나면) 리턴 타입을 Result<(), impl Debug> 타입으로 설정하기 때문이다. 타입 추론으로 인해 함수의 에러 타입을 유추하기가 어렵다면 독테스트의 마지막 라인을 Ok::<(), T>(())처럼 바꿔서 타입을 명시적으로 지정하면 모호함을 없앨 수 있다.

독테스트는 더 복잡한 인터페이스를 문서화할 때 편리한 여러 가지 추가 기능을 제공한다. 첫 번째 기능은 개별 라인을 숨기는 기능이다. 독테스트 라인 앞에 # 접두사를 붙이면 이 라인은 독테스트가 컴파일되어 실행될 때에는 포함되지만 문서에 생성된 토막 코드에는 포함되지 않는다. 이렇게 해서 더미 타입을 위해 트레이트를 구현하거나 값을 생성하는 등 현재 예제에서 중요하지 않은 부분은 숨길 수 있다. 이 기법은 매번 코드에 같은 선행 코드를 붙이지 않고 여러 예제를 제공하고 싶을 때에도 유용하다. 코드 6-5는 숨겨진 라인을 가진 독테스트 예를 보여 준다.

코드 6-5 #을 이용해 독테스트에서 라인을 숨기는 방법

````
/// I/O를 통해 숫자를 적당히 처리한다.
///
/// 첫 번째 예에서는 값을 생성하는 과정을 숨긴다.
/// ```
/// # let unfrobnified_number = 0;
/// # let already_frobnified = 1;
/// assert!(frobnify(unfrobnified_number).is_ok());
/// assert!(frobnify(already_frobnified).is_err());
/// ```
///
/// 이 예는 여러 타입에 ? 연산자를 사용하기 때문에
/// 구체적 에러 타입을 선언해야 하지만
/// 그것 때문에 사용자를 방해하고 싶지 않다.
/// 또한 함수를 스코프 안으로 가져오는 use 문도 숨긴다.
/// ```
/// # use mylib::frobnify;
/// frobnify("0".parse()?)?;
/// # Ok::<(), anyhow::Error>(())
/// ```
///
/// 전체 코드 블록을 완전히 교체할 수도 있다.
/// 다만 _너무_ 빈번하게 사용하지는 말자.
/// ```
/// # /*
/// let i = ...;
/// # */
/// # let i = 42;
/// frobnify(i)?;
/// ```
fn frobnify(i: usize) -> std::io::Result<()> {
````

이 기능은 조심해서 사용해야 한다. 사용자가 예제를 복사했는데 여러분이 필요한 단계를 숨겨 둔 덕분에 제대로 동작하지 않는다면 불만스러워할 것이다.

#[test] 함수와 마찬가지로 독테스트 또한 독테스트를 실행하는 방법을 수정할 수 있는 속성을 지원한다. 이런 속성은 코드 블록을 표현하는 삼중 백틱(```) 기호 바로 다음에 나타나며 여러 속성을 쉼표로 구분해 지정할 수 있다.

테스트 함수와 마찬가지로 should_panic 속성을 지정해서 특정 독테스트의 코드를 실행하면 반드시 패닉이 발생하게 하거나 ignore를 이용해서 cargo test 명령을 --ignored 플래그로 실행한 경우에는 코드 세그먼트를 검사하게 할 수 있다. 또한 no_run 속성은 지정한 독테스트가 컴파일은 되지만 실행은 되지 않도록 한다.

compile_fail 속성은 문서의 예제 코드가 컴파일되지 않아야 한다고 rustdoc 도구에 지시한다. 이는 특정 사용법이 불가능함을 사용자에게 보여 주며 라이브러리에서 관련된 부분이 변경될 경우 문서를 업데이트할 것을 상기시키는 유용한 테스트로서 역할을 수행한다. 이 속성을 사용하면 어떤 정적 프로퍼티에 여러분의 타입이 보관되어 있는지 확인할 수도 있다. 코드 6-6은 안전하지 않은 코드에서 안전성 보장을 지원하기 위해, 주어진 타입이 Send를 구현하지 않는지 확인하는 용도로 compile_fail을 이용하는 방법을 보여 준다.

코드 6-6 compile_fail로 코드가 컴파일되지 않는지 테스트하는 코드

````
```compile_fail
# struct MyNonSendType(std::rc::Rc<()>);
fn is_send<T: Send>() {}
is_send::<MyNonSendType>();
```
````

compile_fail은 코드가 컴파일되지 않는 이유를 표시하지 않는다는 점에서 상당히 조잡한 도구라고 할 수 있다. 예를 들어 세미콜론이 누락돼서 코드가 컴파일되지 않아도 compile_fail 테스트가 성공했다고 보일 것이다. 그런 이유로 예상했던 에러 때문에 코드가 컴파일되지 않는지를 확인한 후에만 이 속성을 추가해야 한다. 매크로를 개발할 때 등 컴파일 에러에 대한 더 세부적인 테

스트가 필요하다면 `trybuild` 크레이트를 살펴보기 바란다.

추가 테스트 도구들

테스트는 단순히 테스트 함수를 실행하고 원하는 결과가 도출되는지 확인하는 것이 아니다. 테스트 기법과 방법론, 도구를 모두 살펴보는 것은 이 책의 범위를 벗어나지만 테스트 레퍼토리를 확장하고자 한다면 반드시 알아야 할 몇 가지 중요한 러스트 관련 정보가 있다.

린팅

보통은 린터가 테스트까지 확인하기를 기대하지 않겠지만 러스트에서는 가능한 경우가 많다. 러스트 린터인 클리피는 여러 가지 린트를 정확성 린트로 분류한다. 이런 린트는 컴파일은 되지만 거의 확실히 버그인 코드 패턴을 잡아낸다. 예컨대 `a = b; b = a`처럼 `a`와 `b`를 교환하지 못하는 코드라거나 `std::mem::forget(t)` 구문에서 `t`가 참조인 경우 또는 `for x in y.next()`처럼 `y`의 첫 번째 요소만 반복하는 오류 같은 것들을 잡아낸다. 클리피를 지속적 통합 파이프라인에서 실행 중이지 않다면 지금 추가하는 편이 좋을 것이다.

클리피는 여러 다른 린트를 제공하는데, 보통은 도움이 되지만 아마도 여러분이 선호하는 것보다는 좀 더 까다로울지도 모른다. 예를 들어 기본적으로 활성화되어 있는 `type_complexity` 린트는 `Rc<Vec<Vec<Box<(u32, u32, u32, u32)>>>>`처럼 프로그램에서 너무 많은 타입을 사용하는 경우에 경고를 보여준다. 이 경고는 좀 더 읽기 쉬운 코드를 작성하라고 권장하기 위한 것이기는 하지만 너무 가르치려 든다는 느낌이 들어 그다지 유용하지 않을지도 모른다. 코드의 일부가 특정 린트를 잘못 작동시키는 경우 또는 특정 린트만 허용하고자 하는 경우에는 `#[allow(clippy::name_of_lint)]`를 이용해 린트 적용을 비활성화할 수 있다.

러스트 컴파일러에도 린트가 내장되어 있는데 단순한 경고 형식이며 대부분은 정확성을 검사한다기보다는 관용적인 코드를 작성하게 유도한다. 컴파일러에 들어 있는 정확성 린트는 에러로 취급된다.(`rustc -W help` 명령으로 이런 린트 목록을 살펴볼 수 있다.)

모든 컴파일러 경고가 기본적으로 활성화되어 있지는 않다. 기본적으로 비활성화되어 있는 경고들은 여전히 다듬는 중이거나 내용보다는 스타일에 대한 것들이다. 좋은 예는 `#![warn(rust_2018_idioms)]`로 활성화할 수 있는 '관용적인 러스트 2018 에디션' 린트이다. 이 린트를 활성화하면 컴파일러는 러스트 2018 에디션에 추가된 기능의 장점을 잘 활용하지 못하는 코드를 지적해 준다. 프로젝트를 새로 시작할 때 습관처럼 활성화하게 될 몇 가지 다른 린트로는 `missing_docs`와 `missing_debug_implementations` 린트가 있다. 이 두 린트는 각각 크레이트의 공개 아이템에 대한 문서를 잊거나 공개 타입에 `Debug` 구현체를 추가하지 않았을 때 이를 지적해 준다.

테스트 생성

좋은 테스트를 작성하는 데는 많은 노력이 든다. 그리고 좋은 테스트를 갖췄더라도 여러분이 작성하는 테스트는 작성하는 시점에 고려한 특정한 동작만 테스트한다. 다행스러운 점은 여러 테스트 생성 기법을 활용해 더 철저하고 품질이 좋은 테스트를 개발할 수 있다는 점이다. 이 도구들은 애플리케이션의 정확성을 검사하기 위해 사용할 수 있는 입력값을 생성한다. 여러 가지 도구가 있으며 각각 장단점이 있으므로 여기서는 퍼징과 프로퍼티 기반 테스트라는 두 가지만 살펴보기로 한다.

퍼징

퍼징만 다루는 책도 여러 권 있지만 기본적인 개념은 단순하다. 임의의 입력값을 대입하고 프로그램에서 충돌이 나는지 확인하는 것이다. 프로그램에서 크래시가 발생한다면 버그가 있는 것이다. 예를 들어 URL을 구문 분석하는 라이브러리를 작성할 경우 임의의 문자열을 시스템적으로 생성한 후 패닉이 발생할 때까지 구문 분석 함수에 대입해 보는 방법으로 퍼징 테스트를 수행할 수 있다. 이 방법을 너무 느슨하게 적용하면 결과를 도출하기까지 시간이 오래 걸릴 수 있다. 퍼저가 `a`, `b`, `c` 순서대로 입력값을 생성한다면 `http://[:]` 같은 URL을 생성하기까지 시간이 오래 걸릴 것이다. 실제로 현대적인 퍼저는 코드 커버리지 지표를 이용해 서로 다른 실행 경로를 탐색하므로 완전히 임의의 입력값을 선택했다면 높은 수준의 커버리지까지 훨씬 빠르게 도달한다.

퍼저는 코드가 제대로 처리하지 못하는 이상한 예외 상황을 찾아내는 데 유용하다. 다만 약간의 셋업이 필요하다. 퍼저가 '생성할 수 있을 만한' 입력값이 필요한 함수를 알려 주기만 하면 된다. 예를 들어 코드 6-7은 URL 파서에 대해 퍼징 테스트를 수행하는 방법을 보여 준다.

코드 6-7 libfuzzer 라이브러리로 URL 파서를 퍼징 테스트하는 코드

```
libfuzzer_sys::fuzz_target!(|data: &[u8]| {
  if let Ok(s) = std::str::from_utf8(data) {
    let _ = url::Url::parse(s);
 }
});
```

퍼저는 클로저에 대해 어느 정도 임의의 입력값을 생성하고 UTF-8 형식의 입력값을 파서에 전달한다. 이 코드에서 중요한 것은 구문 분석 결과가 성공인지 실패인지 확인하지 않는다는 점이다. 그 대신 파서에서 패닉이 발생하는지, 아니면 내부 문제로 인해 크래시가 발생하는지 확인한다.

퍼저는 여러분이 중단할 때까지 계속 실행되므로 대부분의 도구는 일정 횟수의 테스트가 실행된 후에는 멈추는 내장 메커니즘을 제공한다. 하지만 입력이 쉽게 임의의 값을 만들어 낼 수 있을 만한 것이 아니라면(예를 들어 해시 테이블) 퍼저가 생성한 바이트 문자열을 더 복잡한 러스트 타입으로 변환하는 arbitrary 같은 라이브러리를 이용하면 된다. 무슨 마법 같은 소리로 들리겠지만 실제 구현은 매우 직관적이다. 이 크레이트는 arbitrary라는 하나의 메서드를 갖는 Arbitrary 트레이트를 정의한다. 이 메서드는 임의의 바이트로부터 구현 타입을 만들어 낸다. u32나 bool 같은 기본 자료형은 입력으로부터 필요한 바이트만 읽어 유효한 인스턴스를 만들어 내는 반면, HashMap이나 BTreeSet 같은 복합 타입은 입력으로부터 타입의 길이를 표현하는 숫자 하나를 생성한 후 내부 타입의 수만큼 Arbitrary를 호출한다. 심지어 각 타입의 arbitrary를 호출해 Arbitrary 트레이트를 구현하는 #[derive(Arbitrary)] 속성도 제공한다. 퍼징에 대해 더 자세히 알고 싶다면 cargo-fuzz로 먼저 시작해 볼 것을 권한다.

프로퍼티 기반 테스트

때로는 프로그램에서 크래시가 발생하는지 여부만이 아니라 예상대로 동작하는지도 확인하고 싶을 때가 있다. add 함수에서 패닉이 발생하지 않는다면 좋은 일이지만 add(1, 4)의 결과가 68이라면 여전히 뭔가 잘못된 것이다. 이런 경우에 프로퍼티 기반 테스트를 활용하면 된다. 여러분의 코드가 준수해야 하는 여러 프로퍼티를 기술하면 프로퍼티 테스트 프레임워크가 입력을 생성해 해당 프로퍼티들이 잘 지켜지고 있는지 확인한다.

프로퍼티 기반 테스트를 사용하는 일반적인 방법은 먼저 정확하다고 자신할 수 있을 정도로 간단한 버전의 코드를 작성하는 것이다. 그런 다음 테스트하고자 하는 코드와 간단한 버전의 코드에 같은 입력값을 전달해 본다. 두 코드의 결과가 같다면 여러분의 코드에는 문제가 없는 것이다. 바로 이것이 여러분이 찾고자 하는 정확성 프로퍼티이다. 하지만 두 결과가 다르다면 버그를 발견했을 가능성이 높다. 프로퍼티 기반 테스트는 한 구현체가 다른 구현체보다 작업 실행 시간이 현저하게 짧은지 등 정확성과 직접적으로 관계없는 프로퍼티를 확인할 때에도 사용할 수 있다. 이때 공통적인 원리는 실제 버전과 테스트 버전의 실행 결과에서 발견한 차이점에서 정보를 얻을 수 있고 대응이 가능해야 테스트가 실패했을 때 어딘가를 개선할 수 있다는 점이다. 간단한 버전의 구현체는 여러분이 대체하거나 확장하려는 표준 라이브러리의 기능 중 하나이거나(예를 들어 std::collections::VecDeque) 아니면 최적화하려는 알고리즘의 간소화 버전(예를 들어 간단한 버전과 최적화된 버전의 행렬 곱셈)일 수도 있다.

어떤 조건을 만족할 때까지 입력을 생성하는 방식이 퍼징과 비슷하게 들린다면 제대로 이해한 것이다. 나보다 똑똑한 사람들은 퍼징이란 '단순히' 어떤 코드가 '크래시하지 않는다'는 프로퍼티를 테스트하는 프로퍼티 기반 테스트라고 주장한다.

프로퍼티 기반 테스트의 단점 중 하나는 입력에 대한 설명에 심하게 의존한다는 점이다. 퍼징은 가능한 입력을 모두 시도하는 반면 프로퍼티 테스트는 '0부터 64 사이의 숫자'나 '쉼표 세 개를 포함한 문자열'처럼 개발자의 가이드를 따르는 경향이 있다. 그 덕분에 프로퍼티 테스트는 퍼저가 임의로 생성하는 입력으로 재현 가능한 경우를 더 빠르게 재현할 수는 있지만 개발자의 수작업이 필요하며 중요하지만 숨은 버그를 유발하는 입력값을 놓칠 수도 있다. 하지만 퍼저와 프로퍼티 테스트 도구는 함께 발전하고 있으며 퍼저 역시 제약에 기반한 탐색 능력을 갖추기 시작하고 있다.

프로퍼티 기반 테스트 생성에 대해 더 궁금하다면 `proptest` 크레이트를 살펴볼 것을 권한다.

작업 시퀀스 테스트하기

퍼저와 프로퍼티 테스트 도구는 임의의 러스트 타입을 생성할 수 있으므로 크레이트의 함수 하나를 테스트하는 것 이상의 테스트도 가능하다. 예를 들어 어떤 작업을 연속적으로 수행했을 때 `Foo`라는 타입이 정확하게 동작하는지도 테스트할 수 있다. 먼저 작업 목록을 표현하는 `enum Operation`을 정의한 후 테스트 함수가 `Vec<Operation>`을 받도록 한다. 그런 후 `Foo` 타입의 인스턴스를 만들고 각 작업을 차례대로 실행한다. 대부분의 테스트 도구는 입력을 최소화하는 기능을 제공하므로 프로퍼티를 위배하는 입력이 발견된다면, 이 프로퍼티를 위배하는 최소한의 작업 시퀀스도 찾을 수 있다.

테스트 증강

아주 잘 만들어진 테스트 스위트를 갖추고 있고 코드가 모든 테스트를 통과했다고 하자. 멋지다. 하지만 그러던 어느 날 가장 안정적이던 테스트 중 하나가 알 수 없는 이유로 실패하거나 세그먼트 폴트로 충돌이 발생한다. 이와 같은 비결정적 테스트 실패의 원인은 보통 크게 두 가지이다. 두 작업이 서로 다른 스레드에서 특정 순서로 실행될 때에만 테스트가 실패하는 경쟁 상태 또는 안전하지 않은 코드가 초기화되지 않은 메모리에서 특정 값을 읽는 등 안전하지 않은 코드의 미정의 동작이 그 원인이다.

일반적인 테스트로 이런 버그를 잡아내기는 매우 어렵다. 안정적인 테스트를 작성할 수 있을 정도로 스레드 스케줄링, 메모리 레이아웃 및 내용 또는 다른 임의의 시스템적 요소를 저수준에서 충분히 제어할 수 없는 경우가 많기 때문이다. 각 테스트를 되풀이해서 여러 번 실행할 수도 있지만 그렇게 해도 예외 상황이 너무 드물거나 발생 가능성이 낮으면 에러를 잡아낼 수 없다. 다행히 테스트를 증강시켜 이런 버그를 훨씬 쉽게 잡아낼 수 있는 도구들이 있다.

이런 도구 중에서 가장 먼저 살펴봐야 할 것은 러스트의 MIR(mid-level intermediate representation) 인터프리터인 미리이다. MIR은 러스트에서 내부적으로 사용하는 단순화된 표현으로 컴파일러가 러스트의 편의 문법을 고려하지 않고 최적화를 찾아내고 프로퍼티를 확인하는 데 도움이 된다. 미리를 통해 테스트를 실행하려면 `cargo miri test` 명령을 실행하기만 하면 된다. 그러면 미리는 보통의 바이너리처럼 코드를 컴파일하고 실행하는 것이 아니라 코드를 해석한다. 그래서 테스트가 어느 정도 느려진다. 하지만 미리는 현재 실행 중인 코드의 줄 번호 등 전체 프로그램의 상태를 추적한다. 그 덕분에 미리는 프로그램이 특정 유형의 불분명한 동작, 이를테면 초기화되지 않은 메모리 읽기, 이미 드롭된 값의 사용, 바운드 외부에서의 포인터 접근 등을 수행하는지를 찾아서 보고할 수 있다. 보통은 이런 작업이 이상한 프로그램 동작을 유발해 테스트가 실패하는데, 미리를 사용하면 이런 문제가 발생했을 때 곧바로 알 수 있다.

예를 들어 한 값에 대한 두 개의 배타적 참조를 생성하는 부적절한 코드를 살펴보자.

코드 6-8 미리가 잘못된 코드로 인식할 수 있는 매우 안전하지 않은 코드

```
let mut x = 42;
let x: *mut i32 = &mut x;
let (x1, x2) = unsafe { (&mut *x, &mut *x) };
println!("{} {}", x1, x2);
```

이 책을 집필하는 현재 미리를 통해 이 코드를 실행하면 잘못된 점을 정확히 짚어 주는 에러를 보게 될 것이다.

```
error: Undefined Behavior: trying to reborrow for Unique at alloc1383, but
parent tag <2772> does not have an appropriate item in the borrow stack
 --> src/main.rs:4:6
  |
```

```
4 | let (x1, x2) = unsafe { (&mut *x, &mut *x) };
  |       ^^ trying to reborrow for Unique at alloc1383, but parent tag
<2772>
does not have an appropriate item in the borrow stack
```

미리는 현재 개발 중이며 미리가 출력하는 에러 메시지는 아직 이해하기 쉽지 않다. 활발히 개발 중인 과정에서 발생하는 문제이므로 여러분이 이 책을 읽을 때쯤이면 훨씬 나은 에러 메시지를 볼 수도 있을 것이다.

룸(Loom) 역시 살펴볼 만한 도구이다. 이 똑똑한 라이브러리는 동시성 작업에서 연관된 모든 교차 실행(interleaving)을 고려해 테스트를 실행한다. 대략적으로 살펴보자면 룸은 모든 교차 스레드 동기화 지점을 추적하고 테스트를 되풀이해 실행하면서 매번 동기화 지점에서 이를 처리할 스레드 순서를 조정한다. 그래서 스레드 A와 스레드 B가 모두 `Mutex`를 사용하면, 룸은 한 번은 스레드 A가 먼저 뮤텍스를 사용하도록 테스트를 실행하고, 한 번은 스레드 B가 먼저 뮤텍스를 사용하도록 테스트를 실행한다. 게다가 룸은 원자적 접근, 메모리 순서 조정, `UnsafeCell`(9장에서 다룸)에 대한 접근 등도 추적하며 스레드가 이런 요소에 부적절하게 접근하지는 않는지도 확인한다. 테스트가 실패하면 룸은 어떻게 크래시가 발생했는지 판단할 수 있도록 어떤 스레드가 어떤 순서로 실행됐는지 정확한 설명을 제공한다.

성능 테스트

쓰기 성능 테스트가 어려운 이유는 크레이트 실사용을 반영한 작업 부하를 정확히 모델링하기가 어렵기 때문이다. 하지만 이런 테스트를 갖추는 것이 중요하다. 코드가 갑자기 100배 느려졌다면 실제로 버그라고 생각해야 하지만 성능 테스트가 없다면 회귀를 발견하지 못할 수 있다. 코드가 100배 빠르게 동작한다면 이 또한 뭔가 바뀌었음을 의미한다. 이 두 가지 모두 자동화된 성능 테스트를 지속적 통합에 추가해야 하는 이유이다. 어떤 방향이든 성능이 크게 바뀌었다면 그 이유를 알아야만 하기 때문이다.

기능 테스트와 달리 성능 테스트에는 공통적이며 잘 정의된 결과가 없다. 기능 테스트는 성공이나 실패라는 결과가 있는 반면 성능 테스트는 처리량, 레이턴시 프로파일, 처리한 샘플 수 또는 애플리케이션과 관련된 다른 지표를 출력한다. 또한 성능 테스트는 한 기능을 수십만 번 반복 실행해야 하거나 멀티코어 시스템으로 이루어진 분산 네트워크에서 몇 시간 동안 실행해야 하는 경우도 있다. 그래서 성능 테스트를 작성하는 방법은 일반적으로 설명하기가 상당히 어렵다. 그 대신 이번 절에서는 러스트로 성능 테스트를 작성할 때 마주할 수 있는 몇 가지 이슈와 이를 완화하는 방법을 알아본다. 특히 일반적으로 간과하는 세 가지 실수가 성능 편차, 컴파일러 최적화, I/O 오버헤드이다. 이 세 가지를 차례대로 살펴보자.

성능 편차

성능은 여러 가지 이유로 변할 수 있으며 특정한 시퀀스의 머신 인스트럭션 실행 성능에는 다양한 요인이 영향을 미친다. 그중 CPU와 메모리의 클록 속도나 머신 부하 같은 일부 요인은 명확하지만 상당수 요인은 아주 미묘하다. 예를 들어 커널 버전에 따라 페이징 성능이 바뀔 수도 있고, 사용자 이름의 길이에 따라 메모리 레이아웃이 바뀔 수도 있으며, 방 온도에 따라 CPU 클록이 느려질 수도 있다. 결국 벤치마크를 두 번 실행했을 때 같은 결과를 얻을 가능성은 매우 낮다. 사실 같은 하드웨어를 사용하더라도 상당한 편차를 관찰할 수 있다. 또는 다른 관점에서 보면 코드가 느려질 수도, 빨라질 수도 있지만 벤치마크 환경의 차이 때문에 그 영향이 보이지 않을 수도 있다.

매우 다양한 머신을 갖추고 벤치마크를 되풀이해 실행할 환경이 되지 않는다면 성능 결과의 편차를 모두 없앨 수 있는 완벽한 방법은 없다. 그런 환경을 갖췄더라도 다양한 측정값으로부터 벤치마크 노이즈를 배제하고 정확한 신호를 추출하도록 처리하는 것이 중요하다. 실질적으로 이런 성능 편차와 싸우는 가장 좋은 방법은 각 벤치마크를 한 번만 실행하는 것이 아니라 여러 번 실행해 측정값의 분포를 확인하는 것이다. 러스트는 이런 작업에 도움이 되는 도구를 제공한다. 예를 들어 `hdrhistogram` 같은 크레이트를 이용하면 '함수의 평균 실행 속도'보다는 '우리가 관찰 중인 샘플의 95%가 처리되는 런타임의 범위'를 확인할 수 있다. 한 걸음 더 나아가 통계학의 귀무가설 검정 같은 기법을 활용해, 측정한 차이점이 단순한 노이즈가 아니라 실제로 변경에 의한 것임을 어느 정도 확신할 수 있다.

통계학적 가설 검정은 이 책의 범위를 벗어나지만 다행스러운 점은 다른 사람들이 상당한 작업을 이미 해 두었다는 점이다. 일례로 criterion 크레이트는 지금까지 언급한 모든 것은 물론 그보다 많은 기능을 제공한다. 벤치마크를 한 번 실행할 때마다 호출할 수 있는 함수를 크레이트에 제공해 주기만 하면 크레이트는 결과가 충분히 신뢰할 수 있을 때까지 적절한 횟수만큼 반복 실행한다. 그런 다음 결과 요약, 이상치 분석, 심지어 시간 경과에 따른 트렌드 그래프를 포함한 벤치마크 보고서를 생성한다. 물론 이 크레이트로 특정 스펙의 하드웨어에서 테스트할 때의 효과를 제거할 수는 없지만 최소한 실행 중에 측정되는 노이즈를 분류할 수는 있다.

컴파일러 최적화

최근 컴파일러는 정말 똑똑하다. 죽은 코드를 제거하고 컴파일 시점에 복잡한 표현식을 계산하며 루프를 펼치는 것은 물론 코드 성능을 쥐어짜기 위해 여러 가지 흑마법을 펼친다. 보통은 좋은 결과를 내지만 특정 부분의 코드가 얼마나 빠른지 측정하려고 하면 컴파일러의 똑똑함 때문에 유효하지 않은 결과를 얻기도 한다. 예를 들어 코드 6-9의 Vec::push 함수에 대한 벤치마크 코드를 살펴보자.

코드 6-9 의심스러울 정도로 빠른 성능 벤치마크

```
let mut vs = Vec::with_capacity(4);
let start = std::time::Instant::now();
for i in 0..4 {
  vs.push(i);
}
println!("took {:?}", start.elapsed());
```

godbolt.org나 cargo-asm 같은 걸출한 도구를 이용해 이 코드를 릴리스 모드로 컴파일한 어셈블리 결과물을 살펴보면 뭔가가 잘못됐음을 금세 알 수 있다.

Vec::with_capacity 호출과 Vec::push 호출 그리고 for 루프 전체를 어디서도 볼 수 없다. 완전히 최적화되어 버렸기 때문이다. 컴파일러가 이 코드에서 실제 벡터 연산이 없다는 점을 알아채고는 죽은 코드라고 생각해 없애 버린 것이다. 물론 컴파일러는 자기 임무를 완벽히 수행했지만 벤치마크에 관해서는 딱히 도움이 되지 않는다.

벤치마크를 위해 이런 최적화를 피할 수 있도록 표준 라이브러리는 std::hint::black_box 함수를 지원한다. 이 함수는 수많은 논쟁과 혼란을 야기하고 있으며 이 책을 집필하는 현재 아직 안정화되지 않았지만 어쨌든 언급할 가치가 있을 정도로 유용하다. 중요한 것은 이 함수는 항등 함수(x를 취해 x를 리턴하는)이며 컴파일러 입장에서는 함수에 전달한 인수가 임의의(하지만 적법한) 방법으로 사용될 것처럼 보인다. 컴파일러가 입력 인수에 최적화를 적용하는 것을 막지 않음은 물론 컴파일러가 리턴값의 사용 방식을 최적화하는 것도 막지 않는다. 그 대신 컴파일러가 함수의 인수를 (사용법을 예상해) 실제로 계산하고 CPU의 어딘가 접근 가능한 곳에 결과를 저장해서 이 값으로 black_box 함수를 호출할 수 있게 한다. 컴파일러는 컴파일 시점에 입력 인수를 자유롭게 계산할 수 있지만 여전히 결과를 프로그램에 주입해야 한다.

전부는 아니지만 거의 대부분의 벤치마크 요구 사항은 이 함수만으로 충분하다. 예를 들어 코드 6-9를 코드 6-10처럼 벡터에 대한 접근을 최적화하지 않도록 재작성할 수 있다.

코드 6-10 코드 6-9를 고친 버전

```
let mut vs = Vec::with_capacity(4);
let start = std::time::Instant::now();
for i in 0..4 {
  black_box(vs.as_ptr());
  vs.push(i);
  black_box(vs.as_ptr());
}
println!("took {:?}", start.elapsed());
```

이 코드는 루프를 돌 때마다 push 메서드를 호출하기 전후에 변수 vs를 어떤 식으로든 사용할 것임을 컴파일러에 알려 준다. 이렇게 하면 컴파일러는 push 함수를 순서대로 수행하면서 연속된 호출을 합치거나 최적화하지 않는다. 최적화할 수 없는 임의의 작업(black_box 함수를 호출하는 부분)이 각 호출 사이에서 vs 변수에 일어날 것이라고 가정하기 때문이다.

특이한 점은 &vs 같은 방식이 아니라 vs.as_ptr()을 사용했다는 점이다. 그 이유는 black_box 함수가 뭔가 적법한 연산을 인수에 대해 수행한다고 컴파일러가 믿게 만들어야 하기 때문이다. Vec을 공유 참조를 통해 변경하는 것은 적법하지 않으므로 코드를 black_box(&vs)처럼 작성하면, 컴파일러는 루프 내에서 vs 변수가 바뀌지 않으리라 생각하고 최적화를 구현해 버릴 것이다.

I/O 오버헤드 측정

벤치마크를 작성할 때에는 잘못된 지표를 실수로 측정하기 쉽다. 예를 들어 벤치마크가 어느 정도 진행되었는지 실시간으로 알고 싶을 때가 있다. 그러다 보니 코드 6-11처럼 my_function 함수가 얼마나 빠르게 실행되는지 측정하려는 코드를 작성하기도 한다.

코드 6-11 도대체 뭘 벤치마크하는 코드일까?

```
let start = std::time::Instant::now();
for i in 0..1_000_000 {
  println!("iteration {}", i);
  my_function();
}
println!("took {:?}", start.elapsed());
```

이 코드는 목표대로 동작할 것 같지만 실제로는 my_function 함수가 얼마나 빨리 실행되는지 측정하지 못한다. 오히려 이 루프가 숫자 100만 개를 출력하는데 얼마나 오래 걸리는지 측정한다. 루프의 println! 호출은 내부적으로 수많은 작업을 수행한다. 출력을 위해 바이너리 정수를 소수로 변경한 후 표준 출력을 잠그고 최소 하나의 시스템 호출을 사용하는 UTF-8 코드의 시퀀스를 출력하고 나서 표준 출력 잠금을 해제한다. 그뿐 아니라 터미널에서 받은 입력을 출력하는 작업이 느려지면 시스템 호출이 블록되기도 한다. 이는 많은 사이클을 소모한다. 그리고 my_function 함수를 호출하는 데 소모한 시간은 비교적 차이가 없을 수 있다.

벤치마크가 난수를 사용해도 비슷한 일이 일어난다. 루프 안에서 `my_function(rand::random())`과 같이 함수를 호출하면 이는 난수 100만 개를 생성하는 데 걸리는 시간을 측정하는 것이나 다름없다. 현재 시간을 알아내 설정 파일을 읽거나 새 스레드를 시작하는 등의 작업이 상대적으로 더 오래 걸릴 뿐이며 실제로 측정하고자 하는 시간은 이런 시간에 가려지게 된다.

다행히 이 이슈는 문제점을 인지한다면 쉽게 우회할 수 있다. 벤치마크 루프의 본문에 측정하고자 하는 코드만 작성하면 된다. 나머지 코드는 벤치마크가 시작하기 전이나 벤치마크에서 측정을 수행하는 부분 바깥에서 수행하면 된다. `criterion` 크레이트를 사용한다면 이 크레이트가 제공하는 여러 가지 타이밍 루프를 살펴보기 바란다. 이 루프들은 여러 벤치마크 사례에 필요한 다양한 측정 전략을 지원한다.

요약

이번 장에서는 러스트가 제공하는 내장 테스트 기능을 자세히 살펴봤다. 또한 러스트 코드를 테스트할 때 유용하게 사용할 수 있는 테스트 도구와 기법도 알아봤다. 이번 장은 이 책에서 러스트의 중간 표현(intermediate representation, IR)에 대해 고수준 측면에서 살펴보는 마지막 장이다. 다음 장부터는 선언적 매크로와 절차적 매크로를 살펴보면서 러스트 코드에 더 집중해 보고자 한다.

7장

R u s t f o r R u s t a c e a n s

매크로

기본적으로 매크로는 컴파일러가 개발자 대신 코드를 작성하게 만드는 도구이다. 입력 파라미터를 받아서 코드를 생성하는 공식을 컴파일러에 주면 컴파일러가 매크로 호출을 그 공식에 따른 실행 결과로 교체한다. 여러분이 정한 규칙에 따라 코드를 자동으로 대체하는 것이라고 생각해도 좋다.

러스트의 매크로는 다양한 형태의 코드 생성을 구현하기 쉽도록 여러 가지 형태와 크기를 제공한다. 두 가지 주요 유형으로 선언적 매크로와 절차적 매크로가 있으며 이번 장에서는 두 가지 모두 살펴본다. 일상 코딩에서 매크로를 편리하게 사용하는 방법과 고급 사용 사례에서 발생할 수 있는 몇 가지 위험에 대해서도 알아본다.

C 기반 언어를 경험한 프로그래머라면 `#define`을 이용해 모든 `true`를 `false`로 바꾼다거나 코드에 들어 있는 `else` 키워드를 모두 없애는 등 C·C++가 가진 어둠의 마법 같은 능력을 사용해 봤을 것이다. 그렇다면 매크로가 뭔가 '나쁜' 일을 한다는 느낌을 버려야 한다. 러스트의 매크로는 C 매크로와는 확연히 다르다. 러스트의 매크로는 (대부분) 잘 정의된 규칙을 따르며 잘못 사용할 가능성이 낮다.

선언적 매크로

선언적 매크로는 전용 크레이트를 작성할 필요 없이(절차적 매크로에서는 이 작업이 필요하다.) macro_rules! 문법을 이용해 함수 형태 매크로를 편리하게 정의하게 해 주는 매크로이다. 일단 선언적 매크로를 정의했다면 매크로 이름에 느낌표를 덧붙여 호출할 수 있다. 나는 이런 종류의 매크로를 컴파일러가 지원하는 찾아 바꾸기라고 생각하는 편이다. 이런 매크로는 규칙적이고 잘 구조화된 변환을 수행하며 반복적이고 지루한 일을 없애는 데 효과적이다. 지금까지 여러분이 러스트를 사용하면서 매크로라고 인지했던 대부분의 매크로는 선언적 매크로이다. 하지만 함수 형태 매크로가 모두 선언적 매크로는 아니다. macro_rules! 자체도 그렇고 format_args! 매크로도 그렇다. 느낌표(!)는 단지 컴파일 시점에 매크로 호출을 다른 소스 코드로 대체하라고 컴파일러에 지시할 뿐이다.

러스트 파서는 특히 !가 붙은 매크로 호출을 인지하고 구문 분석하므로 파서가 허용하는 곳에서만 사용할 수 있다. 표현식 위치나 impl 블록 등 여러분이 예상하는 대부분의 위치에서 동작하지만 모든 곳에서 동작하지는 않는다. 예를 들어 (이 책을 집필하는 현재) 식별자나 매치 구문의 암(arm)이 필요한 지점에서는 함수 형태 매크로를 호출할 수 없다.

선언적 매크로를 선언적이라고 하는 이유가 바로 와닿지 않을 수 있다. 결국 프로그램에서는 뭐든 '선언'하지 않나? 여기서 선언적이라는 말은 매크로의 입력을 출력으로 변환하는 방법을 가리키는 것이 아니라 입력이 B일 때 출력이 A처럼 보이기를 원한다는 것을 가리킨다. 단지 그렇게 된다고 선언만 하면 컴파일러가 여러분의 선언을 실행하기 위해 필요한 모든 구문 분석 재구성을 시도한다. 그 덕분에 선언적 매크로는 간결하고 표현이 풍부하지만 여러분의 선언을 표현할 수 있는 언어가 제한되어 있어서 약간 암호처럼 보이는 경향도 있다.

적절한 사용 방식

선언적 매크로는 주로 여러분이 같은 코드를 되풀이해서 작성하는데 별로 그러고 싶지 않을 때 유용하다. 매우 기계적인 치환에 상당히 잘 어울린다. 멋진 코드 변환이나 많은 코드 생성이 목적이라면 절차적 매크로가 더 나은 선택이다.

나는 테스트나 트레이트 구현처럼 반복적이고 구조적으로 유사한 코드를 작성할 때 가장 빈번하게 선언적 매크로를 사용한다. 테스트의 경우 같은 테스트를 약간 다른 설정으로 여러 번 실행할 때 사용한다. 코드 7-1을 살펴보자.

코드 7-1 반복적인 테스트 코드

```
fn test_inner<T>(init: T, frobnify: bool) { ... }
#[test]
fn test_1u8_frobnified() {
  test_inner(1u8, true);
}
// ...
#[test]
fn test_1i128_not_frobnified() {
  test_inner(1i128, false);
}
```

이 코드는 잘 동작하기는 하지만 너무 장황하고 반복적이며 사람의 실수에 영향을 받기 쉽다. 매크로를 사용하면 코드 7-2처럼 훨씬 나은 테스트 코드를 작성할 수 있다.

코드 7-2 매크로로 반복 작업을 해결한 코드

```
macro_rules! test_battery {
  ($($t:ty as $name:ident),*) => {
    $(
      mod $name {
        #[test]
        fn frobnified() { test_inner::<$t>(1, true) }
        #[test]
        fn unfrobnified() { test_inner::<$t>(1, false) }
      }
    )*
  }
}
test_battery! {
  u8 as u8_tests,
```

```
  // ...
  i128 as i128_tests
}
```

이 매크로는 쉼표로 구분한 지시문을 두 개의 테스트를 가진 각각의 모듈로 확장하고 두 테스트의 test_inner를 각각 true와 false로 호출한다. 이 매크로의 정의는 간단하지 않지만 더 많은 테스트를 더 쉽게 추가할 수 있게 해 준다. 각 타입은 test_battery! 매크로 호출 한 줄로 표현되며 매크로는 true와 false 인수 모두에 대한 테스트 생성을 책임진다. 또한 init을 위해 서로 다른 값에 대한 테스트를 생성하도록 할 수도 있다. 이제 특정 설정 테스트를 잊어버릴 가능성을 현저히 낮춘 것이다.

트레이트 구현에 선언적 매크로를 사용하는 방법도 이와 비슷하다. 트레이트를 정의할 때에는 구현이 간단하더라도 이 트레이트를 표준 라이브러리의 여러 타입에 구현하고자 하는 경우가 많다. 여러분이 Clone 트레이트를 재정의해서 표준 라이브러리의 모든 Copy 타입에 이 트레이트를 구현하려 한다고 가정해 보자. 이럴 때에는 각 타입에 대해 트레이트를 직접 구현하기보다는 코드 7-3의 매크로를 사용할 수 있다.

코드 7-3 한 매크로로 유사한 여러 타입에 트레이트를 구현하는 방법

```
macro_rules! clone_from_copy {
  ($($t:ty),*) => {
    $(impl Clone for $t {
      fn clone(&self) -> Self { *self }
    })*
  }
}
clone_from_copy![bool, f32, f64, u8, i8, /* ... */];
```

이 예는 주어진 모든 타입에 대해 * 연산자를 이용해 &self를 복사하는 형태로 Clone 구현체를 생성한다. 왜 Clone for T where T: Copy처럼 포괄적 구현을 선택하지 않았는지 궁금해할 것 같다. 그렇게 할 수도 있지만 그러지 않는 가장 큰 이유는 다른 크레이트의 타입들도 Copy 타입들에 같은 Clone 구현을 사용하도록 강제하기 때문이다. 특수화(specialization)라고 부르는 실험적 컴파일러 기능이 이 문제를 우회할 수 있는 방법을 제공하는데 이 책을 집필하는 현재 아직 안정화 단계라고는 볼 수 없다. 따라서 당분간은 타입을 나열하는 편이 좋다. 이 패턴은 단순히 같은 메서드를 반복 구현하는 것 이상으로도 확장할 수 있다. 예를 들어 코드 7-3을 쉽게 수정해서 모든 정수 타입에 `AddOne` 트레이트를 구현하도록 할 수 있다.

제네릭을 사용해야 하는지, 선언적 매크로를 사용해야 하는지 잘 모르겠다면 제네릭을 사용해야 한다. 제네릭은 매크로보다 더 인간 공학적이며 언어의 다른 구조와 훨씬 잘 통합된다. 이 규칙을 염두에 두자. 코드가 타입에 의해 바뀐다면 제네릭을 사용하고 그렇지 않으면 매크로를 사용하면 된다.

동작 원리

모든 프로그래밍 언어는 소스 코드를 구성하는 각각의 문자를 토큰으로 바꾸는 문법을 갖추고 있다. 토큰은 숫자, 문장 기호, 문자열과 문자 리터럴, 식별자 등 언어를 구성하는 가장 저수준의 빌딩 블록이다. 이 수준에서는 언어의 키워드와 변수 이름 사이에 아무런 차이가 없다. 예를 들어 `(value + 4)`라는 텍스트는 러스트 문법에 따르면 `(`, `value`, `+`, `4`, `)` 등 5개의 토큰 시퀀스로 표현될 뿐이다. 텍스트를 토큰으로 바꾸는 과정은 컴파일러의 나머지 부분과 텍스트 구문 분석이라는 멋진 저수준 작업 사이에 추상화 계층을 추가하는 작업이기도 하다. 예를 들어 토큰 표현에서는 공백이 존재하지 않으며 `/*"foo"*/`와 `"/*foo*/"`는 서로 다른 표현을 갖는다.(전자는 토큰이 없으며 후자는 `/*foo*/`라는 내용을 가진 문자열 리터럴 토큰이다.)

일단 소스 코드를 토큰의 시퀀스로 변환했다면 컴파일러는 이 시퀀스를 살펴보며 토큰에 문법적 의미를 부여하기 시작한다. 예를 들어 분리된 토큰을 그룹으로 묶는 `()`, 매크로 호출을 의미하는 `!` 등이다. 이 과정에서 구문 분석으로 최종적으로 소스 코드가 표현하는 구조를 서술하는 추상 문법 트리(abstract syntax tree, 이하 AST)를 생성한다. 예를 들어 `let x = || 4`라는 표현식을 생각해 보자. 이 표현식은 `let`(키워드), `x`(식별자), `=`(문장 부호), 두 개의 `|`(문장 부

호) 인스턴스 그리고 4(리터럴)라는 토큰 시퀀스로 구성되어 있다. 컴파일러가 이 표현식을 문법 트리로 변환하면 그 문법 트리는 하나의 구문으로 표현된다. 이 구문을 보면 패턴은 식별자 x이고, 그 오른쪽 표현식의 인수 목록은 없으며, 본문은 정수 리터럴 4인 리터럴 표현식을 갖는 클로저로 구성된다. 여기서 알 수 있듯이 문법 트리 표현이 토큰 시퀀스보다 훨씬 풍부한 이유는 언어 문법에 따라 토큰 조합에 문법적 의미를 부여했기 때문이다.

러스트 매크로는 주어진 일련의 토큰이 어떤 문법 트리로 변환되어야 하는지 정의한다. 컴파일러가 구문 분석을 실행하는 과정에서 매크로 호출이 발생하면 매크로를 평가해서 대체할 토큰을 결정해야 하며, 이 토큰이 결과적으로 매크로 호출을 위한 문법 트리가 된다. 하지만 이 시점에서 컴파일러는 여전히 토큰을 구문 분석 중이며 지금까지 수행한 작업은 매크로를 정의하는 토큰을 구문 분석한 것이 전부라서 아직 매크로를 평가할 위치에 있지 않을 수 있다. 그래서 컴파일러는 매크로 호출로 구분한 부분의 구문 분석을 미루고 입력 토큰 시퀀스를 모두 기억해 둔다. 컴파일러가 지정한 매크로를 평가할 준비가 되면 토큰 시퀀스에 대해 매크로를 평가하고 미루어 두었던 토큰을 구분 분석한 후 그 결과로 만들어진 문법 트리를 매크로를 호출한 트리에 치환해 넣는다.

기술적으로 컴파일러는 매크로에 전달되는 입력값에 대해 약간의 구문 분석을 수행한다. 특히 문자열 리터럴 및 분리된 그룹 같은 기본적인 것들을 구문 분석해서 단순한 토큰이 아니라 토큰 트리의 시퀀스를 만들어 낸다. 예를 들어 x - (a.b + 4) 코드는 토큰 트리 시퀀스 세 개로 구문 분석한다. 첫 번째 토큰 트리는 식별자 x를 가진 하나의 토큰이며, 두 번째는 문장 부호 -인 하나의 토큰이다. 마지막 세 번째는 (괄호를 구분자로 사용하는) 그룹으로 이 그룹은 a(식별자), .(문장 부호), b(또 다른 식별자), +(또 다른 문장 부호), 4(리터럴) 등 5개의 토큰 트리 시퀀스로 구성되어 있다. 이는 매크로에 전달되는 입력값은 유효한 러스트 코드일 필요가 없지만 반드시 러스트 컴파일러가 구문 분석할 수 있는 코드로 구성되어야 한다는 뜻이다. 예를 들어 러스트에서는 매크로 호출 외부에서 for <- x와 같은 구문을 사용할 수 없지만, 매크로가 유효한 문법을 만들어 낸다면 매크로 호출 안에서는 가능하다. 반면 매크로에 닫는 중괄호 없이

for {만 전달할 수는 없다.

선언적 매크로는 유효한 러스트 코드를 항상 생성한다. 예컨대 함수 호출의 절반만 완성한다거나 블록이 없는 if 문을 생성하는 매크로는 만들 수 없다. 선언적 매크로는 반드시 (기본적으로 변수에 대입할 수 있는) 표현식, let x = 1; 같은 구문, 트레이트 정의나 impl 블록 같은 아이템, 타입 또는 매치 패턴을 생성해야 한다. 그렇기 때문에 러스트 매크로를 잘못 사용하기 어려운 것이다. 매크로 정의 자체가 컴파일되지 않기 때문에 유효하지 않은 러스트 코드를 생성하는 선언적 매크로는 작성할 수 없다.

선언적 매크로에 대한 개략적인 설명은 이 정도이다. 컴파일러는 매크로 호출을 발견하면 호출 분리자 내의 토큰을 매크로에 전달하고, 결과 토큰 스트림을 구문 분석해서 매크로 호출을 결과 AST로 치환한다.

선언적 매크로 작성 방법

선언적 매크로가 지원하는 문법을 전부 설명하는 것은 이 책의 범위를 벗어난다. 하지만 주의할 만한 다소 이상한 점들이 있는 관계로 기본적인 문법을 살펴보자.

선언적 매크로는 매처(matcher)와 트랜스크라이버 두 부분으로 이루어진다. 매크로는 여러 매처를 가질 수 있고 각 매처는 연관된 트랜스크라이버를 갖는다. 컴파일러가 매크로 호출을 발견하면 매크로의 매처를 처음부터 끝까지 살피다가 호출 내의 토큰과 일치하는 매처를 발견하면 그 호출을 대응하는 트랜스크라이버의 토큰으로 치환한다. 코드 7-4는 선언적 매크로의 두 부분이 어떻게 함께 동작하는지 보여 준다.

코드 7-4 선언적 매크로 정의 컴포넌트들

```
macro_rules! /* 매크로 이름 */ {
  (/* 첫 번째 매처 */) => { /* 첫 번째 트랜스크라이버 */ };
  (/* 두 번째 매처 */) => { /* 두 번째 트랜스크라이버 */ };
}
```

매처

매크로 매처는 컴파일러가 호출 지점에서 제공한 입력 토큰 트리와 일치하도록 미리 정의한 방법으로 이리저리 바꾸는 토큰 트리라고 생각하면 된다. 예를 들어 `$a:ident + $b:expr` 같은 매처가 있다고 가정해 보자. 이 매처는 식별자(`:ident`) 다음에 덧셈 기호가 따르고 그 뒤를 러스트 표현식(`:expr`)이 따르는 패턴에 일치한다. 매크로를 `x + 3 * 5`로 호출했다면 컴파일러는 `$a`에 `x`를 대입하고 `$b`에 `3 * 5`를 대입하면 매처에 일치한다는 사실을 알아챈다. `*` 기호는 매처에 나타나지 않지만 컴파일러는 `3 * 5`가 유효한 표현식이어서 표현식을 의미하는 `$b:expr`과 일치한다는 사실을 인지한다.

매처는 꽤나 복잡할 수 있지만 정규 표현식처럼 표현력이 상당히 좋다. 너무 복잡하지 않은 예로 다음 매처는 하나 이상(+)의 쉼표(,)로 구분된 키-값 쌍이 `key => value` 형식으로 나열된 시퀀스(`$()`)에 일치한다.

```
$($key:expr => $value:expr),+
```

그리고 결정적으로 이 매처로 매크로를 호출하는 코드는 `key`나 `value`에 복잡한 표현식을 전달할 수 있다. 매처의 마법은 키와 값의 표현식을 적절히 분할한다는 것이다.

매크로 규칙은 다양한 종류의 프래그먼트 타입을 지원한다. 이미 살펴봤듯이 `:ident`는 식별자를 의미하며 `:expr`은 표현식을 의미하지만, 타입을 의미하는 `:ty`와 단일 토큰 트리를 의미하는 `:tt`도 사용할 수 있다. 사용 가능한 프래그먼트 타입 목록은 3장에서 살펴봤던 러스트 언어 레퍼런스(*https://doc.rust-lang.org/reference/macros-by-example.html*)에서 찾을 수 있다. 여기에 패턴을 반복적으로 매칭하는 메커니즘(`$()`)을 함께 사용하면 간단한 코드 패턴은 대부분 매칭할 수 있다. 하지만 매처로 원하는 패턴을 표현하기가 어렵다면 `macro_rules!`가 요구하는 엄격한 문법을 따를 필요가 없는 절차적 매크로를 사용하면 된다. 절차적 매크로는 이번 장 후반부에서 자세히 살펴본다.

트랜스크라이버

일단 컴파일러는 선언적 매크로의 매처 중 일치하는 것을 찾으면 매처와 연관된 트랜스크라이버를 이용해 코드를 생성한다. 매크로 매처가 정의한 변수는 메타변수라고 하며 컴파일러는 트랜스크라이버에서 발견되는 각각의 메타변수(앞 절에서 살펴본 `$key` 같은)를 매처와 일치하는 입력으로 치환한다. 매처에 반복(역시 같은 예에서 사용했던 `$(),+` 같은)이 있다면 트랜스크라이버에도 같은 문법을 사용할 수 있고, 그러면 입력에서 일치하는 부분마다 한 번씩 반복되며 매번 각 메타변수에 대한 적절한 치환이 이루어진다. 예를 들어 `$key`와 `$value` 매처에 다음 트랜스크라이버를 작성하면 일치하는 각 `$key`/`$value` 쌍을 맵에 추가하는 코드를 작성할 수 있다.

```
$(map.insert($key, $value);)+
```

이때 각 반복문에 세미콜론이 필요한데 단순히 반복을 구분하기 위한 것이 아니므로 반복을 수행하는 괄호 안에 세미콜론을 배치한 점에 유의하자.

트랜스크라이버의 각 반복문 안에서 메타변수를 사용해야 컴파일러가 매처의 어떤 반복을 사용해야 하는지 알게 된다.(반복이 하나 이상인 경우)

하이제닉

정확히 무슨 의미인지 이해하지는 못했더라도 러스트 매크로가 하이제닉(hygienic)하며 그 덕분에 뭔가 다루기 안전하고 좋다는 말을 들어 봤을 것이다. 러스트 매크로가 하이제닉하다는 것은 선언적 매크로가 (보통) 명시적으로 전달되지 않은 변수에 영향을 미치지 않음을 의미한다. 간단한 예로 `foo`라는 이름의 변수를 선언하고 마찬가지로 `foo`라는 변수를 선언하는 매크로를 호출하면, 매크로의 `foo` 변수는 (매크로가 호출되는) 호출 지점에서는 기본적으로 보이지 않는다. 마찬가지로 매크로는 명시적으로 전달되지 않는다면 호출 지점에 선언된 변수에는(심지어 `self`에도) 접근할 수 없다.

대부분의 경우 매크로 식별자는 자신의 네임스페이스에 존재하며 매크로가 확장하는 코드와는 별개라고 생각해도 좋다. 매크로가 호출 지점의 변수를 가리려고 시도하는(그리고 실패하는) 코드 7-5를 살펴보자.

코드 7-5 매크로는 대부분 자신만의 영역에 존재한다.

```
macro_rules! let_foo {
  ($x:expr) => {
    let foo = $x;
  }
}
let foo = 1;
// let foo = 2로 치환된다.
let_foo!(2);
assert_eq!(foo, 1);
```

컴파일러가 `let_foo!(2)`를 치환하면 단정문이 실패해야 할 것처럼 보인다. 하지만 원래 코드의 `foo` 변수와 매크로에 의해 생성된 `foo` 변수는 서로 다른 공간에 존재하며 사람이 읽기 쉬운 이름을 공유한다는 점 외에는 서로 아무런 관련이 없다. 사실 컴파일러는 매크로 내의 `let foo`가 사용하지 않는 변수를 선언한다고 경고할 것이다. 이는 매크로를 디버깅하기 쉽게 만드는 데 큰 도움이 된다. 단지 이름이 같은 변수를 선언했다고 해서 실수로 매크로 호출자의 변수를 가리거나 덮어쓸 일은 걱정하지 않아도 된다.

하지만 이와 같은 하이제닉 분리는 변수 식별자 외에는 적용되지 않는다. 선언적 매크로는 타입, 모듈, 함수의 네임스페이스를 호출 지점과 공유한다. 즉, 여러분의 매크로는 호출 스코프에서 호출할 수 있는 새 함수를 정의하거나 다른 곳에 정의되어 있는(그리고 매크로로 전달되지 않은) 타입에 새로운 구현을 추가하거나 매크로가 호출된 지점에서 접근할 수 있는 새 모듈을 집어넣는 등의 작업을 수행할 수 있다. 이는 의도된 것이다. 매크로가 이렇게 폭넓은 코드에 영향을 줄 수 없다면 선언적 매크로를 타입, 트레이트 구현, 함수를 생성하는 데 사용하기가 훨씬 까다로웠을 것이다. 선언적 매크로를 가장 편리하게 활용할 수 있는 일들인데 말이다.

매크로 내 타입이 하이제닉하지 못하다는 점은 크레이트에서 노출할 매크로를 작성할 때 특히 중요한 사실이다. 매크로가 완전히 재사용 가능하려면 호출자의 스코프에 어떤 타입이 있을지 예측해서는 안 된다. 어쩌면 매크로를 호출하는 코드는 `mod std {}`를 정의하고 있거나 스스로 정의한 `Result` 타입을 가질 수도 있다. 안전을 위해 `::core::option::Option`이나 `::alloc::boxed::Box`처럼 완전한 이름을 사용하자. 매크로를 정의한 크레이트의 뭔가를 참조해야 한다면 특별한 메타변수인 `$crate`를 사용하면 된다.

매크로를 no_std 크레이트에서도 사용 가능하게 하려면 ::std 경로는 최대한 피하는 편이 좋다.

매크로가 호출자의 스코프에 있는 특정 변수에 영향을 주길 원한다면 매크로와 호출자 간에 식별자를 공유하게 할 수 있다. 핵심은 식별자가 만들어진 위치를 기억하는 것이다. 이 위치가 바로 식별자와 이어질 네임스페이스이기 때문이다. 매크로에 `let foo = 1;`을 추가하면 식별자 `foo`는 매크로에서 만들어지며 호출자의 식별자 네임스페이스에서는 절대 접근할 수 없다. 반면 매크로가 `$foo:ident`를 인수로 받아들여 `let $foo = 1;`과 같은 구문을 작성해서 호출자가 `!(foo)`처럼 매크로를 호출하면 식별자는 호출자 공간에서 만들어지므로 호출자의 스코프에서 `foo`를 참조할 수 있게 된다.

식별자가 꼭 명시적으로 전달될 필요는 없다. 매크로 외부에서 만들어 코드에서 사용하는 식별자라면 호출자의 스코프에서 정의한 식별자를 참조한다. 코드 7-6을 보면 `:expr` 부분에서 호출자의 스코프에 있는 변수 접근과 무관하게 변수 식별자를 사용하고 있다.

코드 7-6 매크로에 호출 지점의 식별자에 대한 접근을 허용하는 코드

```
macro_rules! please_set {
  ($i:ident, $x:expr) => {
    $i = $x;
  }
}
let mut x = 1;
please_set!(x, x + 1);
assert_eq!(x, 2);
```

매크로 안에서 = $i + 1은 사용해도 되지만 = x + 1은 사용할 수 없다. x라는 이름은 매크로가 정의된 스코프에서는 사용할 수 없기 때문이다.

선언적 매크로와 스코프에 대해 마지막으로 언급할 점은 다음과 같다. 러스트의 다른 요소들과 달리 선언적 매크로는 선언된 후에만 소스 코드에 존재할 수 있다. 파일 아래쪽에 정의한 매크로를 사용하려 한다면 동작하지 않을 것이다. 이는 프로젝트에 전역적으로 적용된다. 한 모듈에 매크로를 정의하고 다른 모듈에서 사용하고자 한다면 매크로를 선언한 모듈은 반드시 크레이트 초반에 선언해야 한다. foo와 bar가 크레이트 루트의 모듈이고 bar 모듈에서 사용할 매크로를 foo 모듈에 선언했다면 lib.rs 파일에서 mod foo는 반드시 mod bar보다 선행해야 한다.

이처럼 특이한 매크로의 스코프(정식 명칭은 텍스트 기반 스코프)에는 한 가지 예외가 있다. 매크로에 #[macro_export]를 추가하는 경우이다. 이 애너테이션은 매크로를 크레이트의 루트로 이동하고 pub로 표시해서 크레이트는 물론 크레이트를 사용하는 코드에서도 접근할 수 있게 한다.

절차적 매크로

절차적 매크로는 구문 분석기와 코드 생성기의 조합이며 여러분이 둘 사이를 이어 붙이는 코드를 작성한다고 생각하면 된다. 간단히 말해 절차적 매크로가 호출되면 컴파일러는 입력 토큰의 시퀀스를 매크로에 모은 후 여러분의 프로그램을 실행해 어떤 토큰을 치환할지 알아낸다.

이 매크로를 절차적 매크로라 부르는 이유는 단순히 생성될 코드를 작성하는 것이 아니라 주어진 입력 토큰으로 코드를 생성하는 방식을 여러분이 결정하기 때문이다. 컴파일러가 개입하는 경우는 거의 없다. 컴파일러 입장에서 절차적 매크로는 임의로 코드를 치환하는 소스 코드 전처리기 정도이다. 매크로의 입력은 러스트 토큰의 스트림으로 구문 분석이 가능해야 한다는 조건은 동일하지만 단지 그뿐이다.

절차적 매크로의 종류

절차적 매크로는 세 가지가 있는데 각각 특정한 사용법에 특화되어 있다.

- 함수 형태 매크로(예: `macro_rules!`가 생성하는 것들)
- 속성 매크로(예: `#[test]`)
- 파생 매크로(예: `#[derive(Serialize)]`)

이 세 종류의 매크로는 같은 메커니즘을 공유한다. 컴파일러는 매크로에 토큰 시퀀스를 전달하면서 십중팔구 여러분이 입력 트리와 관련된 토큰 시퀀스를 만들어 내 돌려주리라 예상한다. 하지만 매크로 호출 방식과 출력 처리 방법에는 서로 차이가 있다. 지금부터 하나씩 간략히 살펴보자.

함수 형태 매크로

함수 형태 매크로는 절차적 매크로의 가장 간단한 형태이다. 선언적 매크로처럼 호출 지점의 매크로 코드를 절차적 매크로가 리턴하는 코드로 치환한다. 하지만 선언적 매크로와 달리 보호 장치가 전혀 없다. 함수 형태 매크로는 (다른 모든 절차적 매크로처럼) 하이제닉하지 않아도 되며 호출 지점 주변 코드의 식별자와 상호 작용하는 결과로부터 개발자를 보호하지 않는다. 그 대신 여러분이 작성하는 매크로는 어떤 식별자가 주변 코드와 겹치는지(`Span::call_site` 이용) 그리고 어떤 식별자를 매크로 내에서 비공개 식별자로 처리해야 하는지(잠시 후에 살펴볼 `Span::mixed_site` 이용) 명시적으로 알려야 한다.

속성 매크로

속성 매크로 또한 속성을 대입한 아이템을 치환하지만 입력을 두 개 받는다. 하나는 속성에 나타난 토큰 트리이고(속성 이름 제외), 하나는 아이템이 가지고 있는 다른 속성을 포함해 첨부되어 있는 전체 아이템의 토큰 트리이다. 속성 매크로를 사용하면 함수 정의에 프렐류드(prelude) 또는 에필로그(epilogue)를 추가하거나(`#[test]`와 마찬가지로) 구조체 필드를 수정해서 아이템을 변환하는 절차적 매크로를 쉽게 작성할 수 있다.

파생 매크로

파생 매크로는 앞서 살펴본 두 가지와 조금 달라서 매크로의 타깃을 치환하는 것이 아니라 그 타깃에 뭔가를 더한다. 뭔가 상당한 제약처럼 보이겠지만 파생 매크로는 애초에 절차적 매크로를 만든 동기가 된 요인 중 하나이다. 특히 serde 크레이트는 이미 잘 알려진 마법 같은 #[derive(Serialize, Deserialize)]를 구현하기 위해 파생 매크로가 반드시 필요하다.

파생 매크로는 그 형태가 너무 엄격해서 명실상부 가장 간단한 형태의 절차적 매크로이다. 속성을 지정한 아이템에 다른 아이템을 덧붙일 수만 있을 뿐 치환할 수도, 인수를 전달할 수도 없다. 파생 매크로는 헬퍼 속성을 정의할 수 있게 해 준다. 헬퍼 속성은 속성이 지정된 타입 내에 위치해 파생 매크로(#[serde(skip)] 같은)에 힌트를 준다. 하지만 이런 기능은 거의 마커처럼 동작할 뿐 독립적인 매크로는 아니다.

절차적 매크로의 비용

어떤 절차적 매크로가 더 적합한지 알아보기에 앞서 절차적 매크로를 사용해야 하는 이유를 다시 한번 생각해 보는 편이 좋겠다. 절차적 매크로를 사용하면 컴파일 시간이 증가하기 때문이다.

절차적 매크로 때문에 컴파일 시간이 눈에 띄게 늘어날 수 있는 이유는 크게 두 가지이다. 첫 번째는 상당한 의존성을 추가하는 경향이 있기 때문이다. 예를 들어 syn 크레이트는 러스트 토큰 스트림에 구문 분석기를 제공해 절차적 매크로를 쉽게 작성할 수 있게 하는데 이 크레이트의 모든 피처를 활성화하면 컴파일에 수십 초가 걸린다. 불필요한 피처를 비활성화하고 절차적 매크로를 릴리스 모드가 아닌 디버그 모드로 컴파일해서 컴파일 시간을 단축할 수 있고 단축해야 한다. 디버그 모드에서 코드가 몇 배는 더 빠르게 컴파일되는 경우가 많으며 대부분의 절차적 매크로에서는 실행 시간 차이를 느끼지 못할 것이다.

절차적 매크로 때문에 컴파일 시간이 늘어나는 두 번째 이유는 자기도 모르는 사이에 엄청난 양의 코드를 생성하기 쉽기 때문이다. 매크로 덕분에 코드를 직접 입력하지 않아도 매크로가 대신 생성해 내지만, 컴파일러는 여전히 생성된 코드를 구문 분석하고 컴파일하고 최적화해야 한다. 절차적 매크로를 더 많이 사용할수록 생성된 코드가 추가되어 컴파일 시간이 크게 늘어날 수 있다.

그렇기는 하지만 절차적 매크로의 실제 실행 시간은 전체 컴파일 시간에 거의 영향을 미치지 않는다. 컴파일러는 절차적 매크로 작업이 끝날 때까지 기다려야 하지만 실질적으로 대부분의 절차적 매크로는 무거운 연산을 수행하지 않는다. 그렇다고 해도 여러분이 작성한 절차적 매크로 때문에 컴파일러가 상당한 실행 시간을 소비하게 될 수 있으므로 주의를 기울여야 한다.

그럼에도 절차적 매크로가 필요하다면

이제 절차적 매크로를 종류별로 잘 활용하는 방법을 살펴보자. 쉬운 파생 매크로부터 먼저 알아보자.

파생 매크로를 사용하는 경우

파생 매크로를 사용하는 목적은 단 한 가지이다. 가능한 경우 트레이트 구현을 자동화하기 위해서이다. 모든 트레이트가 구현 자동화를 지원하지는 않지만 상당수가 지원한다. 실제로 트레이트를 자주 구현해야 하고 어떤 타입이든 트레이트 구현이 상당히 명확한 경우에만 그 트레이트에 파생 매크로를 추가하는 것을 고려해야 한다. 이 중 첫 번째 조건은 어느 정도 말이 된다. 트레이트를 겨우 한두 번 구현해야 한다면 그 작업을 위해 복잡한 파생 매크로를 작성할 필요는 없을 것이다.

그런데 두 번째 조건은 조금 이상해 보인다. 구현이 '명확'하다는 게 도대체 무슨 뜻일까? Debug 같은 트레이트를 생각해 보자. Debug 트레이트의 용도가 무엇인지 알고 그 트레이트를 구현한 타입을 본 적이 있다면, Debug 트레이트를 구현한 코드는 각 필드의 이름과 더불어 그 값을 디버깅하기 편한 형태로 표현한 결과를 출력하리라 기대할 것이다. 그리고 그게 derive(Debug) 매크로가 하는 일이다. Clone은 어떨까? 이 트레이트가 모든 필드를 복제할 것이라고 예상할 테고 derive(Clone) 매크로가 바로 이 작업을 수행한다. derive(serde::Serialize) 매크로를 호출하면 모든 필드와 값이 직렬화된다고 예상할 것이고 그대로 동작한다. 일반적으로 트레이트를 파생할 때 개발자가 직관적으로 기대하는 동작과 일치하도록 해야 한다. 트레이트에 대한 명확한 파생이 없거나 파생이 명확한 구현과 일치하지 않는다면 파생 매크로를 제공하지 않는 편이 더 좋다.

함수 형태 매크로를 사용하는 경우

함수 형태 매크로는 일반적인 규칙을 제시하기가 좀 더 어렵다. 함수 형태 매크로를 사용하고 싶지만 `macro_rules!`로 표현할 수 없을 때 함수 형태 매크로를 사용하면 되지 않냐고 생각하겠지만 이는 꽤나 주관적인 생각이다. 게다가 마음만 먹는다면 선언적 매크로로 상당히 많은 것을 해낼 수 있다.

함수 형태 매크로를 사용하는 편이 더 좋은 이유는 크게 두 가지가 있다.

- 선언적 매크로를 이미 가지고 있는데 매크로 정의가 너무 얽혀서 유지 보수가 어려워진 경우
- 컴파일 시점에 실행해야 하는 순수 함수가 있지만 이 함수를 `const fn`으로 표현할 수 없는 경우. `phf` 크레이트를 예로 들 수 있다. 이 크레이트는 컴파일 시점에 키를 지정하면 완전 해시 함수를 이용해 해시 맵이나 세트를 생성한다. 또 다른 예로는 `hex-literal` 크레이트를 들 수 있다. 이 크레이트는 문자열이나 십육진수 문자를 그에 대응하는 바이트로 치환한다. 통상적으로 말해 컴파일 시점에 단순히 입력을 변환하는 것이 아니라 실질적인 연산을 수행하는 작업이 함수 형태 매크로로 구현하기 좋다.

함수 형태 매크로를 쓰면서 매크로를 하이제닉하지 않게 만드는 것은 권장하지 않는다. 함수 형태 매크로가 하이제닉해야 디버깅 시 여러 고충을 해소할 수 있으므로 이 기능을 의도적으로 봉쇄하려 한다면 주의 깊게 생각해야 한다.

속성 매크로를 사용하는 경우

이제 속성 매크로만 남았다. 속성 매크로는 분명 가장 일반적인 절차적 매크로이지만 사용하기 적절한 때를 판단하기 가장 어려운 매크로이기도 하다. 지난

수년간의 경험을 통해 나는 속성 매크로로 가장 큰 효과를 발휘하는 네 가지 방법을 알게 됐다.

테스트 생성

같은 테스트를 여러 가지 다른 설정으로 실행해야 하거나 여러 비슷한 코드를 같은 부트스트랩으로 실행해야 하는 경우는 매우 흔하다. 선언적 매크로로도 이런 상황을 표현할 수 있지만 각 테스트마다 프렐류드와 포스트스크립트를 셋업하는 `#[foo_test]` 같은 속성이나 `#[test_case(1)] #[test_case(2)]`처럼 각 입력에 대해 지정한 테스트가 여러 번 되풀이해 실행되어야 한다는 것을 표시할 수 있는 속성이 있다면 읽고 유지 보수하기 훨씬 쉬운 코드를 작성할 수 있다.

프레임워크 애너테이션

`rocket` 같은 라이브러리는 함수와 타입에 추가 정보를 담아 확장할 수 있는 속성 매크로를 제공한다. 이 추가 정보는 프레임워크가 활용하는데, 속성 매크로가 없었다면 사용자가 수많은 설정을 통해 제공해야 하는 것들이다. 함수 포인터를 가진 설정 구조체를 셋업하는 것보다는 `#[get("/<name>")] fn hello(name: String)`처럼 함수를 작성하는 편이 훨씬 편리하다. 본질적으로 속성은 반복적으로 작성해야 하는 틀에 박힌 코드를 상당 부분 숨길 수 있는 작은 도메인 전용 언어를 구성한다. 마찬가지로 비동기 I/O 프레임워크인 `tokio` 역시 `#[tokio::main] async fn main()`을 사용해 자동으로 런타임을 셋업하고 비동기 코드를 실행하게 함으로써 모든 비동기 애플리케이션의 `main` 함수에 매번 같은 런타임을 셋업하지 않아도 되게 해 준다.

투명한 미들웨어

일부 라이브러리는 애플리케이션 기능을 변경하지 않으면서도 필요한 가치를 더하기 위해 눈에 띄지 않는 방법으로 애플리케이션에 주입되는 형태로 구현된다. 예를 들어 `tracing` 같은 트레이싱 및 로깅 라이브러리와 `metered`

같은 지표 수집 라이브러리는 함수에 속성을 추가해 투명하게 처리하며 그러한 함수를 호출할 때마다 라이브러리가 추가한 어떤 코드를 실행한다.

타입 변환기

때로는 단순히 타입에 트레이트를 파생하는 것을 넘어 근본적인 방법으로 타입의 정의를 실제로 변경해야 하는 경우도 있다. 이런 경우에는 속성 매크로가 답이다. `pin_project` 크레이트가 좋은 예이다. 이 크레이트의 주 목적은 특정 트레이트를 구현하는 것이 아니라 어떤 타입의 필드에 대한 고정 접근(pinned access)[2]이 모두 러스트의 `Pin` 타입과 `Unpin` 트레이트로 미리 설정한 엄격한 규칙을 따르게 하는 데 있다.(8장에서 자세히 다룬다.) 이를 위해 헬퍼 타입을 생성하고 속성이 지정된 타입에 메서드를 추가한 후 사용자가 스스로 자기 발등을 찍는 일이 없도록 정적 안전성 검사를 실행한다. `pin_project` 크레이트는 절차적 파생 매크로로 구현할 수도 있지만 이 파생된 트레이트 구현은 그다지 명확하지 않아 앞서 언급한 절차적 매크로 사용 방식에 대한 규칙 중 하나를 위반한다.

동작 원리

절차적 매크로의 핵심에는 토큰 스트림을 구성하는 개별 `TokenTree` 아이템을 반복적으로 얻어 내는 `TokenStream` 타입이 있다. `TokenTree` 아이템은 식별자, 문장 부호 또는 리터럴 같은 단일 토큰이거나 ()나 {} 같은 구분자에 의해 만들어진 또 다른 `TokenStream`일 수 있다. 개별 토큰이 유효한 러스트 토큰이라면 `TokenStream` 타입을 순회해서 원하는 어떤 문법도 구문 분석할 수 있다. 특히 입력을 러스트 코드로 구문 분석하고자 한다면 `syn` 크레이트를 사용하는 편이 좋다. 이 크레이트는 완전한 러스트 구문 분석기를 구현하며 `TokenStream`을 더 쉽게 살펴볼 수 있는 러스트 AST로 변환할 수 있다.

대부분의 절차적 매크로에서는 단순히 `TokenStream`을 구문 분석하는 것뿐 아

2 (옮긴이) 러스트에서 고정이란 데이터를 메모리의 현재 위치에 고정하여 계속 유효한 상태로 유지되게 하는 것이다.

니라 매크로를 호출한 프로그램에 삽입될 러스트 코드를 생성하는 것도 필요하다. 그렇게 할 수 있는 방법은 크게 두 가지이다. 첫 번째 방법은 TokenStream을 수동으로 만들어서 한 번에 하나의 TokenTree로 확장하는 방법이다. 두 번째 방법은 TokenStream의 FromStr 구현을 이용하는 것으로 "".parse::<TokenStream>() 메서드를 이용해 러스트 코드 문자열을 TokenStream으로 구문 분석하는 방법이다. 물론 두 가지 방법을 혼용해도 된다. 코드를 매크로 입력의 앞에 붙이고 싶다면 프롤로그를 위한 TokenStream을 만든 후 Extend 트레이트를 이용해 원래 입력을 덧붙이면 된다.

TokenStream은 스트림의 토큰들을 보기 좋게 출력하는 Display 트레이트를 구현한다. 디버깅 시에 매우 편리하다.

토큰은 사실 지금까지 설명한 것보다 약간 더 마법 같은 면이 있어서 모든 토큰을 비롯해 모든 TokenTree 또한 스팬(span)을 갖는다. 스팬이란 어떤 코드가 생성되었을 때 그 코드를 생성한 원본 소스 코드의 해당 부분과 이어 주는 작업이다. 모든 토큰의 스팬은 토큰이 만들어진 지점을 표시한다. 예를 들어 코드 7-7에 나오는 (선언적) 매크로를 생각해 보자. 이 코드는 주어진 타입에 간단한 Debug 트레이트 구현 코드를 생성한다.

코드 7-7 Debug 트레이트를 구현하는 아주 간단한 매크로

```
macro_rules! name_as_debug {
  ($t:ty) => {
    impl ::core::fmt::Debug for $t {
      fn fmt(&self, f: &mut ::core::fmt::Formatter<'_>) ->
::core::fmt::Result
      { ::core::write!(f, ::core::stringify!($t)) }
    }
  };
}
```

이제 누군가 이 매크로를 name_as_debug!(u31)로 호출한다고 하자. 엄밀히 따지면 매크로에서 $t를 사용하는 부분($t를 사용하는 다른 부분은 유효하지 않은 타입에 대해 문제가 없다.)에서 컴파일 에러가 발생한다. 하지만 우리는 사용자가 u31을 전달하는 지점을 컴파일러가 가리키도록 하고 싶다. 이는 스팬을 이용하면 가능하다.

생성된 코드에서 $t의 스팬은 매크로 호출의 $t와 매핑된 코드이다. 이 정보는 컴파일러에 전달되어 최종 컴파일러 에러와 연관된다. 컴파일러는 이 에러 메시지를 출력할 때 u31이라는 타입이 존재하지 않는다는, 매크로 내부에서 나온 에러를 출력하지만, 매크로를 호출한 코드의 u31 인수가 에러의 스팬과 연관되어 있으므로 이 인수를 강조해 표시한다.

스팬은 상당히 유연해서 compile_error! 매크로를 사용해 세련된 에러 메시지를 출력하는 절차적 매크로를 작성할 수 있다. compile_error! 매크로는 이름에서 알 수 있듯이 매크로를 사용한 지점에서 주어진 문자열을 컴파일러 에러 메시지로 출력한다. 별로 유용하지 않을 것 같지만 스팬과 짝을 이룬다면 이야기는 달라진다. compile_error! 호출을 위해 생성한 TokenTree의 스팬을 입력의 일부 서브셋의 스팬과 같게 하면, 컴파일러가 에러 메시지를 출력할 때 원본 위치를 가리킬 수 있게 된다. 이 두 메커니즘을 결합하면 사용자가 절대 볼 수 없는 생성된 코드 어딘가에서 실질적인 컴파일러 에러가 발생했더라도 소스 코드의 관련된 부분에서 발생한 것처럼 보이는 에러 메시지를 출력할 수 있다.

syn 라이브러리의 에러 처리 방식의 원리는 Error 타입에 Error::to_compile_error 메서드를 구현해서 에러를 compile_error! 지시문만 갖는 TokenStream으로 변환하는 것이다. syn 크레이트의 Error 타입에서 특히 더 깔끔한 부분은 기본적으로 에러 컬렉션을 가지고 있으며 각 에러가 저마다 스팬을 가지고 고유한 compile_error! 지시문을 만들어 내므로 절차적 매크로에서 여러 가지 독립적인 에러를 표현할 수 있다는 점이다.

스팬의 강점은 여기서 끝나지 않는다. 스팬은 러스트의 매크로를 하이제닉하게 구현한 방법이기도 하다. Ident 토큰을 만들 때 그 식별자의 스팬도 함께 제공하고 그 스팬은 식별자의 스코프를 표시한다. 식별자의 스팬을 Span::call_site()로 설정하면 매크로가 호출된 곳에서 식별자가 무엇인지 알아내므로 주변 스코프로부터 격리되지 않는다. 반면 스팬을 Span::mixed_site()로 설정하면 매크로를 정의한 지점에서 (변수) 식별자가 무엇인지 알아내므로 호출 지점에서 비슷한 이름의 변수를 사용해도 완전히 하이제닉하게 동작한다. `Span::mixed_site`라고 부르는 이유는 `macro_rules!`의 식별자 하이제닉 규칙과 일치하기 때문이다. 즉, 앞서 설명했듯이 이는 식별자가 무엇을 가리키는지 알아낼 때 변수에 대해서는 매크로 정의 지점을 사용하고 타입, 모듈, 나머지 것들은 호출 지점을 사용하는 '혼합' 방식이기 때문이다.

요약

이번 장에서는 선언적 매크로와 절차적 매크로를 알아보고 두 매크로를 적절히 활용할 수 있는 사례에 대해서도 살펴봤다. 두 매크로의 기반 메커니즘을 자세히 살펴보고 여러분이 매크로를 직접 구현할 때 알아 둘 만한 몇 가지 기능과 주의점도 살펴봤다. 다음 장에서는 비동기 프로그래밍과 `Future` 트레이트에 대해 알아본다.

8장

R u s t f o r R u s t a c e a n s

비동기 프로그래밍

비동기 프로그래밍은 이름에서 알 수 있듯이 동기적이지 않은 프로그래밍을 말한다. 개략적으로 설명하면 비동기 작업은 백그라운드에서 실행된다. 프로그램은 비동기 작업이 완료되기를 기다리지 않고 곧바로 코드의 다음 줄을 실행하는 것이다.

비동기 프로그래밍에 익숙하지 않다면 비동기 프로그래밍이 무엇인지 정확히 설명하지 않는 이 정의가 불충분하게 느껴질 것이다. 비동기 프로그래밍 모델과 러스트에서 이 모델이 동작하는 방식을 제대로 이해하려면 다른 대안을 먼저 살펴봐야 한다. 즉, 동기 프로그래밍 모델을 비동기 모델보다 먼저 이해해야 한다는 뜻이다. 이는 개념을 명확히 하고 비동기 프로그래밍을 사용할 때의 트레이드오프를 드러내는 데 매우 중요하다. 비동기 방식이 항상 알맞은 선택은 아니기 때문이다. 먼저 비동기 프로그래밍이라는 개념이 어떻게 생겨났는지부터 빠르게 살펴보자. 그러고 나서 러스트에서 동시성이 실제로 어떻게 동작하는지 파헤쳐 본다.

비동기 처리, 대체 뭐가 문제일까?

동기 및 비동기 프로그래밍 모델을 살펴보기에 앞서 먼저 컴퓨터가 프로그램을 실제로 어떻게 실행하는지 살펴보자.

컴퓨터는 빠르다. 정말 빠르다. 사실 너무 빨라서 대부분의 시간을 어떤 일이 일어나기를 기다리는 데 쓴다. 파일을 압축 해제하거나 오디오를 인코딩하거나 계산을 하는 게 아니라면, CPU는 대부분 대기 상태에서 작업이 끝나기를 기다리고 있을 것이다. 네트워크 패킷이 도착하거나 마우스가 움직이거나 디스크가 기록을 끝내거나 심지어는 주 메모리로부터 데이터를 읽어 오는 작업이 끝나기를 기다린다. CPU 입장에서 이런 이벤트들은 영겁의 시간이 지나야 한 번씩 발생한다. 이런 이벤트가 일어나면 CPU는 몇 가지 인스트럭션을 더 실행한 뒤 다시 대기 상태로 들어간다. CPU 사용률을 한 번 살펴보기 바란다. 어떤 경우에는 낮은 한 자릿수 사용률을 보이기도 하며 대부분의 시간을 그렇게 보낸다.

동기 인터페이스

동기 인터페이스는 프로그램(또는 프로그램의 한 스레드)이 한 번에 한 작업만 실행하도록 한다. 각 작업은 이전에 실행된 동기 작업이 완료되어야 실행될 수 있다. 여러분이 보게 되는 대부분의 인터페이스는 동기 인터페이스이다. 호출하면 뭔가를 수행하고 작업이 끝나면 리턴해서 프로그램이 그 지점부터 계속 실행된다. 잠시 후에 살펴보겠지만 그 이유는 작업을 비동기로 처리하려면 꽤나 많은 메커니즘이 필요하기 때문이다. 실질적으로 비동기 처리의 장점이 필요하지 않다면 동기식으로 처리하는 편이 훨씬 간편하다.

동기 인터페이스는 이런 기다림을 모두 숨긴다. 애플리케이션이 '이 바이트를 파일에 기록하라.'고 함수를 호출하고 어느 정도 시간이 지나면 함수 실행이 완료되고 코드의 다음 줄이 실행된다. 이때 실제로 벌어지는 일은 다음과 같다. 운영 체제가 디스크에 대한 쓰기 작업을 큐에 담은 후 디스크에서 이 쓰기 작업이 완료될 때까지 애플리케이션을 대기 상태로 돌린다. 애플리케이션은 이 과정을 함수 실행에 시간이 오래 걸리는 상황으로 보겠지만, 실제로 함수는 실행되지 않고 그냥 대기할 뿐이다.

이런 식으로 작업을 순차적으로 실행하는 인터페이스를 블로킹이라고도 한다. 인터페이스 작업이 어떤 외부 이벤트가 일어날 때까지 기다리느라 더 이상의 실행이 블록되기 때문이다. 인터페이스를 동기식이라 부르든, 블로킹이라 부르든 기본적인 개념은 같다. 애플리케이션은 현재 작업이 완료될 때까지 동작하지 않는다. 작업 완료를 기다려야 한다면 애플리케이션도 마찬가지로 기다려야 한다.

동기 인터페이스는 코드가 한 번에 한 줄씩 실행되므로 다루고 유추하기 쉽다. 하지만 한편으로는 애플리케이션이 한 번에 한 가지 일만 하게 된다. 즉, 프로그램이 사용자의 입력이나 네트워크 패킷 중 하나를 기다려야 한다면 운영 체제가 해당 작업을 제공하지 않는 한 방법이 없다. 마찬가지로 애플리케이션이 디스크에 파일을 쓰는 동안 뭔가 다른 일을 할 수 있다 하더라도 파일 쓰기 작업이 실행을 블록하기 때문에 다른 작업을 수행할 수 없다.

멀티스레드

현재까지 동시적 실행을 위한 가장 일반적인 방법은 멀티스레드를 사용하는 방법이다. 멀티스레드 프로그램에서는 각 스레드가 하나의 독립적인 블로킹 작업 시퀀스를 실행하고, 운영 체제는 스레드 간 멀티플렉스를 통해 어떤 스레드가 작업을 더 진행할 수 있다면 계속 진행하게 해 준다. 한 스레드가 블록되어도 다른 스레드는 여전히 실행 가능하므로 애플리케이션이 유용한 작업을 계속 수행하게 되는 것이다.

보통 이런 스레드는 락이나 채널 같은 동기화 장치를 이용해 서로 통신하면서 애플리케이션의 동작을 조율한다. 예를 들어 한 스레드는 사용자 입력을 기다리고 있고 다른 스레드는 네트워크 패킷을 기다리고 있다면, 세 번째 스레드는 이 두 스레드 중 하나가 모든 스레드와 공유하는 채널에 메시지를 보내기를 기다리게 할 수 있다.

멀티스레드는 동시성, 즉 어느 한 시점에 독립적인 작업을 여러 가지 실행할 수 있는 능력을 부여한다. 스레드 중에 블록되지 않은 스레드를 선택해 어떤 다음 작업을 실행할지 결정하는 것은 애플리케이션을 실행하는 시스템(여기서는 운영 체제)의 몫이다. 한 스레드가 블록되면 그 스레드를 대신해 작업을 진행할 다른 스레드를 선택해 실행한다.

멀티스레드와 블로킹 인터페이스를 결합하면 훨씬 많은 작업을 처리할 수 있으며 방대한 양의 프로덕션용 소프트웨어가 이 방식으로 구현되어 있다. 하지만 이 방법의 단점이 없는 것은 아니다. 첫째, 모든 스레드를 추적하는 것은 금세 부담이 된다. 키보드 입력을 기다리는 간단한 것을 포함해 모든 동시성 태스크마다 새로운 스레드를 띄우면 스레드가 빠르게 늘어나고 그에 따라 모든 스레드의 상호 작용과 통신, 조율을 계속 추적하기 위한 복잡도도 증가한다.

둘째, 스레드 수가 많을수록 스레드 간 전환 비용이 늘어난다. 한 스레드가 실행을 중단하고 다른 스레드가 대신 실행될 때마다 운영 체제 스케줄러로 라운드트립이 발생하는데 이는 공짜가 아니다. 어떤 플랫폼에서는 새 스레드를 스폰하는 것이 상당히 무거운 과정이기도 하다. 고성능을 요하는 애플리케이션은 스레드를 재사용하고 관련된 많은 작업을 블록하는 운영 체제 호출을 통해 이 비용을 상쇄하지만 결국 같은 문제에 당면하게 된다. 블로킹 인터페이스를 사용하면 원하는 블로킹 호출 수만큼 스레드가 필요하다.

마지막으로, 스레드는 프로그램에 병렬성을 부여한다. 동시성과 병렬성의 차이는 미묘하지만 중요하다. 동시성이 여러 태스크를 전환하며 실행하는 것을 의미한다면, 병렬성은 동시에 여러 태스크를 실행하는 것이다. 이를 아스키 기호로 표현해 보면 `_-_-_`(동시성)과 `=====`(병렬성) 모양일 것 같다. 멀티스레드가 꼭 병렬성을 의미하지는 않는데 여러 스레드가 존재하더라도 코어가 하나뿐이라면 동시에 실행할 수 있는 스레드는 하나뿐이어서 그렇다. 하지만 두 단어는 늘 함께 등장한다. `Mutex`나 다른 동시성 기본 메커니즘을 사용하면 두 스레드가 서로 배타적으로 실행되도록 할 수도 있지만 그렇게 하면 복잡도가 증가한다. 스레드는 병렬로 실행되기를 원하기 때문이다. 그리고 병렬성은 대부분 좋은 시도이지만(코어가 많다면 프로그램이 더 빨리 실행되는 것을 누가 마다하겠는가!) 프로그램이 공유 자료 구조에 대한 동시적 접근을 반드시 처리할 수 있어야 한다는 것도 의미한다. 이는 `Rc`, `Cell`, `RefCell` 대신 더 강력하지만 느린 `Arc`와 `Mutex`를 사용한다는 뜻이다. 동시적 프로그램에서 병렬성을 확보하기 위해 `Arc`와 `Mutex`를 사용할 수는 있지만 멀티스레드 기법을 사용한다면 이 타입을 반드시 사용해야 한다. 멀티스레드는 10장에서 더 자세히 살펴본다.

비동기 인터페이스

동기 인터페이스에 대해 살펴봤으므로 비동기와 논블로킹 인터페이스에 대해 알아보자. 비동기 인터페이스는 그 결과를 곧바로 리턴하는 것이 아니라 결과가 나중에 나온다고 나타내는 인터페이스이다. 그래서 호출자는 특정 작업이 완료될 때까지 대기하는 것이 아니라 그동안 다른 작업을 수행할 기회가 생긴다. 러스트에서 비동기 인터페이스는 코드 8-1처럼 `Poll` 타입을 리턴하는 메서드이다.

코드 8-1 비동기의 핵심: '결과를 바로 알 수도, 나중에 알 수도 있는' 타입

```
enum Poll<T> {
  Ready(T),
  Pending
}
```

`Poll` 타입은 보통 이름이 `poll`로 시작하는 함수의 리턴 타입으로 사용한다. 이런 메서드는 작업을 블로킹 없이 실행할 수 있다는 점을 표현한다. 이 장의 후반부에서 이런 메서드의 동작 원리에 대해 알아보겠지만, 간략히 말하면 보통은 블록되기 전에 작업을 할 수 있는 만큼 실행한 후 리턴한다. 그리고 결정적으로 작업을 어디까지 실행했는지 기억하고 있다가 실행이 재개되면 중단했던 지점부터 실행을 계속 이어 간다.

이런 논블로킹 함수를 이용하면 여러 태스크를 쉽게 동시에 실행할 수 있다. 예를 들어 네트워크나 사용자의 키보드 입력 중 먼저 발생하는 이벤트를 기다려야 한다면 두 폴링을 루프 안에서 실행하고 둘 중 하나가 `Poll::Ready`를 리턴할 때까지 기다리면 된다. 동기화를 위해 다른 스레드를 사용할 필요가 없다.

여기서 루프라는 단어 때문에 약간 긴장했을 것이다. 당연히 루프를 초당 30억 번 수행하는 프로그램이 몇 분 뒤에 있을 입력을 기다리다가 뻗어 버리게 하고 싶지는 않을 것이다. 블로킹 인터페이스 세계에서는 운영 체제가 스레드를 대기 상태로 전환하고 관련된 이벤트가 발생하면 다시 실행하도록 관리해 주기 때문에 문제가 되지 않지만 논블로킹 세계에서는 이런 상황에 어떻게 대처해야 할까? 지금부터 그 방법을 알아보자.

표준화된 폴링

모든 라이브러리가 논블로킹 방식으로 동작할 수 있는 세계에서는 라이브러리 작성자가 각자의 폴 메서드를 살짝 다른 이름, 시그너처, 리턴 타입으로 만들 수 있다. 하지만 그렇게 되면 다루기가 금방 어려워진다. 러스트에서 폴링은 Future 트레이트로 표준화되어 있다. 코드 8-2는 간소화한 버전의 Future 타입을 보여 준다.(실제 타입은 잠시 후에 살펴보자).

코드 8-2 간소화한 버전의 Future 트레이트

```
trait Future {
  type Output;
  fn poll(&mut self) -> Poll<Self::Output>;
}
```

Future 트레이트를 구현한 타입을 퓨처라고 하며 아직은 사용할 수 없는 값을 표현한다. 퓨처는 다음에 네트워크 패킷이 들어올 때, 다음에 마우스 커서가 움직일 때 또는 어느 정도 시간이 지난 후를 의미할 수 있다. `Future<Output = Foo>`는 '나중에 Foo를 생성할 타입'이라고 이해하면 된다. 이런 타입을 다른 언어에서는 프로미스(promise)라고 부르기도 한다. 결국에는 지정한 타입을 리턴할 것을 '약속'하기 때문이다. 퓨처가 결국 `Poll::Ready(T)`를 리턴하면 우리는 퓨처가 T가 되었다고 표현한다.

이 트레이트를 사용하면 `poll` 메서드를 제공하는 패턴도 일반화할 수 있다. `poll_recv`와 `poll_keypress` 같은 메서드를 제공하는 것이 아니라 `recv`와 `keypress` 같은 메서드가 적절한 `Output` 타입을 가진 `impl Future` 타입을 리턴하게 정의할 수 있다. 그렇다고 해서 이 메서드를 폴링하지 않아도 되는 것은 아니지만(나중에 더 자세히 설명한다.) 적어도 이런 종류의 대기 중인 값을 표현하는 인터페이스를 표준화해서 `poll_` 접두사를 사용하지 않아도 된다.

보통 퓨처가 Poll::Ready를 리턴한 후에는 퓨처를 다시 폴링하면 안 된다. 그렇게 하면 퓨처에서 패닉이 발생할 수 있다. Ready를 리턴한 후에도 안전하게 폴링할 수 있는 퓨처를 '퓨즈(fuse)가 달린' 퓨처라고 한다.

인간 공학적인 퓨처

Future 트레이트를 구현하는 타입을 지금까지 설명한 방식으로 작성하려면 상당히 괴롭다. 그 이유를 알아보기 위해 코드 8-3을 살펴보자. 상당히 직관적인 이 비동기 코드 블록은 입력 채널인 rx로부터 출력 채널인 tx로 메시지를 포워드한다.

코드 8-3 async와 await를 이용해 구현한 채널 포워딩 퓨처

```
async fn forward<T>(rx: Receiver<T>, tx: Sender<T>) {
  while let Some(t) = rx.next().await {
    tx.send(t).await;
  }
}
```

async와 await를 사용해 작성한 이 코드는 동기 코드와 거의 비슷해 보이며 읽기도 쉽다. 루프 안에서 메시지가 더는 없을 때까지 수신한 각 메시지를 전달하며 await 지점은 동기 코드가 블록되는 지점과 같은 지점이다. 이제 Future 트레이트를 직접 구현해 이 코드를 표현해야 한다고 생각해 보자. poll 메서드 호출은 함수의 처음에서 시작하므로 코드를 산출하는 마지막 지점에서 계속 실행하기 위해 필요한 상태를 담아 두어야 한다. 결과는 코드 8-4처럼 상당히 괴상하다.

코드 8-4 직접 구현한 채널-포워딩 퓨처

```
enum Forward<T> { ❶
  WaitingForReceive(ReceiveFuture<T>, Option<Sender<T>>),
  WaitingForSend(SendFuture<T>, Option<Receiver<T>>),
}

impl<T> Future for Forward<T> {
  type Output = (); ❷
```

```
  fn poll(&mut self) -> Poll<Self::Output> {
    match self { ❸
      Forward::WaitingForReceive(recv, tx) => {
        if let Poll::Ready((rx, v)) = recv.poll() {
          if let Some(v) = v {
            let tx = tx.take().unwrap(); ❹
            *self = Forward::WaitingForSend(tx.send(v), Some(rx)); ❺
            // 메시지 전달을 시도한다.
            return self.poll(); ❻
          } else {
            // 처리할 아이템이 더 이상 없다.
            Poll::Ready(())
          }
        } else {
          Poll::Pending
        }
      }
      Forward::WaitingForSend(send, rx) => {
        if let Poll::Ready(tx) = send.poll() {
          let rx = rx.take().unwrap();
          *self = Forward::WaitingForReceive(rx.next(), Some(tx));
          // 메시지 수신을 시도한다.
          return self.poll();
        } else {
          Poll::Pending
        }
      }
    }
  }
}
```

이제 이런 러스트 코드를 작성할 일은 거의 없지만 내부 동작에 대한 중요한 통찰을 제공하므로 한번 살펴보자. 먼저 우리가 현재 어떤 작업을 기다리는지 추적하기 위해 퓨처 타입을 enum으로 정의(❶)했다. 이 enum을 정의해야 하는 이유는 `Poll::Pending`을 리턴하면 다음 `poll` 메서드 호출은 다시 함수의 처음 부분에서 시작하기 때문이다. 그래서 어떤 작업을 수행하던 중인지 알아야 그 작업을 계속 이어서 진행할 수 있다. 게다가 어떤 작업을 수행 중이었는지에 따라 다른 정보를 추적해야 한다. 메시지 수신(receive)이 끝나기를 기다리던 중이라면 `ReceiveFuture`(이 예에서는 보여 주지 않는다.)를 추적해서 다음에도 계속 폴링할 수 있어야 하며 `SendFuture`에도 마찬가지 작업이 필요하다.

Option도 이상하게 보이겠지만 잠시 후에 설명하겠다.

Forward 타입에 Future 트레이트를 구현할 때 출력 타입을 ()로 정의한(❷) 이유는 이 퓨처는 실제로 아무것도 리턴하지 않기 때문이다. 이 퓨처는 입력 채널로부터 출력 채널로의 메시지 포워딩이 끝나면 (아무런 결과 없이) 완료된다. 더 완전한 예라면 포워딩 타입의 Output 타입을 Result 타입으로 정의함으로써 next()와 send() 메서드의 에러를 스택을 따라 위로 전달해 포워딩 완료를 폴링하는 함수에 알릴 수 있을 것이다. 하지만 이 코드는 이미 충분히 복잡하니 이 기능은 나중을 기약하자.

Forward 타입이 폴링되면 마지막으로 수행하던 작업을 재개해야 하며 그 작업은 self(❸)에 저장된 열거값으로 알 수 있다. 이 블록 내에서 어떤 코드를 실행하든 첫 단계는 현재 작업의 진행을 블록하고 있는 퓨처를 폴링하는 것이다. 메시지를 수신하던 중이었다면 ReceiveFuture를 폴링하고, 메시지를 보내던 중이었다면 SendFuture를 폴링한다. poll 메서드 호출이 Poll::Pending을 리턴하면 작업을 더는 진행할 수 없으므로 Poll::Pending을 리턴한다. 하지만 현재 퓨처가 완료되었다면 진행할 작업이 있다.

중첩된 퓨처 중 하나가 완료되면 self에 저장된 열거값을 바꿔서 현재 작업이 무엇인지 업데이트해야 한다. 그러려면 Receiver::next나 Sender::send로 self를 이동해야 한다. 하지만 우리가 가진 것이라고는 &mut self밖에 없어서 그렇게 할 수가 없다. 그러므로 변경해야 할 상태를 Option에 정의하고 Option.take(❹)를 이용해 이동한다. 좋은 방법은 아닌데 어쨌든 self를 덮어쓰기(❺) 때문에 Option은 항상 Some 값을 갖지만 대여 검사기를 통과하려면 이런 편법이 필요한 경우도 있다.

마지막으로, 진행이 이루어진다면 self를 다시 폴링(❻)해서 메시지 전달이나 수신을 즉시 계속할 수 있는 상황일 경우 작업을 진행한다. 나중에 살펴보겠지만 Future 트레이트를 구현할 때 정확성을 위해 실제로 필요한 부분이다. 다만 현재로서는 최적화를 위해 채택한 방법이라고 생각하자.

이 코드는 몇 가지 가능한 상태가 있고 특정 이벤트에 대응해 상태를 변경하는 상태 머신을 직접 구현한 것이다. 게다가 이 예로 구현한 상태 머신은 꽤나 간단한 것이다. 몇 가지 중간 단계가 더 있는 복잡한 사례를 이런 코드로 구현한다고 상상해 보라.

복잡한 상태 머신을 구현하는 것 외에도 `Sender::send`와 `Receiver::next` 메서드가 리턴하는 퓨처의 타입을 알아야 우리의 타입에 저장할 수 있다. 이 메서드들이 `impl Future`를 리턴한다면 타입을 기록할 방법이 없다. `send`와 `next` 메서드는 송신자와 수신자에 대한 소유권도 가져야 한다. 그렇지 않으면 두 메서드가 리턴한 퓨처의 수명은 대여한 `self`와 같아져 `poll` 메서드에서 리턴되는 순간 끝나 버린다. 하지만 이 퓨처를 `self` 내부에 저장하려고 하므로 제대로 동작하지 않을 것이다.

Receiver가 비동기 버전의 Iterator와 상당히 비슷하다는 점을 눈치챘을 것이다. 다른 사람들도 같은 점을 느꼈는지 poll_next를 유효하게 구현할 수 있는 타입을 위한 트레이트를 표준 라이브러리에 추가하는 작업이 진행 중이다. 그렇게 되면 비동기 반복자(보통 스트림이라고도 한다.)는 루프를 직접 실행할 수 있는 1급 언어 지원을 받게 될 수도 있다.

결국 이 코드는 작성하기도, 읽기도, 변경하기도 어렵다. 예를 들어 에러 처리를 추가한다면 코드 복잡도가 크게 증가할 것이다. 다행히 이보다 훨씬 나은 방법이 있다.

async/await

러스트 1.39부터는 우리가 코드 8-3에서 사용했던 `async` 키워드 및 이와 밀접하게 관련이 있는 `await` 후위 연산자를 제공한다. 이 둘은 코드 8-5와 같은 비동기 상태 머신을 훨씬 편리하게 작성할 수 있는 메커니즘을 제공한다. 특히 상태 머신처럼 보이지 않는 형태로 코드를 작성할 수 있다.

코드 8-5 async와 await를 이용해 구현한 채널 포워딩 퓨처. 코드 8-3을 다시 인용했다.

```
async fn forward<T>(rx: Receiver<T>, tx: Sender<T>) {
  while let Some(t) = rx.next().await {
    tx.send(t).await;
  }
}
```

async와 await에 대한 경험이 없다면 왜 러스트 커뮤니티가 이 두 키워드에 열광하는지 코드 8-4와 8-5를 비교해 보면 알 수 있을 것이다. 하지만 이 책은 중급자용이므로 이렇게 짧은 코드가 그렇게 긴 코드를 어떻게 대체할 수 있는지 자세히 알아보자. 그러자면 async와 await 구현에 사용했던 메커니즘인 제너레이터부터 살펴봐야 한다.

제너레이터

간단히 설명하면 제너레이터는 컴파일러가 생성한 추가 코드가 들어 있는 코드 덩어리인데, 이 추가 부분은 코드 실행을 멈추거나 도중에 실행 제어권을 넘겨주었다가 중단된 지점부터 재개하도록 한다. 코드 8-3의 forward 함수를 예로 들어 보자. 이 함수가 send 메서드를 호출하려 하는데 채널이 현재 가득 차 있는 상황을 가정해 보자. 이 함수는 더 이상 작업을 진행할 수 없지만 그렇다고 블록될 수도 없어서(결국 논블로킹 코드이니) 리턴을 할 수밖에 없다. 이제 채널이 결국 비워져서 메시지를 다시 전송할 수 있게 됐다고 가정해 보자. forward 함수를 맨 위에서 다시 호출하면 함수는 next 메서드를 다시 호출하고 앞서 보내려던 메시지는 사라져 버리는 결과를 낳게 된다. 그래서 그 대신 forward 함수를 제너레이터로 바꿔야 한다.

forward 제너레이터가 더는 작업을 진행할 수 없게 되면 현재 상태를 어딘가에 저장해, 나중에 실행이 재개되면 올바른 위치에서 올바른 상태로 재개할 수 있게 된다. 제너레이터는 컴파일러가 생성해 준 연관된 자료 구조에 상태를 저장하는데, 이 자료 구조에는 어느 한 시점에 해당하는 제너레이터의 모든 상태를 저장한다. 이 자료 구조가 제공하는 메서드(역시 컴파일러가 생성한)는 제너레이터가 &mut self에 저장된 현재 상태로 작업을 재개할 수 있도록 하는데, 더는 작업을 이어 갈 수 없게 되면 상태를 다시 업데이트하게 해 준다.

이처럼 '리턴하지만 나중에 재개할 수 있게 해 주는' 것을 '넘겨준다'고 하며 어딘가에 추가 상태를 저장해 둔 상태에서 리턴한다는 점을 잘 표현하고 있다. forward 함수 호출을 나중에 재개할 때 제너레이터의 알려진 진입점(재개 메서드라고 하며 async 제너레이터의 poll 메서드가 재개 메서드이다.)을 호출하면 제너레이터는 self에 저장해 둔 예전 상태를 조사해 어떤 작업을 수행할지 결정한다. 이는 코드 8-4에서 우리가 직접 구현했던 것과 같은 동작이다. 다시 말해 코드 8-6은 코드 8-5를 편의 문법을 사용하지 않고 구현한 버전인 것이다.

코드 8-6 async/await를 제너레이터로 구현한 코드

```
generator fn forward<T>(rx: Receiver<T>, tx: Sender<T>) {
  loop {
    let mut f = rx.next();
    let r = loop {
      if let Poll::Ready(r) = f.poll() {
        break r
      } else {
        yield
      }
    };
    if let Some(t) = r {
      let mut f = tx.send(t);
      let _ = loop {
        if let Poll::Ready(r) = f.poll() {
          break r
        } else {
          yield
        }
      };
    } else {
      break Poll::Ready(());
    }
  }
}
```

이 책을 집필하는 현재 제너레이터는 러스트에서 실제로 사용할 수 없고 컴파일러가 async/await를 구현하기 위해 내부적으로만 사용하는데 나중에 변경될 수도 있다. 제너레이터는 struct 없이 반복자를 구현하거나 한 번에 아이템을 하나씩 내놓는 방법을 알아내는 impl Iterator를 구현하는 경우 등 여러 경우에 유용하다.

모든 await나 yield 키워드가 함수로부터의 리턴이라는 점을 알고 코드 8-5와 8-6을 자세히 살펴보면 뭔가 마법처럼 보일 것이다. 무엇보다 함수 안에 지역 변수도 선언되어 있는데 나중에 실행을 재개할 때 이 변수들이 어떻게 복구

되는지가 명확하지 않다. 바로 이 지점이 제너레이터에서 컴파일러가 생성한 코드 부분이 동작하는 지점이다. 컴파일러는 이 변수들을 저장하는 코드를 투명하게 주입하고 실행 시점에 스택이 아닌 제너레이터와 연관된 자료 구조에서 변수의 값을 읽어 온다. 그래서 지역 변수 a를 선언하고 값을 대입하거나 읽는다면 실제로는 `self.a`를 사용하는 셈이다. 이제 답이 되었을 것이다. 감탄이 절로 나오지 않는가.

직접 구현한 `forward` 구현체와 async/await 버전의 작지만 중요한 차이점은 후자의 경우 제어권을 넘겨주는 지점 전체에 걸쳐 참조를 저장하고 있다는 점이다. 그래서 코드 8-5의 `Receiver::next`와 `Sender::send` 메서드가 코드 8-4처럼 `self`를 사용하는 것이 아니라 `&mut self`를 사용할 수 있게 된다. 상태 머신을 직접 구현했던 코드에서 이 메서드의 파라미터로 `&mut self`를 사용하려고 하면, 대여 검사기는 `Receiver::next` 메서드가 호출되는 시점과 그 메서드가 리턴하는 퓨처가 완료되는 시점 사이에서, `Forward` 안에 저장된 `Receiver`를 참조하지 못하게 할 방법이 없어 코드 컴파일을 허용하지 않는다. `Receiver`를 퓨처 안으로 이동해야 비로소 `Receiver`가 그 외에는 접근이 불가능하다는 점을 컴파일러에 알려 줄 수 있다. 반면 async/await를 사용하면 대여 검사기는 컴파일러가 코드를 상태 머신으로 변경하기 전에 코드를 조사하고, 퓨처가 드롭되고 퓨처에 대한 `await`의 리턴값을 받기 전까지는 `rx`에 다시 접근할 수 없다는 사실을 검증한다.

제너레이터의 크기

제너레이터의 상태를 보관하기 위한 자료 구조는 제어권을 넘겨주는 어느 한 지점의 상태를 반드시 저장하고 있어야 한다. async fn 함수가 `[u8; 8192]` 값을 가지고 있다면 이 8KiB는 반드시 제너레이터 자체에 저장되어야 한다. async fn 함수에 더 작은 지역 변수가 있더라도 나중에 `poll` 메서드를 호출하면 퓨처를 다시 폴링해야 하기 때문에 기다리고 있는 퓨처 또한 반드시 저장해야 한다.

이런 중첩으로 인해 제너레이터 및 async 함수와 블록에 기반한 퓨처 크기가 알지 못하는 사이에 코드 내에서 상당히 커질 수 있다. 그러면 거대한 제너레이터가 함수 호출 전체에 걸쳐

> 그리고 자료 구조 안팎으로 복사되어 상당한 양의 메모리 복사가 일어나면서 프로그램 런타임 성능에 영향을 줄 수도 있다. 사실 애플리케이션의 성능 프로파일에서 memcpy 함수가 과도한 시간을 차지한다면, 제너레이터 기반 퓨처의 크기가 성능에 영향을 주고 있다는 사실을 확인할 수 있다.
> 하지만 크기가 큰 퓨처를 찾는 것이 쉽지 않을 때도 있고 수많은 복잡한 async 함수가 꼬리에 꼬리를 무는 코드를 직접 들여다보며 찾아야 할 때도 있다. 향후 클리피가 이런 작업에 도움이 될 수도 있지만 이 책을 집필하는 현재는 여러분이 직접 해야 한다. 특히 크기가 큰 퓨처를 찾았다면 두 가지 옵션이 있다. async 함수의 로컬 상태를 필요에 맞게 줄이거나 퓨처를 힙으로 옮겨서(`Box::pin`을 이용) 포인터만 이동해 퓨처를 이동할 수 있게 하는 것이다. 아직까지는 후자가 가장 쉬운 방법이지만 이 역시 추가적인 할당과 포인터 우회 등이 일어난다. 가장 좋은 방법은 문제가 되는 퓨처를 힙에 넣고 성능을 측정한 후 성능 벤치마크를 통해 대안을 찾는 것이다.

Pin과 Unpin

할 이야기가 아직 더 남아 있다. 제너레이터는 깔끔한 방법이기는 하지만 지금까지 설명한 기법에는 어려움이 있다. 특히 제너레이터 코드(또는 async 블록 안의 코드)가 로컬 변수에 대한 참조를 가질 때 어떤 일이 일어나는지 명확하지 않다. 코드 8-6에서 `rx.next()` 메서드가 리턴하는 퓨처는 다음 메시지가 당장 사용 가능하지 않다면, 반드시 `rx`에 대한 참조를 저장해야만 제너레이터가 다음에 재개된 후 어디서 작업을 이어 수행해야 하는지 알 수 있다. 제너레이터가 일시적으로 중단되면 퓨처와 퓨처가 가진 참조는 제너레이터 안에 보관된다. 하지만 제너레이터가 이동하면 어떻게 될까? 특히 `forward` 함수를 호출하는 코드 8-7을 살펴보자.

코드 8-7 폴링 후 퓨처를 이동하는 코드

```
async fn try_forward<T>(rx: Receiver<T>, tx: Sender<T>) -> Option<impl
Future>
{
  let mut f = forward(rx, tx);
  if f.poll().is_pending() { Some(f) } else { None }
}
```

try_forward 함수는 블로킹 없이 최대한 많은 메시지를 보내기 위해 forward 함수를 한 번만 폴링한다. 리시버가 아직 메시지를 생산 중이라면(즉, 함수가 Poll::Ready(None)이 아니라 Poll::Pending을 리턴한다면) 호출자에 퓨처를 리턴해서 메시지 전달을 지연한다. 그러면 호출자는 나중에 적당한 때 다시 폴링을 시도할 수 있다.

지금까지 알게 된 async와 await에 대한 지식을 바탕으로 여기서 어떤 일이 벌어지는지 살펴보자. forward 제너레이터를 폴링할 때 제너레이터는 while 루프를 여러 차례 수행해서 리시버가 종료되면 Poll::Ready(())를 리턴하고, 그렇지 않으면 Poll::Pending을 리턴한다. Poll::Pending을 리턴한다면 제너레이터는 rx.next()나 tx.send(t)가 리턴하는 퓨처를 갖게 된다. 두 메서드가 리턴하는 퓨처는 모두 forward에 전달된 인수 중 하나(각각 rx 또는 tx)에 대한 참조를 갖게 되며 이 참조는 제너레이터에 반드시 저장되어야 한다. 하지만 try_forward 함수는 제너레이터 전체를 리턴하므로 제너레이터의 필드 또한 이동하게 된다. 그래서 rx와 tx는 메모리상의 위치에 더 이상 함께 존재하지 않으며 보관된 퓨처에 저장된 참조는 더 이상 올바른 데이터를 가리키지 않는다.

여기서 마주하는 게 바로 자기 참조적 자료 구조이다. 즉, 데이터와 데이터에 대한 참조를 모두 갖는 자료 구조를 말한다. 제너레이터라면 이런 자기 참조적 구조를 쉽게 만들 수 있으며, 이런 구조를 지원하지 못하게 된다면 비동기 작업 중 제어권을 여러 번 넘겨줄 때 참조를 보관할 수 없게 되어 사용성에 큰 문제가 생긴다. 러스트가 자기 참조적 자료 구조를 지원하는 방법은 Pin 타입과 Unpin 트레이트이다. 간단히 말해 Pin 타입은 일종의 래퍼 타입으로 래핑된 타입의 이동(안전하지만 특정 타입에는 문제가 될 수 있는)을 막으며, Unpin 트레이트는 구현하는 타입이 Pin 타입으로부터 안전하게 제거될 수 있음을 표시하는 마커 트레이트이다.

Pin 타입

지금부터 다루어야 할 세부적인 내용이 많으므로 Pin 래퍼 타입의 구체적인 사용법부터 살펴보자. 코드 8-2는 Future 트레이트의 간소화된 버전을 제공했는데 이제 이 간소화된 버전의 한 부분을 들여다볼 준비가 됐다. 코드 8-8은 최종적인 형태에 가까운 Future 트레이트를 보여 준다.

코드 8-8 Pin 타입을 이용해 조금 덜 간단하게 표현한 Future 트레이트

```
trait Future {
  type Output;
  fn poll(self: Pin<&mut Self) -> Poll<Self::Output>;
}
```

특히 이 정의는 Pin<&mut Self> 타입에서 poll 메서드를 호출하게 한다.

일단 Pin 타입으로 값을 래핑하면 그 값은 절대 이동하지 않는다는 계약이 성립된다. 이는 제너레이터에 사용할 목적으로 자기 참조를 내부적으로 만들 수 있게 된다는 뜻이다.

Future 트레이트가 Pin 타입을 사용하기는 하지만 Pin 타입은 Future 트레이트에만 사용이 국한되진 않는다. 자기 참조적 자료 구조라면 어떤 타입에든 Pin 타입을 사용할 수 있다.

하지만 poll 메서드를 호출할 Pin을 어떻게 얻을 수 있을까? 그리고 Pin은 어떻게 보관한 값이 이동하지 않도록 보장하는 것일까? 그 원리를 알아보기 위해 코드 8-9를 통해 std::pin::Pin의 정의와 주요 메서드를 알아보자.

코드 8-9 std::pin::Pin 타입과 주요 메서드

```
struct Pin<P> { pointer: P }
impl<P> Pin<P> where P: Deref {
  pub unsafe fn new_unchecked(pointer: P) -> Self;
}
impl<'a, T> Pin<&'a mut T> {
  pub unsafe fn get_unchecked_mut(self) -> &'a mut T;
}
impl<P> Deref for Pin<P> where P: Deref {
  type Target = P::Target;
  fn deref(&self) -> &Self::Target;
}
```

여기에는 설명할 내용이 많으며 전부 이해하기까지 앞으로 코드 8-9의 정의를 거듭 살펴볼 것이므로 잘 참고 따라오길 바란다.

먼저 `Pin` 구조체가 포인터 타입을 저장하고 있음을 눈치챘을 것이다. 이는 어떤 타입 `T`를 직접 보관하는 것이 아니라 `Deref`를 이용해 `T`로 역참조할 수 있는 타입 `P`를 갖는다는 뜻이다. 이는 `Pin<MyType>`이 아니라 `Pin<Box<MyType>>`이나 `Pin<Rc<MyType>>` 또는 `Pin<&mut MyType>`처럼 사용해야 한다는 뜻이다. 이렇게 설계된 이유는 간단하다. `Pin`의 주요 목적은 일단 `Pin`에 `T`를 보관하면 그 `T`는 절대 이동하지 않게 하는 것이며, 그렇게 하면 `T`에 보관된 자기 참조가 유효하지 않게 될 수도 있다. `Pin`이 `T`를 직접 보관한다면 그저 `Pin` 자체를 이동해 버릴 경우 참조가 유효하지 않게 된다. 여기서 `P`는 포인터 타입을 의미하며 `T`는 타깃 타입을 의미한다.

다음으로 `Pin`의 생성자인 `new_unchecked` 메서드는 안전하지 않은 메서드이다. 그 이유는 포인터 타입을 사용한다는 사실만으로 포인터가 가리키는 (타깃) 타입이 절대 이동하지 않을 것이라는 점을 컴파일러가 실제로 확인할 방법이 없기 때문이다. 예를 들어 스택의 변수 `foo`를 생각해 보자. `Pin`의 생성자가 안전하다면 `Pin::new(&mut foo)`처럼 인스턴스를 생성하고 `Pin<&mut Self>`가 필요한 메서드를 호출한 후(그래서 `Self`가 절대 이동하지 않을 거라고 생각하면서) `Pin`을 드롭할 수 있다. 이 시점에서 `foo`는 더 이상 대여되지 않으므로 이동을 포함해 `foo`를 원하는 만큼 변경할 수 있다. 그런 다음 다시 고정하고 같은 메서드를 호출할 수 있다. 이때 처음에 자기 참조적 포인터를 생성했다면 이제는 그 참조가 더는 유효하지 않다는 사실을 전혀 깨닫지 못할 것이다.

Pin 생성자의 안전성

`Pin` 생성자가 안전하지 않은 또 다른 이유는 안전성은 자체적으로 안전한 트레이트 구현에 의존하기 때문이다. 예를 들어 `Pin<P>`가 `get_unchecked_mut` 메서드를 구현하는 방법은 `P`에 `DerefMut::deref_mut` 구현체를 사용하는 것이다. `get_unchecked_mut` 호출은 안전하지 않지만 `impl DerefMut for P`는 안전하다. `&mut self`를 받기 때문에 자유롭게(그리고 안전하지 않은 코드 없이) `T`를 이동할 수 있다. `Drop`도 마찬가지이다. 그래서 `Pin::new_unchecked`의 안전성 요구 사항은 포인터 타입이 타깃 타입을 다시 이동하지 못하게 할 뿐

아니라(이를테면 Pin<&mut T> 예처럼) Deref, DerefMut, Drop 구현이 &mut self의 포인터가 가리키는 값도 이동하지 않도록 하는 것이다.

그리고 get_unchecked_mut 메서드는 Pin의 포인터 타입이 가리키는 T에 대한 가변 참조를 제공한다. 이 메서드 또한 안전하지 않은 메서드인데, 그 이유는 &mut T 타입을 제공할 경우 호출자가 &mut T를 이용해 T를 이동하지 말아야 하며, 만일 이동이 일어나면 메모리가 유효하지 않게 되어 결국 자기 참조가 모두 유효하지 않게 되기 때문이다. 이 메서드가 안전하지 않은 코드가 아니었다면, 호출자는 이 메서드를 호출해 Pin<&mut Self>를 얻게 되고, 두 Pin<&mut _>의 get_unchecked_mut 메서드를 호출해 안전한 참조를 가져온 후, mem::swap 메서드를 이용해 Pin이 가리키는 두 값을 서로 바꿀 수 있을 것이다. 그리고 어느 한 Pin에 대해 Pin<&mut Self>를 받는 메서드를 다시 호출한다면 Self가 이동하지 않았다는 가정을 위반한 것이며 그것이 내부적으로 참조하는 모든 값이 유효하지 않게 된다.

놀랄지도 모르겠지만 Pin<T>는 항상 Deref<Target = T>를 구현하며 완전히 안전하다. &T는 다른 안전하지 않은 코드를 작성하지 않으면(예를 들어 9장에서 살펴볼 UnsafeCell을 이용하지 않으면) T가 이동하지 못하게 하기 때문이다. 이는 안전하지 않은 블록의 스코프가 단순히 블록 내에만 머무르지 않는 좋은 예이기도 하다. 애플리케이션의 한 부분에서 UnsafeCell을 이용해 참조가 가리키는 값 T를 (안전하지 않게) 교체하는 코드를 작성했다면, 그 &T는 원래 Pin<&mut T>에서 얻어 온 것일 수도 있는데, 그렇다면 안전하기 않게 &T를 교체한 부분에서 Pin을 언급하지 않았다 하더라도 Pin이 가리키는 T는 절대 이동하면 안 된다는 불변 조건을 위배한 것이다.

이번 장을 읽으면서 Pin 타입의 문서를 읽어 봤다면 &mut self와 <P as Deref>:: Target을 받아서 Pin이 가리키는 값을 안전하게 바꾸는 Pin::set 메서드가 있음을 눈치챘을 것이다. 이 동작이 가능한 이유는 set 메서드는 전에 고정한 값을 리턴하지 않기 때문이다. 이 메서드는 그냥 값을 드롭하고 새 값을 저장한다. 그래서 고정 불변 조건을 위반하지 않는다. 예전 값은 Pin에 보관된 후로는 외부에서 아예 접근하지 못한다.

안전한 고정을 위한 핵심: Unpin

이 시점에서 궁금증이 하나 생겼을 것이다. 가변 참조를 얻는 것이 어쨌든 안전하지 않다면 왜 Pin은 T를 직접 보관하지 않는 것일까? 그러니까 포인터 타입을 이용해 간접적으로 보관하는 대신 Pin을 이동하지 않았을 때에만 get_unchecked_mut 메서드를 호출할 수 있도록 계약을 정하면 되지 않았을까? 이 질문에 대한 답은 포인터 설계를 통해 Pin을 깔끔하고 안전하게 사용할 수 있다는 것이다. 애초에 Pin이 필요했던 이유는 타깃 타입이 (제너레이터처럼) 스스로에 대한 참조를 가질 수 있고 그 메서드를 호출해도 타깃 타입이 이동하지 않음을 보장해서 내부의 자기 참조가 유효하게 남아 있도록 하기 위한 것이다. Pin 타입의 장점은 타입 시스템을 이용해 타깃 타입이 이동하지 않도록 보장한다는 점이다. 하지만 안타깝게도 지금까지의 설계상 Pin은 다루기 어려운 타입이다. 그 이유는 타깃 타입이 자기 참조를 갖지 않더라도 안전하지 않은 코드가 항상 필요하며 참조가 이동했는지 여부는 신경 쓰지 않기 때문이다.

바로 이런 점 때문에 Unpin 마커 트레이트가 필요하다. 어떤 타입에 Unpin 트레이트를 구현하면 그 타입이 타깃 타입으로 사용될 때 Pin 밖으로 이동해도 안전하다고 할 수 있다. 즉, 그 타입이 타깃 타입으로 사용될 때 참조가 다시 이동하지 않는다고 Pin이 보장하는데 그 기능을 절대 이용하지 않겠다는 것이므로 그러한 보장이 깨질 수도 있다. Unpin은 Send와 Sync처럼 자동 트레이트여서 컴파일러가 Unpin 멤버만을 가진 타입에 자동으로 구현해 준다. 명시적으로 Unpin 트레이트를 구현하지 않는 타입(이를테면 제너레이터)과 이런 타입을 가진 타입만 !Unpin이다.

타깃 타입이 Unpin 트레이트를 구현하면 코드 8-10처럼 Pin에 대해 안전한 인터페이스를 더 쉽게 제공할 수 있다.

코드 8-10 Unpin 타깃 타입에 대해 안전한 Pin API

```
impl<P> Pin<P> where P: Deref, P::Target: Unpin {
  pub fn new(pointer: P) -> Self;
}
impl<P> DerefMut for Pin<P> where P: DerefMut, P::Target: Unpin {
  fn deref_mut(&mut self) -> &mut Self::Target;
}
```

코드 8-10의 안전한 API를 이해하기 위해 코드 8-9의 안전하지 않은 메서드의 안전성 요구 사항을 생각해 보자. 함수 Pin::new_unchecked는 안전하지 않다. 참조가 Pin 밖으로 이동할 수 없고 포인터 타입에 대한 Deref, DerefMut, Drop 구현이 받은 참조를 통해 참조 대상을 이동하지 않는다고 호출자가 보증해야 하기 때문이다. 이런 요구 사항이 필요한 이유는 T 타입에 대한 Pin이 주어지면 T를 절대 다시 이동하지 않게 하기 위해서이다. 하지만 T가 Unpin이라면 그 전에 고정되었더라도 타입이 이동하는 것에 대해 신경 쓰지 않겠다고 선언하는 셈이며 따라서 호출자가 이런 요구 사항을 준수하지 않아도 무방하다.

마찬가지로 get_unchecked_mut 역시 호출자가 반드시 &mut T로부터 T를 이동하지 않도록 보장해야 하는 안전하지 않은 메서드이지만, T: Unpin이라면 T는 고정된 이후에도 이동해도 괜찮다는 것을 선언하는 셈이므로 안전성 요구 사항이 더는 중요하지 않아진다. 이는 Pin<P> where P::Target: Unpin 선언 덕분에 두 메서드의 안전한 버전을 제공할 수 있게 된 것이다.(DerefMut이 get_unchecked_mut 메서드의 안전한 버전이 되기 때문이다.) 사실 Pin은 이제 실질적으로 관계가 없으므로 타깃 타입이 Unpin이라면 소유한 P를 리턴하는 Pin::into_inner를 제공할 수도 있다.

Pin을 얻는 방법

Pin과 Unpin에 대해 새로 알게 된 사실을 기반으로 Pin<&mut Self>를 요구하는 코드 8-8에서 새로운 Future 정의를 사용하는 방법을 계속 알아보자. 첫 번째 단계는 필요한 타입을 만드는 것이다. 퓨처 타입이 Unpin이라면 이 단계는 쉽다. 그냥 Pin::new(&mut future)를 사용하면 된다. 하지만 퓨처 타입이 Unpin이 아니라면 둘 중 한 가지 방법으로 퓨처를 고정할 수 있다. 바로 퓨처를 힙이나 스택에 고정하는 것이다.

일단 힙에 고정하는 방법부터 알아보자. Pin에서 가장 중요한 계약은 일단 뭔가가 고정되면 이동할 수 없다는 점이다. 고정 API는 Pin의 모든 메서드와 트레이트가 이 계약을 준수하도록 하므로 Pin을 구성하는 모든 함수의 가장 중요한 역할은 Pin 자체가 이동해도 참조 값이 따라서 이동하지 않도록 하는 것이다. 그러기 위한 가장 쉬운 방법은 참조를 힙에 보관하고 이 참조에 대한 포인터를 Pin 내부에 보관하는 것이다. 그러면 마음 가는 대로 Pin을 이동해도 그 타깃은 그 자리에 유지된다. 이 방법이 바로 T를 받아 Pin<Box<T>>를 리턴하는 (안전한) Box::pin 메서드의 원리이다. 여기에 뭔가 마법 같은 동작은 없으며 그저 Box 타입이 Pin 생성자와 Deref, Drop 계약을 준수하는지 확인할 뿐이다.

Box 타입의 Unpin 구현

지금 Box라는 주제를 다루고 있으므로 Box의 Unpin 구현에 대해 알아보자. Box 타입은 주어진 타입 T가 Unpin이 아니더라도 아무런 조건 없이 T에 대해 Unpin을 구현한다. 이 말이 조금 이상하게 들릴 수 있다. 앞서 Unpin은 타입의 멤버 중 하나가 Unpin이 아니라면 그 타입에 대해 자동으로 구현되는 자동 트레이트라고 하지 않았던가. 하지만 Box는 이에 대한 유일한 예외인데 그 이유는 Box가 안전한 Pin 생성자를 제공할 수 있기 때문이다. 그래서 Box<T>를 이동한다고 해서 T가 이동하지는 않는다. 다시 말해 조건 없는 구현체는 T가 Pin 외부로 이동할 수 없더라도 Box<T>를 Pin 외부로 이동할 수 있다고 단정한다. 하지만 그렇다고 Unpin이 아닌 T를 Pin<Box<T>> 외부로 이동할 수 있는 건 아님을 알아두자.

다른 방법은 스택에 고정하는 것인데 노력이 약간 필요하며 이 책을 집필하는 현재 안전하지 않은 코드를 약간 작성해야 하는 방법이다. 우리는 고정된 값에 대한 &mut 참조를 가진 Pin이 드롭된 후에는 고정된 값에 접근할 수 없게 해야 한다. 그러려면 코드 8-11의 매크로처럼 값을 섀도잉하거나 이 매크로를 제공하는 크레이트 중 하나를 사용해야 한다. 이는 언젠가 표준 라이브러리에 포함될 수도 있다.

코드 8-11 스택에 값을 고정하는 매크로

```
macro_rules! pin_mut {
  ($var:ident) => {
    let mut $var = $var;
    let mut $var = unsafe { Pin::new_unchecked(&mut $var) };
  }
}
```

매크로는 스택에 고정할 변수의 이름을 얻으면 호출자가 고정하고자 하는 값이 스택 어딘가에 이미 보관되어 있는지 확인한다. $var에 지정된 변수 이름을 섀도잉하면 호출자는 Pin을 드롭할 수 없으며 고정되지 않은 값을 계속해서 사용할 수 있다.(Unpin 타입이 아닌 타깃 타입에 대한 Pin 타입의 계약을 위반한다는 뜻이다.) 그리고 이 매크로는 호출자가 원래 변수를 드롭하지 않고 매크로에 전달한 $var를 드롭할 수 없도록 $var 변수에 저장된 값을 이동한다.

```
let foo = /* */; { pin_mut!(foo); foo.poll() }; foo.mut_self_method();
```

이 코드에서는 foo 인스턴스를 고정한 채 poll 메서드를 호출하지만 나중에는 Pin 타입 없이 foo에 대한 &mut 타입을 사용하기 때문에 Pin 타입의 계약을 위반한다. 반면 추가적인 대입을 통해 이 코드는 foo를 새로운 스코프로 이동하므로 이제 스코프를 벗어나기 전까지는 foo를 더 이상 사용할 수 없다.

그래서 스택에 값을 고정하려면 Box::pin과 달리 안전하지 않은 코드가 필요하지만, Box가 수행하는 추가적인 할당을 피할 수 있으며 no_std 환경에서도 동작한다.

퓨처에 대해 다시 살펴보자

이제 퓨처를 고정하는 법과 그 의미도 안다. 하지만 한편으로는 async와 await를 이용해 작성한 비동기 코드에 이 중요한 고정하기가 전혀 사용되지 않았음을 깨달았을 것이다. 그 이유는 컴파일러가 숨겼기 때문이다.

코드 8-5를 살펴보면서 <expr>.await는 사실 다음과 같은 코드를 단순화한 것이라고 설명한 바 있다.

```
loop { if let Poll::Ready(r) = expr.poll() { break r } else { yeald } }
```

이 코드는 아주 단순하게 표현한 것인데 앞서 살펴봤듯이 그 이유는 퓨처에 대한 Pin<&mut Self> 인스턴스가 있어야 Future::poll 메서드를 호출할 수 있기 때문이다. 실제로는 코드 8-12처럼 좀 더 정교하다.

코드 8-12 좀 더 정확한 <expr>.await 구현 코드

```
match expr { ❶
  mut pinned => loop {
    match unsafe { Pin::new_unchecked(&mut pinned) }.pool() { ❷
      Pool::Ready(r) => break r,
      Poll::Pending => yield,
    }
  }
}
```

❶의 매치는 나머지 코드가 유효한 표현식임을 확인할 뿐 아니라 표현식의 결과를 스택에 고정할 수 있는 변수로 이동할 수 있는 아주 간결한 구문이다. 그 외에 새로 추가된 부분 중에서 중요한 부분은 Pin::new_unchecked를 호출하는(❷) 부분이다. 이 메서드 호출은 안전하다. 이후 나머지 비동기 코드 블록은 Future::poll 메서드의 시그너처로 인해 이미 고정되어 있어야 하기 때문이다. 그리고 비동기 블록은 Pin::new_unchecked 호출에 도달하기 위해 폴링되었으므로 제너레이터 상태는 이미 고정되어 있다. pinned 변수는 비동기 블록에 해당하는 제너레이터에 보관되어 있으므로(yield가 정확하게 재개하려면 반드시 제너레이터에 보관되어야 한다.) pinned 변수가 다시 이동하지 않으리라는 점은 보장된다. 게다가 pinned는 일단 루프 안에 들어오면 Pin을 통하지 않는 이상 접근 불가능하므로 어떤 코드도 pinned 변수의 값을 이동할 수 없다. 따라서 Pin::new_unchecked의 모든 안전성 요구 사항을 만족하며 코드는 안전하다.

비동기 코드가 대기 상태로 들어갈 때

Pin 타입에 대해 상당히 자세히 알아봤는데 이제는 상당히 골치가 아플 법한 퓨처에 대한 또 다른 이슈를 살펴보려 한다. Future::poll 메서드가 Poll::Pending을 리턴하면 작업을 진행해도 되는지 확인하기 위해 나중에 poll 메서드를 다시 호출할 수 있는 뭔가가 필요하다. 그 뭔가를 보통 실행자라고 한다. 단순히 모든 퓨처가 Poll::Ready를 리턴할 때까지 루프를 돌면서 폴링을 계속 시도하도록 실행자를 구현할 수도 있지만, 그렇게 하면 CPU 사이클을 과도하게 소모해서 웹 브라우저 실행 등 다른 유용한 일을 행할 수 없게 될 수도

있다. 그 대신 우리는 실행자가 필요한 작업을 수행한 후 대기 상태로 들어가기 바란다. 이 실행자는 퓨처 중 하나가 작업을 진행할 수 있게 될 때까지 대기 상태를 유지해야 하며 뭔가 작업을 시작할 수 있게 됐을 때에만 깨어났다가 다시 대기 상태가 되어야 한다.

깨우기

어떤 퓨처의 상태를 언제 다시 확인할지 결정하기 위한 조건은 매우 다양하다. '이 포트에 네트워크 패킷이 도착하면', '마우스 커서가 움직이면', '이 채널에 누군가 메시지를 보내면', 'CPU가 특정 인터럽트를 받으면' 같은 조건은 물론 '시간이 이만큼 지나면' 같은 조건일 수도 있다. 게다가 개발자가 작성한 퓨처가 다른 여러 퓨처를 감싸고 있다면 깨우는 조건이 여러 개가 될 수도 있다. 어떤 퓨처는 완전히 커스터마이즈된 깨우기 이벤트를 가질 수도 있다.

러스트는 이런 여러 상황을 지원하기 위해 작업을 진행하라는 신호를 실행자에 전달해 깨우는 Waker라는 방식을 지원한다. Waker는 퓨처의 작업 전반에 관련된 장치이다. 실행자는 대기 상태에 들어가기 위해 사용하는 메커니즘과 결합된 Waker를 만들어 자기가 폴링하는 모든 Future에 전달한다. 어떻게 그렇게 할까? 바로 Future::poll 메서드가 받는 추가 파라미터를 사용한다. 미리 언급하지 않은 점 양해를 구한다. 코드 8-13은 Future에 대한 정확한 정의를 보여준다. 이제 더 이상 숨긴 것은 없다!

코드 8-13 Context를 가진 Future 트레이트의 실제 정의

```
trait Future {
  type Output;
  fn poll(self: Pin<&mut Self>, cx: &mut Context<'_>) -> Poll<Self::Output>;
}
```

&mut Context 파라미터에는 Waker가 들어 있다. Waker를 직접 전달하는 것이 아니라 Context에 담아 전달하므로 필요하다면 비동기 처리 과정에서 가져다 사용할 수 있다.

Waker의 주요 메서드는 wake(그리고 참조를 사용하는 wake_by_ref) 메서드로 퓨처가 작업을 다시 시작할 수 있게 될 때 호출하는 메서드이다. wake 메서드에는 인수가 없으며 메서드의 효과는 전적으로 Waker를 만든 실행자가 정의한다. 여기서 보듯이 Waker는 실행자의 타입에 대해 제네릭하게 동작한다. 좀 더 정확히 설명하면 Waker를 만든 타입이 Waker::wake가 호출될 때, Waker가 복제될 때, Waker가 드롭될 때 어떤 동작을 할지 결정한다. 이는 모두 수동으로 구현한 vtable을 통해 이루어지며 vtable은 2장에서 설명했던 동적 디스패치와 유사한 함수들이다.

Waker를 만드는 데는 일정한 과정을 거치며, 사용하는 데 그 동작 원리가 아주 중요하지는 않지만, 표준 라이브러리는 RawWakerVTable 타입을 통해 빌딩 블록을 제공한다. 이 타입의 생성자는 wake와 wake_by_ref 메서드뿐 아니라 Clone과 Drop 메서드에도 전달할 함수 포인터를 받는다. RawWakerVTable 타입은 보통 실행자의 모든 Waker가 공유하는데 각 Waker 인스턴스에 필요한 데이터를 보관하는 원시 포인터(어떤 퓨처를 위한 것인지 같은)와 함께 묶여 RawWaker로 변환된다. 이는 다시 Waker::from_raw 메서드에 전달되어 Future::poll 메서드에 전달할 안전한 Waker 인스턴스를 만들어 낸다.

폴링 계약 준수

퓨처가 Waker를 어떻게 활용하는지에 대해서는 아직까지 제대로 살펴보지 않았다. 하지만 기본적인 개념은 간단하다. Future::poll이 Poll:Pending을 리턴하면 다음에 퓨처가 작업을 진행할 수 있을 때 뭔가가 Waker의 wake 메서드를 호출하게 하는 것은 퓨처의 책임이다. 대부분의 퓨처는 다른 퓨처가 Poll::Pending을 리턴할 때에만 Poll::Pending을 리턴하도록 해서 이 프로퍼티를 준수한다. 이렇게 하면 중첩된 퓨처는 반드시 같은 계약을 따라야 하므로 poll 메서드의 계약을 손쉽게 준수할 수 있게 된다. 하지만 모든 퓨처가 계약을 준수하게 되는 것은 아니다. 어느 시점에 다른 퓨처를 폴링하지 않지만 네트워크 소켓에 데이터를 기록하거나 채널로부터 데이터를 수신하는 퓨처에 도달하게 된다. 이처럼 자식 퓨처를 갖지 않는 퓨처를 리프 퓨처(leaf future)라고 한다. 리프 퓨처는 중첩된 퓨처는 없지만 결과를 리턴할 준비가 아직 되지 않은 어떤 리소스를 직접적으로 표현한다.

코드 8-4의 ❻ 지점에서 `poll` 메서드 재귀 호출이 정확성을 위해 필요한 이유는 폴링 계약 때문이다.

리프 퓨처는 주로 같은 프로세스 내에서 발생하는 이벤트를 기다리거나(채널 수신자처럼) 프로세스 외부 이벤트를 기다리는(TCP 패킷 읽기처럼) 두 가지 형태로 구현한다. 이 중 내부 이벤트를 기다리는 퓨처는 같은 패턴을 따르는 경향이 있다. 깨울 코드가 찾을 수 있을 만한 곳에 `Waker`를 보관하고 관련 이벤트가 발생하면 `Waker`의 `wake` 메서드를 호출하도록 하는 것이다. 예를 들어 메모리 내 채널의 메시지를 기다리는 리프 퓨처를 생각해 보자. 이 퓨처는 송신자와 수신자가 공유하는 채널에 `Waker`를 보관하고 `Poll::Pending`을 리턴한다. 나중에 송신자가 채널에 메시지를 보낼 때 메시지를 기다리는 수신자가 남겨둔 `Waker`가 있음을 인지하고 `send` 메서드를 리턴하기 전에 이 `Waker`의 `wake` 메서드를 호출한다. 그러면 수신자가 깨어나면서 폴링 계약을 준수하게 된다.

외부 이벤트를 다루는 리프 퓨처의 경우는 퓨처가 기다리는 이벤트를 생성하는 코드가 퓨처나 `Waker`에 대해 전혀 알지 못하기 때문에 좀 더 복잡하다. 이벤트를 생성하는 코드는 대부분 디스크가 준비되는 시점이나 타이머가 만료되는 시점을 알고 있는 운영 체제 커널이지만, 작업이 완료되었을 때 러스트로 콜백을 호출하는 C 라이브러리이거나 또 다른 외부 엔티티인 경우도 있다. 이렇게 외부 리소스를 포함하는 리프 퓨처는 블로킹 시스템 호출을 실행하는(또는 C 콜백을 대기하는) 스레드를 생성하고 내부적으로 코드를 깨우는 메커니즘을 사용하는데 이는 리소스 낭비가 많은 방법이다. 작업 대기 시마다 스레드를 생성해야 하기 때문에 어떤 작업의 완료를 기다리는 일회성 스레드의 수가 급격히 증가할 수 있다.

그 대신 실행자는 내부적으로 운영 체제와 적절히 상호 작용하는 리프 퓨처 구현을 제공하는 편이다. 운영 체제와의 상호 작용이 정확히 어떻게 일어나는지는 실행자와 운영 체제에 따라 다르지만, 간단히 말하면 실행자는 다음 번에 대기 상태로 들어갈 때 기다려야 하는 모든 이벤트 소스를 추적한다. 리프 퓨처가 외부 이벤트를 기다려야 한다는 것을 인지하게 되면 실행자 상태(실행자 크레이트가 제공해서 이미 알고 있다.)를 업데이트해 외부 이벤트 소스와 더불어 자신을 깨운 Waker를 추가한다. 더는 작업을 진행할 수 없게 되면 실행자는 여러 리프 퓨처가 기다리고 있는 모든 이벤트 소스를 모아서 리프 퓨처가 기다리고 있는 리소스 중 어느 하나라도 새로운 이벤트가 발생하면 리턴할 수 있도록 운영 체제에 커다란 블로킹 호출을 실행한다. 리눅스의 경우 이는 epoll 시스템 호출을 통해 이루어진다. 윈도, BSD, 맥OS 및 기타 운영 체제도 유사한 메커니즘을 제공한다. 이 호출이 리턴되면 실행자는 운영 체제가 이벤트를 보고한 이벤트 소스와 관련 있는 모든 Waker의 wake 메서드를 호출하고 그렇게 해서 폴링 계약을 만족하게 된다.

리액터는 실행자의 일부이며 리프 퓨처는 리액터를 이벤트 소스와 함께 등록하고 더는 수행할 작업이 없을 때 실행자는 리액터를 기다리게 된다. 실행자와 리액터를 분리하는 것도 가능하지만 하나로 구현하면 더 쉽게 최적화할 수 있으므로 성능상의 장점을 가져오는 경우가 많다.

리프 퓨처와 실행자 간의 강결합으로 인한 연쇄 효과는 한 실행자 크레이트의 리프 퓨처를 다른 실행자가 사용할 수 없다는 점이다. 아니면 적어도 다른 리프 퓨처의 실행자가 함께 실행 중이어야 사용할 수 있다. 리프 퓨처가 자신의 Waker를 저장하고 대기할 이벤트 소스를 등록할 때, 이 Waker를 만든 실행자가 이 상태를 셋업하고 실행 중이어야 이벤트 소스를 실제로 모니터링하고 필요에 따라 wake 메서드를 호출할 수 있다. 이를 우회하는 방법도 있는데 예를 들어 실행 중인 실행자가 아직 없다면 리프 퓨처가 인스턴스를 스폰할 수 있지만 이 방법을 항상 채택할 수 있는 것은 아니다. 이렇게 하면 애플리케이션이 동시에 여러 실행자를 실행하게 돼서 성능이 저하되고 디버깅 과정에서 여러 실행자의 상태를 살펴야 하기 때문이다.

여러 실행자를 지원하고자 하는 라이브러리 크레이트는 리프 리소스에 대해 제네릭해야 한다. 예를 들어 특정 실행자의 TcpStream이나 File 퓨처 타입을 사용하는 것이 아니라 T: AsyncRead + AsyncWrite 제네릭 타입을 저장해야 한다. 하지만 러스트 생태계에서 이 트레이트가 정확히 어떤 형태여야 하는지,

이 트레이트가 정말 필요한지에 대해 아직 확실히 결정하지 못했으므로 당장은 실행자에 대해 완전히 제네릭한 코드를 작성하기는 상당히 어렵다. 예를 들어 AsyncRead와 AsyncWrite는 어느 정도 일반적으로 사용하는(또는 필요하다면 쉽게 반영할 수 있는) 타입이지만 백그라운드에서 퓨처를 실행(나중에 설명하겠지만 이를 스폰이라고 한다.)하는 트레이트나 타이머를 표현하는 트레이트는 현재 존재하지 않는다.

깨우기는 부적절한 표현이다

Waker::wake가 뭔가를 꼭 깨울 필요가 없다는 점은 이미 눈치챘을 것이다. 예를 들어 (앞 절에서 설명했듯이) 외부 이벤트의 경우 실행자는 이미 깨어 있는 상태이며, 이미 실행 중인 실행자에 보관된 Waker의 wake 메서드를 호출하는 것은 바보 같은 짓처럼 보일 수도 있다. 사실 Waker::wake는 약간 잘못된 이름이다. 실제로 이 메서드는 특정 퓨처가 실행 가능하다는 신호를 보낸다. 즉, 이 퓨처는 작업을 진행할 수 있으므로 대기하지 말고 이 특정 퓨처를 폴링하라고 실행자에 지시한다. 현재 실행자가 대기 중이라면 퓨처를 폴링하도록 깨울 수도 있지만 이는 사실 주요 목적이라기보다는 부수 효과에 가깝다.

실행자 입장에서 어떤 퓨처가 실행 가능한 상태인지 아는 것이 중요한 이유는 두 가지이다. 첫째, 퓨처의 폴링을 언제 중단해야 하는지 알아야 한다. 모든 퓨처가 Poll::Pending을 리턴할 때까지 폴링하는 것은 좋은 방법이 아니다. 나중에 호출한 퓨처가 앞서 호출한 퓨처를 작업 가능한 상태로 만들 수 있기 때문이다. 예를 들어 채널을 통해 메시지를 서로 주고받는 퓨처가 두 개 있다고 가정해 보자. 한 퓨처를 폴링하면 다른 퓨처가 준비 상태가 된다. 이런 경우 실행자는 항상 수행해야 할 작업이 생기므로 대기 상태로 절대 들어가지 않는다.

둘째, 어떤 퓨처가 실행 가능한 상태인지 알게 되면 불필요한 퓨처를 폴링하지 않아도 된다. 실행자가 대기 중인 퓨처 수천 개를 처리해야 한다면 어떤 이벤트가 발생했을 때 이 중 하나만 실행 가능한 상태가 되므로 모든 퓨처를 폴링해서는 안 된다. 그렇게 하면 비동기 코드 실행이 매우 느려질 것이다.

태스크와 서브실행자

비동기 프로그램의 퓨처는 트리 형태이다. 한 퓨처는 다른 퓨처를 여러 개 가질 수 있으며 Waker와 상호 작용하는 리프 퓨처에 다다를 때까지 이 구조가 계속된다. 각 트리의 루트는 여러분이 실행자의 주 '실행' 함수에 전달한 퓨처이다. 이 루트 퓨처를 태스크라고 하며 실행자와 퓨처 트리 사이의 유일한 접점이다. 실행자가 태스크의 poll 메서드를 호출하면 중첩된 각 퓨처의 코드는 관련된 리프에 도달할 때까지 어떤 퓨처를 폴링해야 하는지 알아낸다.

실행자는 보통 폴링할 태스크마다 개별적인 Waker를 만들므로 나중에 wake 메서드를 호출하면 어떤 태스크가 실행 가능해졌는지 알고 이를 표시한다. RawWaker의 원시 포인터가 필요한 이유가 바로 여러 Waker 메서드의 코드가 공유하는 태스크를 구분하기 위함이다.

실행자가 태스크를 폴링하면 태스크는 Future::poll의 구현 코드 최상위부터 실행을 시작하며, 퓨처 트리 내의 어떤 퓨처가 작업을 시작할 수 있는지 반드시 결정해야 한다. 각 퓨처는 자신의 필드만 알고 있을 뿐 전체 트리에 대해서는 알지 못하므로 이 작업은 트리의 끝에 도달할 때까지 poll 메서드를 호출하는 형태로 실행된다.

내부의 퓨처 중 어떤 것을 폴링해야 하는지는 명확할 때가 많지만 항상 그런 것은 아니다. async/await의 경우 폴링할 퓨처는 대기를 위해 블록한 퓨처이다. 하지만 여러 퓨처 중 첫 번째 퓨처가 작업을 진행하기를 기다리고(보통 선택이라고 한다.) 있거나 모든 퓨처가 작업을 진행하기를 기다리고(보통 조인이라고 한다.) 있는 퓨처라면 옵션은 여러 가지가 있다. 이렇게 폴링할 퓨처를 선택해야 하는 퓨처는 기본적으로 서브실행자이다. 서브실행자는 내부의 모든 퓨처를 폴링해도 되지만 이는 상당한 낭비이다. 그 대신 서브실행자는 내부 퓨처의 poll 메서드를 호출하기 전에 poll 메서드의 Context 파라미터를 통해 받은 Waker를 자신만의 Waker 타입으로 래핑한다. 래핑한 코드는 원래 Waker의 wake 메서드를 호출하기에 앞서 방금 폴링한 퓨처가 실행 가능한 상태라고 표시한다. 이렇게 하면 실행자는 서브실행자의 퓨처를 다시 폴링하게 되고 서브실행자는 자신의 상태를 통해 내부 퓨처 중 어떤 퓨처가 현재의 poll 메서드 호출을 유발했는지 알아낸 후 이 퓨처만 폴링한다.

비동기 코드의 블로킹

비동기 코드에서 동기 코드를 호출할 때에는 반드시 주의해야 한다. 실행자의 스레드가 현재 태스크를 실행하느라 시간을 보낼 때에는 다른 태스크를 실행하지 않기 때문이다. 어떤 태스크가 현재 스레드를 장시간 차지하고 실행자에 제어권을 넘기지 않는 경우는, 블로킹 시스템 호출(`std::sync::sleep` 같은)을 실행하거나 이따금 제어권을 넘기지 않는 서브실행자를 실행하거나 결과를 기다리지 않는 강한 루프를 실행하는 경우 등이며, 이 경우 현재 실행자 스레드가 책임지는 다른 태스크는 그 시간 동안 실행되지 않는다. 그렇게 되면 보통 어떤 태스크가 작업을 진행할 수 있게 되는 시점(예컨대 클라이언트가 연결됐을 때)과 실제로 실행되는 시점 사이에 긴 지연이 발생한다.

일부 멀티스레드 실행자는 하는 일이 없는 스레드가 바쁜 스레드로부터 태스크를 훔쳐 가는 작업 훔치기(work-stealing) 기법을 구현하지만 이는 해결책이라기보다는 증상을 완화하는 기법이라고 할 수 있다. 결국 모든 실행자 스레드가 블록되고 그래서 블로킹 작업 중 하나가 완료될 때까지 어떤 태스크도 실행되지 못하는 상황에 놓일 수 있다.

보통 연산 집약적 작업을 실행하거나 비동기 콘텍스트를 블록할 수 있는 함수를 호출할 때에는 주의를 기울여야 한다. 이런 작업은 가능하다면 비동기 작업으로 전환하거나 전용 스레드에서 실행하고 채널처럼 비동기성을 지원하는 도구를 이용해 통신해야 한다. 어떤 실행자는 비동기 코드의 특정 영역이 블록되었음을 나타내거나 루프 내에서 자발적으로 실행을 넘겨주는(원래는 실행을 넘겨주지 않지만) 메커니즘을 제공해 문제를 부분적으로 해결한다. 경험상 가장 좋은 방법은 퓨처가 실행 후 1밀리초 내에 `Poll::Pending`을 리턴하도록 하는 것이다.

실전 예제 살펴보기

비동기 실행자를 구현하다 보면 퓨처를 스폰해야 하는 경우가 있다. 이게 무슨 의미인지 이제 살펴볼 때가 됐다. 예제를 통해 그 의미를 알아보자. 먼저 코드 8-14처럼 간단한 서버를 구현했다고 하자.

코드 8-14 연결을 순차적으로 처리하는 서버

```
async fn handle_client(socket: TcpStream) -> Result<()> {
  // 지정한 소켓으로 클라이언트와 통신한다.
}
```

```
async fn server(socket: TcpListener) -> Result<()> {
  while let Some(stream) = socket.accept().await? {
    handle_client(stream).await?;
  }
}
```

최상위 server 함수는 기본적으로 새 연결이 맺어지는지 기다리다가 연결이 맺어지면 필요한 작업을 수행하는 하나의 커다란 퓨처이다. 이 퓨처를 실행자에 전달하고 '실행'할 때 프로그램이 곧바로 종료되는 것을 원치 않으므로 실행자는 그 퓨처를 블록한다. 그래서 실행자가 서버 퓨처를 실행하도록 호출하면 그 호출은 서버 퓨처가 완료될 때까지 리턴되지 않을 것이며 어쩌면 영원히 리턴되지 않을 수 있다.(또 다른 클라이언트가 항상 나중에 연결되기 때문이다.)

이제 새 클라이언트 연결이 맺어질 때마다 코드 8-14는 연결을 처리할 새로운 퓨처를 만든다.(handle_client 호출) 연결 처리 또한 퓨처이므로 이 퓨처를 await한 후 다음 클라이언트 연결을 처리한다.

이 방법의 단점은 동시성 없이 한 번에 하나의 연결만 처리한다는 점이다. 일단 서버가 연결을 받아들이면 handle_client 함수가 호출되고 await 문 때문에 handle_client 함수가 리턴한 퓨처가 완료될 때까지(클라이언트가 떠날 때까지) 루프를 돌지 않는다.

이 점을 개선하려면 클라이언트 퓨처를 모두 모아 서버가 새 연결을 받아들일 때 루프를 실행하면서 클라이언트 퓨처가 작업을 진행할 수 있는지 함께 확인해야 한다. 코드 8-15는 이렇게 개선한 코드를 보여 준다.

코드 8-15 수동 실행자로 연결을 처리하는 예

```
async fn server(socket: TcpListener) -> Result<()> {
  let mut clients = Vec::new();
  loop {
    poll_client_futures(&mut clients)?;
    if let Some(stream) = socket.try_accept()? {
      clients.push(handle_client(stream));
    }
  }
}
```

이렇게 하면 여러 연결을 동시적으로 처리할 수 있지만 꽤나 복잡하다. 게다가 코드가 루프를 돌면서 기존 연결을 처리하는 작업과 새로운 연결을 받는 작업을 왔다 갔다 하기 때문에 그다지 효율적이지도 않다. 게다가 어떤 연결이 작업을 재개할 수 있는지 모르는 까닭에 매번 각 연결을 확인해야 한다. 또한 다른 퓨처가 작업을 진행하지 못할 수도 있으므로 await도 수행하지 않는다. 작업을 진행할 수 있는 퓨처만 폴링하는 코드를 직접 구현할 수도 있겠지만, 그건 결국 여러분이 작은 실행자를 직접 구현하는 것이나 다름없다.

모든 클라이언트 연결에 대한 퓨처를 내부적으로 가진 서버 태스크를 하나만 구현하는 방법의 또 다른 단점은 서버가 싱글 스레드가 될 수 있다는 점이다. 코드가 하나뿐인 태스크를 폴링하려면 태스크의 퓨처에 대한 배타적 참조를 반드시 보관해야 하는데(poll 메서드는 Pin<&mut Self>를 사용한다.) 배타적 참조는 한 번에 하나의 스레드만 보관할 수 있다.

해결책은 각 클라이언트 퓨처가 각자 태스크를 갖게 하고 실행자가 모든 태스크를 처리하게 하는 것이다. 눈치챘겠지만 퓨처를 스폰하면 된다. 실행자는 서버 퓨처를 여전히 블록하겠지만 그 퓨처의 작업을 진행할 수 없다면 실행 메커니즘을 이용해 다른 퓨처가 작업을 진행할 수 있게 할 것이다. 그리고 더 중요한 점은 실행자가 멀티스레드이고 클라이언트 퓨처가 Send라면 &mut 참조들을 동시에 여러 태스크에 보관할 수 있어서 클라이언트 퓨처를 병렬로 실행할 수 있다는 것이다. 코드 8-16은 이렇게 구현한 예를 보여 준다.

코드 8-16 퓨처를 스폰해서 동시적으로 폴링할 수 있는 태스크를 생성하는 방법

```
async fn server(socket: TcpListener) -> Result<()> {
  while let Some(stream) = socket.accept().await? {
    // 이 클라이언트를 표현하는 퓨처로 새 태스크를 스폰한다.
    // 현재 태스크는 더 많은 연결을 처리하기 위해 폴링만 계속하며
    // handle_client를 동시적으로(가능하면 병렬로) 실행한다.
    spawn(handle_client(stream));
  }
}
```

퓨처를 스폰해서 이를 태스크로 만드는 것은 스레드 스폰과 비슷하다. 퓨처는 백그라운드에서 계속 실행되며 실행자에 주어진 다른 태스크들과 동시적으로

실행된다. 하지만 스레드 스폰과 달리 태스크 스폰은 여전히 실행자의 폴링에 의존한다. 실행자를 드롭하거나 코드가 더 이상 실행자의 코드를 실행하지 않아 실행자 실행이 중단되면 스폰한 태스크들도 실행이 중지된다. 서버 예제에서 서버 퓨처가 어떤 이유로 완료됐을 때 어떤 일이 벌어질지 상상해 보자. 실행자는 여러분의 코드로 제어를 리턴했기 때문에 더 이상 아무 작업도 수행할 수 없다. 멀티스레드 방식으로 구현한 실행자는 실행자가 사용자 코드로 제어를 넘기더라도 태스크를 계속해서 폴링하도록 백그라운드 스레드를 스폰하지만, 모든 실행자가 이렇게 동작하지는 않으므로 여러분의 실행자가 어떻게 동작하는지 미리 확인하기 바란다.

요약

이번 장에서는 러스트에서 가능한 비동기 작업의 내부 동작에 대해 알아봤다. 컴파일러가 제너레이터와 자기 참조적 타입을 구현하는 방법을 살펴보고, 왜 이런 작업이 async/await를 지원하기 위해 필요했는지에 대해서도 살펴봤다. 또한 퓨처가 실행되는 방식을 살펴보고 어느 시점에 일부 태스크만 진행할 수 있는 경우 Waker를 통해 실행자가 이를 조율하는 방법도 알아봤다. 다음 장에서는 러스트에서 가장 난해하고 많은 토론이 벌어지는 영역인 안전하지 않은 코드에 대해 알아본다. 숨을 크게 들이쉬고 다음 페이지로 넘어가 보자.

9장

Rust for Rustaceans

안전하지 않은 코드

안전하지 않은 코드는 이를 언급하기만 해도 러스트 커뮤니티는 물론 러스트에 관심 있는 많은 사람들로부터 큰 반응을 이끌어 낸다. 누군가는 '대수롭지 않게' 생각하는 반면 다른 누군가는 안전하지 않은 코드를 '러스트의 모든 약속이 거짓인 이유'라고 비난한다. 이번 장에서는 unsafe가 정확히 무엇인지, 무엇이 아닌지 그리고 어떻게 하면 안전하게 사용할 수 있는지 설명하고자 한다. 이 책을 집필하는 현재는 물론 여러분이 이 책을 읽을 때에도 안전하지 않은 코드에 대한 러스트의 정확한 요구 사항은 여전히 모호하며, 잘 정의된다 하더라도 완벽하게 설명하는 것은 이 책의 범위를 벗어난다. 그 대신 안전하지 않은 코드 작성에 필요한 빌딩 블록, 감각, 도구 등을 최대한 설명해 보겠다.

이번 장에서 다루는 핵심 내용은 안전하지 않은 코드는 어떤 이유로 컴파일러가 확인할 수 없는 불변 조건을 활용할 수 있도록 러스트가 개발자에게 제공하는 메커니즘이라는 점이다. unsafe 키워드의 역할은 무엇이고 불변 조건은 무엇인지 그리고 그 결과로 무엇을 할 수 있는지 살펴볼 것이다.

 **불변 조건**

이번 장에서는 불변 조건이라는 단어를 많이 사용할 것이다. 여기서 불변 조건이란 '프로그램이 정확하게 동작하기 위해 반드시 참이어야 하는 조건'을 의미한다. 예를 들어 러스트의 불변 조건 중 하나는 참조이다. & 및 `&mut`을 이용하면 참조가 꼬이는 일이 없다. 즉, 유효한 값을 늘 가리킨다. 또한 '헤드 포인터는 테일 포인터보다 항상 앞선다.'거나 '용량은 항상 2의 거듭제곱이다.'처럼 애플리케이션이나 라이브러리에 특화된 불변 조건을 정의할 수도 있다. 결국 불변 조건이란 여러분의 코드가 정확하게 동작하는 데 필요한 모든 가정을 의미한다. 그러나 여러분이 코드의 불변 조건을 늘 알 수는 없으며 그래서 버그가 발생하는 것이다.

결정적으로 안전하지 않은 코드는 대여 검사 같은 러스트의 여러 규칙을 회피하기 위한 방법이 아니라 컴파일러의 분석 기능에서 제공하지 못하는 논리를 이용해 그 규칙을 강화하는 방법이다. 안전하지 않은 코드를 작성할 때 그 코드가 안전하게 동작하게 하는 것은 여러분의 몫이다. 어떤 면에서 `unsafe` 키워드는 `unsafe {};` 블록을 이용해 안전하지 않은 작업을 허용한다고 오해를 불러일으킬 수 있다. 이 키워드의 의미는 이 블록 내의 코드가 위험하다는 의미가 아니라 원래는 안전하지 않은 작업이지만 특정 상황에서는 안전하기 때문에 그 작업을 수행할 수 있도록 허용한다는 의미이다.

이번 장의 나머지 부분은 네 절로 나뉜다. 먼저 키워드 자체를 사용하는 방법을 짧게 검토한 후 `unsafe` 키워드를 이용해 가능한 작업에 대해 알아본다. 그 다음에는 안전하지 않은 코드를 안전하게 사용하기 위해 반드시 따라야 하는 규칙을 살펴본다. 마지막으로, 안전하지 않은 코드를 안전하게 작성하기 위한 몇 가지 조언으로 마무리한다.

unsafe 키워드

`unsafe` 키워드의 강력함을 살펴보기에 앞서 이 키워드의 두 가지 의미를 먼저 살펴볼 필요가 있다. 러스트의 `unsafe` 키워드는 두 가지 목적을 갖는다. 특정 함수 호출이 안전하지 않다는 것을 표시하는 동시에 특정 코드 블록에서 안전

하지 않은 기능을 호출할 수 있게 한다. 예를 들어 코드 9-1의 메서드는 안전하지 않은 코드가 없음에도 안전하지 않은 것으로 표시되어 있다. 여기서 unsafe 키워드는 decr 메서드를 호출하는 코드를 작성한 누군가가 반드시 직접 확인해야 하는 추가적인 부분이 있음을 호출자에게 알려 주고 있다.

코드 9-1 안전한 코드로만 작성한 안전하지 않은 메서드

```
impl<T> SomeType<T> {
  pub unsafe fn decr(&mut self) {
    self.some_usize -= 1;
  }
}
```

코드 9-2는 두 번째 사용법을 보여 준다. 이 예제의 메서드는 안전하지 않은 코드를 사용함에도 안전하지 않은 메서드로 표시되어 있지 않다.

코드 9-2 안전하지 않은 코드를 가진 안전한 메서드

```
impl<T> SomeType<T> {
  pub fn as_ref(&self) -> &T {
    unsafe { &*self.ptr }
  }
}
```

이 두 예제는 unsafe 키워드를 다른 방식으로 활용해 서로 다른 계약을 채택하고 있다. decr 메서드의 호출자는 메서드를 호출할 때 주의해야 하는 데 비해 as_ref 메서드는 호출자가 이미 충분히 조심해서 다른 안전하지 않은 메서드(이를테면 decr)를 호출하고 있다고 가정한다. 그 이유를 살펴보기 위해 SomeType 타입이 실제로는 Rc처럼 참조를 카운트하는 타입이라고 가정해 보자. decr 메서드는 숫자를 줄일 뿐이지만 as_ref 같은 안전한 메서드를 통해 미정의 동작을 유발할 수 있다. decr 메서드를 호출한 다음 T 타입의 끝에서 두 번째 Rc를 드롭한다면 참조 카운트가 0으로 떨어지고 그래서 T도 드롭된다. 하지만 프로그램은 여전히 마지막 Rc 타입의 as_ref 메서드를 호출할 수 있고 그래서 허상(dangling) 참조가 생길 수 있다.

여기서 미정의 동작이란 프로그램이 런타임에 언어의 불변 조건을 위배하게 되는 결과를 말한다. 보통 프로그램에서 미정의 동작이 발생하면 그 결과는 완전히 예측 불가능하다. 미정의 동작에 대해서는 이 장의 후반부에서 더 자세히 살펴본다.

반대로 안전한 코드를 이용하는데 Rc 참조 카운트가 손상될 일이 없다면, as_ref 메서드처럼 Rc 타입 내부의 포인터를 역참조하는 것은 항상 안전하다. &self 참조가 존재한다는 것이 바로 포인터가 여전히 유효하다는 증거이기 때문이다. 이를 이용하면 원래는 안전하지 않은 작업이라도 안전한 API를 호출자에게 제공할 수 있으며, 이것이 unsafe 키워드를 책임감 있게 사용하는 핵심 요소 중 하나이다.

역사적인 이유로 러스트의 모든 unsafe fn 함수는 암묵적인 안전하지 않은 블록을 가지고 있다. 즉, unsafe fn 키워드로 함수를 선언하면 그 함수 내에서 안전하지 않은 메서드나 기본 연산을 언제든 호출할 수 있다. 하지만 이런 결정은 이제 실수로 여겨지고 있으며 RFC 2585를 채택, 구현해 되돌리고 있다. 이 RFC는 내부에 명시적인 unsafe 코드 블록을 갖지 않은 채로 안전하지 않은 작업을 수행하는 unsafe fn에 대해 경고한다. 이 린트도 러스트 향후 버전에서 컴파일을 중단시키는 에러가 될 가능성이 크다. 이는 '제 발등을 찍는 사고의 범위'를 줄이기 위한 개념이다. 모든 unsafe fn이 하나의 거대한 unsafe 블록이라면 자신도 모르게 안전하지 않은 작업을 실행할 수 있기 때문이다. 예를 들어 코드 9-1의 decr 메서드가 현재 규칙을 따른다면, unsafe 애너테이션 없이도 *std::ptr::null() 메서드 호출을 추가할 수 있다.

unsafe 키워드를 마커로 사용하는 방법과 안전하지 않은 블록을 안전하지 않은 작업을 수행하기 위한 메커니즘으로 사용하는 방법 간의 차이는 중요하다. 이 둘은 반드시 다르게 취급해야 하기 때문이다. unsafe fn은 호출자가 fn 함수를 호출할 때 주의를 기울여야 하며 함수에 문서화된 안전성 불변 조건을 준수해야 한다는 점을 명시적으로 표현한다.

반면 안전하지 않은 블록은 이 블록을 작성하는 사람이 이 블록 내에서 실행되는 안전하지 않은 작업에 대한 안전성 불변 조건을 주의해서 확인했다는 점을 암시한다. 비유하자면 `unsafe fn`은 코드를 호출하는 사람이 'X, Y, Z를 엄숙히 맹세할 것을' 요구하는 아직 서명되지 않은 계약서와 같다. 반면 `unsafe {}`는 호출 코드의 작성자가 이 블록 내의 안전하지 않은 계약에 대해 모두 서명한 것과 같다. 이 장을 계속 읽어 나가는 동안 이 점을 명심하자.

큰 힘

일단 `unsafe {}`로 안전하지 않은 계약에 서명했다면 어떤 작업을 수행할 수 있을까? 솔직히 말하자면 그렇게 많지는 않다. 더 정확히 말하자면 활용할 수 있는 새 기능이 그렇게 많지는 않다. 안전하지 않은 블록 내에서는 원시 포인터를 역참조할 수 있으며 `unsafe fn` 함수들을 호출할 수 있다.

이게 전부이다. 사실 외부(external) 가변 정적 변수에 접근하거나 공용체의 필드에 접근할 수 있지만 그렇다고 크게 달라지는 것은 없다. 그리고 사실 그 정도로 충분하다. 이를 모두 활용하면 `mem::transmute` 함수를 이용해 한 타입을 다른 타입으로 변환하거나, 정확히 위치를 알고 있는 값을 가리키는 원시 포인터를 역참조하거나, `&'a`를 `&'static`으로 캐스팅하거나, 스레드에 안전하지 않은 타입도 여러 스레드가 공유할 수 있다.

이번 절에서는 이를 잘못 사용하는 경우에 대해서는 크게 고민하지 않는다. 이는 나머지 절에서 살펴보기로 하고 이번 절에서는 반짝이는 새 장난감으로 할 수 있는 일에만 집중해 보자.

원시 포인터 다루기

`unsafe` 키워드를 사용하는 가장 근본적인 이유 중 하나는 러스트의 원시 포인터 타입인 `*const T`와 `*mut T`를 다루기 위해서이다. 이 포인터는 `&T` 및 `&mut T`와 거의 비슷하지만 수명이 없으며, `&T` 및 `&mut T`와 동일한 유효성 규칙을 갖지 않는다는 점(이 장 후반부에서 자세히 살펴본다.)에서 차이가 있다. 이런 타입은 포인터와 원시 포인터라고 부르며 상호 대체가 가능하다. 그 이유는 많은 개발자들이 무의식적으로 참조를 포인터라고 부르는데, 이를 원시 포인터라고 부르면 그 차이점을 좀 더 명확하게 표현할 수 있기 때문이다.

* 포인터에는 & 참조보다 적은 규칙이 반영되기 때문에 안전하지 않은 블록 바깥에서도 참조를 포인터로 변환할 수 있다. 반면 * 포인터를 & 참조로 변환하려면 unsafe 키워드가 필요하다. 포인터를 참조로 변환하면 보통 그 포인터가 가리키는 값을 읽거나 수정하는 등의 필요한 작업을 수행할 수 있다. 그래서 보통 포인터에는 unsafe { &*ptr }(또는 &mut *) 같은 작업을 수행한다. 이 코드는 포인터를 역참조하지 않고 단순히 참조를 생성하기 때문에 * 포인터 사용이 다소 이상해 보이겠지만 타입을 잘 살펴보면 이해할 수 있을 것이다. *mut T를 &mut T로 변환하고 싶다면 &mut ptr을 통해 &mut *mut T를 얻을 수 있다. 따라서 *를 이용해야 ptr이 가리키는 가변 참조를 얻을 수 있다.

포인터 타입

*mut T와 *const T 그리고 std::ptr::NonNull<T> 간의 차이점이 궁금할 것이다. 정확한 명세는 아직 작업 중이지만 *mut T와 *const T/NonNull<T> 사이의 가장 큰 차이점은 *mut T는 T의 불변이(1장 '수명의 변이성' 절 참고)인 반면 나머지 둘은 공변이라는 점이다. 그리고 이름에서 알 수 있듯이 *const T와 NonNull<T>의 주요 차이점은 NonNull<T>는 널 포인터를 허용하지 않는 반면 *const T는 널 포인터를 허용한다는 점이다.

이 중 한 타입을 선택하는 방법에 대한 내 조언은 관련된 수명 이름을 생각해 볼 때 &mut을 사용할지, 아니면 &를 사용할지 생각해 보라는 것이다. &를 사용한다는 것은 포인터가 null 값을 절대 갖지 않음을 안다는 뜻이므로 NonNull<T>를 사용하면 된다. 이 타입을 사용하면 틈새 최적화라는 멋진 기능을 활용할 수 있다. 기본적으로 컴파일러는 이 타입이 null 값을 절대 갖지 않을 것임을 알게 되므로 이 정보를 이용해 Option<NonNull<T>> 같은 타입을 추가적인 오버헤드 없이 표현할 수 있다. 이 경우에는 NonNull 타입에 null 포인터를 대입해서 포인터가 가리키는 값이 None 값이 되는 경우를 표현할 수 있기 때문이다. null 포인터 값은 NonNull<T> 타입 입장에서는 틈새나 다름없다. 포인터가 null이라면 *const T를 사용하자. 그리고 &mut T를 사용할 수 있는 경우라면 *mut T 타입을 사용하면 된다.

표현 불가능한 수명

원시 포인터는 수명이 없기 때문에 포인터가 가리키는 값의 수명을 러스트의 수명 시스템을 통해 정적으로 표현할 수 없는 경우에도 사용할 수 있다. 8장에서 설명했던 제너레이터 같은 자기 참조적 구조체의 셀프 포인터가 그러한 예이다. self를 가리키는 포인터는 self가 존재하는 한(그리고 Pin을 이용해 이동하지 않는 한) 유효하지만, 이는 통상적으로 표현할 수 있는 수명이 아니다. 그리고 자기 참조적 타입 전체가 'static일 수는 있어도 셀프 포인터는 그렇지 않다. 이 포인터가 정적이라면 self가 없어지더라도 이 포인터를 누군가에게 넘길 경우 계속해서 사용할 수 있게 된다. 코드 9-3의 타입을 살펴보자. 이 예에서는 저장된 값과 더불어 이 값을 구성하는 원시 바이트를 저장하려고 한다.

코드 9-3 자기 참조적 참조에 대한 수명을 표현하려 하지만 할 수 없는 경우

```
struct Person<'a> {
  name: &'a str,
  age: usize,
}
struct Parsed {
  bytes: [u8; 1024],
  parsed: Person<'???>,
}
```

Person 구조체 내의 참조는 Parsed 구조체의 bytes 필드에 저장된 데이터를 참조하려고 하지만 Parsed 구조체에서 이 참조에 대입할 수 있는 수명이 없다. Parsed 구조체가 이동하면 그 참조는 더 이상 유효하지 않으므로 'static도 아니고 'self 같은(존재하지도 않는다.) 수명도 아니다.

포인터로 이 문제를 해결할 수 있는 이유는 수명이 없으므로 수명을 지정할 필요가 없기 때문이다. 그 대신 포인터를 사용할 때 그 포인터가 여전히 유효한지 확인해야 한다. unsafe { &*ptr }과 같은 작업을 수행할 때 이미 그렇게 하기로 했기 때문이다. 코드 9-3에서 포인터의 유효성이 보장될 경우 Person 구조체는 *const str을 대신 저장하고 나서 적절한 시점에 안전하지 않은 코드로 이 값을 &str로 변환할 수 있다.

Arc에서도 비슷한 문제가 발생하는데 Arc의 포인터가 가리키는 값들은 일정 기간 공유되지만 그 기간은 마지막 Arc가 드롭될 때에만 알 수 있다. 포인터는 일종의 'static이지만 실제로는 그렇지 않다. 자기 참조 사례와 마찬가지로 마지막 Arc의 참조가 사라지면 포인터도 더는 유효하지 않기 때문에 수명은 'self와 거의 비슷하다. Arc의 사촌인 Weak의 경우도 수명은 '마지막 Arc가 사라질 때'이지만 Weak는 Arc가 아니므로 수명이 심지어 self에 연관되지도 않는다. 그래서 Arc와 Weak는 모두 내부적으로 원시 포인터를 사용한다.

포인터 산술 연산

원시 포인터를 사용하면 할당된 메모리 내의 바이트를 가리키는 포인터를 .offset(), .add(), .sub() 등의 메서드로 이동해 C 언어처럼 포인터 산술 연산이 가능하다. 이는 해시 테이블처럼 각 요소마다 포인터를 추가로 저장하는 오버헤드가 너무 크고, 슬라이스를 사용할 수 없는 공간 최적화 자료 구조에서 가장 자주 활용한다. 이는 상당히 드문 사용 사례이며 이 책에서 더 이상 다루지는 않지만 더 자세한 내용을 알고 싶다면 hashbrown::RawTable(*https://github.com/rust-lang/hashbrown*) 코드를 읽어 볼 것을 권한다.

포인터 산술 연산 메서드는 이후에 포인터를 참조로 변환할 필요가 없더라도 기본적으로 안전하지 않은 호출이다. 몇 가지 이유가 있는데 가장 큰 이유는 포인터가 원래 가리키던 메모리 할당 범위를 벗어나는 지점을 가리키게 할 수 없기 때문이다. 그렇게 하면 미정의 동작을 유발하고 컴파일러가 여러분의 코드를 집어삼켜 컴파일러만 이해할 수 있는 임의의 말도 안 되는 코드로 교체할 수도 있기 때문이다. 이런 메서드를 사용한다면 문서를 주의 깊게 살펴보자.

포인터로의 변환과 역변환

대부분 포인터를 사용할 필요가 있는 경우는 참조, 슬라이스 또는 문자열 같은 일반적인 러스트 타입을 다룰 때 포인터로 잠깐 변환했다가 원래 타입으로 다시 변환해야 하는 경우이다. 그래서 표준 라이브러리의 일부 핵심 타입은 그 타입을 포인터나 슬라이스의 길이 같은 원시 구성 요소로 변환했다가 원래 타입으로 다시 변환하는 방법을 제공한다. 예를 들어 as_ptr 메서드로 슬라이스의 데이터 포인터를 얻어 []::len 메서드로 그 길이를 알아낼 수 있다. 그런 다음 std::slice::from_raw_parts 메서드에 같은 값을 제공해서 다시 슬라이스를 생성할 수 있다. Vec, Arc, String 타입도 원래 할당된 메모리의 원시 포인터를 리턴하는 비슷한 메서드를 제공하며 Box 타입은 같은 동작을 수행하는 Box::into_raw와 Box::from_raw 메서드를 제공한다.

타입 제대로 다루기

간혹 어떤 타입 T를 다른 타입인 U처럼 다루고 싶을 때가 있다. 이는 아주 빠른 제로 카피 구문 분석이 필요해서일 수도 있고, 수명을 조정해야 해서일 수도 있다. 러스트는 이런 상황에서 활용할 수 있는 몇 가지 (매우 안전하지 않은) 도구를 제공한다.

그중 첫 번째이자 가장 널리 사용하는 방법은 포인터 캐스팅이다. *const T를 다른 *const U(mut도 마찬가지)로 변환할 수 있으며, 심지어 unsafe 키워드조차 필요하지 않다. unsafe 키워드는 나중에 변환된 포인터를 참조로 사용하려 할 때에만 필요한데, 그때에는 해당 원시 포인터가 가리키는 타입의 참조로 사용할 수 있음이 보장되어야 한다.

이런 포인터 타입 변환은 특히 FFI 작업 시 유용하다. 러스트 포인터라면 어떤 포인터든 *const std::ffi::c_void나 *mut std::ffi::c_void 타입으로 변환할 수 있으며, 보이드(void) 포인터를 요구하는 C 함수에 이를 전달할 수 있다. 마찬가지로 C 언어에서 보이드 포인터를 받아 왔을 때 이를 앞서 전달했던 원래 타입으로 쉽게 변환할 수도 있다.

포인터 변환은 바이트 시퀀스를 정수, 불, 문자, 배열 등의 단순 데이터로 취급하거나 이런 타입을 직렬화 없이 바이트 스트림으로 직접 기록하는 경우에 유용하다. 이런 작업을 수행할 때에는 여러 안전성 불변 조건을 고려해야 하지만 더 자세한 내용은 나중에 살펴보자.

안전하지 않은 함수 호출

당연히 unsafe의 가장 일반적인 기능은 안전하지 않은 함수를 호출하는 것이다. 스택 아래쪽으로 내려가면 대부분의 함수가 근본적으로 원시 포인터를 다루기 때문에 안전하지 않은 함수로 분류되지만, 스택 위로 올라올수록 주로 함수 호출을 통해 안전하지 않은 코드를 다루게 된다.

안전하지 않은 함수를 호출해서 할 수 있는 작업에 제한은 없으며 사용하는 라이브러리의 구현에 따라 달라진다. 다만 일반적으로 안전하지 않은 함수는 크게 러스트 외부 인터페이스를 다루는 함수, 안전성 검사를 건너뛰는 함수 그리고 사용자 정의 불변 조건을 가진 함수 등 세 부류로 나눌 수 있다.

FFI

러스트는 러스트 이외의 언어로 정의된 함수와 정적 변수를 extern 블록(11장에서 자세히 살펴본다.)을 통해 선언하는 기능을 제공한다. 이러한 블록 선언은 이 블록 안의 아이템은 최종 프로그램 바이너리와 링크될 때 외부 소스(이를테면 통합하려는 C 라이브러리)에서 구현된다고 러스트에 알려 주는 것이다. extern 블록은 러스트의 영역을 벗어나므로 본질적으로 안전하지 않은 접근이다. 러스트에서 C 함수를 호출한다면 모든 확신이 사라진다. 이 동작이 메모리 내용 전체를 덮어써서 깔끔하게 잘 정리되어 있던 참조를 커널 어딘가의 임의의 포인터로 망가뜨릴 수도 있다. 마찬가지로 extern 정적 변수는 언제든 외부 코드에 의해 변경될 수 있으며, 선언된 타입과는 완전히 다른 말도 안 되는 바이트로 채워질 수도 있다. 그래도 안전하지 않은 블록 내에서 외부 코드가 러스트의 규칙에 따라 동작하리라는 점만 신뢰할 수 있다면 마음대로 extern 변수에 접근할 수 있다.

안전성 검사 건너뛰기

일부 안전하지 않은 작업은 추가적인 런타임 검사를 통해 완전히 안전하게 만들 수 있다. 예를 들어 슬라이스 내 아이템에 접근하려고 시도하다 슬라이스 길이를 넘어서는 아이템에 접근할 수도 있으므로 이는 안전하지 않다. 하지만 이 작업이 매우 흔하다는 점을 고려해 보면 슬라이스의 인덱스에 접근하는 작업이 안전하지 않다는 건 불리하다. 그 대신 안전한 구현이라면 (사용하는 메서드에 따라 다르지만) 바운드 검사를 구현해 제공된 인덱스가 바운드를 벗어나면 패닉이나 Option을 리턴하게 할 수 있다. 이렇게 하면 슬라이스 길이를 초과하는 인덱스를 전달한다 하더라도 미정의 동작이 일어날 방법이 없어진다. 또 다른 예로 여러분이 해시를 직접 수행하는 것이 아니라 제공한 키를 해시하는 해시 테이블을 생각해 보자. 그 덕분에 잘못된 해시를 사용해 키에 접근할 일이 없어진다.

하지만 궁극의 성능을 끝없이 추구하는 일부 개발자는 이런 안전성 검사가 오히려 너무 많은 오버헤드를 유발한다고 생각할 수 있다. 최고의 성능이 필수인 상황에서 인덱스가 바운드 내에 있음을 호출자가 알고 있는 경우를 대비해 여러 자료 구조는 이런 안전성 검사를 생략하는 버전의 메서드도 제공한다. 이런 메서드는 제공한 인수가 안전하다는 것을 무조건 신뢰하며, 느리고 번거로운 안전성 검사를 수행하지 않는다는 점을 표시하기 위해 이름에 unchecked라는 단어를 포함한다. NonNull::new_unchecked, slice::get_unchecked, NonZero::new_unchecked, Arc::get_mut_unchecked, str::from_utf8_unchecked 등이 이런 메서드이다.

실제로 unchecked 메서드의 안전성과 성능의 절충은 거의 가치가 없다. 늘 그렇듯이 성능 최적화를 하려면 먼저 측정하고 나서 최적화해야 한다.

사용자 정의 불변 조건

대부분 unsafe 사용은 어느 정도 사용자 정의 불변 조건에 의존한다. 즉, 러스트 자체가 제공하는 불변 조건 외에 특정 애플리케이션이나 라이브러리에 특화된 불변 조건에 의존한다. 이런 함수는 너무 많아서 이런 종류의 unsafe 함수를 요약해 설명하기에는 무리가 있다. 그 대신 실무에서 접할 수 있으며 사용하게 될 수도 있는 사용자 정의 불변 조건을 가진 unsafe 함수의 몇 가지 예를 소개하고자 한다.

MaybeUninit::assume_init

MaybeUninit 타입은 러스트에서 타입에 대해 유효하지 않은 값을 저장할 수 있는 몇 안 되는 방법 중 하나이다. MaybeUninit<T>는 지금 당장 T로 사용하지 못할 수도 있는 T라고 생각해도 된다. 예를 들어 MaybeUninit<NonNull>은 널 포인터를 보관할 수 있고, MaybeUninit<Box>는 허상 힙 포인터를 보관할 수 있으며, MaybeUninit<bool>은 3을 의미하는(통상 0이나 1이어야 하지만) 비트를 보관할 수 있다. 이는 어떤 값을 비트 단위로 생성하거나 아직은 초기화되지 않았지만 나중에 사용할 메모리(예컨대 std::io::Read::read를 이용해 나중에 채워질 메모리)를 다룰 때 편리할 수 있다. assume_init 함수는 MaybeUninit 타입이 이제 타입 T의 유효한 값을 가지고 있어서 T처럼 사용할 수 있다고 단정한다.

ManuallyDrop::drop

ManuallyDrop 타입은 ManuallyDrop이 드롭될 때 T가 드롭되지 않도록 T를 래핑하는 타입이다. 또는 다르게 표현하면 바깥쪽 타입(ManuallyDrop)의 드롭을 안쪽 타입(T)의 드롭과 분리한다. DerefMut<Target = T>를 통해 T에 대한 안전한 접근을 구현하지만 drop(Drop 트레이트의 drop 메서드와는 별개이다.)도 제공하는데 이는 ManuallyDrop을 드롭하지 않고도 내부의 T 값을 드롭한다. 즉, 이 drop 함수는 T를 드롭하면서도 &mut self를 취하기 때문에 ManuallyDrop을 남겨 둘 수 있다. 이는 Drop 트레이트 구현체처럼 이동할 수 없는 값을 명시적으로 드롭해야 할 때 편리하다. 일단 그 값이 드롭되면 T에 대한 접근은 더 이상 안전하지 않으며 따라서 drop 호출은 안전하지 않다. 그 덕분에 T에 대한 접근이 다시는 없으리라는 점을 보장할 수 있는 것이다.

std::ptr::drop_in_place

drop_in_place는 그 값에 대한 포인터를 통해 값의 소멸자를 직접 호출하게 해 준다. 이게 안전하지 않은 이유는 호출 이후 포인터가 가리키던 값이 남게 되며 다른 코드가 포인터를 역참조하려 할 때 그 동작이 유효하지 않을 수도 있기 때문이다. 이 메서드는 특히 아레나 할당자(arena allocator)처럼 메모리를 재사용해야 해서 주변 메모리를 회수하지 않고 제자리에 있는 기존 값을 드롭해야 할 때 유용하다.

Waker::from_raw

8장에서는 Waker 타입과 이 타입이 데이터 포인터를 구성하는 방법 그리고 수동으로 구현한 vtable을 보관하는 RawWaker 타입에 대해 알아봤다. 일단 Waker를 만들면 wake와 drop 같은 vtable의 원시 함수 포인터는 (각각 Waker::wake와 drop(waker)를 통해) 안전한 코드에서 호출할 수 있다. 비동기 실행자가 vtable 내의 모든 포인터가 사실은 RawWakerVTable 문서의 모든 계약을 준수하는 유효한 함수 포인터라고 단정 짓는 지점이 Waker::from_raw 이다.

std::hint::unreachable_unchecked

hint 모듈은 주변 코드에 대해 컴파일러에 힌트를 제공하는 함수를 구현하지만 실제로 머신 코드는 만들어 내지 않는다. unreachable_unchecked 함수는 특히 프로그램이 런타임에 코드의 어떤 부분에 도달할 수 없음을 컴파일러에 알려 준다. 그러면 컴파일러는 이 정보를 이용해 해당 위치의 조건식을 제거하는 등의 최적화를 수행한다. 특정 라인의 코드에 도달하면 패닉을 유발하는 unreachable! 매크로와 달리 unreachable_unchecked 메서드를 잘못 사용했을 때의 효과는 예측이 어렵다. 컴파일러 최적화로 인해 독특하고 디버깅하기 어려운 동작을 일으킬 수도 있으며, 당연하지만 프로그램이 사실이라고 믿는 것이 실제로는 사실이 아닌 상황에서도 계속해서 실행될 수 있다.

std::ptr::{read,write}_{unaligned,volatile}

ptr 모듈은 특이한 포인터를 다룰 수 있는 몇 가지 함수를 제공한다. 여기서 특이한 포인터란 러스트가 일반적으로 포인터에 대해 갖는 가정과는 어긋나는 포인터를 말한다. 이런 함수 중 첫 번째 함수는 read_unaligned와 write_unaligned 함수이다. 이 두 함수는 T의 정렬에 맞춰 저장되지 않은 T를 가리키는 포인터에 접근할 수 있게 해 준다.(정렬에 대해서는 2장을 참고하기 바란다.) T가 바이트 배열에 직접 저장되어 있거나 적절한 패딩 없이 다른 값에 포함되어 있는 경우가 바로 이런 경우이다. 두 번째 함수는 read_volatile과 write_volatile 함수이다. 이 두 함수는 일반적인 메모리를 가리키지 않는 포인터를 다룰 수 있다. 구체적으로 말하자면 이 함수는 주어진 포인터에 항상 접근하며(예를 들어 같은 포인터를 두 번 연속 읽더라도 레지스터에 캐시되지 않는다.) 컴파일러는 다른 휘발성(volatile) 접근과 관련된 휘발성 접근을 재정렬하지 않는다. 휘발성 작업은 보통의 DRAM 메모리를 가리키지 않는 포인터를 다룰 때 편리하다. 더 자세한 내용은 11장에서 설명하겠다. 결국 이런 메서드는 특정한(특히 소유권을 가진 T에 대한) 포인터를 역참조하므로 호출자인 여러분이 이런 작업과 관련된 모든 계약을 보증해야 하는 안전하지 않은 메서드이다.

std::thread::Builder::spawn_unchecked

우리가 이미 잘 알고 애용하는 보통의 thread::spawn 메서드에 제공하는 클로저는 'static이어야 한다. 이러한 제약이 있는 이유는 스폰된 스레드가 얼마나 오래 실행될지 알 수 없기 때문이다. 호출자의 스택에 대한 참조를 사용할 수 있다면 호출자는 스폰된 스레드가 종료되어 참조가 무효화되기 전에 리턴할 수 있다. 하지만 경우에 따라 호출자 내부의 'static이 아닌 값이 스폰된 스레드보다 오래 존재할 것을 알고 있을 수도 있다. 값을 드롭하기 전에 스레드를 조인하거나 스폰된 스레드가 그 값을 더는 사용하지 않음을 확신할 수 있는 경우에만 값을 드롭하는 경우가 그렇다. spawn_unchecked 메서드는 이런 경우에 유용하다. 이 메서드는 'static 제약을 갖지 않으며 따라서 안전하지 않은 접근이 발생하지 않는다고 보장하는 경우에 한해서만 사용해야 한다. 하지만 패닉에 주의해야 한다. 호출자가 패닉을 일으킬 경우 예정보다 일찍 값을 드롭하게 되어 스폰된 스레드에서 미정의 동작이 일어날 수 있다.

지금까지 설명한 메서드는 모두(그리고 사실 표준 라이브러리의 안전하지 않은 메서드라면 모두) 안전성 불변 조건에 대한 명확한 문서를 제공하며 안전하지 않은 메서드라면 반드시 그래야 한다.

안전하지 않은 트레이트 구현

안전하지 않은 트레이트는 사용하기에 안전하지 않은 것이 아니라 구현하기에 안전하지 않은 것이다. 그 이유는 안전하지 않은 코드는 안전하지 않은 트레이트가 (트레이트 문서에 정의된 대로) 정확히 구현되어 있는지에 의존하기 때문이다. 예를 들어 안전하지 않은 트레이트 `Send`는 `unsafe impl Send for ...`와 같이 구현해야 한다. 안전하지 않은 함수와 마찬가지로 안전하지 않은 트레이트 역시 문서에 명시된(또는 적어도 명시해야 하는) 사용자 정의 불변 조건을 갖는다. 따라서 안전하지 않은 트레이트를 다 모아서 다루기는 어려우므로 표준 라이브러리에서 살펴볼 만한 일반적인 예제를 다루도록 한다.

Send와 Sync

Send와 Sync 트레이트는 여러 스레드 간에 보내거나 공유할 수 있는 타입을 각각 표시한다. 이 트레이트에 대해서는 10장에서 더 자세히 살펴보겠지만 당장은 이 트레이트는 자동 트레이트여서 대부분의 타입에 대해 컴파일러가 대신 구현해 준다는 점만 알아 두면 된다. 하지만 자동 트레이트가 그렇듯 Send와 Sync 트레이트는 타입의 멤버 중 하나라도 Send나 Sync 트레이트를 구현하지 않으면 자동으로 구현되지 않는다.

안전하지 않은 코드의 경우 이 문제는 보통 원시 포인터가 Send도 아니고 Sync도 아니기 때문에 발생한다. 언뜻 보기에는 맞는 것 같다. 다른 누가 같은 값에 대한 원시 포인터를 가지고 있는지, 지금 그 값을 어떻게 사용하고 있는지 컴파일러가 알 수 있는 방법이 없는데 어떻게 그 타입을 다른 스레드에 보내는 것이 안전할 수 있겠는가? 하지만 안전하지 않은 코드에 어느 정도 익숙해진 개발자 입장에서 이 주장은 다소 설득력이 부족하다. 어쨌든 원시 포인터를 역참조하는 것 자체가 안전하지 않은데 Send와 Sync의 불변 조건을 다루는데 무슨 차이가 있겠는가?

엄밀히 말해 원시 포인터도 Send와 Sync가 될 수 있다. 문제는 만일 그렇다면 원시 포인터를 가진 타입 역시 작성자가 인지하지 못한다 하더라도 Send와 Sync 트레이트를 자동으로 구현한다는 점이다. 개발자는 이 타입이 스레드 경계를 넘어 전송되거나 공유될 때 무슨 일이 일어날지 생각하지 않은 채로 안전하지 않은 방법으로 원시 포인터를 역참조할 수 있고, 그렇게 되면 필연적으로 미정의 동작을 유발하게 된다. 그 대신 원시 포인터 타입은 안전하지 않은 코드에 대한 추가적인 보안 장치로서 이 자동 구현을 차단해서 작성자가 Send와 Sync의 불변 조건을 따른다는 계약을 명시적으로 구현하도록 한다.

Send와 Sync의 안전하지 않은 구현에서 빈번하게 발생하는 실수는 `unsafe impl<T: Send> Send for MyUnsafeType<T> {}`와 같이 제네릭 파라미터에 바운드를 추가하는 걸 잊어버리는 것이다.

GlobalAlloc

`GlobalAlloc` 트레이트는 러스트에서 사용자 정의 메모리 할당자를 구현하는 방법이다. 이 주제에 대해서는 많이 다루지 않겠지만 트레이트 자체는 매우 흥미롭다. 코드 9-4는 `GlobalAlloc` 트레이트 구현에 필요한 메서드를 보여 준다.

코드 9-4 `GlobalAlloc` 트레이트 구현에 필요한 메서드

```
pub unsafe trait GlobalAlloc {
  unsafe fn alloc(&self, layout: Layout) -> *mut u8;
  unsafe fn dealloc(&self, ptr: *mut u8, layout: Layout);
}
```

이 트레이트의 핵심은 새로운 메모리 블록을 할당하는 `alloc` 메서드와 그 메모리를 해제하는 `dealloc` 메서드다. `Layout` 인수는 2장에서 설명했듯이 타입의 크기와 정렬을 기술한다. 이 메서드는 모두 안전하지 않으며 호출자가 반드시 준수해야 하는 몇 가지 안전성 불변 조건을 정의하고 있다.

`GlobalAlloc` 트레이트 자체도 안전하지 않다. 그 이유는 메서드 호출자가 아니라 트레이트 구현체에 제약을 가하기 때문이다. 트레이트의 불안전성은 표준 라이브러리의 `Box` 구현처럼 러스트 자체가 메모리 할당자에 대해 가정하는 불변 조건을 구현자가 준수하도록 한다. 트레이트가 안전하다면 구현자는 포인터를 잘못 정렬하거나 잘못된 크기의 메모리를 할당해도 `GlobalAlloc` 트레

이트가 안전한 것처럼 구현할 수 있어서 메모리 할당이 정상이라고 가정하는 안전한 코드가 불안전해질 수도 있다. 이는 안전한 코드가 다른 안전한 코드 내에서 메모리 불안전성을 유도해서 어떤 문제도 일으키면 안 된다는 규칙을 깨뜨린다.

놀랍게도 Unpin은 안전하다

Unpin 트레이트가 안전하다는 점은 많은 러스트 개발자가 놀랄 만한 사실이다. 특히 8장을 읽은 후라면 더욱 놀라울 것이다. 어쨌든 이 트레이트는 내부 포인터를 확보한 후에(즉, Pin 타입에 보관된 후에) 이동하더라도 자기 참조적 타입이 무효화되지 않도록 보호한다. 그런 후에 Unpin을 이용해 Pin으로부터 타입을 안전하게 이동할 수 있다는 점은 조금 이상해 보인다.

Unpin이 안전한 트레이트인 이유는 크게 두 가지이다. 첫 번째 이유는 안전하지 않을 필요가 없기 때문이다. 어떤 타입에 대해 Unpin을 구현한다고 해서 !Unpin 타입을 안전하게 고정하거나 해제할 수 있는 능력은 제공되지 않는다. 그러려면 여전히 Pin::new_unchecked나 Pin::get_unchecked_mut을 호출하는 형태의 불안전성이 필요하다. 두 번째 이유는 Drop 트레이트라는, 어떤 타입이든 고정을 해제하는 안전한 방법이 이미 있기 때문이다. 타입에 Drop 트레이트를 구현하면 이 타입이 Pin에 고정되어 있고 !Unpin이라 하더라도 어떤 불안전성 없이 &mut self를 전달한다. 이런 잠재적인 불안전성은 Pin::new_unchecked의 불변 조건에 이미 속해 있으며, 애초에 !Unpin 타입의 Pin을 만들 때 반드시 준수해야 한다.

언제 트레이트를 안전하지 않게 만들어야 할까

안전하지 않은 트레이트는 많지 않지만 그런 트레이트는 모두 같은 패턴을 따른다. 트레이트가 정확하게 구현되었다고 가정하는 안전한 코드에서, 만약 실제로는 트레이트가 정확하게 구현되지 않아서 메모리 불안전성을 보일 수 있다면, 그 트레이트는 안전하지 않다고 표시해야 한다.

Send 트레이트가 좋은 예이다. 안전한 코드는 손쉽게 스레드를 스폰해 값을 전달할 수 있지만, Rc가 Send를 구현한다면 이 일련의 작업으로 메모리 불안전성을 일으킬 수 있다. Rc<Box>를 복제한 뒤 다른 스레드에 보내면 어떤 일이 일어날지 생각해 보자. 두 스레드 모두 Rc의 참조 카운트에 대한 접근을 정확히 동기화하지 못하기 때문에 Box를 할당 해제하려고 할 수 있다.

Unpin 트레이트는 그 반대의 경우를 보여 주는 좋은 예이다. Unpin을 잘못 구현하면 안전하지 않은 코드가 메모리 불안전성을 유발하는 경우도 있지만, 완전히 안전한 코드가 Unpin 구현 때문에 메모리 불안전성을 유발하는 경우는 없다. 트레이트가 안전한지 여부를 판단하는 것이 항상 쉬운 일은 아니다.(실제로 Unpin 트레이트는 대부분의 RFC에서 안전하지 않은 것으로 간주되었다.) 하지만 처음에는 트레이트를 안전하지 않다고 표시하고, 나중에 안전하다고 판단되면 선언을 바꿀 수 있다. 단, 이런 변경은 하위 호환성을 깨뜨릴 수도 있음에 유의해야 한다.

또한 단지 트레이트를 부정확하게(또는 악의적으로) 구현할 때 큰 문제가 생길 것 같다는 느낌이 들어서 트레이트를 안전하지 않다고 표시하는 것은 좋은 이유가 아니라는 점도 알아 두자. unsafe 마커는 무엇보다도 메모리 불안전성을 강조하기 위해 사용하는 것이지, 뭔가가 비즈니스 로직에 에러를 유발할 수 있음을 표시하기 위한 것이 아니다. 예를 들어 보자. 예컨대 Hash를 호출할 때마다 다른 랜덤 해시값을 리턴하도록 악의적으로 구현되었다면, 세상에 오동작할 코드는 많겠지만 그렇다고 메모리 안전성을 해치지는 않는다. 그래서 Eq, Ord, Deref, Hash 트레이트는 모두 안전하다. 이는 안전하지 않은 코드도 마찬가지인데, 이를테면 Hash가 악의적으로 구현되었다면, 세상에 거의 모든 안전하지 않은 코드는 메모리에 대해 안전하지 않을 것이지만, 그렇다고 해서 Hash가 안전하지 않아야 하는 것은 아니다. Deref 구현체가 매번 다른(하지만 유효한) 타깃을 역참조하도록 구현된 경우도 마찬가지이다. 이런 안전하지 않은 코드는 Hash나 Deref가 실제로는 준수하지 않는 계약에 의존한다. 이 계약이란 Hash는 절대 결정적이지 않을 것이고 Deref 역시 그럴 것이라는 점이다. 또는 이를 구현한 사람이 이 계약을 준수하기 위해 unsafe 키워드를 사용하는 일은 절대 없을 것이라는 점이다.

Eq, Hash, Deref 같은 트레이트가 안전하다는 점에 있어 중요한 함의는 안전하지 않은 코드는 안전한 코드의 정확성이 아니라 안전성에만 의존한다는 점이다. 이는 트레이트에만 적용되는 것이 아니라 모든 안전한/안전하지 않은 코드에도 적용된다.

큰 책임

지금까지 주로 안전하지 않은 코드로 할 수 있는 다양한 작업에 대해 알아봤다. 하지만 이런 작업은 안전하게 이루어질 때에만 가능한 것이다. 안전하지 않은 코드로 원시 포인터를 역참조할 수 있다 하더라도 그 시점에 참조에 대한 러스트의 일반적인 요구 사항은 모두 만족하면서 그 포인터가 가리키고 있는 값에 대한 유효한 참조라는 점을 알고 있는 경우에만 역참조를 수행해야 한다. 다시 말해 안전하지 않은 코드는 안전하지 않은 일을 하기 위한 도구로 제공되지만 이 도구를 이용해서 안전한 일만 해야 한다.

그렇다면 애초에 안전하다는 것이 무엇인지에 대한 근본적인 의문이 생긴다. 언제 포인터를 역참조하는 게 안전할까? 언제 서로 다른 두 타입을 변환(transmute)하는 게 안전할까? 이번 절에서는 unsafe의 힘을 이용할 때 염두에 두어야 할 주요 불변 조건을 설명하고, 몇 가지 일반적인 주의점을 살펴보며, 안전하지 않은 코드를 더 안전하게 작성하는 데 도움이 되는 몇 가지 도구에 익숙해질 기회를 제공한다.

러스트 코드가 안전해진다는 것이 무엇을 의미하는지에 대한 정확한 규칙은 여전히 작업 중이다. 이 책을 집필하는 현재 안전하지 않은 코드 가이드라인 작업 그룹이 열심히 작업 중이지만 수많은 의문점이 여전히 해소되지 않고 있다. 이번 절의 대부분의 조언은 그럭저럭 결정이 난 것들이지만, 그렇지 않은 것들은 확실히 표시를 해 두겠다. 무엇보다도 이번 절이 안전하지 않은 코드를 작성할 때 조심스럽게 가정을 수립하고 코드를 실제로 배포하기 전에 러스트 레퍼런스를 다시 점검하는 습관을 들이는 데 도움이 되기를 바란다.

어떤 문제가 발생할 수 있을까?

안전하지 않은 코드가 준수해야 할 규칙에 대해 설명하려면 그 규칙을 위반했을 때 어떤 일이 벌어질 수 있는지도 알아봐야 한다. 예를 들어 여러 스레드에서 동시에 값을 변경하려 하거나 정렬되지 않은 참조를 생성하거나 허상 포인터를 역참조하려 한다고 가정해 보자. 그러면 어떤 일이 벌어질까?

궁극적으로 안전하게 동작하지 않는 안전하지 않은 코드는 미정의 동작을 유발한다. 미정의 동작은 세 가지 방식 중 하나로 나타나는데, 아무 일도 일어나지 않거나 눈으로 확인할 수 있는 에러가 나거나 눈에 보이지 않는 손상이 생긴다. 첫 번째 경우는 그나마 다행인 경우이다. 여러분이 작성한 코드는 안전하지 않지만 컴파일러가 이를 보완해서 이 코드를 실행하는 컴퓨터가 정상으로 동작하는 경우이다. 하지만 이 다행스러운 상황도 오래 가지는 못한다. 새롭고 조금이라도 더 똑똑한 버전의 컴파일러가 등장하거나 주변 코드가 컴파일러의 다른 최적화를 유도하면, 이 코드는 더 이상 정상적으로 동작하지 못하며 더 좋지 않은 상황 중 하나로 바뀐다. 같은 코드를 같은 컴파일러로 컴파일하더라도 다른 플랫폼이나 호스트에서 실행하면 프로그램이 다르게 동작할 수 있다. 그렇기 때문에 모든 것이 정상으로 동작하는 듯이 보여도 미정의 동작을 피하는 것이 중요한 이유이다. 미정의 동작을 피하지 않는 것은 러시안룰렛에서 한 번 살아남았다는 이유로 다음 판에 또 목숨을 거는 것이나 마찬가지이다.

눈에 보이는 에러는 미정의 동작을 잡아낼 수 있는 가장 쉬운 경우이다. 예를 들어 널 포인터를 역참조했다면 프로그램은 (아마도) 에러가 발생해 충돌을 일으킬 것이며 그러면 디버깅을 통해 원인을 찾아낼 수 있다. 디버깅은 어려울 수 있지만 적어도 뭔가 잘못됐다는 알림은 받게 된다. 또한 눈에 보이는 에러는 데드락, 왜곡된 출력 또는 패닉 등 어딘가에 출력되지만 프로그램을 종료하지는 않는 형태로 발생하며 코드에 버그가 있음을 알려 주므로 찾아서 수정하면 된다.

최악의 경우는 눈으로 즉시 볼 수 없는데 프로그램 상태가 보이지 않게 손상되는 경우이다. 거래 금액이 약간 줄어든다거나 백업이 소리 소문 없이 손상되거나 내부 메모리의 임의 비트가 외부 클라이언트에 노출되는 경우 등이 그렇다. 이런 동작은 손상을 지속시키거나 매우 드문 장애를 유발할 수 있다. 미정의 동작의 어려움은 그 이름에서 알 수 있듯이 안전하지 않은 코드가 안전하게 동작하지 않을 때의 동작이다. 컴파일러가 코드를 완전히 없애거나 코드의 의미를 완전히 바꾸거나 주변 코드가 잘못 컴파일된 것일 수도 있다. 이 경우 프로그램이 어떻게 동작할지는 전적으로 코드를 어떻게 작성했느냐에 따라 다르다. 미정의 동작의 영향은 예측 불가능하므로 미정의 동작은 현재의 분류와는 무관하게 모두 심각한 버그로 간주해야 한다.

 **미정의 동작은 왜 존재할까?**

미정의 동작에 대한 논쟁 중 하나는 코드가 이상한 동작이나 예측 불가능한 동작 대신 미정의 동작을 유발한다면 컴파일러가 에러를 출력해야 한다는 것이다.

안타깝게도 이는 불가능하다. 미정의 동작이 명확하거나 명시적인 경우는 드물기 때문이다. 대부분 컴파일러는 코드가 명세를 따를 것이라는 가정하에 최적화를 수행한다. 하지만 그렇지 않은 경우도 있어서 런타임에 실행해 보기 전까지는 명확하지 않은 경우가 있고, 이 경우 동작의 영향을 예측하기가 매우 어렵다. 최적화가 여전히 유효하고 큰 문제가 없을 수도 있지만 그렇지 않은 경우도 있어서 코드의 의미가 최적화 이전과 미묘하게 달라질 수 있다.

컴파일러 개발자에게 코드에 대해 가정하지 말라고 한다면 그것은 오늘날 큰 성공을 거둔 다양한 최적화를 수행하지 말라고 하는 것이나 다름없다. 잘 만들어진 거의 모든 최적화는 언어 명세에 따라 코드가 할 수 있고 없는 것에 대한 가정에 기반한다.

명세와 컴파일러 최적화가 어떻게 서로 연관되며 이 과정에서 어디에 책임을 물어야 할지 판단하기 어려운 경우를 잘 보여 주는 사례가 궁금하다면, 랄프 융의 블로그 글 'We Need Better Language Specs'(*https://www.ralfj.de/blog/2020/12/14/provenance.html*)를 읽어 보기를 권한다.

유효성

안전하지 않은 코드를 작성하기 전에 이해해야 할 가장 중요한 개념은 유효성일 것이다. 유효성은 주어진 타입에 보관할 수 있는 값에 대한 규칙이다. 좀 더 쉽게 말하면 타입의 값에 대한 규칙이다. 이 개념은 보기보다 간단하므로 몇 가지 구체적인 사례를 살펴보자.

참조 타입

러스트는 참조 타입이 가질 수 있는 값에 대해 매우 엄격하다. 특히 참조는 절대 깨져서는 안 되며, 항상 정렬되어 있어야 하고, 타깃 타입에 유효한 값을 늘 가리켜야 한다. 게다가 주어진 메모리 위치에 대한 배타적 참조와 공유 참조가 동시에 존재해서는 안 되며, 한 위치에 대한 여러 배타적 참조도 존재할 수 없다. 이런 규칙은 여러분의 코드가 참조를 사용하든, 그렇지 않든 무조건 적용된다. 아무리 곧바로 없앤다 해도 널 참조는 절대 만들어 낼 수 없다.

공유 참조는 참조되는 값이 참조의 수명 동안 변경될 수 없다는 추가적인 제약을 갖는다. 즉, 참조되는 값은 그 수명 내내 완전히 같은 값으로 유지되어야 한다. 이 규칙은 전이적으로 적용되므로 `*mut T`를 포함하는 타입에 대한 `&` 참조가 있을 경우, `unsafe` 블록을 이용해 규칙을 회피하려고 해도 `*mut`을 통해 `T` 값을 변경하는 것은 허용되지 않는다. 이 규칙의 유일한 예외는 `UnsafeCell` 타입으로 래핑한 값이다. `Cell`, `RefCell`, `Mutex`처럼 내부 가변성을 제공하는 다른 모든 타입은 내부적으로 `UnsafeCell` 타입을 사용한다.

러스트의 참조에 대한 엄격한 규칙으로 인해 야기된 흥미로운 결과가 있었는데 바로 몇 년간 `repr(Rust)`를 사용한, 패킹[3]된 구조체 또는 부분적으로 초기화되지 않은 구조체의 필드에 대한 참조를 안전하게 얻어 오기가 불가능했다는 것이다. `repr(Rust)`는 타입의 레이아웃이 정해지지 않은 채로 내버려 두므로 필드의 주소를 얻는 유일한 방법은 `&some_struct.field as *const _`뿐이었다. 하지만 `some_struct` 구조체가 패킹되어 있다면 `some_struct.field`는 정렬되지 않았을 수 있고 따라서 `&` 참조를 사용하는 것이 허용되지 않는다. 게다가 `some_struct`가 완전히 초기화되지 않는다면 `some_struct` 참조 자체도 존재할 수 없다. 러스트 1.51.0부터는 `ptr::addr_of!` 매크로가 안정화되면서 참조를

3 (옮긴이) 패딩 규칙에서 기준 메모리 블록 크기를 변경해서 메모리에 저장되는 데이터의 위치를 조절하는 기법

먼저 생성하지 않고도 필드에 대한 참조를 직접 얻을 수 있는 메커니즘을 추가해 이 문제를 해결했다. 내부적으로는 참조를 활용하는 것이 아니라 피연산자에 대한 포인터를 직접 생성하는 원시 참조(원시 포인터와의 혼동을 방지하기 위한 이름이다.)라는 것을 이용한다. 원시 참조는 RFC 2582에서 제안한 것이지만 이 책을 집필하는 현재까지도 아직 안정화되지 않았다.

기본 타입

러스트의 기본 자료형 중 일부는 저장할 수 있는 값에 대한 제약을 가지고 있다. 예를 들어 `bool` 타입은 1바이트 크기로 정의되었지만 `0x00`이나 `0x01` 값만 저장할 수 있으며, `char` 타입은 서러게이트(surrogate)[4]나 `char::MAX` 이상의 값을 가질 수 없다. 기본 자료형은 물론 러스트의 전반적인 타입 대부분은 초기화되지 않은 메모리로부터 생성될 수 없다. 이런 제약은 서로 관련이 없어 보이지만 이런 제약이 없다면 가능할 수 없는 최적화에 필요한 제약이다.

이번 장에서 포인터 타입에 대해 설명하면서 언급했던 틈새 최적화는 이런 최적화의 좋은 예이다. 다시 설명하면 틈새 최적화는 열거형의 판별값을 래핑 타입에 숨겨 넣는 방법이다. 예를 들어 참조의 모든 비트가 0일 수는 없으므로 `Option<&T>`는 모든 비트를 0으로 설정해 `None` 값을 표현할 수 있다. 따라서 판별자 바이트를 저장하기 위한 추가 바이트(및 패딩)가 필요하지 않다. 컴파일러는 불도 같은 방식으로 최적화하며 경우에 따라서는 더 최적화하기도 한다. `Option<Option<bool>>` 타입을 생각해 보자. 컴파일러는 `bool` 타입의 값이 `0x00`이 아니면 `0x01` 중 하나라는 점을 알고 있으므로 `0x02` 값을 이용해 `Some(None)`을 표현하고 `0x03` 값으로 `None` 값을 표현할 수 있다. 깔끔한 방법 아닌가! 하지만 누군가 `0x03` 값을 `bool` 타입으로 취급하고 `Option<Option<bool>>` 타입이 최적화되는 방식으로 이 값을 저장하면 미처 예상하지 못한 일이 벌어질 수 있다.

다시 강조하지만 러스트 컴파일러가 현재 이 최적화를 구현하고 있는지 여부는 중요하지 않다. 중요한 것은 컴파일러가 이 최적화를 할 수 있다는 점이

4 (옮긴이) UTF-16 인코딩에서 사용하는 코드 포인트 범위를 의미한다.

며, 따라서 여러분이 작성하는 안전하지 않은 코드는 전부 이 계약을 준수해야 한다. 그렇지 않으면 나중에 동작이 변경될 경우 버그가 생길 위험이 있다.

소유한 포인터 타입

Box나 Vec처럼 자신이 소유한 메모리를 가리키는 타입은 명시적으로 공유 참조를 통해 접근하지 않는 한, 가리키는 메모리를 배타적으로 참조하고 있다면 같은 최적화를 적용한다. 구체적으로 말하면 컴파일러는 가리키고 있는 메모리가 공유되거나 다른 곳에서 다른 이름으로 사용되지 않는다고 가정하고, 이 가정을 바탕으로 최적화를 수행한다. 예를 들어 Box 인스턴스로부터 포인터를 추출한 후 같은 포인터로 Box 인스턴스를 두 개 만들고 이 둘이 이중 해제되지 않도록 ManuallyDrop 타입으로 래핑했다면, 미정의 동작이 일어날 가능성이 생기는 셈이다. 내부 타입을 공유한 참조만을 통해 접근하더라도 마찬가지이다.(여기서 '가능성'이라고 설명한 이유는 언어 문서에 완전히 명시되지는 않았지만 어느 정도 동의가 이루어졌기 때문이다.)

유효하지 않은 값의 저장

경우에 따라서는 타입에 유효하지 않은 값을 저장해야 할 때가 있다. 가장 일반적인 예로는 어떤 타입 T에 일련의 메모리를 할당한 후 네트워크 등에서 바이트를 읽어야 하는 경우이다. 바이트를 모두 읽기 전까지는 T는 유효하지 않다. 바이트를 u8 타입의 슬라이스로 읽어 내려고 해도 u8 타입을 초기화되지 않은 메모리에서 생성하는 것은 미정의 동작이므로 처음에는 모두 0 값을 채워야 한다.

MaybeUninit<T> 타입은 유효하지 않은 값을 다루기 위한 메커니즘이다. MaybeUninit<T> 타입은 T 값(#[repr(transparent)] 속성)을 저장하지만, 컴파일러는 그 T 값에 대해 아무런 가정도 하지 말아야 한다는 점을 알고 있다. 참조가 널값이 아닌지, Box<T>의 참조가 허상인지, 그 불값이 0인지 1인지에 대한 어떠한 가정도 하지 않는다. 그렇다는 말은 (그 이름이 암시하듯이) MaybeUninit 타입 내의 초기화되지 않은 메모리에 T 값을 보관하는 것이 안전하다는 뜻이다. MaybeUninit 타입은 유효하지 않을지도 모르는 값을 임시로 보관해야 하는 안전하지 않은 코드를 작성할 때에도 유용하게 사용할 수 있는 도구이다. 별칭을 지정한 Box<T> 타입을 저장하거나 char 서러게이트를 잠깐 보관해야 한다면 MaybeUninit 타입을 활용하자.

보통 MaybeUninit 타입으로는 세 가지 작업만 수행한다. MaybeUninit::uninit 메서드를 호출해 생성하거나, MaybeUninit::as_mut_ptr 메서드로 값을 기록하거나, 내부의 T 값이 유효하게 되면 MaybeUnunit::assume_init 메서드를 이용해 그 값을 읽어 낸다. 이름이 의미하듯이 uninit 메서드는 T와 같은 크기의 초기화되지 않은 메모리를 확보한 MaybeUninit<T> 인스턴스를 생성한다. as_mut_ptr 메서드는 내부의 T 타입에 값을 기록할 수 있는 원시 포인터를 제공한다. 물론 이 포인터로 값을 읽을 수도 있지만 초기화되지 않은 비트를 읽는 것은 미정의 동작이다. 마지막으로, 안전하지 않은 메서드인 assume_init 메서드는 MaybeUninit<T>의 내용이 이제는 유효한 T 값이 됐을 거라는 가정하에 그 T 값을 리턴한다.

코드 9-5는 명시적으로 0 값을 채우지 않고도 MaybeUninit 타입을 이용해 안전하게 바이트 배열을 초기화하는 방법을 보여 준다.

코드 9-5 MaybeUninit을 이용해 안전하게 배열을 초기화하는 예

```
fn fill(gen: impl FnMut() -> Option<u8>) {
  let mut buf = [MaybeUninit::<u8>::ununit(); 4096];
  let mut last = 0;
  for (i, g) in std::iter::from_fn(gen).take(4096).enumerate() {
    buf[i] = MaybeUninit::new(g);
    last = i + 1;
  }
  // 안전성: last 변수를 포함한 모든 u8 값이 초기화되었다.
  let init: &[u8] = unsafe {
    MaybeUninit::slice_assume_init_ref(&buf[..last])
  };
  // init 변수로 필요한 작업 수행
}
```

애초에 buf 변수를 [0; 4096]으로 선언해도 되지만 그러면 fill 함수가 나머지 코드를 실행하기 전에 먼저 스택에 필요한 0 값을 모두 채워 넣어야 한다. 이 값들은 곧 다른 값으로 덮어써질 것을 알면서도 말이다. 그런다고 해서 성능에 눈에 띌 만한 차이가 생기지는 않지만, 이 루프가 상당히 빈번하게 실행된다면 성능 문제가 발생할 수도 있다. 이 예에서는 함수가 호출됐을 때 배열이 스택에 있는 값을 그냥 유지하고 있다가 필요할 때 값을 덮어쓰게 하고 있다.

부분적으로 초기화된 메모리를 드롭할 때에는 주의해야 한다. MaybeUninit<T>가 완전히 초기화되기 전에 의도치 않게 메모리가 너무 일찍 드롭되어 패닉이 발생했다면 T의 유효해진 부분만 드롭해야 한다. 물론 MaybeUninit만 드롭하고 그 내부의 메모리는 잊어버려도 되지만, 그 메모리에 예컨대 Box 타입을 저장했다면 메모리 누수로 이어질 수 있다.

패닉

안전하지 않은 작업을 수행하는 코드를 안전하게 작성하는 데 있어 중요하지만 자주 간과하는 점은 패닉을 처리하는 방법이다. 특히 5장에서 짧게 설명했지만 대부분의 플랫폼에서 러스트의 기본 패닉 핸들러는 패닉이 발생하면 프로그램을 크래시하지 않고 현재 스레드를 언와인딩한다. 패닉을 언와인딩하면 현재 스코프에 정의된 모든 것을 효과적으로 드롭하고 현재 함수를 리턴하며 함수 주변의 스코프에서 모든 것을 드롭하는 등의 작업을 현재 스레드의 첫 번째 스택 프레임에 도달할 때까지 한다. 안전하지 않은 코드에 언와인딩을 고려하지 않으면 문제가 발생할 수 있다. 예를 들어 여러 값을 Vec 인스턴스에 한 번에 효과적으로 삽입하는 코드 9-6을 살펴보자.

코드 9-6 벡터를 기본값으로 채우는, 겉보기에는 안전한 코드

```
impl<T: Default> Vec<T> {
  pub fn fill_default(&mut self) {
    let fill = self.capacity() - self.len();
    if fill = 0 { return; }
    let start = self.len();
    unsafe {
      self.set_len(start + fill);
      for i in 0..fill {
        *self.get_unchecked_mut(start + i) = T::default();
      }
    }
  }
}
```

T::default 호출에서 패닉이 발생했을 때 이 코드가 어떻게 동작할지 생각해 보자. 먼저 fill_default 함수는 모든 지역 변숫값(단순한 정수)을 드롭한 후 리턴할 것이다. 그러면 호출자도 같은 동작을 수행할 것이다. 스택 위쪽 어딘가에 Vec의 소유자가 있을 것이다. 이 소유자가 벡터를 드롭할 때 문제가 생긴다. 벡터에 실제로 T 값을 추가하기 전에 set_len 메서드를 호출했기 때문에 이제 벡터의 길이는 실제 추가한 값의 개수보다 큰 값을 리턴한다. 예를 들어 아이템을 8개 추가하려고 했는데 맨 처음 T::default 호출이 실패했다면, Vec::drop 메서드는 아직 초기화되지 않은 메모리가 들어 있는 8개의 T 값에 대해 drop 메서드를 호출한다!

이 문제를 해결하는 방법은 쉽다. 값을 벡터에 추가하고 나서 벡터의 길이를 설정하게 하면 된다. 패닉을 언와인딩했을 때 안전하지 않은 코드의 정확성에 미치는 영향을 충분히 고려하지 않는다면 이 문제를 인지하지 못했을 것이다.

코드에서 이런 문제를 검토할 때에는 패닉이 발생할 수 있는 모든 구문을 주의 깊게 살펴보고, 패닉이 발생해도 코드가 안전한지 또는 코드가 절대 패닉을 유발하지 않는지 확인해야 한다. 특히 사용자 코드를 호출하는 부분을 살펴야 한다. 그런 부분이 있다면 패닉을 제어할 수 있는 방법이 없으므로 사용자 코드는 무조건 패닉이 발생한다고 가정해야 한다.

? 연산자를 이용해 함수를 일찍 리턴하는 경우에도 비슷한 상황이 생길 수 있다. 이런 경우에는 함수의 나머지 코드를 실행하지 않아도 코드가 안전한지 확인해야 한다. ? 연산자는 명시적으로 사용하는 것이라 예상치 못한 문제를 일으키는 경우는 드물지만 그래도 주의를 기울일 필요가 있다.

캐스팅

2장에서 언급했듯이 #[repr(Rust)]를 가진 서로 다른 두 타입은 필드의 순서와 타입이 모두 같다 하더라도 메모리에 다르게 표현될 수 있다. 이는 두 타입 사이의 캐스팅이 안전한지 늘 명확하지는 않다는 뜻이다. 사실 러스트는 레이아웃이 같은 제네릭 타입의 두 인스턴스를 메모리에 같은 방식으로 표현하는지 보장하지 않는다. 예를 들어 코드 9-7에서 A와 B의 메모리상의 표현이 같다는 보장은 없다.

코드 9-7 타입의 레이아웃은 예측 불가능하다.

```
struct Foo<T> {
  one: bool,
  two: PhantomData<T>,
}
struct Bar;
struct Baz;

type A = Foo<Bar>;
type B = Foo<Baz>;
```

repr(Rust)에 대한 보장이 없다는 점은 안전하지 않은 코드에서 타입을 캐스팅할 때 염두에 두어야 할 중요한 사항이다. 단순히 두 타입이 상호 교체가 가능할 것 같다고 해서 반드시 교체할 수 있지는 않다. 서로 다른 표현을 가진 두 타입을 캐스팅하는 것은 미정의 동작을 유발하는 지름길이다. 이 책을 집필하는 현재 러스트 커뮤니티에서 타입 표현에 대한 정확한 규칙을 활발히 논의하고 있지만, 현재로서는 보장되는 사항이 얼마 되지 않으므로 이런 제한 내에서 작업할 수밖에 없다.

같은 타입은 메모리에 같은 방법으로 표현되는 것이 보장되기는 하지만, 중첩된 타입의 경우에는 같은 문제가 여전히 발생할 수 있다. 예를 들어 UnsafeCell<T>, MaybeUninit<T>, T는 실질적으로 T 값을 보관하므로 마음대로 캐스팅이 가능하지만, 예컨대 Option<MaybeUninit<T>>와 같은 타입이 되면 이야기가 달라진다. Option<T>는 틈새 최적화(유효하지 않은 T 값을 이용해 Option의 None 값을 표현)를 활용할 수 있지만, MaybeUninit<T>는 모든 비트 패턴을 가질 수 있기 때문에 이 최적화가 적용되지 않는다. 따라서 Option의 판별자를 위한 추가적인 바이트가 필요하다.

래퍼 타입의 경우에는 최적화 외에도 레이아웃이 달라지는 이유가 있다. 예를 들어 코드 9-8을 보면 Wrapper<PhantomData<u8>>과 Wraper<PhantomData<i8>>의 레이아웃은 제공된 타입이 둘 다 빈 타입임에도 완전히 달라진다.

코드 9-8 **캐스팅을 어렵게 만드는 래퍼 타입**

```
struct Wrapper<T: SneakyTrait> {
  item: T::Sneaky,
  iter: PhantomData<T>,
}
trait SneakyTrait {
  type Sneaky;
}
impl SneakyTrait for PhantomData<u8> {
  type Sneaky = ();
}
impl SneakyTrait for PhantomData<i8> {
  type Sneaky = [u8; 1024];
}
```

그렇다고 해서 러스트에서 타입 캐스팅을 하면 안 된다는 말은 아니다. 예를 들어 관련된 모든 타입과 그 트레이트의 구현을 제어할 때에나 타입이 #[repr(C)]로 지정되어 있을 때에는 훨씬 간단해진다. 다만 러스트는 메모리 내 표현에 대해 보장하는 것이 적다는 점을 인식하고 이에 맞춰 코드를 작성해야 한다.

드롭 검사

러스트의 대여 검사기는 본질적으로 컴파일 타임에 코드 건전성(soundness)을 보장하는 정교한 도구이며, 러스트는 이를 통해 '안전한' 코드를 표현할 수 있다. 대여 검사기의 정확한 동작 방식은 이 책의 범위를 벗어나지만 드롭 검사는 안전하지 않은 코드에 직접적인 영향을 미치므로 살펴볼 필요가 있다. 드롭 검사를 이해하기 위해 러스트 컴파일러 관점에서 두 가지 코드를 살펴보자. 먼저 변수를 가변 참조로 대여한 후 바로 그 변수를 변경하는 세 줄짜리 코드 9-9를 살펴보자.

코드 9-9 **이 코드는 Foo의 구현 방식에 따라 컴파일될 수도, 그렇지 않을 수도 있다.**

```
let mut x = true;
let foo = Foo(&mut x);
x = false;
```

Foo의 정의를 알지 못하는 상태에서 이 코드가 컴파일되어야 하는지 그렇지 않은지 말할 수 있을까? 변수 x에 false 값을 대입할 때 스코프를 벗어나면 드롭되는 변수 foo가 여전히 존재하고 있다. 변수 foo가 x의 가변 참조를 가지고 있으므로 x를 수정하기 위한 가변 참조를 사용할 수 없다. 하지만 이를 허용하는 것이 무슨 문제가 될까? 사실 x의 변경을 허용하는 것은 Foo 타입이 Drop 트레이트를 구현할 때에만 문제가 된다. Foo가 Drop 트레이트를 구현하지 않는다면 Foo는 x에 대한 참조를 마지막으로 사용한 후 더는 건드리지 않을 것이다. 그리고 x의 마지막 사용은 대입을 위한 배타적 참조가 필요하기 전에 이루어지므로 이 코드의 컴파일을 허용해도 된다. 반면 Foo 타입이 Drop 트레이트를 구현한다면 이 구현이 x에 대한 참조를 사용할 수도 있으므로 이 코드의 컴파일을 허용할 수 없다.

이제 어느 정도 몸이 풀렸으니 코드 9-10을 살펴보자. 썩 직관적이지 않은 이 예에는 가변 참조가 더 깊이 숨겨져 있다.

코드 9-10 이 코드는 Foo와 Bar의 구현에 따라 컴파일될 수도, 그렇지 않을 수도 있다.

```
fn barify<'a>(_: &'a mut bool) -> Bar<Foo<'a>> { .. }
let mut x = true;
let foo = barify(&mut x);
x = false;
```

이제 Foo와 Bar의 정의를 알지 못하는 상태에서 이 코드가 컴파일되는지 그렇지 않은지 말할 수 있을까? Foo가 Drop을 구현하지만 Bar는 그렇지 않은 경우가 가장 흥미로운 경우이므로 이 경우 어떤 일이 벌어질지 생각해 보자. 보통 Bar가 스코프를 벗어나거나 뭔가 드롭될 때 Foo도 드롭해야 하므로, Foo::drop이 x에 대한 참조를 사용할지도 모르는 상황과 같은 이유로 이 코드는 컴파일되지 않아야 한다. 하지만 Bar가 Foo를 직접 보관하지 않고 PhantomData<Foo<'a>>나 &'static Foo<'a>를 보관하고 있다면 이 코드는 아무런 문제가 없다. Bar가 드롭되더라도 Foo::drop은 절대 호출되지 않으므로 x에 대한 참조가 다시 사용되는 일이 없기 때문이다. 이처럼 컴파일러는 알아채기 어렵더라도 사람은 문제가 없다고 판단할 수 있는 코드라면 컴파일러가 컴파일을 허용해 주면 좋을 것이다.

우리가 방금 살펴본 로직이 바로 드롭 검사이다. 보통 이 검사의 기본 동작은 사용자의 예상을 벗어나지 않기 때문에 안전하지 않은 코드에 큰 영향을 주지 않지만 단 한 가지 예외가 있다. 바로 허상 제네릭 파라미터이다.

여러분이 Box<T> 타입을 직접 구현하고 있고 코드 9-9처럼 누군가 그 안에 &mut x를 보관한다고 가정해 보자. 여러분이 구현하는 Box 타입은 메모리를 해제하기 위해 Drop 트레이트를 구현해야 하지만, 드롭한 후로는 T에 더 이상 접근하지 않는다. 그리고 &mut을 드롭해도 아무런 동작을 하지 않기 때문에 코드에서 Box에 마지막으로 접근한 후 드롭되기 전에 &mut x에 다시 접근하는 것은 아무런 문제가 없다. 이런 타입을 지원하기 위해 러스트는 dropck_eyepatch라는 아직은 안정화되지 않은 기능을 제공한다.(드롭 검사를 부분적으로 수행하지 못하기 때문이다.) 이 기능은 적절한 메커니즘을 고안할 때까지 영원히 안정화되지 못하고 임시로 사용될 가능성이 높다. dropck_eyepatch 기능은 #[may_dangle] 속성을 제공한다. 이 속성은 타입의 Drop 트레이트를 구현할 때 제네릭 수명과 타입의 접두어로 사용해서, 수명이나 타입이 드롭된 후에는 다시 사용하지 않을 것임을 드롭 검사 메커니즘에 알려 주게 된다. 즉, 다음과 같이 사용할 수 있다.

```
unsafe impl<#[may_dangle] T> Drop for ...
```

그러면 타입은 Drop 내에서 제네릭 파라미터를 사용하지 않는다고 선언하게 됨으로써 Box<&mut T> 같은 코드를 사용할 수 있게 된다. 하지만 Box<T>가 원시 힙 포인터인 *mut T를 사용하며 T에 #[may_dangle]이 지정되어 있다면 새로운 문제를 일으킨다. 구체적으로 *mut T로 인해 러스트의 드롭 검사는 Box<T>가 T를 소유하지 않으며, 따라서 T::drop 메서드를 호출하지 않는다고 생각하게 된다. 하지만 Box<T>가 드롭되면 T에 더 이상 접근하지 않을 것이라는 may_dangle 단정문이 더해져, 드롭 검사는 수명이 Box가 드롭되는 시점보다 짧은 T를 가진 Box<T>를 사용해도 괜찮다는 결론을 내리게 된다.(예: 코드 9-10의 &mut x) 하지만 이는 사실이 아니다. 우리는 T::drop을 호출하는데 이는 앞서 말한 x에 대한 참조에 접근할 수도 있기 때문이다.

이 문제를 해결하는 방법 역시 간단하다. PhantomData<T>를 추가해서 Box<T>가 T를 저장하지 않고 드롭 시점에 T에 접근하지 않더라도 여전히 T를 소유하며, Box가 드롭될 때 T를 드롭할 것이라고 드롭 검사에 알려 주면 된다. 코드 9-11은 이 가상의 Box 타입 선언을 보여 준다.

코드 9-11 드롭 검사에 대한 최대한의 유연성을 제공하는 Box 타입의 정의

```
struct Box<T> {
  t: NonNull<T>,           // NonNull은 *mut의 공변이 아니다. (1장 참고)
  _owned: PhantomData<T>, // 우리가 T를 드롭할 것이라고 드롭 검사에 알려 준다.
}
unsafe impl<#[may_dangle] T> Drop for Box<T> { /* ... */ }
```

이런 상호 작용은 미묘해서 놓치기 쉽지만 사실 안정되지 않은 #[may_dangle] 속성을 사용할 때에만 필요한 내용이다. 이번 절의 내용을 토대로 나중에 unsafe impl Drop 코드를 보게 되면 PhantomData<T>를 사용하는지 확인하기 바란다.

Drop을 구현하는 안전하지 않은 코드에서 고려해야 할 또 다른 사항은 self가 드롭된 후에도 Type<T>가 계속해서 T를 유지하게 하는 것이다. 예를 들어 지연 가비지 컬렉션을 구현한다면 T: 'static을 추가해야 한다. 그렇지 않으면 T = WriteOnDrop<&mut U>일 경우 T를 드롭하거나 나중에 T에 접근하게 될 때 미정의 동작을 유발하게 된다.

두려움에 대처하기

이번 장을 거의 마무리하는 시점에서 이제는 안전하지 않은 코드에 대해 더 두려움을 느낄지도 모르겠다. 이해는 하지만 안전하지 않은 코드를 안전하게 동작하도록 작성하는 것은 가능할 뿐 아니라 대부분의 경우 그렇게 어렵지 않다는 점이 중요하다. 핵심은 안전하지 않은 코드를 신중하게 다루는 것인데 그러면 일단 반은 해낸 것이다. 그리고 unsafe 키워드를 사용하기 전에 안전한 구현 방식은 정말 존재하지 않는지 반드시 확인해야 한다.

이 장의 나머지 부분에서는 안전하지 않은 코드를 작성하지 않고는 다른 방법이 없을 때 그 코드의 정확성에 좀 더 자신감을 가지는 데 도움이 될 몇 가지 기법과 도구를 살펴본다.

안전하지 않은 경계의 관리

안전하지 않은 코드를 작성할 때 이 불안전성을 지역적으로만 검토하고 판단하기 쉽다. 즉, 안전하지 않은 코드 블록이 다른 코드와 어떻게 상호 작용할지 깊이 생각하지 않고 안전성 여부를 판단하는 것이다. 하지만 이런 사고방식은 자주 문제를 일으킨다. Unpin 트레이트가 좋은 예이다. Pin::new_unchecked 메서드를 이용해 타입의 필드에 대한 고정된 참조를 만들어 내는 코드를 작성하는 것은 안전할 수 있다. 하지만 나중에 누군가 해당 타입에 대해 Unpin의 안전한 구현을 추가하면 새로운 impl 블록과 가까이 있지 않더라도 안전하지 않은 (알다시피 어떤 조건에서는 안전한) 코드가 더는 안전하지 않게 된다.

안전성은 안전하지 않은 코드 블록과 관련된 모든 코드의 프라이버시 경계에서만 확인할 수 있는 프로퍼티이다. 여기서 프라이버시 경계는 공식적인 용어라기보다는 '안전하지 않은 부분을 다루는 코드'를 의미한다. 예를 들어 모듈 bar에 pub 또는 pub(crate)로 표시한 공개 타입 Foo를 선언하면, 같은 크레이트의 코드일 경우 Foo에 대해 메서드와 트레이트를 구현할 수 있다. 따라서 Foo가 특정 트레이트나 특정 시그너처를 가진 메서드를 구현하지 않아야 안전하지 않은 코드의 안전성이 확보될 수 있다면, Foo에 대해 새로운 구현을 추가할 때마다 안전하지 않은 코드의 안전성을 다시 확인해야 한다. 반면 Foo가 크레이트 전체에 공개되지 않는다면 문제가 될 법한 구현을 추가할 수 있는 스코프가 훨씬 줄어들어 안전성 불변 조건을 깰 위험도 줄어든다. Foo가 비공개라면 현재 모듈과 서브모듈에만 그러한 구현을 추가할 수 있다.

필드에 접근할 때에도 같은 규칙이 반영된다. 안전하지 않은 블록의 안전성이 타입의 필드에 대한 특정한 불변 조건에 의존한다면, 이런 필드에 접근하는 어떤 코드든(안전한 코드 포함) 안전하지 않은 블록의 프라이버시 경계 안으로 진입할 수 있다. 여기서도 마찬가지로 프라이버시 경계를 최소화하는 것이 가장 좋은 방법이다. 필드에 접근할 수 없는 코드라면 불변 조건을 망칠 일도 없을 테니까.

안전하지 않은 코드는 폭넓은 논리적 사고를 자주 요구하므로 이를 최대한 잘 캡슐화하는 것이 좋다. 불안전성은 하나의 모듈 형태로 제공하고 그 모듈에 완전히 안전한 인터페이스를 제공하는 것이 가장 이상적이다. 그렇게 하면 불변 조건에 대해서는 해당 모듈의 내부만 감사하면 된다. 아니면 안전하지 않은 부분을 별도의 크레이트에 구현하면 실수로 안전성에 구멍을 내는 일은 없을 것이다.

하지만 복잡하고 불안전한 상호 작용을 하나의 안전한 인터페이스로 완전히 캡슐화하는 것이 항상 가능하지는 않다. 이런 경우라면 `unsafe`로 표시해야 할 공개 인터페이스 부분을 최대한 줄여서 아주 적은 수의 인터페이스만 정의하고, 주의해서 사용해야 한다는 점을 명확히 표현하는 이름을 제공한 다음 철저히 문서화하자.

내부 API에 `unsafe` 표시를 제거해서 코드 전체에서 `unsafe {}` 블록을 사용하지 않으려고 하는 경우도 있다. 무엇보다 여러분의 코드 내에서 `bazzify`를 이미 호출했다면 그 이후에 절대 `forbnify`를 호출하지 않으리라는 점을 알 것이다. 그렇지 않은가? `unsafe` 표시를 제거하면 더 깔끔한 코드를 작성할 수 있을지는 몰라도 장기적으로는 좋지 않은 결정이다. 1년 후 기반 코드의 크기가 커졌을 때 안전성 불변 조건에 대한 기억이 흐려지며 '이 기능만 빨리 구현하자.' 하는 생각으로 코드를 작성할 때 그 불변 조건을 무심코 위반할 가능성이 크다. `unsafe`를 명시적으로 직접 입력하지 않으면 그 부분을 다시 확인할 생각조차 하지 못할 것이다. 게다가 여러분이 실수하지 않더라도 다른 사람은 실수할 수 있다. 결국 코드가 더 깔끔해진다는 이유만으로 의도적으로 눈에 띄게 만든 `unsafe` 표시를 제거하는 것은 설득력이 떨어진다.

문서 읽고 쓰기

안전하지 않은 함수를 작성할 때 해당 함수를 안전하게 호출할 수 있는 조건을 반드시 문서화하는 것은 당연한 일이다. 여기서 중요한 것은 명확성과 완전성이다. 다른 곳에서 이미 언급하고 있다고 해서 불변 조건을 빠뜨리지 말자. 어떤 타입이나 모듈이 전역적으로 반드시 지켜야 하는 불변 조건을 요구한다면,

안전하지 않은 함수의 문서에서도 해당 전역 불변 조건을 유지해야 함을 상기시켜야 한다. 개발자들은 문서에서 필요한 부분만 읽는 경우가 많으므로 모듈 수준의 문서를 꼼꼼히 읽지 않을 가능성이 크다. 따라서 이 점을 반드시 상기시켜야 한다.

안전하지 않은 모든 구현을 문서화해야 하는지는 다소 명확하지 않을 수 있다. 이 문서화를 해당 구현이 요구하는 계약을 실제로 준수하고 있다는 증거를 제공하는 것이라고 생각하자. 예를 들어 `slice::get_unchecked` 메서드에 지정한 인덱스는 슬라이스 바운드 내에 있어야 한다. 따라서 이 메서드를 호출할 때 인덱스가 바운드 내에 있다는 것을 어떻게 보장하는지 설명하는 주석을 바로 위에 작성하자. 경우에 따라 안전하지 않은 코드 블록이 요구하는 불변 조건이 복잡해서 주석이 길어질 수도 있다. 이는 좋은 일이다. 나 역시 안전성 주석을 작성하려다가 중간에 핵심 불변 조건을 제대로 지키지 않았다는 것을 깨닫고 나서 실수를 발견한 적이 몇 번 있었다. 또한 1년 후에 이 코드를 수정하게 돼서 코드의 안전성을 확인할 때 주석을 작성한 자신이 고마울 것이며, 이 안전하지 않은 호출을 우연히 발견하고 이에 대해 이해하려는 다른 개발자도 주석이 고마울 것이다.

안전하지 않은 코드를 작성하기에 앞서 'Rustonomicon'(*https://doc.rust-lang.org/nomicon*)을 처음부터 끝까지 읽어 볼 것을 강력히 권한다. 놓치기 쉬운 세부 사항을 잘 알지 못한다면 나중에 큰 문제가 될 수 있다. 이번 장에서 많은 내용을 다루었는데 더 많이 아는 게 결코 해가 되지는 않는다. 의구심이 생길 때마다 러스트 레퍼런스를 활용하자. 이 문서는 정기적으로 업데이트되며 여러분의 가정이 옳은지 완전히 확신할 수 없다면 레퍼런스 내용을 읽고 확인할 수 있다. 그렇지 않다면 해당 내용을 추가하기 위해 이슈를 제출해도 좋다.

작업 확인

안전하지 않은 코드를 작성했고 모든 불변 조건을 두 번 세 번 확인했다면 이제 충분하다고 생각할 것이다. 하지만 이 코드를 프로덕션 환경에 밀어 넣기 전에 몇 가지 자동화 도구로 테스트 스위트를 실행해야 한다.(당연히 테스트 스위트는 갖추고 있을 것이다. 그렇지 않나?)

첫 번째 도구는 MIR 인터프리터인 미리이다. 미리는 여러분의 코드를 머신 코드로 컴파일하는 것이 아니라 러스트 코드를 직접 해석한다. 그 덕분에 미리는 여러분의 프로그램에 대해 훨씬 잘 이해할 수 있으며, 초기화되지 않은 메모리를 읽는 등 잘못된 작업을 수행하지 않는지 확인할 수 있다. 미리는 아주 미묘하며 러스트에만 존재하는 수많은 버그를 찾아낼 수 있어서 안전하지 않은 코드를 작성하는 사람에게는 구원자와 같다.

안타깝게도 미리는 코드를 해석해야 하므로 미리에서 코드를 실행하면 컴파일했을 때보다 훨씬 느리게 동작하는 경우가 많다. 그래서 미리는 테스트 스위트를 실행할 때에만 사용해야 한다. 또한 실제로 실행된 코드만 확인할 수 있으므로 테스트 스위트가 실행하지 않는 코드는 확인할 수 없다. 미리는 테스트 스위트를 대체하는 도구가 아니라 확장하는 도구라고 생각해야 한다.

런타임에 머신 코드를 계측해서 에러를 유발하는 동작을 탐지하는 새너타이저(sanitizer)라는 도구가 있다. 오버헤드와 정확성은 도구마다 다르지만 구글의 AddressSanitizer는 널리 사랑받는 도구 중 하나이다. 이 도구는 사용 후 해제, 버퍼 오버플로, 메모리 누수 등 안전하지 않은 코드의 일반적인 증상인 메모리 오류의 상당수를 감지한다. 미리와 달리 이 도구는 머신 코드에서 동작하므로 대개는 매우 빠르게 컴파일한 코드와 거의 같은 수준으로 동작한다. 하지만 미리와 마찬가지로 실제로 실행되는 코드만 분석할 수 있으므로 탄탄한 테스트 스위트를 갖추는 것이 필수이다.

이런 도구를 효과적으로 활용하기 위한 핵심은 코드에 변경이 일어날 때마다 지속적 통합 파이프라인 전체에서 자동으로 실행하고 에러를 발견할 때마다 회귀 테스트를 추가하는 것이다. 테스트 스위트를 개선할수록 도구가 문제를 더 잘 잡아내므로 알려진 버그를 수정하기 위해 새 테스트를 작성한다면 말 그대로 두 마리 토끼를 잡는 셈이다.

마지막으로, 안전하지 않은 코드에는 단정문을 충분히 추가해야 한다. 미정의 동작보다는 패닉을 유발하는 것이 좋다. 모든 가정을 단정문으로 확인하자. 안전성이 `usize` 크기에 좌우된다면 이것도 확인해야 한다. 런타임 비용이 부담

스럽다면 `debug_assert*` 매크로와 `if cfg!(debug_assertions) || cfg!(test)`를 사용해 디버그 및 테스트 시에만 단정문이 수행되도록 하자.

사상누각?

안전하지 않은 코드는 러스트의 모든 안전성 보장을 위반할 수 있으며 러스트의 안전성이 허구라는 주장의 근거가 되기도 한다. 문제는 부정확한 안전하지 않은 코드 한 조각으로도 전체 시스템을 무너뜨리고 모든 안전성이 상실될 수 있다는 점이다. 이런 주장을 지지하는 이들은 최소한 안전하지 않은 코드는 안전하지 않은 코드에서만 호출할 수 있어서 불안전성이 애플리케이션의 최상위 수준에서도 가시적이어야 한다고 주장한다.

이 주장은 어느 정도 설득력이 있다. 러스트 코드의 안전성은 결국 호출하는 모든 안전하지 않은 코드의 안전성에 의존한다는 것은 사실이다. 이 안전하지 않은 코드 중 일부가 잘못된다면 프로그램 전체 안전성에 영향을 미칠 수 있다. 그러나 이 주장이 놓치고 있는 점은 안전한 언어로 성공적으로 자리 잡은 언어들은 모두 보통 그 언어로는 표현할 수 없어 C나 어셈블리 언어로 작성된 언어 확장 기능을 제공한다는 것이다. 러스트가 안전하지 않은 코드의 정확성에 의존하는 것과 마찬가지로 이런 언어들의 안전성도 해당 확장 기능의 정확성에 의존하고 있다.

러스트는 별도의 언어 확장이 없다는 점에서 차이가 있지만 그 대신 러스트의 방언이라고 할 수 있는 안전하지 않은 코드로 확장 기능을 대신한다. 이로 인해 안전한 코드와 안전하지 않은 코드 사이에 훨씬 긴밀한 통합이 가능해짐으로써 이 두 코드 간 인터페이스에서 발생할 수 있는 임피던스 불일치로 인한 오류 가능성이나 개발자가 한 언어에는 익숙하지만 다른 언어에는 익숙하지 않은 경우에 일어날 수 있는 오류 가능성이 줄어든다. 게다가 이런 긴밀한 통합 덕분에 미리와 같은 도구로 안전하지 않은 코드와 안전한 코드의 상호 작용을 더 쉽게 분석할 수 있다. 그리고 안전하지 않은 러스트 코드는 명시적으로 `unsafe`로 표시하지 않은 모든 작업에 대해 대여 검사를 계속 수행하므로 개발자가 C 언어와 같은 저수준 언어를 사용할 때에는 제공되지 않는 많은 안전 검사들이 여전히 수행된다.

요약

이번 장에서는 unsafe 키워드로 얻을 수 있는 강력한 힘과 그 힘에 따라오는 책임에 대해 알아봤다. 또한 안전하지 않은 코드가 안전하게 동작하지 못할 때의 결과를 알아봤고, 어떤 코드가 안전함을 직접 검증했다고 컴파일러에 장담하는 방식이 unsafe 키워드라고 이야기했다. 다음 장에서는 러스트의 동시성에 대해 알아보고 여러분이 구매한 새 컴퓨터의 모든 코어가 같이 동작하도록 만드는 방법을 살펴본다.

10장

R u s t f o r R u s t a c e a n s

동시성과 병렬성

이번 장을 통해 러스트 프로그램에서 동시성을 효과적으로 활용하고, 여러분이 작성하는 라이브러리에서 동시성을 구현하며, 러스트의 동시성 기본 요소를 정확하게 사용하는 데 필요한 모든 정보와 도구를 제공할 수 있기를 바란다. 동시적 자료 구조나 고성능 동시성 애플리케이션을 작성하는 방법을 직접 가르쳐 주지는 않을 것이다. 이번 장의 목표는 기반 메커니즘을 충분히 이해하고, 필요할 때 이를 스스로 활용할 수 있는 능력을 갖추도록 돕는 것이다.

동시성은 싱글 스레드 동시성(이를테면 8장에서 살펴본 async/await 같은), 싱글 코어 멀티스레드 동시성 그리고 진정한 병렬성을 구현하는 멀티코어 동시성 등 세 가지 방식으로 분류할 수 있다. 각 방식은 프로그램의 동시 태스크를 서로 조금 다른 방식으로 실행한다. 운영 체제의 스케줄링과 선점형 멀티태스킹의 세부 사항을 고려하면 더 많은 방식이 있지만, 이 책에서는 이 모든 방식을 깊이 있게 다루지 않는다.

타입 수준에서 러스트는 멀티스레드 방식의 동시성만 표현한다. 즉, 어떤 타입을 하나 이상의 스레드에서 사용해도 안전한지 그렇지 않은지가 중요하다는 뜻이다. 프로그램이 여러 스레드를 가지고 있는데(그리고 동시적으로 실행되는데) 코어는 하나만 있는(그래서 병렬로 실행되지 않는) 경우라도 러스트는 여러 스레드가 존재하면 이것들이 병렬로 실행될 수 있다고 가정해야만 한다. 앞으로 살펴볼 대부분의 타입과 기법은 두 스레드가 실제로 병렬로 실행되든 그렇지 않든 동일하게 적용된다. 그래서 용어를 단순화하기 위해 이번 장에서는 동시성이라는 단어를 '거의 동시에 실행되는 것들'이라는 의미로 사용한다. 혹시 동시성이라는 단어를 다른 의미로 사용하는 경우가 있다면 별도로 언급하겠다.

러스트에서 채택한 타입에 기반한 안전한 멀티스레드라는 접근 방식에서 특히 멋진 점은 그것이 컴파일러 기능이 아니라 라이브러리 기능이어서 개발자가 더 견고한 동시성 계약을 개발하도록 라이브러리를 확장할 수 있다는 점이다. 스레드 안전성은 `Send`와 `Sync` 구현과 바운드를 통해 타입 시스템으로 표현하며 이는 애플리케이션 코드 전체로 전파되므로 타입만 확인해도 전체 프로그램의 스레드 안전성을 확인할 수 있다.

《러스트 프로그래밍 공식 가이드》에서 `Send`와 `Sync` 트레이트, `Arc`와 `Mutex` 그리고 채널 등 동시성에 대한 기본 개념을 대부분 다루고 있다. 그래서 특별히 다른 주제와 관련해서 언급할 필요가 있지 않다면 이런 기본 개념을 다시 언급하지는 않을 예정이다. 그 대신 동시성을 어렵게 만드는 요인들 및 이와 관련된 몇 가지 일반적인 동시성 패턴에 대해 알아본다. 또한 동시성과 비동기성의 상호 작용 방식(그리고 서로 맞지 않는 부분까지)을 알아본 후 원자적 연산(atomic operation)을 이용해 저수준 동시성 작업을 구현하는 방법도 살펴본다. 마지막으로, 동시성 코드를 다룰 때 주의할 점에 대한 조언으로 이번 장을 마무리하려 한다.

동시성 문제

동시성 프로그래밍의 좋은 패턴과 러스트의 동시성 메커니즘에 대해 알아보기에 앞서 애초에 동시성이 왜 어려운 주제인지 먼저 이해하는 편이 좋을 것 같다. 왜 동시성 코드는 특별한 패턴과 메커니즘을 필요로 하는 걸까?

정확성

동시성에서 가장 어려운 부분은 여러 스레드가 공유하는 리소스에 대한 접근,

특히 쓰기 접근을 조율하는 것이다. 수많은 스레드가 단지 읽기를 목적으로 리소스를 공유한다면 큰 문제가 되지 않는다. 리소스를 `Arc`에 넣거나 `&'static`을 얻을 수 있는 어딘가에 배치하면 된다. 하지만 어떤 스레드가 쓰기 작업을 해야 한다면, 보통 데이터 경쟁의 형태로 모든 종류의 문제가 생기기 시작한다. 간단히 말해 데이터 경쟁은 한 스레드가 공유 상태를 업데이트하는 동안 두 번째 스레드가 그 상태를 읽거나 쓰기 위해 접근할 때 발생한다. 추가적인 보호 장치가 없다면 두 번째 스레드는 부분적으로 덮어써진 상태를 읽거나 첫 번째 스레드가 기록했던 것의 일부를 손상시키거나 첫 번째 스레드가 기록했던 것을 아예 읽지 못하게 될 수도 있다. 보통 모든 데이터 경쟁은 미정의 동작으로 간주한다.

데이터 경쟁은 주로(전적으로는 아니지만) 동시성과 관련해 발생하는 더 넓은 부류의 문제인 경쟁 조건에 해당한다고 볼 수 있다. 경쟁 조건은 시스템의 여러 이벤트의 상대적인 타이밍에 따라 일련의 실행 결과가 여러 가지로 달라질 수 있을 때 발생한다. 여기서 이벤트란 특정 코드를 실행하는 스레드, 타이머 작동, 네트워크 패킷 수신 등 시간에 따라 변동 가능한 모든 상황을 말한다. 데이터 경쟁과 달리 경쟁 조건 자체는 본질적으로 나쁜 것은 아니며 미정의 동작으로 간주하지도 않는다. 하지만 특정한 특이 경쟁이 발생하면 버그가 생길 소지가 많으므로 주의해야 하며, 이번 장을 통해 그런 경우를 자세히 살펴보게 될 것이다.

성능

개발자들은 프로그램 성능 향상을 위해 동시성을 추가할 때가 자주 있다. 좀 더 정확히 말하면 동시성을 통해 더 많은 하드웨어 리소스를 동원해 초당 더 많은 작업을 실행하게 되기를 기대한다. 싱글 코어 시스템이라면 한 스레드가 실행되는 동안 다른 스레드는 기다리게 하는 형태로 구현하고, 멀티코어 시스템에서는 싱글 코어일 경우 순차적으로 실행될 스레드를 코어당 하나씩 동시에 실행하는 형태로 구현한다. 대부분의 개발자는 동시성 관점에서 후자의 방식에 의한 성능 개선을 확장성이라고 부르기도 한다. 여기서 확장성이란 '프로그램 성능이 코어 개수에 의해 확장된다.'는 뜻이며, 프로그램에 더 많은 코어를 제공하면 성능이 더 개선됨을 의미한다.

이런 식으로 속도 향상을 이루는 것은 가능하지만 보기만큼 쉽지는 않다. 확장성의 궁극적인 목적은 코어 수가 두 배로 늘어나면 프로그램이 단위 시간에 완료할 수 있는 작업량도 두 배가 되는 선형 확장성이다. 하지만 실제로 이런 속도 향상을 이루어 내는 동시성 프로그램은 얼마 되지 않는다. 코어를 하나에서 두 개로 늘렸을 때에는 거의 선형으로 처리량이 증가하지만 더 많은 코어를 추가할수록 오히려 성능 향상이 줄어드는 준선형 확장이 좀 더 일반적이다. 심지어 어떤 프로그램은 코어가 늘어날수록 처리량이 줄어드는 현상이 발생하기도 한다. 이 경우는 대부분 여러 스레드가 공유 리소스를 확보하기 위해 서로 경쟁하고 있기 때문이다.

여러 사람이 뽁뽁이를 터트리는 경우를 생각해 보면 된다. 사람이 늘어나면 처음에는 도움이 되지만, 사람 수가 어느 정도 늘면 서로 방해를 받으면서 전반적인 속도가 느려질 것이다. 더 많은 사람을 투입해 특히 비효율적이 되면 이 사람들은 일은 뒷전이고 모여서 다음 버블을 누가 터트릴지 결정하기 위한 토론에만 열을 올리게 될 수도 있다. 이렇게 병렬로 실행되어야 할 태스크 간의 방해를 간섭(contention)이라고 하며 간섭은 원활한 확장의 주적이다. 간섭은 여러 형태로 발생할 수 있지만 가장 주된 원인은 상호 배제(mutual exclusion), 공유 자원 고갈 그리고 거짓 공유이다.

상호 배제

어느 한 시점에 한 동시성 태스크만 특정 코드를 실행할 수 있을 때 그 코드의 실행이 상호 배타적이라고 표현한다. 즉, 한 스레드가 어떤 코드를 실행한다면 다른 어떤 스레드도 동시에 그 코드를 실행할 수 없다. 이 상황의 전형적인 예는 한 시점에 단 하나의 스레드만 프로그램 코드의 임계 영역(critical section)에 들어갈 수 있도록 명시하는 상호 배제 잠금 또는 뮤텍스이다. 하지만 상호 배제는 암묵적으로 일어나기도 한다. 예를 들어 공유 리소스를 관리하기 위한 스레드를 생성하고 `mpsc` 채널을 통해 작업을 보내면, 이런 작업은 한 시점에 단

하나만 실행될 수 있으므로 그 스레드는 효율적으로 상호 배제를 구현하는 셈이다.

상호 배제는 운영 체제를 호출하거나 내부적으로 임계 영역에 단일 스레드 접근만 허용하도록 구현된 라이브러리를 호출하는 경우에도 발생한다. 예를 들어 수년간 표준 메모리 할당기는 일부 할당에 대해 상호 배제가 필요했다. 이는 고도로 병렬화된 프로그램에서 메모리 할당이 상당한 경쟁을 유발하는 계기가 됐다. 마찬가지로 같은 디렉터리에서 이름이 서로 다른 두 파일을 생성하는 것 같은 전혀 무관해 보이는 운영 체제 작업도 커널 내부에서는 순차적으로 처리돼야 할 수도 있다.

`jemalloc` 메모리 할당기는 확장 가능한 동시적 할당을 위해 개발되었다.

상호 배제는 병렬 실행을 통한 성능 확장의 가장 큰 장애물이다. 상호 배제의 정의상 프로그램 일부가 강제로 순차 실행되기 때문이다. 프로그램의 나머지 부분이 코어 수에 따라 완벽하게 확장되더라도, 상호 배제가 필요한 순차 구간의 길이에 따라 전체적인 속도 향상이 제한된다. 따라서 상호 배제가 필요한 부분을 신중하게 관리하고 반드시 필요한 부분에만 제한적으로 사용하자.

이론적으로 상호 배제 구간으로 인해 달성할 수 있는 속도 향상의 한계는 암달(Amdahl)의 법칙을 사용해 계산할 수 있다.

공유 자원 고갈

불행히도 태스크에 완벽한 동시성을 달성한다 하더라도 이런 태스크가 상호 작용하는 주변 환경 자체는 완벽하게 확장 가능하지 않을 수 있다. 커널은 TCP 소켓에 초당 일정 개수의 패킷만 보낼 수 있고, 메모리 버스는 한 번에 일정 횟수의 읽기만 실행할 수 있으며, GPU는 동시성 용량에 제한이 있다. 이런 제약을 벗어날 수 있는 방법은 없다. 현실적으로 완벽한 확장성을 추구하다 결국 마주하게 되는 것은 이런 환경적인 요인이며, 이런 요인을 수정하는 데는 상당한 엔지니어링(또는 새 하드웨어)이 필요하다. 따라서 이번 장에서는 이 주제를 다루지 않을 것이다. 다만 확장성은 '달성'하는 것이라기보다는 높이기 위해 노력하는 개념이라는 점을 기억하자.

거짓 공유

거짓 공유는 서로 간섭하지 않아야 할 두 연산이 어쩌다 보니 서로 간섭하게 되어 효율적인 동시 실행을 방해할 때 발생한다. 보통 두 연산이 공유 리소스의 서로 관련이 없는 부분을 사용하지만 어쨌든 같은 공유 리소스에 접근하기 때문에 발생한다.

가장 간단한 예는 잠금의 과도한 공유인데, 어떤 복합 상태가 잠금으로 보호되는 상황에서 서로 독립적인 두 연산이 이 상태의 특정한 부분을 업데이트하기 위해 리소스에 대한 잠금이 필요한 경우이다. 즉, 이런 연산들은 병렬이 아니라 순차적으로 실행해야 한다는 뜻이다. 한 잠금을 둘로 나누어서 별개의 부분에 하나씩 할당해 연산을 병렬로 실행하게 할 수 있는 경우도 있다. 하지만 이렇게 잠금을 나누는 것이 항상 직관적이지는 않다. 상태가 하나의 잠금을 공유하는 이유가 상태 전체에 대한 잠금이 필요한 세 번째 연산 때문일 수도 있다. 보통은 잠금을 분리할 수 있지만 두 연산이 잘못된 순서로 잠금을 얻으려 할 경우 발생하는 데드락을 경험하지 않으려면 서로 다른 스레드가 잠금을 얻는 순서에 주의해야 한다.(궁금하다면 '식사하는 철학자들 문제'를 찾아보기 바란다.) 어떤 문제는 잠금이 필요 없는 기반 알고리즘을 사용해 임계 영역을 완전히 회피할 수 있지만 이 역시 제대로 하기에는 상당히 까다롭다. 결국 거짓 공유는 해결하기 어려운 문제이며, 모든 상황에 맞는 한 가지 해결 방법도 없다. 하지만 문제를 식별하는 것 자체는 좋은 시작이라고 할 수 있다.

거짓 공유의 더 미묘한 예는 2장에서 간단히 설명했듯이 CPU 수준에서 발생한다. CPU는 메모리 접근 비용을 줄이기 위해 개별 바이트가 아닌 캐시 라인, 즉 연속된 메모리 바이트의 더 긴 시퀀스 단위로 메모리를 처리한다. 예를 들어 인텔 프로세서에서 캐시 라인 크기는 64바이트이다. 이는 모든 메모리 연산이 실제로는 64바이트의 배수만큼 읽거나 쓴다는 것을 의미한다. 거짓 공유는 코어 두 개가 같은 캐시 라인에 속하는 서로 다른 바이트를 업데이트하려고 할 때 발생한다. 이런 업데이트는 논리적으로는 분리된 연산임에도 순차적으로 실행되어야 한다.

너무 저수준 영역에서 발생하는 문제처럼 보이겠지만 실질적으로 이런 종류의 거짓 공유는 애플리케이션 병렬 실행에 의한 속도 향상에 악영향을 미친다. 각 스레드가 완료한 연산의 수를 의미하는 정숫값을 가진 배열을 할당했는데, 이 정숫값이 모두 같은 캐시 라인에 기록됐다고 가정해 보자. 그러면 원래는 병렬로 처리되었어야 할 스레드들이 수행해야 할 모든 연산이 한 캐시 라인의 간섭을 받게 된다. 연산이 상대적으로 빠르다면 실행 시간 대부분이 상대방의 간섭 때문에 소비되는 셈이다.

캐시 라인 거짓 공유를 피하는 방법은 배열에 패딩값을 넣어 캐시 라인 크기에 맞추는 것이다. 이렇게 하면 서로 인접한 두 값은 서로 다른 캐시 라인에 항상 기록된다. 하지만 이렇게 하면 자료 구조의 크기가 커지므로 이 방법은 벤치마크를 통해 캐시 라인 거짓 공유 문제가 있음이 확인된 경우에만 사용하자.

확장성의 비용

염두에 두어야 할 동시성의 다소 직교적인 측면은 처음 도입할 때 비용이다. 컴파일러는 싱글 스레드 코드를 최적화하는 데 매우 뛰어나며(어쨌든 오래 해 온 일이니까) 싱글 스레드 코드는 고비용 안전 장치(잠금, 채널, 원자적 인스트럭션 같은)를 덜 사용한다. 결과적으로 동시성의 다양한 비용 때문에 멀티코어를 사용하는 병렬 프로그램은 싱글 스레드 프로그램보다 느려질 수 있다. 따라서 최적화 및 병렬화 전후를 모두 측정하는 것이 중요하며 어쩌면 예상 밖의 결과를 보게 될 수도 있다.

이 주제가 궁금하다면 프랭크 맥셰리가 2015년에 발표한 논문 'Scalability: But at what COST?'(*https://www.frankmcsherry.org/assets/COST.pdf*)를 읽어 볼 것을 강력히 권한다. 이 논문은 '비용이 드는 확장'의 몇 가지 심각한 예를 잘 설명하고 있다.

동시성 모델

러스트에서 프로그램에 동시성을 추가하는 패턴은 크게 세 가지이며 아마도 자주 접하게 될 것이다. 이 세 가지 패턴은 공유 메모리 동시성, 워커 풀 그리고 액터이다. 동시성을 추가하는 모든 방법을 상세히 다루자면 책 한 권 분량이므로 여기서는 이 세 패턴만 설명하기로 한다.

공유 메모리

공유 메모리 동시성은 개념적으로는 매우 직관적이다. 스레드가 공유된 메모리 영역을 조작하는 식으로 협력하는 것이다. 이는 상태를 여러 스레드의 동시적 접근을 지원하는 해시 맵에 보관하거나 뮤텍스로 보호하는 형태로 이루어진다. 여러 스레드가 서로 겹치지 않는 데이터에 대해 동일한 태스크를 수행할 수 있다. 예를 들어 여러 스레드가 Vec의 서로 다른 하위 범위에 대해 같은 함수를 수행하는 경우가 그렇다. 또는 각기 다른 태스크를 수행하지만 상태 공유가 필요한 경우도 있다. 예를 들어 데이터베이스 시스템에서 한 스레드가 테이블에 대한 사용자 쿼리를 처리하는 동안 다른 스레드가 백그라운드에서 그 테이블에 저장된 자료 구조의 최적화를 수행하는 경우이다.

공유 메모리 동시성을 사용할 때에는 자료 구조가 중요하다. 특히 스레드가 아주 밀접하게 협력해야 하는 경우는 더욱 그렇다. 일반적인 뮤텍스의 확장성은 아주 적은 수의 코어로 제한될 수도 있고, 읽기/쓰기 잠금은 쓰기를 느리게 처리하는 대신 여러 동시적 읽기를 허용할 수도 있고, 분할된 읽기/쓰기 잠금은 쓰기를 거의 지원하지 못하더라도 완벽하게 확장 가능한 읽기를 허용할 수도 있다. 마찬가지로 일부 동시성 해시 맵은 전반적으로 좋은 성능을 내는 데 집중하는 반면, 쓰기가 드문 경우 동시적 읽기 같은 특별한 기능을 목표로 하기도 한다. 전반적으로 공유 메모리 동시성을 사용할 때에는 가능한 한 사용법에 가깝게 설계된 자료 구조를 사용해야, 애플리케이션에서 중요한 성능과 그렇지 않은 성능 사이의 절충을 통한 최적화를 이루어 낼 수 있다.

공유 메모리 동시성은 스레드가 서로 순서에 관계없이 공유 상태를 협력해서 업데이트해야 하는 경우에 적합하다. 즉, 한 스레드가 함수 f를 호출해 상태

s를 업데이트해야 하고 다른 스레드는 함수 g를 호출해 상태를 업데이트해야 하는데 `f(g(s)) != g(f(s))`라면 공유 메모리 동시성이 필요할 가능성이 높다. 그렇지 않다면 더 간편하고 성능이 좋은 설계로 이어질 수 있는 나머지 두 패턴이 더 적합할 가능성이 높다.

어떤 문제는 잠금 없이 동시적 공유 메모리 연산을 제공하는 알고리즘으로 해결할 수 있다. 이런 잠금 없는 알고리즘은 코어 수가 늘어나면 잠금 기반 알고리즘보다 더 나은 확장성을 제공하기도 하지만, 그 복잡성 때문에 코어당 성능은 느려지는 경우가 많다. 성능 문제와 관련해서는 항상 먼저 벤치마크를 한 후에 대체 해결책을 찾는 것이 중요하다.

워커 풀

워커 풀 모델의 경우 같은 스레드 여러 개가 공유 작업 큐로부터 작업을 받아서 완전히 독립적으로 실행한다. 예를 들어 웹 서버는 들어오는 연결을 처리하는 워커 풀을 가지고 있으며, 비동기 코드를 위한 멀티스레드 런타임은 워커 풀을 사용해 애플리케이션의 모든 퓨처(또는 더 정확하게는 그 최상위 태스크)를 모아서 실행한다.

공유 메모리 동시성과 워커 풀의 구분은 명확하지 않은 경우가 많다. 워커 풀은 큐에서 작업을 가져오고 완료하지 않은 작업을 다시 큐로 되돌리는 작업의 조율을 공유 메모리 동시성을 이용해 구현하는 경향이 있기 때문이다. 예를 들어 데이터 병렬성 라이브러리인 rayon을 이용해 벡터의 모든 요소에 대해 병렬로 함수를 실행한다고 가정해 보자. rayon 라이브러리는 내부적으로 워커 풀을 시작하고 벡터를 하위 범위로 분할한 다음, 이를 워커 풀에 있는 스레드에 분배한다. 풀의 스레드 중 하나가 특정 범위를 처리하면 라이브러리는 처리되지 않은 다른 범위에 대한 작업을 처리하도록 조정한다. 모든 워커 스레드가 벡터를 공유하며 스레드는 작업 훔치기를 지원하는 자료 구조인 공유 메모리 큐를 통해 협력한다.

작업 훔치기는 대부분의 워커 풀에서 중요한 기능이다. 기본적으로 한 스레드가 작업을 일찍 완료했는데 더 이상 할당된 작업이 없다면, 이 스레드는 다른 워커 스레드에 할당되었지만 아직 시작되지 않은 작업을 훔쳐 간다. 모든 작업의 수행 시간이 같지 않으므로 모든 워커에 같은 수의 작업이 할당되어도 어떤 워커는 다른 워커보다 작업을 더 빨리 완료하기도 한다. 따라서 이런 스레드가 오래 실행 중인 작업이 완료되기를 멍하니 기다리는 게 아니라 작업을 실행 중인 다른 스레드를 도와 전체 작업을 더 빨리 완료할 수 있다.

스레드가 다른 스레드의 작업을 계속해서 훔치려 할 때 오버헤드를 많이 유발하지 않는 작업 훔치기를 지원하는 자료 구조를 구현하는 것은 쉽지 않은 작업이지만 이 기능은 고성능 워커 풀의 핵심이다. 워커 풀이 필요하다면 직접 구현하기보다는 이미 충분히 잘 만들어진 것을 사용하거나 적어도 기존 구현의 자료 구조를 재사용하는 것이 최선이다.

워커 풀은 각 스레드가 수행하는 작업은 같지만 처리하는 데이터가 다른 경우에 적합하다. rayon 라이브러리의 병렬 맵 작업의 경우 모든 스레드가 같은 맵 연산을 수행한다. 다만 기반 데이터의 서로 다른 부분에 대해 수행할 뿐이다. 멀티 스레드 비동기 런타임의 경우 각 스레드는 단순히 `Future::poll` 메서드를 호출한다. 다만 서로 다른 퓨처의 메서드를 호출할 뿐이다. 스레드 풀의 스레드가 서로 달라지기 시작한다면 다른 설계가 더 적합할 것이다.

연결 풀

연결 풀은 확립한 연결들을 모아 두었다가 연결이 필요한 스레드에 나눠 주는 공유 메모리 구조이다. 외부 서비스에 대한 연결을 관리하는 라이브러리에서 쉽게 볼 수 있는 설계 패턴이다. 스레드에 연결이 필요하지만 가용한 연결이 없다면, 새 연결을 수립하거나 스레드를 블록한다. 연결이 필요한 작업을 마친 스레드는 연결을 기다리는 다른 스레드를 위해 연결을 다시 풀로 되돌려준다.

보통 연결 풀에서 가장 어려운 태스크는 연결의 수명 주기를 관리하는 것이다. 연결은 스레드가 마지막으로 사용하던 상태를 유지한 채로 풀로 되돌아올 수도 있다. 그래서 연결 풀은 클라이언트든 서버든 연결과 관련된 상태를 리셋해서, 다른 스레드가 사용할 때에는 새로운 연결이 이루어진 것처럼 동작하게 해야 한다.

액터

액터 동시성 모델은 여러 측면에서 워커 풀 모델과 다르다. 워커 풀은 같은 작업 큐를 공유하는 동일한 스레드를 여러 개 가지고 있지만, 액터 모델은 여러 작업 큐를 각 작업의 '토픽'별로 가지고 있다. 각 작업 큐는 특정 액터에 연결되며 해당 액터는 애플리케이션 상태의 일부와 관련된 모든 작업을 처리한다. 그 상태는 데이터베이스 연결, 파일, 지표 수집 자료 구조를 비롯해 여러 스레드가 접근할 필요가 있는 모든 자료 구조를 의미한다. 상태가 어떤 것이든 싱글 액터가 그 상태를 소유하며 그 상태가 필요한 태스크는 수행할 작업을 요약한 메시지를 상태를 소유한 액터에 보내야 한다. 상태를 소유한 액터는 메시지를 수신하면 그 동작을 수행한 후, 필요할 경우 작업의 결과를 요청한 태스크에 돌려준다. 액터는 내부 리소스에 대한 배타적 접근이 가능하므로 메시징에 필요한 것 외에 잠금이나 기타 다른 동기화 메커니즘이 필요하지 않다.

액터 패턴의 핵심은 액터끼리 서로 통신한다는 점이다. 예컨대 로깅을 담당한 액터가 파일과 데이터베이스 테이블에 대한 쓰기가 필요하다면, 각 작업을 담당하는 액터에 메시지를 보내 각 동작을 수행하게 한 후 그다음 로그 이벤트를 진행한다. 이렇게 액터 모델은 바퀴살보다는 거미줄 형태에 훨씬 가깝다. 웹 서버로 전달된 사용자의 요청은 그 연결을 담당하는 액터에 대한 하나의 요청으로 시작하겠지만 요청을 처리하는 과정에서 수십, 수백 심지어 수천 개의 메시지를 시스템 내부 액터에 보내게 될 수도 있다.

액터 모델에서는 액터마다 스레드를 소유할 필요는 없다. 하지만 반대로 대부분의 액터 시스템은 액터 수가 많아야 하며, 액터는 스레드가 아닌 태스크와 연관 지을 것을 권한다. 어쨌든 액터는 실행 중일 때에만 래핑된 리소스에 대한 배타적 접근이 필요하며 자신이 소유한 스레드에서 실행 중인지 아닌지는 크게 중요하지 않다. 사실 액터 모델은 워커 풀 모델과 결합해 사용하는 경우가 많다. 예를 들어 멀티 스레드 비동기 런타임인 `tokio`를 사용하는 애플리케이션은 각 액터별로 비동기 태스크를 스폰할 수 있고, 그러면 `tokio`는 워커 풀 안에서 각 액터의 작업을 실행한다. 따라서 액터는 실행을 넘기거나 재개하는 과정에서 워커 풀 내의 여러 스레드 사이를 옮겨 다니며 실행될 수 있는데, 실행될 때마다 래핑된 리소스에 대한 배타적 접근을 유지한다.

액터 동시성 모델은 상대적으로 독립적으로 운영할 수 있는 리소스가 많고 각 리소스에 대한 동시적 접근이 거의 또는 아예 없는 경우에 적합하다. 예를 들어 운영 체제는 각 하드웨어 장치별로 액터를 보유할 수 있고, 웹 서버는 백엔드 데이터베이스 연결별로 액터를 보유할 수 있다. 반면 액터 몇 개만 필요하거나, 어느 특정 액터에 작업이 심하게 편중되거나, 일부 액터의 크기가 커진다면 제대로 동작하지 않는다. 이런 경우라면 애플리케이션에는 시스템상의 한 액터의 실행 속도에 따른 병목이 발생하게 된다. 그리고 액터는 각자 담당하는 작은 부분에 대한 배타적 접근을 기반으로 하므로 병목이 발생한 액터의 실행을 병렬화하기도 쉽지 않다.

비동기성과 병렬성

8장에서 언급했듯이 러스트는 비동기성 덕분에 병렬 처리 없이도 동시성을 지원한다. 셀렉트나 조인 같은 구조를 사용해 단일 스레드에서 여러 퓨처를 폴링해서 하나 또는 일부, 모든 퓨처가 완료되면 작업을 계속하게 할 수 있다. 병렬 처리가 수반되지 않으므로 퓨처의 동시성을 위해 모든 퓨처가 Send를 구현할 필요는 없다. 심지어 다른 최상위 태스크를 실행할 퓨처를 스폰할 때에도 하나의 실행자 스레드가 여러 퓨처의 폴링을 관리할 수 있으므로 퓨처가 Send를 구현할 필요가 없다.

하지만 대부분의 경우 애플리케이션에는 동시성과 병렬성이 모두 필요하다. 예를 들어 웹 애플리케이션이 들어오는 요청마다 퓨처를 만드는데 한 번에 너무 많은 활성 연결이 맺어진다면, 컴퓨터가 가진 하나 이상의 코어를 활용하기 위한 비동기 실행자가 필요할 것이다. 이는 자연스럽게 이루어지지 않는다. 코드를 통해 병렬로 실행할 수 있는 퓨처와 그렇지 않은 퓨처를 명시적으로 구분해 주어야 하기 때문이다.

특히 실행자가 워커 풀의 스레드로 퓨처의 작업을 배분하려면 두 가지 정보가 필요하다. 첫 번째는 퓨처가 Send를 구현하는지 여부이다. 그렇지 않다면 실행자는 이 퓨처를 다른 스레드에서 처리할 수 없으므로 병렬성을 구현할 수 없다. 오직 퓨처를 만든 스레드만 그 퓨처를 폴링할 수 있다.

두 번째로 필요한 정보는 퓨처를 독립적으로 실행할 수 있는 태스크로 분리하는 방법이다. 이는 8장에서 설명했던 태스크와 퓨처에 대한 논의로 다시 이어진다. 하나의 거대한 Future가 병렬로 실행될 수 있는 태스크를 담당하는 여러 Future 인스턴스를 가진 경우 실행자는 반드시 최상위 Future의 poll 메서드를 호출해야 하며, poll 메서드는 &mut self가 필요하므로 반드시 하나의 스레드에서 호출되어야 한다. 따라서 퓨처의 병렬성을 달성하려면 병렬로 실행할 퓨처를 명시적으로 스폰해야 한다. 또한 첫 번째 요구 사항 때문에 이를 생성하는 실행자 함수에는 Future가 전달되어야 하며 이때 Future는 Send를 구현해야 한다.

비동기 동기화 기본 요소

코드를 블로킹하기 위한 대부분의 동기화 기본 요소(예를 들어 std::sync)는 비동기 버전도 있다. 채널, 뮤텍스, 읽기/쓰기 잠금, 배리어(barrier) 등의 비동기 버전이 제공된다는 뜻이다. 이것들이 필요한 이유는 8장에서도 언급했듯이 퓨처 내부에서의 블로킹은 실행자가 필요로 하는 다른 작업을 중단시킬 수 있으므로 권장되지 않기 때문이다.

하지만 이런 기본 요소의 비동기 버전은 깨우기를 수행하는 데 추가 메커니즘이 필요하기 때문에 동기 버전보다 느리다. 그래서 실행자를 블로킹하는 위험이 없다면 비동기 코드에서도 동기식 동기화 기본 요소를 사용하고 싶을 것이다. 예를 들어 보통은 Mutex를 얻을 때 제법 오래 블록되지만, 아주 드물게 짧은 시간만 사용하는 Mutex라면 그렇지 않을 수도 있다. 이런 경우 Mutex를 다시 사용할 수 있을 때까지 잠깐 블록된다고 해서 큰 문제가 일어나지는 않을 것이다. MutexGuard를 보유하고 있는 동안에는 실행을 넘겨주지 않거나 실행 시간이 긴 작업을 실행하지 않도록 해야 할 것이다. 그렇게만 한다면 큰 문제가 없을 것이다.

다만 이런 종류의 최적화가 늘 그렇듯이 일단 먼저 측정을 하고 상당한 성능상 이점이 발생하는 경우에만 동기식 기본 요소를 적용해야 한다. 그렇지 않다면 비동기 코드에서 동기식 기본 요소를 사용하는 자기 발등 찍기는 별다른 가치가 없을 것이다.

저수준 동시성

표준 라이브러리는 std::sync::atomic 모듈을 제공하는데 이 모듈은 채널과 뮤텍스 같은 고수준 구조체 구현에 사용되는 CPU 기본 요소에 대한 접근을 제공한다. 이런 기본 요소는 AtomicUsize, AtomicI32, AtomicBool, AtomicPtr 등 Atomic이라는 이름으로 시작되는 원자적 타입과 Ordering 타입 그리고 fence와 compiler_fence라는 두 함수로 이루어진다. 이것들은 이어지는 절에서 살펴보겠다.

이런 타입은 스레드 간 통신이 필요한 코드를 구현하는 데 사용한다. 뮤텍스, 채널, 배리어, 동시성 해시 테이블, 잠금 없는 스택을 비롯한 모든 동기화 구조체는 결국에는 이런 기본 요소에 의존한다. 또한 뮤텍스를 사용하기에는 너무 부담스러운 경우, 스레드 간 가벼운 협력에 유용하게 쓸 수 있다. 예를 들어 공유 카운터를 증가시키거나 불값을 true로 설정하는 것 등이 있다.

원자적 타입은 여러 스레드가 동시에 접근하려고 할 때 발생하는 현상의 의미를 정의한다는 측면에서 특별하다. 이런 타입은 모두 load, store, fetch_*, compare_exchange 등 (거의) 같은 API를 지원한다. 이번 절에서는 이런 타입이 제공하는 기능과 이 기능을 정확하게 사용하는 방법 그리고 적절한 사용 시점에 대해 알아본다. 그런데 우선 저수준 메모리 연산과 메모리 순서 조정에 대해 알아보자.

메모리 연산

우리는 보통 변수에 접근하는 것을 메모리에서 '읽는다'거나 메모리에 '쓴다'라고 표현한다. 사실 변수를 사용하는 코드와 메모리 하드웨어에 접근하는 실제 CPU 인스트럭션 사이에는 수많은 메커니즘이 있다. 동시적 메모리 접근 동작을 이해하려면 이런 장치를 대략적으로나마 이해하는 것이 중요하다.

프로그램이 변수의 값을 읽거나 변수에 새 값을 대입할 때 어떤 CPU 인스트럭션을 실행할지 결정하는 것은 컴파일러이다. 컴파일러는 모든 종류의 코드 변환과 최적화를 수행하며 프로그램을 재정렬하기도 하고 불필요한 작업을 제거한다거나 중간 연산에는 메모리 대신 CPU 레지스터를 사용하기도 한다. 컴파일러는 이런 변환에 여러 제약을 받지만 결과적으로 변수에 대한 접근 중 실제 메모리 접근 인스트럭션으로 변환되는 경우는 일부뿐이다.

CPU 수준에서 메모리 인스트럭션은 크게 적재(load)와 저장(store)이라는 형태로 구분한다. 적재는 메모리의 특정 위치에서 바이트를 꺼내 와서 CPU 레지스터에 담는 동작이고, 저장은 CPU 레지스터로부터 메모리의 어떤 위치로 바이트를 저장하는 동작이다. 적재와 저장은 메모리의 아주 작은 덩어리 단위로만 동작한다. 현대적인 CPU라면 보통 8바이트 또는 그 이하 단위로 동작한다. 변수의 크기가 한 번의 적재나 저장 동작이 접근할 수 있는 것보다 더 많은 바이트를 차지한다면, 컴파일러는 이를 여러 번의 적재나 저장 인스트럭션으로 적절하게 변환한다. CPU 역시 하드웨어를 더 잘 사용해서 프로그램 성능을 개선할 수 있도록 프로그램 인스트럭션을 실행하는 방식에 대해 재량이 있다. 예를 들어 현대적인 CPU는 서로 의존성이 없는 인스트럭션들을 병렬로 실행하거나 다른 순서로 실행하기도 한다. CPU와 DRAM 사이에는 몇 겹의 캐시 계층도 있다. 즉, 어떤 메모리 위치로부터 적재한 값은 시간상 최근에 저장된 값이 아니라 캐시된 값일 수도 있다.

컴파일러와 CPU는 대부분 결과 프로그램의 의미에 영향을 주지 않는 방법으로만 코드를 변환하므로 프로그래머가 코드의 변환을 눈치채지 못한다. 하지만 병렬 실행 관점에서 이런 코드 변환은 애플리케이션 동작에 상당한 영향을 주기도 한다. 그래서 CPU는 서로 다른 여러 버전의 적재 및 저장 인스트럭션을 제공하는데 각각은 CPU에서 재정렬되는 방식과 다른 CPU에서 병렬 실행 시 상호 배치되는 방식에 대해 보장하는 게 다르다. 마찬가지로 컴파일러(정확히 말하면 컴파일러가 컴파일하는 언어)는 특정 메모리 접근에 대해 실행 제약을 강제할 수 있는 다양한 애너테이션을 제공한다. 러스트에서는 이런 애너테이션이 원자적 타입과 그 메서드 형태로 제공되며 이번 절을 통해 자세히 살펴볼 예정이다.

원자적 타입

원자적 타입이라고 부르는 이유는 이 타입들에 원자적으로 접근할 수 있기 때문이다. 즉, 원자적 타입 변수의 값은 모두가 한 번에 기록되며 여러 저장소에 나뉘어 저장되지 않으므로 그 값을 구성하는 바이트가 일부는 바뀌고 나머지 일부는 (아직) 바뀌지 않는 상황이 벌어지지 않는다. 비원자적 타입과 비교해 설명하면 이해하기 쉬울 것이다. 예를 들어 어떤 튜플 타입 (i64, i64)에 새 값을 대입하려면 보통 각 8바이트 값마다 하나씩 총 두 개의 CPU 저장 인스트럭션이 필요하다. 한 스레드가 저장 인스트럭션을 두 개 모두 실행하는 경우(대여 검사기를 잠시 고려하지 않는다면) 첫 번째 저장이 실행되고 두 번째 저장이 실행되기 전에 다른 스레드가 튜플의 값을 읽을 수 있고 결국 튜플의 값이 일관되지 않게 보일 것이다. 그렇게 되면 첫 번째 요소에서는 새 값을, 두 번째 요소에서는 기존 값을 읽어 들이게 되는데 이 값은 그 어떤 스레드도 저장한 적이 없는 값이다.

CPU는 특정 크기의 값에만 원자적으로 접근할 수 있으므로 원자적 타입의 수는 많지 않으며 모두 atomic 모듈을 통해 제공된다. 각 원자적 타입은 CPU가 원자적 접근을 지원하는 크기 중 하나에 속하며 몇 가지 다른 버전을 제공하는데, 값이 부호가 있는지(signed) 판단하기 위해서이거나 원자적 usize 타입과 포인터(usize 타입과 크기가 같은)를 구분하기 위해서이다. 게다가 원자적 타입은 그 값을 적재하고 저장하는 명시적인 메서드와 더불어 나중에 살펴볼 복잡한 메서드 몇 가지를 제공하므로 프로그래머가 작성한 코드와 그 결과로 나온 CPU 인스트럭션 사이의 매핑이 더 깔끔하다. 예를 들어 AtomicI32::load 메서드는 부호가 있는 32비트 값의 적재를 한 번 수행하며, AtomicPtr::store 메서드는 포인터 크기(64비트 플랫폼에서는 64비트) 값의 저장을 한 번 수행한다.

메모리 순서 조정

원자적 타입이 제공하는 메서드는 대부분 Ordering 타입의 인수를 취하는데 이는 원자적 연산에 반영할 메모리 순서 조정에 대한 제약을 표현한다. 여러 스레드에서 어떤 원자적 값에 대한 적재 및 저장이 실행될 때 컴파일러와 CPU는 이 연산들의 실행 순서를 배치할 수 있지만, 원자적 값에 원자적 연산을 수행할 때 요구되는 메모리 순서 조정과 호환되는 교차 실행 방식으로만 배치할 수 있다. 이후 몇 개 절에서 컴파일러와 CPU로부터 원하는 의미를 얻기 위해 순서를 제어하는 것이 왜 중요하며 필요한지 알아보자.

메모리 순서 조정은 직관적이지 않은 것으로 간주되는 경우가 많은데 그 이유는 우리가 프로그램을 위에서 아래로 읽으며 코드가 한 줄씩 실행된다고 상상하기 때문이다. 하지만 실제 하드웨어에서 코드가 실행될 때에는 그렇지 않다. 메모리 접근은 재정렬되거나 완전히 생략될 수도 있어서 프로그램 순서상 나중에 수행된 작업이 완료된 게 관찰되었는데도 그보다 앞선 쓰기 작업이 다른 스레드에서 보이지 않을 수 있다.

이렇게 생각해 보자. 각 메모리 위치에 여러 스레드로부터 온 수정 시퀀스가 있는데 서로 다른 메모리 위치에 대한 수정 시퀀스는 서로 독립적이다. 두 스레드 T1과 T2가 모두 메모리 위치 M에 값을 기록하는데, 두 스레드 실행에 대한 다른 제약이 존재하지 않을 경우, 사용자가 스톱워치로 측정한 결과 분명히 T1이 먼저 실행되었더라도 M에 대한 T2의 쓰기가 더 먼저 실행된 것처럼 보일 수 있다. 기본적으로 컴퓨터는 주어진 메모리 위치의 값을 결정할 때 물리적인 시간은 고려하지 않는다. 중요한 것은 프로그래머가 유효한 실행을 구성하기 위해 넣어 둔 실행 제약이다. 예를 들어 T1이 M에 값을 기록한 후 스레드 T2를 스폰했고 이 T2가 다시 M에 값을 기록했다면, T2의 존재는 T1에 의존적이므로 컴퓨터는 반드시 T1의 쓰기가 먼저 실행된 것으로 인지해야 한다.

이해하기 어렵더라도 당황하지 말자. 메모리 순서 조정은 착각하기 쉬우며 언어 명세도 이를 설명할 때 아주 정확하지만 직관적이지는 않은 단어들을 사용하는 경향이 있다. 기반 하드웨어 아키텍처에 집중해서 조금만 간소화하면 좀 더 쉽게 이해할 수 있는 멘탈 모델을 구성할 수 있다. 아주 기본적으로 컴퓨터의 메모리는 트리 형태의 계층형 저장소 구조를 갖는다. 이 트리의 리프는 CPU 레지스터이며 루트는 물리적인 메모리 칩의 저장소, 즉 흔히 말하는 주 메모리이다. 이 둘 사이에는 캐시가 여러 겹 있으며 이 계층 구조의 일부는 서로 다른 하드웨어에 위치할 수도 있다. 스레드가 메모리 위치에 쓰기를 실행할 때 실제로 일어나는 일을 살펴보자. 먼저 CPU가 쓰기 요청을 통해 주어진 CPU 레지스터에 보관된 값을 어떤 메모리 위치에 저장하려고 하는데, 이때 이 요청은 주 메모리로 향하는 메모리 계층을 따라 올라간다. 스레드가 메모리에서 값을 읽을 때에는 요청이 메모리 계층을 거슬러 올라가다가 해당 값을 가진 계층에 도달하면 그 지점에서 값을 리턴한다. 문제는 여기서 발생한다. 모든 캐시가 갱신되기 전까지는 특정 메모리 위치에 대한 쓰기 작업이 보이지 않는 계층이 존재하는데, 다른 CPU가 동시에 같은 메모리 위치에 대한 인스트럭션을 실행하고 있다면 예상치 못한 일이 생길 수 있다. 그래서 메모리 순서 조정이란 여러 CPU가 특정 작업을 위해 특정 메모리 위치에 접근하는 경우를 어떻게 처리해야 하는지에 대해 정확한 의미를 요청하는 방법이다.

이 점을 염두에 두고 `Ordering` 타입을 살펴보자. 이 타입은 프로그래머가 추가적인 제약을 지정해 어떤 동시적 실행이 유효한지 결정하기 위한 주요 메커니즘이다.

`Ordering`은 코드 10-1에서 보듯이 `enum`으로 정의되어 있다.

코드 10-1 `Ordering` 타입의 정의

```
enum Ordering {
  Relaxed,
  Release,
  Acquire,
  AcqRel,
  SeqCst
}
```

이것들은 소스 코드와 실행 의미 매핑에 대한 서로 다른 제약을 표현하는데 지금부터 그 의미를 하나씩 살펴보자.

완화된 순서 조정

완화된 순서 조정(relaxed ordering)은 기본적으로 접근이 원자적이라는 점 외에 동시적 접근에 대한 어떤 것도 보장하지 않는다. 특히 이 순서는 서로 다른 스레드 간의 메모리 접근에 대한 상대적 순서에 대해서도 아무것도 보장하지 않는다. 이는 메모리 순서 조정의 가장 약한 형태이다. 코드 10-2는 `Ordering::`

Relaxed 값을 이용해 두 스레드가 두 개의 원자적 변수에 접근하는 간단한 프로그램을 보여 준다.

코드 10-2 **Ordering::Relaxed 순서 조정을 사용해 서로 경쟁하는 두 스레드**

```
static X: AtomicBool = AtomicBool::new(false);
static Y: AtomicBool = AtomicBool::new(false);

let t1 = spawn(|| {
  let r1 = Y.load(Ordering::Relaxed); ❶
  X.store(r1, Ordering::Relaxed);     ❷
});
let t2 = spawn(|| {
  let r2 = X.load(Ordering::Relaxed); ❸
  Y.store(true, Ordering::Relaxed);   ❹
});
```

t2로 스폰한 스레드를 보면 이 스레드는 X를 읽은 다음에 Y에 true 값을 대입하기 전까지는 모든 값이 false이므로 r2가 true 값을 갖는 경우는 절대 없다고 생각할 것이다. 하지만 완화된 메모리 순서 조정을 사용하면 r2가 true 값을 가질 수 있다. 그 이유는 CPU가 적재와 저장을 재정렬하기 때문이다. 어떻게 해서 r2 = true가 되는 경우가 생기는지 살펴보자.

먼저 CPU는 ❹번 코드가 ❸번 코드 다음에 실행될 필요가 없다는 점을 알아챈다. ❹번 코드는 ❸번 코드의 결과나 부수 효과를 전혀 사용하지 않기 때문이다. 즉, ❹번 코드는 ❸번 코드에 대한 실행 의존성이 없다는 뜻이다. 그래서 간단히 말해 CPU는 프로그램 속도를 높이기 위해 이 순서를 조정한다. 따라서 CPU는 ❹번 코드를 먼저 실행해 ❸번 코드가 실행되지 않았음에도 Y = true로 설정한다. 그러면 운영 체제가 t2를 대기 상태로 전환하고 스레드 t1이 몇 가지 인스트럭션을 실행하거나 그냥 t1이 다른 코어에서 실행되기도 한다. t1 스레드에서 컴파일러는 당연히 ❶번 코드를 먼저 실행하고 ❷번 코드를 실행한다. ❷번 코드는 ❶번 코드가 읽은 값을 사용하기 때문이다. 그래서 t1은 Y로부터 true 값(❹)을 읽어 r1에 넣은 뒤 이 값을 다시 X에 기록한다. 마지막으로, t2가 ❸번 코드를 실행하면서 ❷번 코드가 X에 기록해 둔 true 값을 읽게 된다.

완화된 메모리 순서 조정은 동시적 실행에 대해 아무런 제약을 두지 않으므로 이런 실행이 가능하다. 즉, 완화된 메모리 순서 조정의 경우 컴파일러는 (마치 원자적 연산이 없는 것처럼) 스레드가 고려해야 할 실행 의존성만 고려하면 된다. 동시성 코드의 교차 실행에 대해서는 아무런 보장을 할 필요가 없다. ❸번 코드와 ❹번 코드를 재정렬하는 것은 싱글 스레드 실행에만 적용되므로 완화된 메모리 순서 조정에도 마찬가지로 적용된다.

경우에 따라서는 이런 재정렬도 괜찮다. 예를 들어 어떤 지표를 추적하는 카운터를 가지고 있고 다른 인스트럭션에 비해 정확히 언제 이 카운터가 실행되는지는 크게 중요하지 않다면 `Ordering::Relaxed` 옵션을 사용해도 무방하다. 하지만 다른 상황에서는 큰 문제를 유발할 수도 있다. 이를테면 프로그램에 보안 보호 장치가 설정되어 있는지 확인하기 위해 `r2` 값을 읽어야 한다면 보안 설정이 되어 있다고 잘못 판단하게 되는 것이다.

코드를 작성할 때에는 이런 코드 재정렬을 보통은 눈치채지 못한다. CPU는 작성한 코드와 각 스레드의 실제 실행 사이에 눈에 띄는 차이점이 없다는 점을 보장해야 하므로 모든 것이 작성한 순서대로 실행되는 것처럼 보인다. 이를 프로그램 순서 또는 평가 순서라고 하며 두 용어는 동의어이다.

획득/해제 메모리 순서 조정

메모리 순서 조정 계층 구조의 다음 단계는 `Ordering::Acquire`, `Ordering::Release`, `Ordering::AcqRel`(획득과 해제의 결합)이다. 대략적으로 설명하면 이 옵션들은 한 스레드의 저장과 다른 스레드의 적재 사이의 실행 의존성을 수립하고, 이 적재 및 저장과 관련된 실행 순서 재정렬에 제약을 둔다. 중요한 것은 이 의존성은 한 값의 저장과 적재 사이의 관계뿐 아니라 관련된 스레드 내의 다른 적재와 저장 순서에도 제약을 둔다는 점이다. 그 이유는 모든 실행이 프로그램 순서를 반드시 준수해야 하기 때문이다. 스레드 B의 적재가 스레드 A의 저장에 의존성을 갖는다면(즉, A의 저장이 B의 적재보다 반드시 먼저 실행되어야 한다면) 그 적재 이후에 스레드 B에서 발생하는 모든 읽기 및 쓰기는 스레드 A의 저장 이후에 처리된다.

Acquire 순서는 적재에만, Release는 저장에만 적용될 수 있으며 AcqRel은 적재와 저장을 동시에 수행하는 연산(예: fecth_add)에만 적용해야 한다.

구체적으로 설명하면 이 메모리 순서 조정은 코드 실행에 다음과 같은 제약을 추가한다.

1. 적재와 저장은 Ordering::Release 옵션을 적용한 저장 다음으로 이동할 수 없다.
2. 적재와 저장은 Ordering::Acquire 옵션을 적용한 적재 이전으로 이동할 수 없다.
3. 어떤 변수에 대해 Ordering::Acquire 적재 연산을 수행할 때, 이 적재 연산이 읽어 들인 값이 어떤 Ordering::Release 저장 연산에 의해 기록된 것이라면, 해당 Ordering::Release 저장 연산 이전에 일어난 모든 메모리 변경 사항이 이 Ordering::Acquire 적재 연산을 수행한 스레드에 반드시 보여야 한다.

이 메모리 순서 조정이 어떤 영향을 끼치는지 확인하기 위해 코드 10-3을 살펴보자. 이 코드는 코드 10-2를 Acquire와 Release 옵션으로 변경한 것이다.

코드 10-3 코드 10-2를 획득/해제 메모리 순서 조정으로 다시 작성한 코드

```
static X: AtomicBool = AtomicBool::new(false);
static Y: AtomicBool = AtomicBool::new(false);

let t1 = spawn(|| {
  let r1 = Y.load(Ordering::Acquire);
  X.store(r1, Ordering::Release);
});
let t2 = spawn(|| {
  let r2 = X.load(Ordering::Acquire); ❶
  Y.store(true, Ordering::Release);   ❷
});
```

이 추가적인 제약 때문에 t2는 r2 = true인 상황을 더는 마주하지 않는다. 그 이유를 알아보기 위해 코드 10-2에서 이상한 결과가 발생한 주된 원인이었던

❶번 코드와 ❷번 코드의 재정렬에 대해 살펴보자. 맨 첫 번째 제약에 따라 저장 연산에 `Ordering::Release` 옵션이 적용되어 있다면, ❶번 코드가 ❷번 코드 아래로 이동할 수 없기 때문에 아무 문제가 없다.

하지만 이 규칙들은 이 간단한 예가 설명하는 것보다 훨씬 유용하다. 예를 들어 상호 배타적 잠금을 구현한다고 가정해 보자. 잠금을 보유하고 있는 스레드가 실행하는 모든 적재와 저장은 스레드가 확실히 잠금을 보유하고 있는 동안에만 실행되어야 하며, 나중에 잠금을 확보한 어느 스레드나 이 변경 사항을 볼 수 있어야 한다. `Release`와 `Acquire`가 바로 이런 동작을 구현한다. `Release` 저장 연산으로 잠금을 해제하고 `Acquire` 적재 연산으로 잠금을 획득하면, 임계 영역 내의 적재와 저장 연산은 실제로 잠금이 획득되기 전이나 해제된 이후로 이동하지 않는다.

x86과 같은 일부 CPU 아키텍처의 경우 획득/해제(acquire/release) 메모리 순서 조정은 하드웨어에 의해 보장되며, `Ordering::Relaxed` 대신 `Ordering::Release`와 `Ordering::Acquire` 옵션을 사용하는 데 추가적인 비용이 들지 않는다. 그렇지 않은 다른 아키텍처의 경우 더 약한 메모리 순서 조정을 적용해도 무방한 부분에 `Relaxed` 옵션을 적용하면 더 나은 성능을 경험할 수도 있다.

순차적으로 일관된 메모리 순서 조정

순차적으로 일관된(sequentially consistent) 메모리 순서 조정(`Ordering::SeqCst`)은 가장 강력한 메모리 순서 조정 방식이다. 정확히 어떤 것을 보장하는지 파악하기가 조금 어렵지만, 대략적으로 말하면 각 스레드는 획득/해제와 같은 결과를 도출할 뿐 아니라 모든 스레드에 서로 같은 순서를 적용한다. `Acquire` 및 `Release` 옵션의 동작과 비교해 보는 것이 이해하기 가장 좋은 방법이다. 특히 획득/해제 메모리 순서 조정은 두 스레드 X와 Y가 기록한 값을 다른 두 스레드 A와 B가 원자적으로 적재할 때, A와 B가 X의 저장 시점과 Y의 저장 시점을 일관되게 볼 수 있도록 보장하지 않는다. 조금 추상적인 설명이므로 코드 10-4를 통해 `Acquire`/`Release` 옵션이 어떻게 예상치 못한 결과를 초래할 수 있는지 확인해 보자. 그런 다음 순차적으로 일관된 메모리 순서 조정을 통해 이 문제를 수정하는 방법을 설명한다.

코드 10-4 획득/해제 메모리 순서 조정이 예상치 못한 결과를 초래하는 경우

```
static X: AtomicBool = AtomicBool::new(false);
static Y: AtomicBool = AtomicBool::new(false);
static Z: AtomicI32 = AtomicI32::new(0);

let t1 = spawn(|| {
  X.store(true, Ordering::Release);
});
let t2 = spawn(|| {
  Y.store(true, Ordering::Release);
});
let t3 = spawn(|| {
  while (!X.load(Ordering::Acquire)) {}
  if (Y.load(Ordering::Acquire)) {  ❶
    Z.fetch_add(1, Ordering::Relaxed);
  }
});
let t4 = spawn(|| {
  while (!Y.load(Ordering::Acquire)) {}
  if (X.load(Ordering::Acquire)) {  ❷
    Z.fetch_add(1, Ordering::Relaxed);
  }
});
```

스레드 t1과 t2는 각각 X와 Y에 true 값을 저장한다. 스레드 t3는 X에 true 값이 저장되기를 기다리다가 X에 true 값이 저장되면 Y에도 true 값이 저장되어 있는지 확인하고 그렇다면 Z에 1을 더한다. 스레드 t4는 Y가 true가 되면 X가 true인지 확인하고 그렇다면 Z에 1을 더한다. 이 시점에서 궁금한 점은 모든 스레드가 종료됐을 때 Z의 값은 무엇일까 하는 것이다. 정답을 보기에 앞서 앞 절에서 살펴봤던 획득/해제 메모리 순서 조정의 정의에 따라 이 코드의 동작을 확인해 보자.

먼저 어떤 스레드에 의해 Z 값이 증가하는지 살펴보자. 스레드 t3는 X가 true임을 확인한 후에 Y가 true이면 Z 값을 증가시킨다. 그러려면 t3가 ❶번 코드의 적재 동작을 수행하기 전에 t2가 실행되어야 한다. 반대로 스레드 t4는 Y가 true임을 확인한 후에 X가 true이면 Z 값을 증가시킨다. 그러려면 t4가 ❷번 코드의 적재 동작을 수행하기 전에 t1이 실행되어야 한다. 설명을 단순화하기 위해 각 스레드는 서로 경쟁하는 방식으로 실행된다고 하자.

그러고 나서 논리적으로 스레드가 1, 2, 3, 4의 순서대로 실행되면 Z 값은 두 번 증가한다. X와 Y 둘 다 true 값을 가지며 t3와 t4가 Z 값을 증가시키기 위한 조건을 모두 만족하기 때문이다. 마찬가지로 스레드가 1, 3, 2, 4의 순서로 실행된다면 Z 값은 한 번만 증가한다. 이 경우 t4의 조건은 만족하지만 t3의 조건은 만족하지 않기 때문이다. 하지만 Z가 0이 되는 것은 불가능해 보인다. t3가 Z 값을 증가시키지 못하게 하려면 t2가 t3 다음에 실행되어야 한다. t3는 t1 이후에만 실행될 수 있으므로 t2는 t1 다음에 실행된다. t4는 t2가 실행되기 전까지는 실행되지 않으므로 t4가 실행되는 시점에 t1이 반드시 실행되어서 X를 true로 변경해야 하며 이에 따라 t4가 Z 값을 증가시킨다.

Z가 0이 될 수 없다고 판단하는 이유는 사람은 선형적으로, 즉 이렇게 되고 저렇게 되어야 그렇게 된다는 식으로 설명하는 경향이 있기 때문이다. Release와 Acquire에서는 t3가 t4처럼 t1과 t2의 실행 순서를 고려해야 한다는 어떠한 규칙도 없다. 컴퓨터 입장에서는 t3는 t1이 먼저 실행됐는지 살펴보게 하고 t4는 t2가 먼저 실행됐는지 살펴보게 해도 아무런 문제가 없다. 그렇다면(t1이 t2보다 먼저 실행된다면) t3가 X의 값이 true인 것을 확인하고 Y의 값을 살펴볼 때에는 그 값이 false일 것이고, 마찬가지로(t1이 t2보다 나중에 실행된다면) t4가 Y 값이 true인 것을 확인하고 X의 값을 살펴볼 때에는 그 값이 false일 것이다. 물론 사람이 보기에는 자연스럽지 않을 것이다.

앞서 설명했듯이 획득/해제 메모리 순서 조정에서는 어떤 변수에 대해 Ordering::Acquire 적재 연산을 수행할 때, 이 적재 연산이 읽어 들인 값이 어떤 Ordering::Release 저장 연산에 의해 기록된 것이라면, 해당 Ordering::Release 저장 연산 이전에 일어난 모든 메모리 변경 사항이 이 Ordering::Acquire 적재 연산을 수행한 스레드에 반드시 보여야 한다. 방금 설명한 순서 조정에서 컴퓨터는 이 프로퍼티를 지키고 있다. t3는 X == true인지 먼저 확인하고 실제로 t1이 X = true로 설정하기 전의 값을 확인한다. 이 시점에 X에 설정된 값은 없다. 또한 프로그램 시작 시점에 주 스레드가 설정한 Y == false 값을 확인하므로 더는 확인해야 할 저장 연산이 없다. 마찬가지로 t4는 Y == true인 점을 확인하고 t2가 Y = true로 설정하기 이전에 저장된 값을 모두 확인한다. 이 값 역시 존재하지 않는다. 게다가 주 스레드가 X == false를 설정했으며 그 이전에는 저장 연산이 없음을 확인한다. 모든 규칙을 준수했지만 뭔가 잘못된 것은 분명하다.

우리는 스레드가 값을 확인하고 필요한 작업을 실행하는 과정을 이해할 수 있는 어떤 전역적인 실행 순서를 가지리라고 직관적으로 예상하지만, 이 예에서 살펴보는 획득/해제 메모리 순서 조정의 경우에는 그렇지 않다. 직관적인 예상에 좀 더 가까워지려면 순차적 일관성이 필요하다. 순차적 일관성의 경우 원자적 연산에 참여하는 모든 스레드는 각 스레드가 하나의 공통적인 실행 순서로 값을 확인하도록(또는 적어도 그렇게 보이도록) 서로 조율해야 한다. 동작은 좀 더 쉽게 유추할 수 있지만 비용이 그만큼 수반된다.

컴파일러는 Ordering::SeqCst로 표시된 원자적 적재와 저장에 대해 순차적 일관성을 보장하는 데 필요한 추가 조치(특별한 CPU 인스트럭션 사용 등)를 취한다. 정확한 내용은 상당히 복잡하지만 순차적 일관성은 기본적으로 모든 스레드와 관련된 SeqCst 연산이 스레드 실행을 어떤 순서로 나열해도 같은 순서로 값을 적재하고 저장하도록 보장하는 것이다.

코드 10-4의 모든 메모리 순서 조정 인수를 SeqCst로 교체하면 모든 스레드가 종료되었을 때 우리가 원래 기대했던 것처럼 Z가 0이 되는 것은 불가능하다. 순차적 일관성이 적용된 상태에서는 t1이 반드시 t2보다 먼저 실행되거나 t2가 반드시 t1보다 먼저 실행되어서 t3와 t4가 서로 다른 순서로 실행되는 것이 허용되지 않고 따라서 Z는 0이 될 수 없다.

비교와 교환

load와 store 외에도 러스트의 원자적 타입은 compare_exchange라는 메서드를 제공한다. 이 메서드는 원자적이면서도 조건적으로 값을 교체한다. 원자적 변수에 대해 마지막으로 확인한 값과 원래 값을 교체할 값을 compare_exchange 메서드에 전달하면, 원자적 변수의 값이 여전히 마지막으로 확인한 값인 경우에만 새로운 값으로 교체한다. 이게 중요한 이유를 살펴보기 위해 상호 배타적 잠금을 (잘못) 구현한 코드 10-5를 살펴보자. 이 코드는 정적 원자적 변수인 LOCK 변수에 잠금이 확보됐는지를 계속 추적한다. 이 변수의 불값 true는 잠금이 확보됐음을 의미한다. 잠금을 획득하는 스레드는 이 변수의 값이 false가 되기를 기다렸다가 이 값을 다시 true로 변경한다. 그런 다음 임계 영역에 들어가 작업(f)을 완료한 후 LOCK 변수의 값을 다시 false로 설정해 잠금을 해제한다.

코드 10-5 상호 배타적 잠금을 잘못 구현한 코드

```
static LOCK: AtomicBool = AtomicBool::new(false);

fn mutex(f: impl FnOnce()) {
  // 잠금이 해제(false)될 때까지 기다린다.
  while LOCK.load(Ordering::Acquire)
    { /* .. 할 일: 로딩 상태는 표시하지 않는다. .. */ }
  // 잠금을 확보했음을 저장한다.
  LOCK.store(true, Ordering::Release);
  // 잠금을 확보한 동안 f를 호출한다.
  f();
  // 잠금을 해제한다.
  LOCK.store(false, Ordering::Release);
}
```

이 코드는 대부분의 경우 동작하지만 중대한 결함이 있다. 두 스레드가 동시에 LOCK == false라고 확인하고 둘 다 while 루프를 무한히 실행할 수 있다. 그러고 나서 두 스레드가 동시에 LOCK 변수를 true로 설정하고 임계 영역에 들어갈 수 있는데 이는 mutex 함수의 목적과는 정확히 반대되는 동작이다.

코드 10-5의 문제는 원자적 변수의 현재 값을 적재하는 시점과 그 이후에 갱신하는 시점 사이에 간격이 있고, 그동안 다른 스레드가 실행되어 변수의 값을 읽거나 건드릴 수 있다는 점이다. compare_exchange 메서드는 바로 이 문제를 해결한다. 이 메서드는 앞서 읽은 값이 원자적 변수의 현재 값과 같은 경우에만 해당 값을 교체하고 그렇지 않으면 값이 바뀌었다고 알려 준다. 코드 10-6은 compare_exchange 메서드를 이용해 수정한 코드이다.

코드 10-6 **상호 배타적 잠금의 수정된 구현**

```
static LOCK: AtomicBool = AtomicBool::new(false);

fn mutex(f: impl FnOnce()) {
  // 잠금이 해제(false)될 때까지 기다린다.
  loop {
    let take = LOCK.compare_exchange(
      false,
      true,
      Ordering::AcqRel,
      Ordering::Relaxed
    );
    match take {
      Ok(false) => break,
      Ok(true) | Err(false) => unreachable!(),
      Err(true) => { /* .. 할 일: 로딩 상태는 표시하지 않는다. .. */ }
    }
  }
  // 잠금을 확보한 동안 f를 호출한다.
  f();
  // 잠금을 해제한다.
  LOCK.store(false, Ordering::Release);
}
```

이번에는 루프 내에서 compare_exchange 메서드를 사용했다. 이 메서드는 현재 잠금이 해제된 상태인지 확인하고, 적절한 경우 잠금을 확보하기 위해 변숫값을 true로 바꾸는 부분을 책임진다. 이는 compare_exchange 메서드의 첫 번째 인수(false)와 두 번째 인수(true)를 통해 각각 이루어진다. 이 호출은 '현재 값이 false일 때에만 true를 저장하라.'고 이해하면 된다. compare_exchange 메서드는 값을 성공적으로 교체했는지(Ok), 아니면 교체하지 못했는지(Err) 표현하는 Result 타입을 리턴한다. AtomicBool 타입의 경우 연산이 실패했을 때의 값이 무엇이 될지 알고 있으므로 딱히 유용하지 않지만, AtomicI32 같은 타입의 경우 업데이트된 현재 값을 받아 저장할 값을 신속하게 재계산한 후 메모리에서 값을 다시 적재하지 않고도 재시도할 수 있다.

compare_exchange 메서드는 현재 값으로 전달된 값과 변숫값이 같은지만 확인한다. 다른 스레드가 원자적 변수의 값을 변경한 후 다시 원래 값으로 변경하면 해당 변수에 대한 compare_exchange 메서드 호출은 성공할 것이다. 이를 A-B-A 문제라고 한다.

단순한 적재 및 저장과는 달리 compare_exchange 메서드는 Ordering 인수 두 개를 받는다. 첫 번째는 '성공 시 순서'이며 compare_exchange 메서드가 값을 성공적으로 교체했을 때 적재 및 저장 연산에 사용할 메모리 순서 조정을 의미한다. 두 번째는 '실패 시 순서'로 적재한 값이 예상한 현재 값과 다를 경우 적재 연산에 사용할 메모리 순서 조정을 의미한다. 이 두 메모리 순서 조정을 따로 지정하면 개발자는 필요에 따라 실패 시 적재 및 저장 재정렬을 통해 실행 성능을 향상시킬 여지를 CPU에 제공할 수 있지만 성공 시에는 여전히 정확한 순서로 실행되도록 할 수 있다. 이 경우 잠금을 획득하는 루프가 실패했을 때에는 적재와 저장 연산을 재정렬해도 무방하지만, 루프를 벗어난 후 임계 영역 안에서 적재와 저장 연산을 재정렬하면 안 된다.

compare_exchange 메서드는 인터페이스는 간단하지만 아주 강력한 동기화 장치이다. 얼마나 강력하냐면 이론적으로 compare_exchange 메서드만 사용해도 모든 분산 합의(distributed consensus) 장치를 구현할 수 있다. 그런 이유로 대부분은 아니지만 많은 동기화 구조가 실제로 이 메서드를 이용해 구현되어 있다.

그럼에도 compare_exchange 메서드는 어떤 값에 대해 한 CPU만 배타적으로 접근 가능해야 한다는 점을 요구하며, 따라서 상호 배제가 하드웨어 수준에서 이루어진다. 그렇다는 것은 compare_exchange 메서드가 금세 확장성 병목이 될 수 있다는 뜻이다. 한 시점에 한 CPU만 작업을 실행할 수 있으므로 코드가 코어 개수만큼 확장되지 않는다. 현실은 이보다 더 안 좋을 수 있다. CPU가 여러 개 있을 때 한 시점에 한 변수에 대한 compare_exchange 메서드 호출은 한 CPU에서만 성공하게 조율해야 하며(이 조율이 어떻게 이루어지는지 궁금하다면 MESI 프로토콜에 대해 살펴보기 바란다.) 이 조율 비용은 CPU 개수의 제곱에 비례해 증가한다.

compare_exchange_weak 메서드

문서를 꼼꼼히 읽는 독자라면 compare_exchange 메서드 외에도 compare_exchange_weak 메서드가 있음을 눈치챘을 것이고 이 두 메서드 사이의 차이점이 궁금할 것이다. 원자적 변수의 값이 사용자가 전달한 예상값과 같으면 compare_exchange 메서드는 무조건 성공하지만, compare_exchange_weak 메서드는 그럼에도 실패할 수 있다.

조금 이상하게 들릴 것이다. 값이 바뀌지 않는다면 어떻게 원자적 값 교체가 실패할 수 있을까? 그 이유는 compare_exchange 연산을 근본적으로 지원하지 못하는 시스템 아키텍처가 있기 때문이다. 예를 들어 암(ARM) 프로세서는 잠금 적재와 조건부 저장 연산을 수행하는데, 이 조건부 저장 연산은 관련된 잠금 적재로 읽은 값을 적재 이후에 미처 기록하지 못했다면, 기록해야 할 값이 변수의 값과 같더라도 실패할 수 있다. 러스트 표준 라이브러리 compare_exchange 메서드의 암 아키텍처용 구현을 보면 루프 내에서 이 인스트럭션 쌍을 호출해 조건부 저장이 성공했을 때에만 성공값을 리턴한다. 그 덕분에 코드 10-6은 어쩔 수 없이 더 많은 인스트럭션을 수행하기 위한 중첩된 루프를 구현하게 되어 비효율적이 되고 최적화도 어려워진다. 이 경우에는 루프가 이미 있으므로 compare_exchange_weak 메서드를 사용해 `Err(false)` 상황의 `unreachable!()` 부분을 제거함으로써 x86 아키텍처에서 컴파일했을 때에는 같은 결과를, 암 아키텍처에서 컴파일 했을 때에는 더 나은 머신 코드를 얻을 수 있다.

fetch 메서드

`fetch` 메서드들(fetch_add, fetch_sub, fetch_and 및 이와 비슷한 메서드)은 순서와 관계없이 의미 있는 결과를 보장하는 연산, 다시 말해 교환 가능한 원자적 연산을 좀 더 효율적으로 수행할 수 있도록 설계되었다. 이 메서드가 등장하게 된 배경은 compare_exchange 메서드가 강력하기는 하지만 비용이 많이 들기 때문이다. 두 스레드가 한 원자적 변수를 업데이트하려 하면 하나는 성공하지만 다른 하나는 실패하고 재시도해야 한다. 이런 스레드가 많아지면 변수에 대한 순차적 접근을 조율해야 하고 실패 시 재시도하는 동안 많은 스레드가 대기하게 된다.

순서를 따르지 않아도 되는 간단한 교환 연산의 경우 다른 스레드가 값을 수정했다는 이유만으로 실패하고 재시도하는 대신, 원자적 변수에 수행할 연산을 CPU에 지시할 수 있다. 그러면 CPU가 배타적 접근 권한을 얻었을 때 그 시점의 현재 값에 대해 해당 연산을 수행하게 된다. 예를 들어 여러 스레드 풀에서 완료된 작업의 수를 세는 `AtomicUsize`가 있다고 가정해 보자. 두 스레드가 동시에 작업을 완료했을 때 완료 작업 수를 둘 다 증가시킬 수만 있다면, 둘 중 어떤 스레드가 먼저 값을 수정했는지는 중요하지 않다.

`fetch` 메서드는 이런 종류의 교환 연산을 구현한다. 이 메서드는 읽기와 저장을 한 단계로 수행하며 메서드가 리턴한 값으로 저장 연산이 수행되었음을 보장한다. 예를 들어 `AtomicUsize::fetch_add(1, Ordering::Relaxed)` 메서드 호출은 절대 실패하지 않는다. 현재 `AtomicUsize` 값이 무엇이든 무조건 이 값에 1을 더하고 1이 더해진 후의 값을 정확히 리턴한다.

`fetch` 메서드는 `compare_exchange` 메서드에 비해 더 효율적인데 그 이유는 여러 스레드가 변수에 접근하는 경우 실패 시 재시도가 필요 없기 때문이다. 일부 하드웨어 아키텍처는 CPU 개수가 늘어날수록 더 잘 확장되는 특별한 `fetch` 메서드 구현을 제공하기도 한다. 어쨌든 충분히 많은 수의 스레드가 같은 원자적 변수를 조작하려고 하면, 이 작업들은 점점 느려지기 시작하며 비선형적인 성능 향상을 보이게 된다. 일반적으로 동시성 알고리즘의 성능을 크게 향상시키는 가장 좋은 방법은 `compare_exchange` 메서드 대신 `fetch` 메서드를 사용하는 것이 아니라, 경쟁이 발생하는 변수를 원자적 변수 여러 개로 나누어 그 경쟁을 줄이는 것이다.

`fetch_update` 메서드는 다소 잘못된 이름이다. 내부적으로 이 메서드는 `compare_exchange_weak` 메서드의 루프를 구현하므로 이 메서드의 성능 프로파일은 다른 `fetch` 메서드보다는 `compare_exchange` 메서드에 더 가깝다.

합리적인 동시성

정확하고 성능이 뛰어난 동시적 코드 작성은 순차적 코드 작성보다 어렵다. 실행 순서가 뒤섞일 뿐 아니라 코드가 컴파일러, CPU, 메모리 서브시스템과 어떻게 상호 작용하는지도 고려해야 한다. 이렇게 실수를 유발하는 다양한 함정이 있다 보니 동시성 자체를 포기하고 싶은 마음이 들기도 한다. 이번 절에서는 정확한 동시성 코드를 좀 더 자신 있게 작성하는 데 도움이 되는 몇 가지 기법과 도구를 살펴본다.

단순하게 시작하자

단순하고 직관적이며 쉽게 읽을 수 있는 코드가 정확할 가능성이 더 높다는 것은 명백한 사실이다. 이 원리는 동시성 코드에도 적용된다. 생각할 수 있는 가장 단순한 동시성 설계로 시작해서 성능을 측정하고, 성능 문제가 있을 때에만 알고리즘 최적화를 수행하자.

이 원리를 실전에 활용하려면 원자적 값을 너무 많이 사용하거나 잠금을 세밀하게 나누어 사용할 필요가 없는 동시성 패턴을 먼저 적용한다. 순차적인 코드를 여러 스레드로 실행하는 것부터 시작하고 채널을 통해 통신하거나 잠금을 통해 조율한 후 감당해야 하는 작업 부하를 토대로 성능을 벤치마크한다. 잠금 없는 알고리즘을 구현하거나 잠금을 수천 개로 나누는 것보다는 이런 방식으로 구현하는 편이 실수할 확률이 훨씬 낮다. 대부분의 경우 이 방식은 충분히 빠른 성능을 제공한다. 사실 채널과 잠금이 잘 동작하도록 하는 데는 더 많은 시간과 노력이 필요하다. 그리고 단순한 접근 방식이 충분한 성능을 제공한다면 굳이 복잡하고 오류가 생기기 더 쉬운 코드를 도입할 필요가 없다.

벤치마크 결과에서 성능 문제가 드러났다면 시스템의 정확히 어떤 부분이 제대로 확장되지 않는지 알아내야 한다. 병목 지점을 가능한 한 격리해 최대한 작은 조정을 거쳐 수정하자. 경우에 따라서는 동시성 해시 테이블을 도입하는 대신 잠금을 둘로 나누거나, 잠금 없는 작업 훔치기 큐를 구현하는 대신 스레드와 채널을 하나 더 도입하기만 해도 충분할 수 있다. 더 간단한 해결책이 있다면 그 방법을 도입하자.

원자적 연산 같은 것들을 직접 다루어야 한다 해도 최적화가 필요하다는 증거가 나타나기 전까지는 단순하게 유지하는 것이 좋다. 처음에는 `Ordering::SeqCst`와 `compare_exchange`를 사용하고, 여기서 병목이 발생한다는 구체적인 증거가 발견될 경우 그때 최적화를 수행하는 방법을 반복하면 된다.

부하 테스트를 작성하자

여러분은 코드를 작성하는 입장에서 버그가 어디서 발생할 수 있는지 잘 이해하고 있겠지만 그 버그가 무엇인지는 (아직은) 정확히 알지 못할 것이다. 부하 테스트 작성은 숨겨진 버그를 찾아내는 좋은 방법이다. 부하 테스트가 꼭 복잡한 단계의 순서를 수행할 필요는 없다. 그 대신 많은 스레드가 상대적으로 간단한 작업을 병렬로 수행하도록 구성하면 된다.

예를 들어 동시성 해시 맵을 작성 중이라면 한 부하 테스트에서 키를 삽입하거나 수정하는 N개의 스레드와 키를 읽는 M개의 스레드를 생성하고 이 M+N개의 스레드가 같은 키에 자주 접근하게 하면 된다. 이런 테스트는 특정 결과나 값을 검증하는 것이 아니라 교차 실행 과정의 버그를 발견하기 위해 다양한 연산을 교차 실행한다.

부하 테스트는 여러 측면에서 퍼징 테스트와 비슷하다. 퍼징은 주어진 함수에 대해 많은 임의의 입력을 생성하는 반면, 부하 테스트는 많은 임의의 스레드와 메모리 접근 스케줄을 생성한다. 따라서 퍼저와 마찬가지로 부하 테스트도 코드 내에서 단정문 정도의 효과만 발휘한다. 단정문 실패나 여러 가지 패닉처럼 쉽게 탐지할 수 있는 방식으로 나타나지 않는 버그는 찾아낼 수는 없다. 그래서 저수준 동시성 코드에 단정문을 추가하거나 특히 성능이 중요한 루프에서 `debug_assert_*` 메서드를 사용하는 것은 좋은 생각이 아니다.

동시성 테스트 도구를 사용하자

동시성 코드를 작성하는 데 있어 가장 어려운 점은 서로 다른 스레드 간에 가능한 교차 실행을 전부 처리하는 것이다. 코드 10-4의 `Ordering::SeqCst` 에에서 살펴본 것처럼 스레드 스케줄링뿐 아니라 어떤 시점에 특정 스레드가 읽어낸 메모리의 값이 무엇인지가 중요하다. 가능한 교차 실행 사례를 모두 수행하는 테스트를 작성하는 것은 지루할 뿐 아니라 어려운 일이다. 어떤 스레드가 언제 실행되고 읽기 작업이 어떤 값을 리턴하는지에 대한 매우 낮은 수준의 제어가 필요한데 운영 체제는 이런 기능을 제공하지 않을 가능성이 높다.

룸을 이용한 모델 검사

다행히 이런 실행 과정에 대한 탐색을 간단히 수행할 수 있는 도구가 `loom` 크레이트라는 형태로 존재한다. 이 크레이트의 릴리스 주기와 이 책의 출간 시점을 고려해 사용법을 설명하는 예제는 제공하지 않을 것이다. 여러분이 이 책을 읽는 시점에 예제가 무용지물이 될 수 있기 때문이다. 그래서 간략하게 설명하는 것으로 대신하려 한다.

여러분은 클로저 형태로 테스트 케이스를 작성해 룸 모델에 전달해야 한다. 이 모델은 모든 스레드 간 상호 작용을 추적하고 테스트 클로저를 여러 번 실행해서 스레드 간에 가능한 상호 작용을 지능적으로 탐색한다. 룸은 스레드 간 상호 작용을 감지하고 제어하기 위해 표준 라이브러리가 제공하는 타입 중 스레드가 서로 조율할 수 있는 모든 타입에 대한 대체 타입을 제공한다. `std::sync`와 `std::thread` 모듈의 대다수 타입은 물론이고 `UnsafeCell`을 포함한 몇 가지 다른 타입도 대체할 수 있다. 룸 테스트를 실행할 때 애플리케이션은 이런 대체 타입을 사용해야 한다. 대체 타입은 룸 실행자와 연관된 두 가지 기능을 제공한다. 첫 번째 기능은 가능한 스레드 상호 작용 지점 이후에 룸이 어떤 작업을 실행할지 선택하기 위한 재스케줄링 지점의 역할을 수행하는 것이다. 두 번째 기능은 룸이 고려해야 할 새로운 교차 실행 가능성을 찾아 알려 주는 것이다. 기본적으로 룸은 교차 실행이 가능한 여러 지점에서 발생할 수 있는 모든 조합의 실행 경로에 대한 트리를 구축한 후 이를 하나씩 실행한다.

룸은 테스트 케이스에서 가능한 조합의 실행 경로를 모두 탐색하는 것을 목적으로 하므로, 부하 테스트로는 발견할 수 없는 매우 드문 실행 경로에서 발생하는 버그를 찾는 데 도움이 된다. 하지만 이런 방식은 테스트 케이스 크기가 작을 때에는 유용하지만, 더 복잡한 작업 순서를 테스트하거나 여러 스레드를 동시에 실행해야 하는 등 테스트 규모가 커진다면, 이처럼 철저한 테스트를 적용하는 것은 실현 가능성이 떨어진다. 코드에 대한 적절한 커버리지를 확보하는 데 시간이 너무 오래 걸릴 것이기 때문이다. 그래서 현실적으로는 룸이 가능한 실행의 하위 집합만을 고려하도록 구성하는 편이 좋으며, 이에 대한 자세한 내용은 룸 문서에서 확인할 수 있다.

부하 테스트와 마찬가지로 룸은 패닉으로 나타나는 버그만 찾아낼 수 있다. 이 점은 시간을 들여서라도 동시성 코드에 전략적인 단정문을 추가해야 하는 또 다른 이유이기도 하다. 대부분의 경우 더 나은 단정문을 제공하기 위해 동시성 코드에 추가적인 상태 추적과 그에 대한 북키핑 인스트럭션(bookkeeping instruction)을 추가할 만한 가치가 충분하다.

ThreadSanitizer를 이용한 런타임 검사

테스트 케이스 크기가 크다면 구글이 훌륭하게 구현한 `ThreadSanitizer`(TSan으로도 알려져 있다.)를 이용해 테스트를 수차례 반복 실행하는 것이 최선의 방법이다. TSan은 메모리에 접근하기 전에 추가적인 북키핑 인스트럭션을 삽입하는 방식으로 코드를 자동으로 보강한다. 이 북키핑 인스트럭션은 코드가 실행될 때 특별한 상태 머신을 업데이트하고 검사해서, 문제가 되는 경쟁 조건을 나타내는 모든 동시적 메모리 연산을 표시한다. 예를 들어 스레드 B가 어떤 원자적 값 X를 기록했는데 X의 이전 값을 기록한 스레드와 동기화되지 않았다면(자세한 내용은 생략) 거의 항상 버그로 이어지는 쓰기-쓰기 경쟁이 발생하고 있다고 볼 수 있다.

TSan은 룸처럼 코드를 되풀이해 실행하는 것이 아니라 단순히 실행되는 코드를 관찰하기 때문에 프로그램 실행 시간에 일정한 오버헤드만 추가한다. 이 오버헤드의 크기는 상당하지만(이 책을 집필하는 현재 5~15배 정도) 대부분의 복잡한 테스트를 합리적인 시간 내에 수행할 수 있을 정도로 작은 크기라고 할 수 있다.

이 책을 집필하는 시점에서 TSan을 사용하려면 러스트 컴파일러 야간(nightly) 버전을 사용하고 `-Zsanitizer=thread` 명령 줄 인수를 전달해야(또는 `RUSTFLAGS`에 설정해야) 하지만, 시간이 지나면 표준 옵션으로 포함될 가능성이 있다. 또한 범위를 벗어난 메모리 접근, 해제 후 접근, 메모리 누수, 초기화되지 않은 메모리 읽기를 검사하는 다른 검사기도 있으므로 이런 검사기를 통해 동시성 테스트를 실행해 보는 것도 좋다.

하이젠버그

하이젠버그는 문제를 조사하려 할 때 사라지는 것처럼 보이는 버그를 의미한다. 이는 고도의 동시성 코드를 디버깅할 때 상당히 자주 발생하는데, 문제를 디버깅하기 위한 추가적인 계측(instrumentation)이 동시적 이벤트의 상대적 타이밍을 변경해 버그를 유발했던 교차 실행이 더는 일어나지 않게 되기 때문이다.

동시성 버그가 사라지는 가장 일반적인 원인 중 하나는 가장 흔한 디버깅 기법 중 하나인 `print` 문을 사용하는 것이다. 이 구문이 동시성 버그에 큰 영향을 미치는 이유는 두 가지이다. 첫 번째는 사용자 터미널(또는 표준 출력)으로 무언가를 출력하는 데 상당한 시간이 걸리기 때문이다. 특히 프로그램의 출력이 많은 경우에는 더 그렇다. 터미털 출력에는 최소한 운영 체제 커널과의 왕복 시간이 필요하며, 심지어는 터미널이 프로그램 출력을 버퍼로 읽어들일 때까지 기다려야 할 수도 있다. 이 시간 동안 다른 스레드의 작업과 경쟁 상태에 있던 작업을 충분히 지연시켜 경쟁 조건이 사라질 수 있다.

`print` 문이 동시 실행 패턴을 방해하는 두 번째 이유는 표준 출력에 쓰는 작업은 (보통) 잠금에 의해 보호되기 때문이다. 표준 라이브러리의 `Stdout` 타입의 내부를 살펴보면 출력 스트림에 대한 접근을 `Mutex`로 보호하고 있음을 알 수 있다. 그 이유는 여러 스레드가 동시에 쓰기를 시도할 때 출력이 지나치게 뒤섞이지 않도록 하기 위함이다. 잠금이 없다면 여러 스레드가 기록한 내용이 한 줄에 뒤섞여 나타날 수도 있지만, 잠금이 있다면 스레드가 순차적으로 출력을 수행하게 된다. 불행히도 출력을 위한 잠금을 획득하는 것 자체가 또 다른 스레드 동기화 지점이 되며 출력을 실행하는 모든 스레드가 이 동기화에 참여하게 된다. 그래서 두 스레드 간 동기화 누락이나 특정한 경쟁 조건 때문에 앞서 문제가 발생했던 코드에 출력을 추가하면 부수적으로 버그가 해결될 가능성도 있다.

보통 하이젠버그로 보이는 버그를 발견하면 문제를 좁히기 위한 다른 방법을 찾아보는 편이 좋다. 룸이나 TSan을 사용하거나 gdb 또는 lldb 디버거를 사용해도 되고 각 스레드별로 메모리에 로그를 기록해 두었다가 마지막에 한 번에 출력하는 방법도 있다. 대부분의 로깅 프레임워크는 로깅을 실행하는 주요 경로에서 동기화를 수행하지 않으려 하기 때문에 이를 사용하면 디버깅이 더 수월해질 수 있다. 게다가 특정 버그를 수정한 후 남겨 둔 로그는 그 이후에도 유용하게 활용할 수 있다. 개인적으로는 `tracing` 크레이트를 좋아하지만 그 외에도 좋은 옵션은 많다.

요약

이번 장에서는 먼저 러스트의 동시성 코드에서 발생할 수 있는 일반적인 정확성 및 성능 문제 그리고 이를 해결하기 위해 성공적인 동시성 애플리케이션에서 자주 사용하는 고수준 동시성 패턴에 대해 설명했다. 또한 러스트의 비동기 코드가 병렬 처리 없이도 동시성을 지원하는 방법과 병렬 처리를 명시적으로 적용하는 방법도 알아봤다. 그다음에는 러스트의 다양한 저수준 동시성 기본 요소에 대해 깊이 있게 공부하면서 그 동작 방식과 차이점, 용도에 대해 살펴봤다. 마지막으로, 더 나은 동시성 코드를 작성하기 위한 기법과 더불어 룸이나 TSan 같은 도구를 사용해 코드를 검증하는 방법도 알아봤다. 다음 장에서는 다른 언어로 작성된 코드와 직접 링크할 수 있는 FFI를 살펴보면서 러스트의 저수준 세부 사항에 대한 탐구를 이어 가려 한다.

11장

R u s t f o r R u s t a c e a n s

FFI

모든 코드가 러스트로 작성되지는 않는다. 충격적이라고? 이해한다. 러스트 코드에서 다른 언어로 된 코드를 호출하든, 반대로 다른 언어로 된 코드에서 여러분이 작성한 러스트 코드를 호출하게 하든, 다른 언어로 작성된 코드를 다루어야 할 필요는 의외로 자주 발생한다. 이때 필요한 것이 FFI이다.

이번 장에서는 러스트가 FFI를 위해 제공하는 주요 메커니즘인 extern 키워드를 처음으로 살펴볼 것이다. extern 키워드를 이용해 러스트 함수와 정적 변수를 다른 언어에 노출하는 방법은 물론, 러스트 외부에서 러스트 함수와 정적 변수에 접근하는 방법도 살펴본다. 그다음에는 러스트의 타입과 다른 언어에서 정의하는 타입을 맞춰 조정하고, 데이터가 FFI 경계를 넘어 흘러갈 수 있게 하는 몇 가지 장치에 대해서도 알아본다. 마지막으로, FFI를 많이 사용할 경우 도움이 되는 도구들에 대해 살펴본다.

보통 FFI는 한 언어에서 다른 언어로 경계를 넘나드는 것을 의미하지만 FFI는 러스트로만 구성된 환경에서 일어나기도 한다. 한 러스트 프로그램이 다른 러스트 프로그램과 메모리를 공유하지만 이 둘이 함께 컴파일되지 않는다면, 예컨대 여러분의 러스트 프로그램이 러스트로 작성된 동적 링크 라이브러리를 사용하는데 그 라이브러리가 C 언어와 호환되는 .so 파일 형식으로 컴파일되어 있다면 다른 언어를 사용하는 것과 마찬가지 상황이라고 할 수 있다.

extern 키워드로 경계를 넘어가기

궁극적으로 FFI는 여러분 애플리케이션의 러스트 코드 외부에 있는 바이트에 접근하는 것이다. 이를 위해 러스트는 두 가지 빌딩 블록을 제공한다. 심벌은 바이너리의 특정 세그먼트 내 주소에 할당된 이름으로서 외부 소스와 러스트 코드 간에 메모리(데이터이든, 코드이든)를 공유할 수 있게 해 주며, 호출 규약(calling convention)을 보면 이렇게 공유된 메모리에 저장된 함수를 호출하는 방법을 이해할 수 있다. 이번 장에서는 이 두 가지를 차례로 살펴본다.

심벌

컴파일러가 코드로부터 만들어 내는 바이너리 산출물은 심벌로 채워져 있다. 다시 말해 여러분이 선언한 모든 함수나 정적 변수는 컴파일된 바이너리 내의 위치를 가리키는 심벌을 가지고 있다. 심지어 제네릭 함수는 컴파일러가 제네릭 타입 파라미터 개수만큼 생성한 여러 심벌을 가질 수도 있다.

대부분의 경우 심벌은 비중이 크지 않다. 컴파일러가 바이너리 내에서 함수나 정적 변수의 최종 주소를 전달하는 내부적인 용도로만 사용하기 때문이다. 컴파일러는 최종 머신 코드를 생성할 때 심벌을 이용해 각 함수 호출이 메모리의 어떤 위치를 타깃으로 해야 하는지 또는 코드가 정적 변수에 접근할 때 메모리의 어떤 위치에서 읽어 와야 하는지 알아낸다. 코드에서 심벌을 직접 참조하지 않기 때문에 컴파일러는 심벌의 이름을 다소 임의로 짓는다. 여러분의 코드에 `foo`라는 이름의 함수가 두 개 선언되어 있어도 컴파일러는 이 두 함수에 대해 서로 다른 심벌 이름을 생성해서 둘을 혼동하지 않는다.

하지만 다른 언어로 작성되어 다른 컴파일러로 컴파일해야 하는 코드처럼 동시에 컴파일되지 않는 코드의 함수를 호출하거나 정적 변수에 접근해야 할 때에는 심벌 이름을 임의로 지으면 안 된다. 심벌 이름이 계속해서 임의로 바뀐다면 C 언어로 작성한 코드에 선언한 정적 변수를 러스트에 알려 줄 수가 없다. 반대로 러스트 함수의 이름이 매번 달라진다면 파이썬의 FFI 인터페이스로 이 함수를 호출할 수 없다.

외부에서 만들어진 심벌을 이용하려면 컴파일러가 심벌 이름을 직접 결정하는 것이 아니라 어딘가에 정의된 같은 심벌을 찾아서 변수나 함수에 접근하게 할 수 있는 방법이 필요하다.(이 검색의 동작 원리는 나중에 설명한다.) 그렇지 않다면 그 함수나 정적 변수에 대한 두 개의 같은 심벌이 생겨서 공유할 수 없게 된다. 실제로 그 심벌을 참조하는 코드는 어떤 정의(즉, 어떤 주소)를 사용해야 하는지 몰라 컴파일 오류가 발생할 가능성이 높다.

잠깐 용어를 정리하자. 심벌은 여러 번 선언할 수 있지만 정의는 한 번만 해야 한다. 심벌에 대한 모든 선언은 링크 시점에 모두 하나의 심벌 정의로 링크된다. 선언에 대한 정의를 찾지 못하거나 정의가 여러 개라면 링크는 실패할 것이다.

컴파일과 링크에 대한 부연 설명

컴파일러에 대해 자세히 알아볼 시간이다. 코드를 실행 가능한 바이너리로 바꾸는 복잡한 과정을 대략적으로나마 이해한다면 FFI를 더 잘 이해하는 데 도움이 될 것이다. 컴파일러는 사실 하나의 거대한 프로그램이 아니라 (보통은) 각각 독자적인 태스크를 차례로 실행하는 작은 크기의 프로그램 여러 개로 분리되어 있다. 대략적으로 보면 컴파일은 컴파일, 코드 생성, 링크라는 세 단계로 나뉘며 각 단계는 세 가지 서로 다른 컴포넌트에 의해 실행된다.

첫 번째 단계는 대부분의 사람들이 '컴파일러'라고 생각하는 컴포넌트가 실행한다. 타입 검사, 대여 검사, 단형화 등을 비롯해 프로그래밍 언어와 관련된 다른 기능들이 실행된다. 이 단계는 머신 코드가 아니라 추상화된 머신 작업에 크게 의존하는 다소 저수준의 코드를 생성한다. 이 저수준 코드가 코드 생성 도구에 전달되어 지정한 CPU에서 실행되는 머신 코드로 변환된다.

이 두 작업은 전체 기반 코드에 대해 한 번에 한 작업으로 실행될 필요는 없다. 그 대신 기반 코드는 더 작은 크기로 나뉘어 동시적으로 컴파일된다. 예를 들어 러스트는 보통 서로에 대한 의존성이 없다면 여러 크레이트를 독립적이면서도 병렬로 컴파일한다. 또한 독립적인 크레이트별로 코드 생성 도구를 따로 호출해 병렬로 처리한다. 심지어 한 크레이트를 더 작은 크기로 나누어 컴파일하기도 한다.

애플리케이션의 모든 부분에 대한 머신 코드가 생성되면 이 조각들이 다시 하나로 연결된다. 이 단계는 링커라는 도구가 실행하는 링크 단계에서 이루어진다. 링커의 주요 임무는 코드 생성 도구가 만들어 낸 모든 바이너리 산출물, 즉 오브젝트 파일을 가져와 하나의 파일로 결합한 후 심벌에 대한 모든 참조를 그 심벌의 최종 메모리 주소로 교체한다. 그 덕분에 한 크레이트에서 선언한 함수를 다른 크레이트에서 호출할 수 있으면서도 두 크레이트를 별도로 컴파일할 수 있다.

FFI를 가능하게 하는 것도 링커이다. 링커는 입력으로 받은 오브젝트 파일이 어떻게 구성되어 있는지는 신경 쓰지 않는다. 단지 모든 오브젝트 파일을 하나로 링크하고 공유 심벌을 해석할 뿐이다. 어떤 오브젝트 파일은 러스트 코드로 작성한 것이지만, 어떤 파일은 C 코드로 작성한 것일 수도 있고, 또 어떤 파일은 인터넷에서 다운로드한 바이너리일 수도 있다. 하지만 이 파일들이 모두 심벌 이름이 같다면 링커는 공유 심벌에 대한 정확한 교차 참조 주소를 사용하는 머신 코드를 만들어 낸다.

심벌은 정적으로 링크될 수도, 동적으로 링크될 수도 있다. 정적 링크는 가장 간단한 방법으로 심벌에 대한 각각의 참조를 해당 심벌이 정의된 곳의 주소로 교체하는 단순한 작업이다. 반면 동적 링크는 심벌에 대한 각각의 참조를 생성된 코드와 이어서 프로그램이 실행될 때 심벌의 정의를 찾도록 한다. 동적 링크에 대해서는 잠시 후에 다시 살펴보자. 러스트 컴파일러는 러스트 코드에 대해서는 정적 링크를 기본으로 실행하고, FFI에 대해서는 동적 링크를 기본으로 사용한다.

extern 키워드 사용

`extern` 키워드는 외래 인터페이스 내에 심벌이 있음을 선언할 수 있게 해 주는 메커니즘이다. 구체적으로 말하면 다른 곳에서 정의한 심벌의 존재를 선언한다. 예를 들어 코드 11-1은 러스트 코드에서 선언한 `RS_DEBUG`라는 정적 변수를 FFI를 통해 다른 코드가 사용할 수 있도록 한다. 또한 정의는 명시되어 있지 않지만 링크 시점에 정의를 해석하는 `FOREIGN_DEBUG`라는 정적 변수도 선언한다.

코드 11-1 러스트 정적 변수를 외부에 노출하며 FFI를 이용해 다른 곳에 선언된 변수에 접근하는 코드

```
#[no_mangle]
pub static RS_DEBUG: bool = true;

extern {
  static FOREIGN_DEBUG: bool;
}
```

#[no_mangle] 속성은 컴파일 과정에서 RS_DEBUG에 원래 이름을 그대로 유지하게 한다. 다시 말해 컴파일러가 프로그램의 다른 곳에서 선언한 (FFI가 아닌) 또 다른 RS_DEBUG 변수와 구분하기 위해 다른 심벌 이름을 할당하지 않게 한다. 또한 이 변수는 크레이트의 공개 API에서 사용하므로 pub 키워드를 사용해 선언했지만, #[no_mangle] 속성으로 표시한 아이템에는 반드시 필요하지는 않다. 게다가 이 변수는 이 코드에서 정의한 것이므로 extern 키워드를 사용하지 않았다. 그래도 다른 언어들에서 링크할 수 있도록 접근 가능하기 때문이다.

FOREIGN_DEBUG 정적 변수를 둘러싼 extern 블록은 이 변수의 선언이 동일한 심벌 정의의 위치를 링크 시점에 알아내서 참조한다는 것을 의미한다. 이 변수는 다른 곳에서 정의했으므로 초깃값을 제공하지 않으며 정의한 곳에서 사용한 것과 같은 타입만을 명시한다. 러스트는 이 정적 변수를 정의한 코드에 대해서는 알지 못하기 때문에 이 심벌이 정확한 타입으로 선언되었는지도 확인하지 못하므로 unsafe 블록에서만 FOREIGN_DEBUG 변수에 접근할 수 있다.

러스트의 정적 변수는 extern 블록 내에 있든 그렇지 않든 기본적으로 불변이다. 이 변수는 어떤 스레드에서도 접근할 수 있으므로 이 변수가 가변이라면 데이터 경쟁의 위험에 노출된다. 물론 static 변수를 mut으로 선언할 수도 있지만 그렇게 하면 안전하지 않은 접근이 된다.

FFI 함수를 선언하는 과정도 매우 비슷하다. 코드 11-2는 hello_rust 함수에 러스트로 작성하지 않은 다른 코드에서 접근할 수 있도록 하고, 외부에서 정의한 hello_foreign 함수를 러스트 코드로 가져온다.

코드 11-2 러스트 함수를 외부에 노출하고 FFI를 통해 외부에서 정의한 함수에 접근하는 코드

```
#[no_mangle]
pub extern fn hello_rust(i: i32) { ... }

extern {
  fn hello_foreign(i: i32);
}
```

다음 절에서 살펴볼 extern fn 키워드를 이용해 함수를 선언했다는 점을 제외하면 이 코드는 코드 11-1과 같다.

FOREIGN_DEBUG나 hello_foreign 같은 외부 심벌을 여러 곳에서 정의했다면, #[link] 속성을 이용해 어떤 라이브러리의 심벌을 링크해야 하는지 명시적으로 지정할 수 있다. 그렇지 않으면 링커는 심벌이 여러 개 정의되어 있다는 에러를 리턴할 것이다. 예를 들어 extern 블록에 #[link(name="crypto")]를 지정하면 링커는 어떤 심벌이든(정적 변수이든, 함수이든) 'crypto'라는 링크된 라이브러리에서 찾을 것이다. 또한 #[link_name = "<실제 심벌 이름>"]을 이용해 외부 정적 변수나 함수 이름을 지정하면 외부 심벌의 이름이 아니라 원하는 이름을 사용해 외부 심벌에 접근할 수 있다. 마찬가지로 #[export_name = "<내보낼 심벌 이름>"]을 이용해 러스트 아이템을 다른 이름으로 내보낼 수도 있다.

링크의 종류

#[link]는 kind라는 인수를 받는데 이것은 블록 내의 아이템을 링크하는 방법을 결정한다. 이 인수의 기본값은 C와 호환되는 동적 링크를 사용하는 "dylib"이다. 그 외에 "static"을 지정하면 블록 내의 아이템은 컴파일 시에 완전히(즉, 정적으로) 링크된다. 이는 외부 코드가 컴파일러에 의해 만들어진 바이너리에 직접 연결되며 따라서 런타임에 존재할 필요가 없다는 것을 의미한다. 그 외에도 몇 가지 다른 종류가 있지만 널리 사용되지 않는 것은 물론 이 책의 범위를 벗어난다.

정적 링크와 동적 링크 사이에는 몇 가지 트레이드오프가 있는데 가장 중요한 것은 보안, 바이너리 크기, 배포이다. 먼저 동적 링크를 사용하면 라이브러리를 독립적으로 업그레이드하기가 더 쉬워지므로 더 안전하다고 간주한다.

동적 링크를 사용하면 누군가 여러분의 코드가 포함된 바이너리를 배포할 때 여러분의 코드를 재컴파일하지 않고도 그 코드가 링크된 라이브러리를 업그레이드할 수 있다. 예컨대 `libcrypto` 라이브러리에 보안 업데이트가 나왔다면 업데이트된 라이브러리 코드를 자동으로 사용할 수 있게 된다. 정적으로 컴파일되었다면 라이브러리 코드는 바이너리 내에 강하게 결합되어 사용자가 업그레이드된 버전의 라이브러리로 여러분의 코드를 다시 컴파일해야 라이브러리가 비로소 업데이트된다.

또한 동적 링크로 만든 바이너리 크기는 정적 링크로 만든 바이너리 크기보다 작다. 정적 컴파일은 링크된 코드를 모두 최종 바이너리에 포함하며 그 코드를 가져오는 코드도 모두 포함하므로 바이너리 크기가 커진다. 동적 링크를 이용하면 각각의 외부 아이템은 런타임에 지정한 라이브러리를 로드해서 심벌에 접근하는 작은 크기의 래퍼 코드만 포함하게 된다.

이렇게 보면 정적 링크가 그다지 매력적이지 않아 보이겠지만 동적 링크에 비해 배포가 쉽다는 아주 큰 장점이 있다. 동적 링크의 경우 여러분의 코드를 포함하는 바이너리를 실행하고자 하는 사람이라면 반드시 여러분의 코드에 링크된 모든 바이너리를 함께 보유해야 한다. 그뿐 아니라 각 라이브러리는 여러분의 코드와 호환되는 버전이어야 한다. 대부분의 시스템에 존재하는 `glibc`나 OpenSSL 같은 라이브러리라면 큰 문제가 되지 않을 수도 있지만 잘 알려지지 않은 라이브러리는 문제가 된다. 사용자는 여러분의 코드를 실행하기 위해 관련된 모든 라이브러리를 찾아 설치해야 한다. 정적 링크를 사용하면 라이브러리 코드가 바이너리에 직접 포함되므로 사용자는 아무것도 설치하지 않아도 된다.

결국 정적 링크와 동적 링크 사이에 정답은 없다. 보통은 동적 링크를 기본으로 선택하지만 배포에 대한 제약이 심한 환경이나 아주 작은 라이브러리에 의존하는 코드라면 정적 링크가 더 나은 선택일 수도 있다. 스스로 판단해야 한다.

호출 규약

심벌은 함수나 변수가 정의된 위치를 알려 주지만 심벌만으로 FFI 경계를 넘어 함수를 호출하기에는 역부족이다. 다른 언어로 작성된 외래 함수를 호출하려면 컴파일러는 이 함수를 호출하는 데 사용하는 어셈블리 코드를 규정하는 호출 규약을 알아야 한다. 각 호출 규약에 대한 기술적인 상세는 다루지 않지만 대략적으로 이 규약은 다음 정보를 제공한다.

- 함수 호출을 위한 스택 프레임의 셋업 방법
- 인수가 전달되는 방법(스택인지 레지스터인지, 순서대로인지 역순인지 등)
- 함수가 리턴될 때 이동해야 하는 지점을 함수에 알려 주는 방법
- 함수 실행이 끝난 후 호출자에 레지스터 같은 다양한 CPU 상태가 저장되는 방법

러스트는 독자적인 호출 규약을 갖추고 있지만 이 책을 쓰는 현재 아직 표준화되지 않았으며 시간이 지나면 컴파일러에 의해 변경될 수도 있다. 모든 함수 정의와 호출이 같은 러스트 컴파일러에 의해 컴파일되는 경우에는 문제가 없지만 외부 코드와의 상호 운용이 필요한 경우에는 문제가 될 수 있다. 외부 코드는 러스트 호출 규약을 알지 못하기 때문이다.

모든 러스트 함수는 특별히 지정하지 않는다면 암묵적으로 `extern "Rust"` 키워드를 이용해 선언된다. 코드 11-2처럼 `extern`을 이용한 선언은 '표준 C 호출 규약을 사용한다.'는 것을 의미하는 `extern "C"`를 더 줄여 쓴 것이다. 이런 단축 표현이 지원되는 이유는 FFI의 경우라면 거의 C 호출 규약을 사용하기 때문이다.

언와인딩은 일반적인 러스트 함수에서만 동작한다. `extern "Rust"`로 선언하지 않은 러스트 함수를 언와인딩하면 프로그램 실행이 취소된다. FFI 경계를 넘어 외부 코드로의 언와인딩은 미정의 동작에 해당한다. RFC 2945에서는 `extern "C-unwind"`라는 새로운 선언을 정의한다. 이 선언은 특정 상황에서 FFI 경계를 넘는 언와인딩을 지원하지만 이 선언을 사용하고 싶다면 RFC를 신중히 읽어 볼 것을 권한다.

러스트는 `extern` 키워드 다음에 문자열로 표현할 수 있는 다른 호출 규약도 지

원한다.(fn 키워드와 코드 블록 모두) 예를 들어 extern "system"은 운영 체제 표준 라이브러리 인터페이스의 호출 규약을 사용한다는 뜻이며, 이 책을 집필하는 현재 이 규약은 "stdcall" 호출 규약을 사용하는 win32를 제외한 모든 곳에서 "C" 규약과 동일하다. 다시 말해 특정 플랫폼만 다루거나 고도로 최적화된 외부 인터페이스를 다루지 않는다면 호출 규약을 명시적으로 지정해야 하는 경우는 거의 없으므로 extern 키워드만 사용해도(extern "C"와 같다.) 충분하다.

함수 호출 규약은 그 타입의 일부이다. 즉, extern "C" fn()의 타입은 fn()(또는 extern "Rust" fn())의 타입과 같지 않으며 extern "system" fn()의 타입과도 다르다.

다른 바이너리 산출물

보통 러스트 코드를 컴파일하는 이유는 테스트를 실행해야 하거나 바이너리를 빌드해서 배포하거나 실행해야 하는 경우이다. 다른 많은 언어와 달리 러스트 라이브러리는 컴파일해 다른 사람에게 배포하지 않는다. cargo publish 명령을 실행하면 컴파일러는 그냥 크레이트의 소스 코드를 묶어 crates.io에 업로드한다. 그 이유는 대개 제네릭 코드를 소스 코드가 아닌 형태로 배포하기가 어렵기 때문이다. 컴파일러는 각 제네릭 함수에 타입 인수를 제공하기 위해 단형화를 적용하는데 이 타입이 호출자의 크레이트에 정의되어 있을 수 있으므로 컴파일러는 반드시 함수의 제네릭 형태에 접근할 수 있어야 한다. 즉, 머신 코드를 최적화할 수 없다는 뜻이다.

엄밀히 따지면 러스트는 rlib이라고 하는 바이너리 산출물을 컴파일하며 최종적으로 각 의존성을 조합한다. 이 바이너리는 제네릭 타입을 해석하는 데 필요한 정보를 포함하고 있지만, 이 정보는 그 컴파일러 전용이며 어떤 방법으로도 의미 있게 배포될 수 없다.

그렇다면 러스트로 작성한 라이브러리를 다른 프로그래밍 언어에서 사용할 수 있도록 하려면 어떻게 해야 할까? 그 방법은 C와 호환되는 라이브러리 파일을 동적 링크된 바이너리(유닉스의 경우 .so 파일, 맥OS의 경우 .dylib 파일, 윈도의 경우 .dll 파일)와 정적 링크된 바이너리(유닉스•맥OS의 경우 .a 파일, 윈도의 경우 .lib 파일) 형태로 만드는 것이다. 이 파일들은 C 코드가 만들어 낸 것처럼 보이므로 C 코드를 다룰 수 있는 다른 언어들이 사용할 수 있다.

> 이렇게 C와 호환되는 바이너리 산출물을 만들려면 Cargo.toml 파일의 [lib] 섹션에 crate-type 필드를 추가해야 한다. 이 필드는 값의 배열이며 표준 러스트 라이브러리(rlib)의 경우에는 "lib" 값만 갖는다. 카고는 크레이트가 라이브러리가 아닌 것이 명확하다면(예를 들어 절차적 매크로라면) 이 값을 자동으로 설정하지만, 러스트 라이브러리가 아닌 다른 것을 만들려 한다면 여러분이 이 값을 직접 지정하는 편이 좋다.
> 크레이트는 여러 종류가 있지만 지금 설명하는 주제와 관련이 있는 것은 "cdylib"과 "staticlib"으로 각각 동적으로 링크되거나 정적으로 링크된 C 호환 라이브러리 파일을 만들어 낸다. 이런 종류의 산출물을 만들 때에는 공개적으로 이용 가능한 심벌만 사용할 수 있다. 즉, 공개 타입과 #[no_mangle] 정적 변수 그리고 함수만 사용할 수 있다. pub 키워드로 선언하더라도 타입이나 상수는 바이너리 라이브러리 파일에서 의미 있게 표현할 수 없으므로 사용이 불가능하다.

언어의 경계를 넘는 타입들

FFI의 경우 타입 레이아웃은 매우 중요하다. FFI의 양쪽 경계에 있는 언어가 공유 데이터에 대해 서로 다른 레이아웃을 사용한다면 두 언어는 데이터를 일관되지 못하게 해석할 것이다. 이번 절에서는 FFI와 관련해 타입을 일치시키는 방법과 언어 간의 경계를 넘을 때 타입에 대해 알아 두어야 할 내용을 설명한다.

타입 매칭

타입은 FFI 경계를 넘어 공유되지 않는다. 러스트에서 타입을 선언하면 그 타입 정보는 컴파일 과정에서 완전히 사라진다. FFI 경계의 반대편에 전달되는 것은 그 타입의 값을 구성하는 비트일 뿐이다. 그래서 이 비트의 타입을 경계 양쪽에서 모두 선언해야 한다. 러스트 버전의 타입을 선언할 때에는 타입의 기본 자료형을 일치시켜야 한다. 예를 들어 경계의 반대쪽이 C 언어이고 C 타입이 int를 사용한다면, 러스트 코드는 C 언어의 int 타입과 정확히 같은 i32 타입을 사용해야 한다. 여기서 발생할 수 있는 오해를 줄이기 위해 덧붙이자면

C와 유사한 타입을 사용하는 인터페이스를 위해 러스트 표준 라이브러리의 `std::os::raw` 모듈은 정확한 C 타입을 제공한다. 이 모듈은 `type c_int = i32` 그리고 `char` 타입의 부호 여부에 따라 `type c_char = i8/u8`, 타깃 포인터의 크기에 따라 `type c_long = i32/i64` 등의 타입을 제공한다.

__be32 같은 다소 독특한 C의 정수 타입에 특히 주의하자. 이런 타입은 러스트 타입으로 직접 변환되지 않으며 [u8; 4] 같은 타입으로 남겨 두는 것이 최선일 수 있다. 예를 들어 __be32는 항상 빅 엔디언으로 인코딩되지만 러스트의 i32는 현재 플랫폼의 엔디언을 사용한다.

벡터나 문자열 같은 복합 타입의 경우 매핑을 직접 정의해야 한다. 예를 들어 C는 UTF-8 형식으로 인코딩된 문자열이 아니라 0바이트로 끝나는 일련의 바이트로 문자열을 표현하는 경향이 있으므로 FFI를 통해 러스트의 문자열 타입을 전달할 수 없다. 그 대신 FFI의 다른 언어가 C 스타일의 문자열 표현을 사용한다면 대여한 문자열은 `std::ffi::CStr` 타입을, 소유한 문자열이라면 `std::ffi::CString` 타입을 각각 사용해야 한다. 벡터의 경우 첫 번째 원소에 대한 원시 포인터를 사용하며 벡터의 길이는 별도로 전달해야 한다. 이 경우 `Vec::into_raw_parts` 메서드를 사용하면 편리하다.

구조체나 공용체처럼 다른 타입을 포함하는 타입이라면 레이아웃과 정렬을 처리해야 한다. 2장에서 설명했듯이 러스트는 타입의 레이아웃을 정의되지 않은 방식으로 설정하는 게 기본값이므로 최소한 `#[repr(C)]`를 사용해 타입이 결정적 레이아웃과 정렬을 갖도록 해야 한다. 이렇게 하면 FFI 경계를 넘어가는 타입과 동일한 레이아웃을 갖도록 설정할 수 있다. 또한 인터페이스가 타입에 대해 특정 정렬을 수동으로 설정하거나 패딩을 제거하는 등의 추가 구성을 요구하는 경우라면 그 요구 사항에 맞춰 `#[repr]`을 조정해야 한다.

러스트의 열거형은 데이터를 가지고 있는지 여부에 따라 C 스타일로 표현하는 방법이 여러 가지가 될 수 있다. 예를 들어 데이터가 없는 열거형을 생각해 보자.

```
enum Foo { Bar, Baz }
```

#[repr(C)]를 적용하면 Foo 타입은 같은 수의 열것값을 가진 C 열거형에 대해 C 컴파일러가 선택할 정수의 크기와 같은 크기를 갖는 하나의 정수로 인코딩된다. 이 경우 첫 번째 열것값은 0이며 두 번째 열것값은 1이 되는 형태로 값이 정의된다. 또는 코드 11-3처럼 열것값을 직접 할당할 수도 있다.

코드 11-3 데이터가 없는 열거형의 열것값을 명시적으로 지정하는 코드

```
#[repr(C)]
enum Foo {
  Bar = 1,
  Baz = 2,
}
```

엄밀히 말해 명세에 따르면 첫 번째 열것값은 0이고 그다음 열것값은 바로 앞의 열것값에서 1 증가한 값을 갖는다. 따라서 열것값 중 일부에만 값을 지정하면 이 구조가 달라진다. 값을 지정하지 않은 열것값은 마지막으로 값을 설정한 열것값에서 1씩 증가된 값을 갖는다.

하지만 이런 방식으로 C의 열거형을 러스트에 매핑할 때에는 주의해야 한다. 러스트는 정의된 열것값에 해당하는 값들만 열거형 타입의 유효한 인스턴스로 간주하기 때문이다. 반면 C 스타일의 열거형은 비트셋(bitset)처럼 동작하며 열것값을 비트 OR 연산으로 조합해 여러 열것값을 동시에 포함하는 값을 만들 수 있다. 예를 들어 코드 11-3에서 Bar | Baz로 만든 값 3은 러스트의 Foo 타입에서는 유효한 값이 아니다. 개별 비트 플래그 설정 및 해제를 지원하는 열거형을 사용하는 C API를 모델링해야 한다면, 각 열것값과 관련된 상수를 가진 정수 타입으로 뉴타입 래퍼를 정의하거나 bitflags 크레이트를 사용하는 편이 좋다.

필드가 없는 열거형에서는 #[repr] 속성에 숫자 타입을 지정해서 isize 대신 다른 타입을 판별자로 사용할 수 있다. 예를 들어 #[repr(u8)]을 사용하면 판별자가 하나의 바이트로 인코딩된다. 데이터를 포함하는 열거형의 경우 #[repr(C, u8)]을 지정하면 같은 효과를 얻을 수 있다.

데이터를 포함하는 열거형의 경우 #[repr(C)] 속성을 사용하면 이 열거형이 태그된 공용체로 표현된다. 즉, 메모리에서는 #[repr(C)] 구조체로 표현되며 두 개의 필드를 갖는다. 첫 번째 필드는 판별자로서 열것값에 필드가 없는 경우처럼 인코딩되며, 두 번째 필드는 각 열것값에 대한 자료 구조의 합집합이다. 좀 더 구체적으로 설명하기 위해 코드 11-4의 열거형과 그 표현 방식을 살펴보자.

코드 11-4 #[repr(C)]를 가진 러스트 열거형은 태그된 공용체로 표현된다.

```
#[repr(C)]
enum Foo {
  Bar(i32),
  Baz { a: bool, b: f64 }
}
// 다음과 같이 표현된다.
#[repr(C)]
enum FooTag { Bar, Baz }
#[repr(C)]
struct FooBar(i32);
#[repr(C)]
struct FooBaz{ a: bool, b: f64 }
#[repr(C)]
union FooData {
  bar: FooBar,
  baz: FooBaz,
}
#[repr(C)]
struct Foo {
  tag: FooTag,
  data: FooData
}
```

FFI의 틈새 최적화

9장에서 러스트 컴파일러가 유효하지 않은 비트 패턴을 사용해 데이터 없는 열것값을 표현하는 틈새 최적화에 대해 설명한 바 있다. 이 최적화가 보장된다는 사실은 FFI에 흥미로운 결과를 이끌어 낸다. 구체적으로 설명하면 Option으로 감싼 포인터 타입을 사용하면 널 가능 포인터는 항상 FFI 타입으로 표현할 수 있게 된다. 예를 들어 널 가능 함수 포인터는 Option<extern fn(...)>으로, 널 가능 데이터 포인터는 Option<NotNull<T>>로 표현할 수 있다. 이것들은 모든 비트가 0으로 채워진 값이 제공되면 이를 널값으로 처리하며 러스트에서는 None 값으로 처리한다.

메모리 할당

메모리를 할당하면 그 할당은 해당 할당자에 속하며 그 할당자에 의해서만 해제될 수 있다. 이는 러스트 내에서 여러 할당자를 사용하는 경우뿐 아니라 러스트와 FFI 경계 다른 편에서 다른 할당자를 통해 메모리를 할당하는 경우에도 마찬가지이다. 포인터를 경계 너머로 전달하고 그 메모리에 접근하는 것은 자유이지만 그 메모리를 해제할 때에는 적절한 할당자에 리턴해야 한다.

대부분의 FFI 인터페이스는 할당 처리에 대해 둘 중 한 가지 설정을 갖는다. 첫 번째 설정은 호출자가 메모리 일부에 대한 데이터 포인터를 제공하는 방식이고, 두 번째 설정은 할당된 리소스가 더는 필요하지 않아 리턴해야 할 때 인터페이스가 이를 해제하는 전용 메서드를 노출하는 방식이다. 코드 11-5는 구현체가 관리하는 메모리를 사용하는 OpenSSL 라이브러리의 시그너처를 러스트 코드로 선언한 예를 보여 준다.

코드 11-5 **구현체가 메모리 할당을 관리하는 인터페이스**

```
// 새 객체를 위해 메모리를 할당하는 함수
extern fn ECDSA_SIG_new() -> *mut ECDSA_SIG;

// new 함수가 생성한 포인터를 받아
// 호출자가 사용을 마쳤을 때 해제하는 함수
extern fn ECDSA_SIG_free(sig: *mut ECDSA_SIG);
```

`ECDSA_SIG_new` 함수와 `ECDSA_SIG_free` 함수는 짝으로 동작하므로 호출자는 `new` 함수를 호출하고, 이 함수가 리턴한 포인터를 필요한 만큼 사용(필요에 따라 다른 함수에 전달하는 등)하고 나서, 참조한 리소스 사용을 모두 마치면 마지막으로 포인터를 `free` 함수에 전달한다. 예상하건대 이 구현체는 `new` 함수에서 메모리를 할당하고 `free` 함수에서 해제할 것이다. 이 함수들이 러스트 코드로 정의되었다면 `new` 함수는 `Box::new` 함수를 사용할 가능성이 높고, `free` 함수는 `Box::from_raw` 함수를 호출한 후 값을 드롭해 소멸자를 실행할 것이다.

코드 11-6은 호출자가 메모리를 관리하는 경우를 보여 준다.

코드 11-6 호출자가 메모리를 관리하는 인터페이스

```
// 호출자가 메모리를 관리하는 예
// 호출자가 메모리 청크에 대한 포인터를 제공하면
// 구현체는 이를 이용해 자신의 타입의 인스턴스를 생성한다.
// 호출자가 메모리를 해제하므로 해제 함수는 제공하지 않는다.
extern fn BIO_new_mem_buf(buf: *const c_void, len: c_int) -> *mut BIO
```

여기서 `BIO_new_mem_buf` 함수는 호출자가 메모리에 대한 포인터를 제공하도록 한다. 호출자는 메모리를 힙에 할당할지, 아니면 필요한 메모리를 확보하는 데 적합한 다른 메커니즘을 사용할지 스스로 결정할 수 있으며 할당된 메모리에 대한 포인터를 라이브러리에 제공한다. 이후 이 메모리가 FFI 구현에 더 이상 필요하지 않으면 호출자가 이 메모리를 해제해야 한다.

FFI API를 설계할 때에는 이 두 방법 중 한 가지를 사용하거나 필요하다면 섞어서 사용해도 된다. 일반적인 규칙으로는 가능한 경우 호출자가 메모리를 전달할 수 있게 하는 편이 좋다. 그러면 호출자가 상황에 맞춰 메모리를 자유롭게 관리할 수 있기 때문이다. 예를 들어 호출자가 특정 운영 체제에 최적화된 할당자를 사용하고 있다면, 구현체가 사용하는 표준 할당자를 강제로 사용하지 않도록 할 수 있다. 호출자가 메모리를 전달할 수 있다면 스택 메모리를 사용하거나 이미 할당된 메모리를 재사용해 불필요한 할당을 피할 수도 있다. 하지만 호출자가 메모리를 직접 관리하는 인터페이스는 사용하기 복잡할 수 있다는 점도 기억해야 한다. 호출자가 할당할 메모리의 양을 결정하고 이를 설정한 후에 라이브러리를 호출해야 하기 때문이다.

경우에 따라서는 호출자가 사전에 얼마나 많은 메모리를 할당해야 하는지 알 수 없는 경우도 있다. 예를 들어 라이브러리 타입이 불투명하거나(그래서 호출자가 알 수 없거나) 시간이 지나면서 바뀔 수 있다면 호출자는 메모리 크기를 예측할 수 없다. 마찬가지로 코드 실행 중에 그래프를 실시간으로 구현하느라 더 많은 메모리를 할당하면 필요한 메모리 크기는 런타임에 동적으로 달라질 수 있다. 이런 경우라면 구현체가 메모리를 관리하는 형태로 구현하는 편이 좋다.

어쩔 수 없이 절충해야 한다면 메모리 크기가 크거나 빈번한 할당이 필요할 경우 호출자가 메모리를 할당하도록 하는 편이 좋다. 이런 경우에는 호출자가 메모리 할당을 직접 관리하는 것이 가장 중요할 가능성이 높기 때문이다. 그렇지 않다면 코드가 메모리를 할당하고 관련된 각 타입에 대한 소멸자 함수를 노출하는 방식으로 충분할 수 있다.

콜백

함수 포인터의 타입이 `extern` 애너테이션을 가지고 있고 함수 호출 규약을 준수한다면 이 함수 포인터는 FFI 경계 너머에서 호출할 수 있다. 즉, 러스트에서 `extern "C" fn(c_int) -> c_int`로 함수를 선언하고 그 함수에 대한 참조를 C 코드가 최종적으로 호출할 수 있는 콜백으로 전달할 수 있다.

콜백을 사용할 때에는 패닉에 주의해야 한다. 패닉이 함수의 끝을 지나 언와인딩하는 것은, 함수를 `extern "Rust"`로 선언하지 않는 한 미정의 동작으로 간주하기 때문이다. 러스트 컴파일러는 현재 이런 패닉을 감지하면 프로그램을 자동으로 종료하지만 경우에 따라서는 이런 동작을 원치 않을 수 있다. 그 대신 `std::panic::catch_unwind`를 사용해서 `extern`으로 표시한 함수에서 패닉을 감지하고, 이 패닉을 FFI와 호환 가능한 에러로 변환하는 방법을 고려해야 할 수도 있다.

안전성

러스트로 FFI 바인딩을 작성할 때 실제로 FFI를 다루는 대부분의 코드는 사실 안전하지 않은 코드이며 주로 원시 포인터를 다루게 된다. 하지만 여러분의 궁극적인 목표는 FFI 위에 안전한 러스트 인터페이스를 제공하는 것이다. 그러려면 감싸고 있는 안전하지 않은 인터페이스의 불변 조건을 주의 깊게 읽고, 그 모든 조건을 러스트의 타입 시스템을 통해 안전한 인터페이스로 확실히 보장해야 한다. 외부 인터페이스를 안전하게 캡슐화하는 데 있어 가장 중요한 세 가지 요소는 `&`와 `&mut`을 정확히 캡처하고, `Send`와 `Sync`를 적절하게 구현하며, 실수로 포인터를 혼동하는 일이 없도록 하는 것이다. 지금부터 이 요소를 적용하는 방법에 대해 알아보자.

참조와 수명

외부 코드가 전달한 포인터가 가리키는 데이터를 수정하는 경우가 있다면 안전한 러스트 인터페이스는 `&mut`을 이용해 관련된 데이터에 대한 배타적 참조를 갖도록 해야 한다. 그렇지 않으면 안전한 래퍼를 사용하는 사용자가 실수로 외부 코드가 동시에 변경하는 데이터를 읽어 지옥문이 열릴 수 있다.

러스트의 수명을 잘 활용해서 FFI에서 요구하는 만큼 모든 포인터가 오래 유효하도록 해야 한다. 예를 들어 `Context`를 생성한 후 그 `Context`로부터 `Device`를 생성하는 외부 인터페이스가 있는데, 그 요구 사항이 `Device`가 유효한 동안 `Context`도 유효해야 한다는 것이라고 가정해 보자. 이 경우 인터페이스의 안전한 래퍼는 `Device`를 생성한 `Context`의 대여와 관련된 수명을 `Device`에 지정해서 타입 시스템이 이 요구 사항을 강제하도록 해야 한다.

Send와 Sync

라이브러리가 타입의 스레드 안전성을 명시적으로 보장하지 않는다면 외부 라이브러리의 타입에 `Send`와 `Sync`를 구현하면 안 된다. 안전한 러스트 코드가 외부 코드의 불변 조건을 위반해서 미정의 동작을 유발하지 못하도록 하는 것이 안전한 러스트 래퍼가 해야 할 일이다.

때로는 외부 불변 조건을 강제하기 위한 더미 타입이 필요할 수도 있다. 예를 들어 코드 11-7의 인터페이스를 제공하는 이벤트 루프 라이브러리를 사용한다고 가정해 보자.

코드 11-7 싱글 스레드 환경에서 사용해야 하는 인터페이스

```
extern fn start_main_loop();
extern fn next_event() -> *mut Event;
```

이제 외부 라이브러리 문서에 `next_event` 함수는 `start_main_loop` 함수를 호출한 스레드와 같은 스레드에서만 호출할 수 있다고 명시되어 있다고 하자. 하지만 여기에는 Send 구현을 피해야 하는 타입이 존재하지 않는다. 이 경우 3장에서 설명했듯이 이 불변 조건을 강제하기 위해 코드 11-8처럼 마커 상태를 추가할 수 있다.

코드 11-8 보조 타입을 이용해 FFI 불변 조건을 강제하는 코드

```
pub struct EventLoop(std::market::PhantomData<*const ()>);
pub fn start() -> EventLoop {
  unsafe { ffl::start_main_loop() };
  EventLoop(std::marker::PhantomData)
}
impl EventLoop {
  pub fn next_event(&self) -> Option<Event> {
    let e = unsafe { ffi::next_event() };
    // ...
  }
}
```

EventLoop라는 빈 타입은 실제 외부 인터페이스와는 어떠한 연결 고리도 없지만 start_main_loop 함수를 호출한 후 같은 스레드에서만 next_event 메서드를 호출해야 한다는 계약을 강제하고 있다. 이 계약에서 '같은 스레드'라는 조건을 강제하는 방법은 EventLoop가 가상의 원시 포인터(그 자체도 Send와 Sync를 구현하지 않는다.)를 갖게 함으로써 Send와 Sync를 구현하지 않는 것이다.

PhantomData<*const ()>를 이용해 Send와 Sync 자동 트레이트 구현을 강제로 '취소'하는 것은 보기에도 좋지 않고 직관적이지도 않다. 러스트는 impl !Send for EventLoop {} 같은 부정(negative) 트레이트 구현이라는 불안정한 컴파일러 기능을 제공하지만 제대로 구현하기가 놀라울 정도로 어렵고 한동안은 안정화되지 않을 가능성이 높다.

같은 스레드든, 다른 스레드든 start_main_loop 함수를 여러 번 호출하는 것을 방지하는 장치가 없다는 점도 눈치챘을 것이다. 이를 어떻게 해결할지는 라이브러리의 의미에 따라 다르므로 여러분의 과제로 남겨 두고자 한다.

포인터 혼동

많은 FFI API에서 호출자에 메모리 포인터를 넘겨줄 때, 호출자가 그 메모리의 내부 구조를 꼭 알아야 할 필요는 없다. 해당 타입에 호출자가 조작하지 말아야 할 내부 상태가 있을 수도 있고, 언어 간 호환성을 유지하면서 상태를 표현하기 어렵거나 복잡할 수도 있다. 이런 경우 C 스타일 API는 일반적으로 C의 void* 타입을 이용해 보이드 포인터를 리턴한다. 러스트에서는 *mut std::ffi::c_void 타입이 이에 해당한다. 이렇게 타입이 소거된 포인터는 단순한 포인터 역할만 수행하며, 가리키는 것에 대한 정보는 전달하지 않는다. 그래서 이런 포인터를 불투명 포인터라고도 한다.

불투명 포인터는 FFI 경계를 넘나드는 타입의 가시성 수정자로서 역할을 효과적으로 수행한다. 무엇을 가리키는지 메서드 시그너처가 알려 주지 않기 때문에 호출자는 해당 포인터를 그냥 그대로 전달하고, 참조하는 데이터에 대한 가시성을 제공하는 FFI 메서드를 모두 활용할 수밖에 없다. 하지만 문제는 *mut c_void 포인터를 구별할 수 없으므로 사용자가 특정 FFI 메서드가 리턴한 불투명 포인터를 그대로 사용해서 다른 불투명 포인터를 요구하는 메서드에 전달하는 것을 막을 수 있는 방법이 없다는 점이다.

러스트에서는 이 문제를 좀 더 잘 해결할 수 있다. 포인터를 혼동하는 문제를 줄이기 위해 실제 인터페이스가 void* 타입을 요구하더라도 불투명 포인터에 대해 *mut c_void 타입을 직접 사용하는 대신 불투명 타입에 대해 서로 다른 빈 타입을 만들 수 있다. 예를 들어 코드 11-9는 포인터 혼동을 방지할 수 있는 방법으로 서로 다른 불투명 포인터 타입을 두 개 사용하고 있다.

코드 11-9 혼동할 여지가 없는 불투명 포인터 타입

```
#[non_exhaustive] #[repr(trasparent)] pub struct Foo(c_void);
#[non_exhaustive] #[repr(trasparent)] pub struct Bar(c_void);
extern {
  pub fn foo() -> *mut Foo;
  pub fn take_foo(arg: *mut Foo);
  pub fn take_bar(arg: *mut Bar);
}
```

Foo와 Bar는 c_void와 크기 및 정렬이 동일하므로 extern 블록에 선언한 메서드 시그너처에서 후자를 대신해 사용할 수 있다. 게다가 두 타입은 서로 다른 타입이어서 어떤 포인터 타입을 요구하는 메서드에 다른 포인터 타입을 전달할 수 없으므로 `foo` 메서드가 리턴한 포인터를 `take_bar` 메서드에 전달하는 것은 불가능하다. `#[non_exhaustive]` 애너테이션 덕분에 `Foo`와 `Bar` 타입은 이 크레이트 외부에서 만들 수 없다.

bindgen과 빌드 스크립트

외부 라이브러리 크기가 클 경우 러스트 타입과 `extern` 블록에 선언하는 타입을 매핑하는 것은 상당히 번거로운 일이 될 수 있다. 큰 라이브러리에는 매핑해야 할 타입과 메서드 시그너처가 많아서 일일이 러스트에 맞춰 선언하는 데 많은 시간이 걸린다. 게다가 다양한 예외 상황과 C의 이상한 특성으로 인해 일부 패턴은 더욱 신중하게 변환해야 할 필요도 있다.

다행히 여러분이 다루고자 하는 라이브러리의 C 헤더 파일을 가지고 있을 경우 이 과정을 상당히 단순화해 주는 `bindgen`이라는 도구를 러스트 커뮤니티에서 개발했다. `bindgen`은 기본적으로 이번 장에서 설명한 모든 규칙과 권장 사례는 물론이고 다른 규칙들을 설정 가능한 코드 생성기에 반영해 C 헤더 파일을 분석하고 이를 적절한 러스트 선언으로 변환해 준다.

`bindgen`은 C 헤더 파일에 대해 러스트 코드를 한 차례 생성해 주는 독립 실행형 바이너리도 제공하므로 바인딩을 확인하고자 할 때 매우 편리하게 활용할 수 있다. 게다가 필요하다면 생성된 바인딩을 직접 수정할 수도 있다. 반면 소스 코드에 C 헤더 파일만 포함해서 빌드할 때마다 바인딩을 자동으로 생성하고 싶다면 사용자 정의 빌드 스크립트에서 호출할 수 있는 라이브러리 형태로 `bindgen`을 활용하면 된다.

여러분이 바인딩을 직접 확인한다면 이 바인딩은 생성된 플랫폼에 대해서만 정확하다는 점을 기억하자. 빌드 스크립트로 바인딩을 생성하면 현재 타깃 플랫폼에 특화된 코드가 생성되어 플랫폼과 관련된 레이아웃 불일치가 발생할 가능성이 낮아진다.

빌드 스크립트를 선언하려면 Cargo.toml 파일의 [package] 섹션에 build = "<some-file.rs>" 항목을 추가하면 된다. 그러면 카고는 크레이트를 컴파일하기 전에 〈some-file.rs〉를 독립 실행형 러스트 프로그램으로 컴파일하고 실행한다. 그런 다음에야 크레이트의 소스 코드를 컴파일한다. 빌드 스크립트에 필요한 의존성은 Cargo.toml 파일의 [build-dependencies] 섹션에 추가하면 된다.

✓ 빌드 스크립트를 build.rs 파일에 작성했다면 Cargo.toml 파일에 선언하지 않아도 된다.

빌드 스크립트는 FFI를 사용할 때 특히 편리하다. 소스 코드로부터 번들된 C 라이브러리를 컴파일할 수도 있고, 컴파일러에 전달할 추가적인 빌드 플래그를 동적으로 발견해 선언할 수도 있고, 재컴파일이 필요할 때 카고가 변경을 확인해야 할 추가적인 파일도 선언할 수 있으며, 짐작하겠지만 이 과정에서 추가 소스 파일을 즉석에서 생성해 낸다.

빌드 스크립트는 다양하게 활용할 수 있지만 빌드 스크립트를 실행하는 환경에 지나치게 의존하지 않도록 주의해야 한다. 빌드 스크립트로 러스트 컴파일러 버전이 소수인지, 내일 이스탄불에 비가 올지 등을 알아낼 수도 있겠지만 컴파일이 이런 조건들에 의존하게 되면 다른 개발자가 실행할 때 예상과 달리 실패해서 개발자 경험이 안 좋아질 수 있다.

빌드 스크립트는 OUT_DIR 환경 변수에 제공한 특정한 디렉터리에 파일을 기록할 수 있다. 이 디렉터리와 환경 변수는 컴파일 시점에 러스트 소스 코드에서도 접근할 수 있으므로 빌드 스크립트가 생성한 파일을 가져올 수도 있다. C 헤더로부터 러스트 타입을 생성하려면 먼저 라이브러리 버전의 bindgen을 사용해 .h 파일을 읽고, 이를 OUT_DIR 변수가 가리키는 디렉터리에 들어 있는 binding.rs 파일에 기록한다. 그런 다음 크레이트의 아무 러스트 파일에 다음 코드를 추가해 컴파일 시점에 bindings.rs 파일을 포함할 수 있다.

```
include!(concat!(env!("OUT_DIR"), "/bindings.rs"));
```

bindings.rs 파일의 코드는 자동 생성되므로 보통은 이런 바인딩을 별도 크레이트에 넣고 바인딩을 위한 라이브러리 이름에 -sys 접미사를 붙인 이름(예를 들어 openssl-sys)을 부여하는 것이 권장된다. 이를 따르지 않으면 Cargo.toml 파일의 links 키를 통해 같은 외부 라이브러리에 링크된 두 개의 크레이트가 같은 빌드에 공존할 수 없으므로 라이브러리의 새 버전을 출시하기가 훨씬 어려워진다. 사실상 전체 라이브러리의 새로운 주 버전으로 한 번에 업그레이드해야 한다. 바인딩만 별도의 크레이트로 분리하면 래퍼 크레이트의 새 주 버전을 점진적으로 도입할 수 있다. 또한 러스트 바인딩이 변경되는 경우, 예를 들어 해당 바인딩 크레이트의 헤더 파일이 업그레이드되거나 bindgen 업그레이드로 인해 생성된 러스트 코드에 변경이 발생하는 경우에 FFI 바인딩을 안전하게 래핑하는 크레이트의 단절적 릴리스 없이도 해당 바인딩이 들어 있는 크레이트의 단절적 릴리스를 출시할 수 있다.

주 라이브러리 크레이트의 공개 인터페이스에 -sys 크레이트의 타입을 포함한다면, -sys 크레이트 주 버전의 의존성을 변경하는 것은 주 라이브러리의 단절적 변경임을 기억하자.

FFI를 통해 다른 개발자가 사용할 수 있는 라이브러리를 구현 중이라면 다른 언어로부터 라이브러리에 대한 바인딩을 쉽게 생성할 수 있도록 라이브러리 인터페이스를 C 헤더 파일로 공개해야 한다. 하지만 그 C 헤더 파일은 크레이트가 변경될 때마다 업데이트되어야 하므로 라이브러리 크기가 커질수록 헤더 파일 업데이트가 부담이 될 수 있다. 다행히 러스트 커뮤니티에서 이 태스크를 자동화해 주는 cbindgen이라는 도구도 개발했다. bindgen과 마찬가지로 cbindgen은 빌드 도구이며, 바이너리는 물론 빌드 스크립트에서 사용할 수 있는 라이브러리로도 제공된다. 이 도구는 C 헤더 파일을 받아 러스트 코드를 만들어 내는 것이 아니라 러스트 코드를 입력으로 받아 C 헤더 파일을 만들어 낸다. C 헤더 파일은 크레이트의 FFI를 컴퓨터가 읽을 수 있는 형태로 표현하므로 자동 생성된 C 코드가 너무 이상하지는 않은지 꼭 직접 살펴보기를 권한다. 하지만 일반적으로 cbindgen은 적당한 수준의 코드를 만들어 낸다. 문제가 있다면 버그를 신고하기 바란다.

C++

이번 장에서는 링크할 수 있는 라이브러리용 언어 간 인터페이스에 가장 일반적으로 사용하는 C 언어를 주로 다루었다. C 라이브러리는 아주 많기 때문에 거의 모든 프로그래밍 언어가 C 라이브러리와 상호 작용할 수 있는 방법을 제공한다. C++는 C와 매우 밀접하며 수많은 고성능 라이브러리가 C++로 작성되었지만 FFI 관점에서 C++는 C와 매우 다르다. C 헤더와 일치하는 타입과 시그너처를 생성하는 것은 상대적으로 직관적이지만 C++의 경우에는 결코 그렇지 않다. 이 책을 집필하는 현재 `bindgen`은 C++ 바인딩 생성도 어느 정도 지원하지만 품질이 그렇게 좋지는 않다. 예컨대 대부분의 경우 생성자, 소멸자, 오버로딩된 연산자 같은 것은 직접 호출해 주어야 한다. 템플릿 특수화 같은 일부 C++ 기능은 전혀 지원되지 않는다. C++를 함께 다루어야 한다면 `cxx` 크레이트를 살펴보길 권한다.

요약

이번 장에서는 `extern` 키워드를 이용해 러스트 코드에서 외부 코드를 호출하는 방법과 외부 코드에서 러스트 코드에 접근하는 방법에 대해 살펴봤다. 또한 러스트 타입을 FFI 경계를 넘는 외부 코드의 타입과 정렬하는 방법 그리고 서로 다른 언어로 작성된 코드를 원활하게 연동하려고 할 때 생길 수 있는 일반적인 문제에 대해 설명했다. 마지막으로, FFI 바인딩을 더 쉽게 최신 상태로 유지하는 데 도움이 되는 `bindgen` 도구와 `cbindgen` 도구에 대해서도 알아봤다. 다음 장에서는 표준 라이브러리가 제공되지 않고 메모리 할당 등 간단한 작업조차 불가능할 수도 있는 임베디드 장치 같은 제한된 환경에서 러스트를 사용하는 방법을 살펴본다.

12장

R u s t f o r R u s t a c e a n s

표준 라이브러리 없이 러스트 사용하기

러스트는 시스템 프로그래밍 언어로 개발되었지만 그 의미가 정확히 무엇인지는 명확하지는 않다. 적어도 시스템 프로그래밍 언어라면 프로그래머가 운영체제에 의존하지 않는 프로그램을 작성할 수 있어야 하며 수천 개의 코어를 가진 슈퍼컴퓨터이든, 클록 속도 72MHz짜리 싱글 코어 암 프로세서와 256KiB 메모리만 가진 임베디드 장치이든 하드웨어에서 직접 실행할 수 있어야 한다.

이번 장에서는 운영 체제가 없거나 동적 메모리 할당 기능이 없는 환경에서 러스트를 활용하는 방법에 대해 알아본다. 대부분은 `#![no_std]` 속성 위주의 설명이 되겠지만 러스트의 `alloc` 모듈과 러스트 런타임(그렇다. 엄밀히 말하면 러스트도 런타임이 존재한다.)에 대해서도 살펴볼 것이며 이런 환경에서 러스트 바이너리를 작성하는 데 도움이 되는 몇 가지 기법도 소개한다.

표준 라이브러리 제외하기

프로그래밍 언어로서 러스트는 여러 가지 독립적인 부분으로 이루어져 있다. 먼저 컴파일러는 러스트 언어의 문법을 확인하고 타입 검사, 대여 검사 등을 구현하며 소스 코드를 최종적으로 머신이 실행할 수 있는 코드로 변환한다. 그리고 표준 라이브러리, 즉 `std`는 파일과 네트워크 접근, 시간 개념, 출력 기능과 사용자 입력 읽기 기능 등 대부분의 프로그램에 필요한 일반적인 기능들을 구현한다. 하지만 std 그 자체도 복합적이어서 이는 다시 더 핵심적인 라이브러리인 core와 alloc을 이용해 구현된 라이브러리이다. 사실 std의 타입과 함수 중 상당수는 이 두 라이브러리로부터 다시 내보내진 것이다.

core 라이브러리는 표준 라이브러리 피라미드의 아래쪽에 위치하며 러스트 언어 자체 그리고 컴파일된 프로그램이 실행되는 하드웨어에만 의존하는 기능들을 구현한다. 예컨대 정렬 알고리즘, 마커 타입, Option과 Result 같은 기본적인 타입, 원자적 메모리 접근 메서드와 컴파일러 힌트 같은 저수준 작업 등을 구현한다. core 라이브러리는 운영 체제가 없는 상황에서 동작하며 따라서 표준 입력이나 파일 시스템, 네트워크 등이 존재하지 않는다. 마찬가지로 메모리 할당자도 없으므로 Box, Vec, HashMap 같은 타입도 존재하지 않는다.

core 라이브러리 위에 존재하는 alloc 라이브러리는 컬렉션, 스마트 포인터, 동적 할당 문자열(String) 같은 동적 메모리 할당과 관련된 기능을 구현한다. alloc 라이브러리에 대해서는 다음 절에서 살펴본다.

대부분의 경우 std 라이브러리가 core와 alloc 라이브러리의 타입을 다시 내보내므로 개발자는 이 세 라이브러리를 구분할 필요가 없다. 엄밀히 말해 Option 타입은 core::option::Option 타입으로 정의되어 있지만 std::option::Option 타입을 통해 접근할 수 있다.

하지만 임베디드 장치처럼 운영 체제가 없는 환경에서는 이 세 라이브러리를 구분하는 것이 중요하다. Iterator를 사용하거나 숫자 목록을 정렬하는 것은 괜찮지만 임베디드 장치는 파일에 접근하지 못하거나(파일 시스템이 필요하므로) 터미널에 출력을 못할(터미널이 필요하므로) 수도 있으므로 File이나 println! 같은 게 존재하지 않는다. 게다가 동적 메모리 할당을 수행하기에는 장치의 메모리가 턱없이 부족할 수도 있고, 그래서 메모리를 실시간으로 할당하는 기능은 전혀 사용하지 못할 수도 있다. Box와 Vec 타입과는 안녕이란 뜻이다.

러스트는 이런 환경에서 개발자가 기본적인 구조를 사용하지 못하는 것이 아니라 언어의 핵심 기능만 사용하도록 선택할 수 있는 #![no_std] 속성을 제공한다. 이는 크레이트 수준의 속성(#!)으로 크레이트의 프렐류드를 std::prelude

에서 core::prelude로 전환한다. core 외부 기능에 실수로 의존하게 되어 타깃 환경에서 동작하지 않을지도 모르는 상황을 막기 위해서이다.

하지만 #![no_std] 속성이 하는 일은 이게 전부이다. extern std 키워드로 표준 라이브러리를 명시적으로 가져다 쓰는 것까지는 막지 않는다. 이는 크레이트에 #![no_std]를 추가해도 그 크레이트가 std 라이브러리를 지원하지 않는 타깃 환경과 호환되지 않을 수 있음을 의미하는데 이런 설계는 의도적인 것이다. no_std 호환 크레이트이더라도 어떤 기능이 활성화되어 있다면 표준 라이브러리의 기능을 사용할 수 있도록 하기 위함이다. 예를 들어 여러 크레이트가 std 피처를 정의하고 있어서 이 피처를 활성화하면 std 라이브러리가 제공하는 API 및 타입에 접근할 수 있다. 그 덕분에 크레이트 작성자는 제한된 환경을 위한 핵심 구현과 표준 플랫폼을 위한 더 많은 기능을 동시에 제공할 수 있다.

피처는 추가적으로 적용 가능해야 하므로 피처로 std를 비활성화하는 것보다는 std를 활성화하게 해야 한다. 그렇게 하지 않고 의존성 그래프 내의 어떤 크레이트가 no_std 피처를 활성화하면, 모든 사용자가 std 지원이 없는 최소한의 API에만 접근할 수 있게 된다. 그러면 의존하는 API 사용이 불가능해져서 더는 코드를 컴파일할 수 없게 될 수도 있다.

프렐류드

Box, Iterator, Option, Clone 같은 몇몇 타입과 트레이트는 use 문 없이도 모든 러스트 파일에서 사용할 수 있는 이유가 궁금했던 적은 없는가? 아니면 표준 라이브러리의 어떤 매크로(이를테면 (vec![])는 왜 use 문이 필요하지 않은지 궁금하지 않은가? 그 이유는 모든 러스트 모듈은 암묵적으로 use std::prelude::rust_2021::*(또는 다른 에디션의 경우 비슷한 구문)을 이용해 러스트 표준 프렐류드를 자동으로 가져오기 때문이다. 이 구문은 크레이트가 선택한 에디션의 프렐류드가 내보내는 아이템을 모두 가져온다. 프렐류드 모듈 자체는 자동 포함을 제외하고는 특별한 점이 없으며 러스트 개발자들이 일반적으로 많이 사용할 것으로 예상되는 타입, 트레이트, 매크로 등을 모은 pub use 문의 컬렉션일 뿐이다.

동적 메모리 할당

1장에서 언급했듯이 컴퓨터의 메모리에는 여러 영역이 있으며 각 영역별로 목적이 다르다. 프로그램 코드와 정적 변수를 위한 정적 메모리도 있고, 함수 지역 변수와 함수 인수를 위한 스택 그리고 그 외 모든 것을 위한 힙 메모리가 있다. 힙 메모리는 런타임에 다양한 크기의 영역을 할당할 수 있으며 이렇게 할당된 메모리는 원하는 만큼 사용할 수 있다. 그래서 힙 메모리는 용도가 다양하고 그래서 어디서든 활용하고 있음을 볼 수 있다. Vec, String, Arc, Rc 등의 타입과 컬렉션 타입들은 모두 힙 메모리에 구현되므로 시간이 지나면서 크기가 커지기도 하고 작아지기도 하며 함수에서 리턴해도 대여 검사기는 아무런 문제를 보고하지 않는다.

내부적으로 힙 메모리는 사실 할당자가 관리하는 인접한 메모리의 거대한 덩어리이다. 할당자는 메모리 할당이 겹치지 않게 하고 더 이상 사용하지 않는 영역은 재사용할 수 있게 해서 메모리 할당이 개별적으로 일어나는 것처럼 보이게 한다. 기본적으로 러스트는 표준 C 라이브러리에서 지정한 시스템 할당자를 사용한다. 대부분의 경우 이 방식은 잘 동작하지만 필요하다면 GlobalAlloc 트레이트를 #[global_allocator] 속성과 조합해서 러스트가 사용할 할당자를 재지정할 수 있다. 그러려면 메모리의 새 영역을 할당하는 alloc 메서드와 이미 할당된 메모리를 할당자가 재사용할 수 있게 하는 dealloc 메서드를 구현해야 한다.

운영 체제가 없는 환경이라면 보통 표준 C 라이브러리도 사용 불가능하며 따라서 표준 시스템 할당자도 사용할 수 없다. 그런 이유로 #![no_std] 역시 동적 메모리 할당과 관련된 모든 기능을 제거한다. 하지만 운영 체제에 대한 접근 없이도 메모리 할당자를 구현할 수 있으므로 러스트는 alloc 크레이트를 통해 std 라이브러리의 모든 기능을 가져오지 않고도, 할당자를 요구하는 러스트 표준 라이브러리의 일부 기능을 사용하는 것을 허용한다. alloc 크레이트는 표준 러스트 툴체인에 딸려 오며(core와 std도 마찬가지) 여기에는 Box, Arc, String, Vec, BTreeMap 같은 힙에 할당하는 타입들이 대부분 들어 있다. 여기에 HashMap이 포함되지 않는 이유는 키 해싱을 위해 운영 체제 기능인 난수 생성기가 필요하기 때문이다. no_std 환경에서 alloc 크레이트의 타입을 사용하려면 use std::로 가져온 타입들을 use alloc::으로 바꿔 주기만 하면 된다. 하지만 alloc 크레이트에 의존하면 동적 메모리 할당을 허용하지 않는 프로그램에서는 #![no_std] 크레이트를 더는 사용할 수 없게 된다는 점을 명심하기 바란다. 그런 환경은 할당자가 없거나 애초에 동적 메모리 할당을 허용하기에는 메모리가 너무 적기 때문이다.

리눅스 커널 같은 몇몇 프로그래밍 영역에서는 메모리 부족 에러가 우아하게(다시 말해 패닉 없이) 처리되는 상황에서만 동적 메모리 할당이 허용되기도 한다. 이런 경우에는 메모리를 할당하는 메서드의 try_ 버전을 제공하는 편이 좋다. try_ 메서드는 단순히 패닉을 발생시키는 메서드(예를 들어 Box::new나 Vec::reserve)가 아니라 내부 타입이 실패할 수 있는 메서드(예를 들어 현재는 불안정하지만 Box::try_new나 Vec::try_reserve)를 사용해야 하며 여기서 발생한 오류는 적절히 처리할 수 있도록 호출자에 전달해야 한다.

간단하지 않은 크레이트를 core 크레이트만 사용해서 구현할 수 있다는 사실이 놀라울지도 모른다. 무엇보다 컬렉션, String 타입, 네트워크 또는 파일 시스템도 사용할 수 없으며 시간 개념 또한 없지 않은가! core 라이브러리만 사용해 크레이트를 구현하려면 스택과 정적 할당만 사용해야 한다. 예를 들어 힙을 사용하지 않는 벡터의 경우 벡터에 저장해야 하는 가장 큰 요소의 수를 예측해 정적 메모리에든 함수의 스택 프레임에든 메모리를 충분히 미리 확보하고 나서 usize 타입을 이용해 벡터에 저장된 아이템 개수를 추적하는 것이다. 벡터에 아이템을 추가할 때에는 다음 요소를 (크기가 정적인) 배열에 추가하고, 요소의 수를 추적하는 변수의 값을 증가시킨다. 벡터의 길이가 정적인 크기에 도달하면 다음 요소 추가에 실패할 것이다. 코드 12-1은 const 제네릭을 이용해 힙을 사용하지 않는 벡터 타입을 구현한 예이다.

코드 12-1 힙을 사용하지 않는 벡터 타입

```
struct ArrayVec<T, const N: usize> {
  vlaues: [Option<T>; N],
  len: usize,
}
```

```
impl<T, const N: usize> ArrayVec<T, N> {
  fn try_push(&mut self, t: T) -> Result<(), T> {
    if self.len == N {
      return Err(t);
    }
    self.values[self.len] = Some(t);
    self.len += 1;
    return Ok(());
  }
}
```

이 예에서 ArrayVec 타입은 저장할 요소의 타입 T와 요소의 최대 개수 N을 제네릭 타입으로 선언해서 벡터를 N개의 옵셔널 T의 배열로 표현하고 있다. 이 구조체는 N Option<T>를 항상 저장하므로 컴파일 시점에 그 크기를 알 수 있고 스택에 저장될 수 있는데 배열에 접근하는 방법을 런타임에 알아내서 벡터처럼 동작한다.

Option 타입의 오버헤드를 원치 않는다면 ArrayVec 구조체를 [MaybeUninit<T>; N]을 이용해 구현할 수 있지만, 그러면 안전하지 않은 코드를 사용해야 해서 이 예에는 적합하지 않다.

러스트 런타임

어쩌면 러스트는 런타임이 없다는 주장을 들어 봤을 것이다. 대략적으로 보면 맞는 말이다. 러스트에는 가비지 수집기도 없고 인터프리터도 없으며 내장된 사용자 수준 스케줄러도 없다. 하지만 엄밀히 말하면 그렇지 않다. 구체적으로 말하면 러스트는 main 함수가 실행되기 전에 코드에서 특정한 조건이 발생할 때 실행되는 몇 가지 특별한 코드가 존재하므로 이를 일종의 최소한의 런타임이라고 볼 수 있다.

패닉 핸들러

이런 특별한 코드 중 가장 먼저 살펴볼 것은 러스트의 패닉 핸들러이다. 러스트 코드에서 panic!을 호출하거나 panic_any를 호출해 패닉이 발생하면 패닉 핸들러가 그다음에 무엇을 할지 결정한다. std를 지원하는 대부분의 타깃 플랫폼에는 러스트 런타임이 있으므로 패닉 핸들러는 먼저 std::panic::set_hook을 통해 설정한 패닉 훅을 호출해 기본적으로 표준 에러에 에러 메시지를 출력하고 선택 사항으로 백트레이스를 출력한다. 그런 다음 현재 스레드의 스택을 언와인딩하거나 프로세스를 중단시키는데, 이는 현재 컴파일용으로 선택된 패닉 설정(카고 설정이나 rustc에 직접 전달)에 따라 달라진다.

하지만 모든 타깃 플랫폼이 패닉 핸들러를 제공하지는 않는다. 예를 들어 대부분의 임베디드 플랫폼은 한 가지를 구현해 비슷한 플랫폼에서 재사용할 수 없는 관계로 패닉 핸들러를 제공하지 않는다. 러스트는 타깃 플랫폼이 패닉 핸들러를 제공하지 않는 경우라도 패닉이 발생했을 때 뭘 해야 하는지 알아야 한다. 이 경우 #[panic_handler] 속성을 사용해 프로그램 내에 fn(&PanicInfo) -> ! 시그너처를 가진 단일 함수를 장식하면 된다. 이 함수는 프로그램에서 패닉이 발생했을 때 호출되며 core::panic::PanicInfo 타입의 파라미터를 통해 패닉과 관련된 정보를 전달받는다. 이 함수가 이 패닉 정보로 무엇을 할지는 정해지지 않았지만 (리턴 타입이 !이므로) 이 함수는 절대 리턴하지 않는다. 이 사실이 중요한 이유는 러스트 컴파일러는 패닉이 일어나면 어떤 코드도 그다음에 실행되지 않는다고 가정하기 때문이다.

패닉 핸들러가 리턴을 하지 못하도록 하는 방법은 여러 가지이다. 표준 패닉 핸들러는 스레드의 스택을 언와인딩하고 스레드를 종료하지만, 어떤 패닉 핸들러는 loop {}를 이용해 스레드를 중지하고 프로그램을 종료하거나 장치 재시작 등 타깃 플랫폼에 적합한 다른 작업을 수행할 수 있다.

프로그램 초기화

대부분의 개발자가 믿고 있는 것과 달리 main 함수는 러스트 프로그램이 실행될 때 가장 먼저 호출되는 함수가 아니다. 사실 러스트 바이너리의 main 심벌은 표준 라이브러리가 제공하는 lang_start라는 함수를 가리킨다. 이 함수는 러스트 런타임을 위한 (아주 최소한의) 셋업을 실행한다. 이 셋업에는 std::env::

args가 읽을 수 있는 위치에 프로그램의 명령 줄 인수를 기록하고, 주 스레드의 이름을 할당하며, main 함수에서 패닉을 처리하고, 프로그램 종료 시 표준 출력을 비우며, 시그널 핸들러를 셋업하는 작업이 포함된다. 이것들을 완료하면 lang_start 함수는 크레이트에 정의한 main 함수를 호출한다. 그 덕분에 그다음부터는 윈도와 리눅스가 명령 줄 인수를 전달하는 방식이 다르다는 점에 대해 더는 염려할 필요가 없다.

이 구성은 모든 설정이 지원되고 합리적인 플랫폼에서는 잘 동작하지만 프로그램을 시작할 때 메인 메모리조차 접근할 수 없는 임베디드 플랫폼에서는 문제가 된다. 이런 플랫폼에서는 보통 #![no_main] 크레이트 수준 속성을 사용해 러스트 초기화 코드를 완전히 빼는 것이 좋다. 이 속성은 lang_start 함수 호출을 생략한다. 따라서 개발자가 해당 플랫폼에서 프로그램을 실행하는 방법을 반드시 알아내야 하며, 이를 실행하는 함수에 #[export_name = "main"]을 적용하면 된다.

대부분의 임베디드 장치처럼, 정의된 시작 심벌을 호출하기 전에 아무런 코드도 실행하지 않는 플랫폼에서는 정적 변수의 초깃값이 소스 코드에서 지정한 값과 다를 수도 있다. 이 경우에는 초기화 함수가 프로그램 바이너리에서 정의한 초기 데이터 값으로 여러 정적 메모리 세그먼트를 명시적으로 초기화해야 한다.

메모리 부족 핸들러

할당자를 지원하지 않는 플랫폼용으로 alloc 크레이트에만 의존하는 프로그램을 작성할 때에는 앞서 설명했던 #[global_allocator] 속성을 이용해 어떤 할당자를 사용할지 결정해야 한다. 하지만 전역 할당자가 메모리 할당에 실패한 경우를 어떻게 처리할지도 결정해야 한다. 특히 메모리 부족 핸들러를 정의해서 Vec::push처럼 신뢰할 수 있는 연산이 더 많은 메모리를 할당해야 하는데, 할당자가 이를 지원하지 못할 경우를 처리해야 한다.

std가 활성화된 플랫폼의 경우 메모리 부족 핸들러의 기본 동작은 표준 에러에 에러 메시지를 출력하고 프로세스를 취소하는 것이다. 하지만 예컨대 표준 에러가 없는 플랫폼의 경우라면 제대로 동작하지 않는다. 이 책을 집필하는 현재 이런 플랫폼에서는 아직 안정화되지 않은 #[lang = "oom"] 속성을 이용해 프로그램이 메모리 부족 핸들러를 명시적으로 정의해야 한다. 이 핸들러가 메모리 부족 에러 이후에는 거의 확실히 프로그램이 실행되지 못하도록 해야 한다는 점을 유념해야 한다. 그렇지 않으면 코드는 필요한 메모리를 얻지 못한다는 점을 알지 못한 채 메모리 할당을 계속 실행할 것이다.

이 책을 읽는 시점에는 메모리 부족 핸들러가 이미 안정화되어 적절한 이름이 정해졌을 것이다.[5] 또한 러스트의 패닉 핸들러가 사용하는 '훅' 기능과 같은 기본 std 메모리 부족 핸들러를 제공해서 set_alloc_error_hook 같은 메서드를 통해 상황에 맞춰 메모리 부족 처리 동작을 변경할 수 있도록 하는 기능을 제공하는 작업도 진행 중이다.

저수준 메모리 접근

10장에서 컴파일러가 프로그램 구문을 머신 인스트럭션으로 변환하는 방식에 상당한 자유가 주어지며, CPU는 인스트럭션 실행 순서에 대한 유연성을 가질 수 있다는 사실을 설명했다. 보통 프로그램의 의미만 봐서는 컴파일러와 CPU가 어떤 단순화와 최적화를 쓰는지 알 수 없다. 예컨대 두 번의 읽기 작업이 서로의 순서와 관계없이 재정렬되었는지, 아니면 같은 메모리 위치에서 읽기를 두 번 실행했을 때 실제로 CPU 적재 인스트럭션이 두 번 실행되는지 여부는 알 수 없다. 이는 의도된 설계이다. 언어와 하드웨어 설계자가 의미론을 신중하게 명세하는 목적은 개발자들의 코드가 예상대로 동작하도록 하기 위해서이다.

하지만 no_std 환경에서의 프로그래밍은 '드러나지 않는 최적화'의 경계를 넘어서는 경우가 있다. 특히 하드웨어 장치와의 통신은 메모리 매핑을 통해 이루어지는 경우가 많은데, 이는 신중하게 선택된 메모리의 특정 영역을 통해 장치의 내부 상태에 접근하는 방식이다. 예를 들어 컴퓨터가 부팅되는 동안 메모리 주소 범위 0xA0000-0xBFFFF는 간단한 그래픽 렌더링 파이프라인에 매핑된다. 이 범위에 개별적인 바이트를 기록하면 화면상의 특정 픽셀(또는 모드에

5 (옮긴이) #[alloc_error_handler]

따라 특정 블록)을 변경할 수 있다.

장치에 매핑된 메모리를 다루다 보면 장치가 해당 메모리 영역 접근에 대해 사용자 정의 동작을 구현하고 있을 수도 있으므로 CPU와 컴파일러가 보통의 메모리 적재와 저장을 수행한다는 가정은 더 이상 유효하지 않다. 예를 들어 하드웨어 장치의 경우 읽기를 수행하면 값이 변경되는 부수 효과를 일으키는 메모리-맵 레지스터를 갖는 경우가 있다. 이런 경우 같은 메모리 주소를 연속해서 두 번 읽으면 컴파일러는 메모리 저장 연산을 안전하게 생략할 수 없다.

코드에 나타나지 않아서 컴파일러가 예상할 수 없는 방식으로 프로그램 실행이 갑자기 전환되는 경우에도 비슷한 문제가 생긴다. 이런 경우는 프로세서 예외나 인터럽트를 처리할 운영 체제가 없거나 프로세스가 실행 중단 신호를 수신할 때 생길 수 있다. 이런 경우에는 실행 중이던 코드 세그먼트가 중단되고, CPU는 해당 전환을 유발한 이벤트 핸들러에서 인스트럭션을 실행하기 시작한다. 보통 컴파일러는 가능한 실행 경로를 모두 예측할 수 있으므로 실행 과정에서 순서가 바뀌거나 불필요한 작업을 제거한 경우를 보이지 않게 정렬한다. 하지만 이런 예외적인 실행 점프는 컴파일러가 예측할 수 없기 때문에 이벤트 핸들러들이 최적화의 영향을 받지 않도록 계획할 수도 없다. 따라서 이런 이벤트 핸들러가 원래 프로그램 코드와는 다른 순서로 실행된 인스트럭션을 보게 될 수도 있다.

러스트는 이런 예외적인 상황을 처리하기 위해 다른 휘발성 작업과의 관계에서 생략되거나 재정렬될 수 없는 휘발성 메모리 연산을 제공한다. 이런 연산은 `std::ptr::read_volatile`과 `std::ptr::write_volatile` 메서드의 형태로 제공된다. 휘발성 작업은 메모리 매핑된 하드웨어 리소스에 접근하는 데 매우 적합하다. 컴파일러 최적화 없이 메모리 접근 작업으로 직접 매핑되며 휘발성 작업은 관련된 다른 연산과 순서가 바뀌지 않음을 보장하므로 순서 바꾸기가 가능한 연산(한 주소에서 적재해 다른 주소로 저장하기 등)이라도 부수 효과가 있는 하드웨어 연산이라면 다른 순서로 실행되지 않도록 해 준다. 순서를 재정렬하지 않는다는 보장 덕분에 예외적인 실행 상황이라 하더라도 휘발성 메모리 연산만 사용한다면 이 연산을 안전하게 만드는 데 도움이 된다.

std::sync::atomic::compiler_fence 함수는 컴파일러가 비휘발성 메모리 접근을 재정렬하지 못하도록 한다. 컴파일러 울타리(fence)가 필요한 경우는 드물겠지만 관련 문서가 다루는 내용은 꽤나 흥미롭다.

어셈블리 코드 포함하기

요즘에는 필요한 태스크를 수행하기 위해 어셈블리 코드를 작성할 필요가 거의 없다. 하지만 부팅 시점에 CPU를 초기화하거나 메모리 매핑을 조작하기 위해 이상한 인스트럭션을 실행해야 하는 저수준 하드웨어 프로그래밍 환경이라면 어셈블리 코드가 필요할 때도 있다. 이 책을 집필하는 현재 RFC와 더불어 러스트 야간 버전에 인라인 어셈블리 문법을 추가할 수 있는 기능이 거의 구현되어 있지만 아직 안정화된 것은 없으므로 이 책에서는 다루지 않는다.

러스트 안정 버전에서도 어셈블리 코드를 작성할 수 있다. 다만 창의력을 약간 발휘해야 한다. 특히 11장에서 설명했던 빌드 스크립트를 기억하는가? 카고 빌드 스크립트는 카고의 표준 빌드 프로세스를 확장하는 특별한 지시문을 표준 출력에 출력할 수 있다. 예컨대 cargo:rustc-link-lib=static=xyz는 정적 라이브러리 파일 libxyz.a 파일에 대한 링크를 최종 바이너리에 포함하며, cargo:rustc-link-search=/some/path는 링크 객체를 탐색하는 경로에 /some/path를 추가한다. 이를 활용하면 build.rs 파일을 프로젝트에 추가해서, 타깃 플랫폼의 컴파일러로 독립 실행형 어셈블리 파일(.s)을 오브젝트 파일(.o)에 추가한 후, 적절한 압축 도구(보통은 ar 도구)를 이용해 정적 아카이브 파일(.a)로 다시 패키징할 수 있다. 그러면 프로젝트는 이 정적 아카이브가 보관된 위치(아마도 OUT_DIR)를 가리키는 두 개의 카고 지시문을 출력한다. 타깃 플랫폼이 바뀌지 않는다면 크레이트를 공개할 때 사전에 컴파일된 .a 파일도 포함시킬 수 있고, 그렇게 된다면 소비자는 크레이트를 다시 빌드할 필요가 없다.

오용 방지 하드웨어 추상화

러스트의 타입 시스템은 안전하고 쉬운 인터페이스보다는 안전하지 않거나 복잡하고 다루기 어려운 코드를 캡슐화하는 데 더 뛰어난 능력을 발휘한다. 이런 중요성이 가장 잘 드러나는 곳이 바로 복잡하기로 악명 높은 저수준 시스템 프로그래밍의 세계이다. 이런 환경에서는 장치를 알맞은 상태로 만들기 위해 하드웨어가 정의한 값들을 모호한 문서에서 찾아내거나 알 수 없는 어셈블리 인스트럭션을 사용해야 한다. 더군다나 이 모든 것은 런타임 오류로 단순한 사용자 프로그램이 아닌 그 이상의 것마저 중단시킬 수 있는 영역에서 이루어진다.

3장에서도 설명했듯이 no_std 프로그램이라면 타입 시스템을 활용해 불가능한 상태가 표현되지 않도록 하는 것이 매우 중요하다. 특정 레지스터 값 조합이 동시에 발생할 수 없다면, 코드 3-2의 로켓 예제에서처럼 해당 레지스터의 현재 상태를 나타내는 타입 파라미터를 가진 단일 타입을 만들고, 이 상태를 유효하게 전환할 수 있도록 구현해야 한다.

3장에서 다루었던 API 설계에 대한 내용도 살펴보자. 이 모든 내용은 no_std 프로그램에도 동일하게 적용된다.

예를 들어 특정 시점에 두 레지스터 중 최대 한 개의 레지스터만 '켜져' 있는 상태여야 하는 상황을 생각해 보자. 코드 12-2는 싱글 스레드 프로그램에서 이 불변 조건을 위반하는 코드를 작성할 수 없도록 코드를 구현하는 방법을 보여준다.

코드 12-2 정확한 연산을 정적으로 구현한 코드

```
// 원시 레지스터 주소 -- 비공개 서브모듈
mod registers
pub struct On;
pub struct Off;
pub struct Pair<R1, R2>(PhantomData<R1, R2>);
impl Pair<Off, Off> {
  pub fn get() -> Option<Self> {
    static mut PAIR_TAKEN: bool = false;
    if unsafe { PAIR_TAKEN } {
      None
    } else {
      // 초기 상태를 정확하게 설정한다.
      registers::off("r1");
      registers::off("r2");
      unsafe { PAIR_TAKEN = true };
      Some(Pair(PhantomData))
    }
  }
```

```
  pub fn fist_on(self) -> Pair<On, Off> {
    registers::set_on("r1");
    Pair(PhantomData)
  }
  // -> Pair<Off, On>에 대한 구현
}
impl Pair<On, Off> {
  pub fn_off(self) -> Pair<Off, Off> {
    registers::set_off("r1");
    Pair(PhantomData)
  }
}
// Pair<Off, On>에 대한 구현
```

이 코드에는 몇 가지 주목할 만한 패턴이 있다. 먼저 Pair의 유일한 생성자에서 비공개 정적 불 변숫값을 확인하고 모든 메서드가 self를 파라미터로 사용하게 해서 오직 하나의 Pair 인스턴스만 존재하도록 보장한 것이다. 그 후에는 초기 상태가 유효함을 보장하며 오직 유효한 상태의 전환만 가능하도록 표현하여 불변 조건이 전역적으로 유지되도록 한다.

코드 12-2에서 주목할 만한 두 번째 패턴은 PhantomData를 사용해 크기가 0인 타입을 활용하고 런타임 정보를 정적으로 표현한 것이다. 즉, 코드의 어느 시점에서든 타입이 런타임 상태가 무엇인지는 알려 주며, 따라서 런타임에 레지스터 상태와 관련된 정보를 추적하거나 확인할 필요가 없다. 예컨대 r1을 켤 때 r2가 이미 켜져 있는지 확인할 필요가 없다. 애초에 타입 시스템이 그 상태의 프로그램을 작성할 수 없게 하기 때문이다.

교차 컴파일

보통 완전한 기능을 제공하는 운영 체제가 실행되고 최신 하드웨어의 멋진 기능이 갖춰진 환경에서 no_std 프로그램을 작성하지만 결국 이 프로그램은 9 3/4비트의 램과 보잘것없는 CPU만 있는 작은 하드웨어 장치에서 실행하게 된다. 이는 교차 컴파일이 필요함을 의미한다. 즉, 코드는 개발 환경에서 작성하지만 이를 성능이 낮은 장치에 맞게 컴파일해야 한다. 교차 컴파일이 중요한 경우는 이뿐 아니다. 예를 들어 요즘에는 타깃 플랫폼마다 별개의 빌드 파이프라인을 갖추기보다는 필요한 모든 플랫폼에 대한 바이너리 산출물을 만들어 내는 빌드 파이프라인 하나를 갖추는 것이 매우 일반적이며 이 역시 교차 컴파일이 필요함을 의미한다.

실제로 메모리 용량이 제한된 장치나 심지어 포테이토 머신[6]을 위해 컴파일하는 경우라면 카고의 opt-level 설정을 "s"로 설정해 바이너리 크기를 최적화할 수 있다.

교차 컴파일은 호스트 플랫폼과 타깃 플랫폼, 두 개의 플랫폼이 필요하다. 호스트 플랫폼은 컴파일을 수행하는 플랫폼이고, 타깃 플랫폼은 최종적으로 컴파일 결과물을 실행할 플랫폼이다. 우리는 플랫폼을 세 가지 다른 컴파일 타깃을 조합해 구분하는데 machine-vendor-os 형식을 따른다. machine 부분은 x86_64, armv7, wasm32처럼 코드가 실행될 머신 아키텍처를 의미하며 컴파일러가 머신 코드를 만들어 낼 때 사용할 인스트럭션 세트를 지정한다. vendor 부분은 보통 윈도의 경우 pc, 맥OS와 iOS의 경우는 apple 그리고 나머지는 unknown 값을 사용하며 컴파일에 어떤 의미 있는 영향을 미치지는 않는다. 이 부분은 대체로 컴파일과 관련이 없으며 지정하지 않아도 무방하다. os 부분은 최종 바이너리 산출물 형식을 컴파일러에 알려 주며 linux는 리눅스 .so 파일을, windows는 윈도 .dll 파일 등을 의미한다.

카고는 기본적으로 타깃 플랫폼이 호스트 플랫폼과 같다고 가정한다. 그래서 리눅스에서 리눅스용 바이너리를 컴파일할 때 카고에 알려 줄 필요가 없었던 것이다. 하지만 libc의 musl 구현을 타깃으로 할 때처럼 CPU와 운영 체제가 타깃 플랫폼과 같더라도 –target 옵션을 이용해야 하는 경우도 있다.

카고에 교차 컴파일을 지시하려면 선택한 타깃 3종을 --target <target triple> 인수로 전달하면 된다. 그러면 카고가 이 정보를 러스트 컴파일러에 전달하고, 러스트 컴파일러는 타깃 플랫폼에서 동작하는 바이너리 산출물을 생성한다. 카고는 그 플랫폼을 위한 적절한 버전의 표준 라이브러리도 선택한다. 무엇보다

6 (옮긴이) 게임을 실행할 수 없을 정도로 느리거나 오래된 컴퓨터를 의미한다.

표준 라이브러리는 알맞은 시스템 호출을 수행하고 알맞은 아키텍처 전용 구현체를 사용하도록 수많은 조건부 컴파일 지시문(#[cfg(...)]를 이용)을 가지고 있으므로 호스트 플랫폼의 표준 라이브러리를 타깃 플랫폼에서 사용할 수 없다.

타깃 플랫폼은 표준 라이브러리의 어떤 컴포넌트를 활성화할지도 결정한다. 예를 들어 x86_64-unknown-linux-gnu는 완전한 std 라이브러리를 갖지만 thumbv7m-none-eabi는 std 라이브러리를 전혀 갖지 않으며 할당자도 정의하지 않으므로, 할당자를 명시적으로 지정하지 않은 채 alloc 라이브러리를 사용하면 빌드 에러가 발생한다. 이 설정은 여러분이 작성한 코드가 실제로 std를 필요로 하지 않는지 테스트할 때 유용하다.(no_std는 std 프렐류드만 제외하므로 #![no_std]를 지정해도 여전히 use std::를 써야 한다는 점을 기억하자.) 지속적 통합 파이프라인에서 --target thumbv7m-none-eabi 옵션을 이용해 크레이트를 빌드할 경우 core 외의 구성 요소에 접근하려고 시도하면 빌드 에러를 유발한다. 중요한 점은 이 덕분에 크레이트가 실수로 std(또는 alloc)에 대한 의존성을 포함하고 있지는 않은지 확인하는 데 도움이 된다는 것이다.

플랫폼 지원

표준 러스트 인스톨러인 rustup 도구는 기본적으로 러스트가 지원하는 모든 타깃 3종을 위한 표준 라이브러리를 설치하지는 않는다. 이는 공간과 대역폭을 낭비할 뿐이다. 그 대신 rustup target add 명령을 이용해 추가적인 타깃 플랫폼을 위한 적절한 표준 라이브러리를 별도로 설치할 수 있다. 타깃 플랫폼을 위한 표준 라이브러리 버전이 존재하지 않으면, 소스 코드를 여러분이 직접 컴파일해야 한다. 그러려면 rust-src 컴포넌트를 추가하고 카고의 build-std 피처(현재는 불안정)를 이용해 크레이트를 빌드할 때 std(또는 core와 alloc)도 함께 빌드하면 된다.

러스트 컴파일러가 타깃 플랫폼을 지원하지 않는다면, 다시 말해 rustc 도구가 타깃 3종을 알지 못한다면, 한 걸음 더 나아가 사용자 정의 타깃 명세를 이용해 타깃 3종의 프로퍼티를 rustc 컴파일러에 알려 주어야 한다. 이 방법은 현재 안정화되어 있지 않으며 이 책의 범위를 벗어나지만 궁금하다면 'custom target specification json'을 키워드로 검색해 보기 바란다.

요약

이번 장에서는 표준 라이브러리, 정확히 말하면 `std` 라이브러리에 포함된 것들에 대해 알아봤다. `core` 라이브러리가 제공하는 것, `no_std` 환경에서 `alloc` 라이브러리를 활용하는 법 그리고 `fn main` 함수가 작동하도록 프로그램에 추가되는 작은 러스트 런타임에 대해서도 알아봤다. 또한 장치에 매핑된 메모리를 활용하고 하드웨어 프로그래밍의 가장 낮은 수준에서 발생할 수 있는 비정상적인 실행 패턴을 처리하는 방법, 하드웨어의 일부 특이점을 러스트의 타입 시스템으로 안전하게 캡슐화하는 방법 등도 알아봤다. 다음 장에서는 러스트의 더 큰 생태계를 탐색하고 이해하며 심지어 기여하는 방법까지 설명한다.

13장

Rust for Rustaceans

러스트 생태계

프로그램을 완전히 처음부터 작성하는 경우는 드물다. 여러분이 구현하는 거의 모든 러스트 크레이트는 직접 작성하지 않은 어떤 코드에 의존성을 갖는다. 이런 추세가 좋은지 나쁜지, 아니면 좋지도 나쁘지도 않은지는 여전히 논쟁거리이지만 어쨌든 이것이 오늘날 개발자 경험의 현실이다.

이처럼 상호 의존적인 세계에서는 어떤 라이브러리와 도구가 존재하는지 알고 러스트 커뮤니티에서 무엇을 제공하는지에 대해 최신 정보를 유지하는 것이 어느 때보다 더 중요하다. 이번 장에서는 러스트 생태계를 활용하고 따라가며 이해하고 기여하는 방법에 대해 설명한다. 이번 장이 마지막이므로 마무리하는 절에서는 러스트 기술을 계속해서 개발하는 데 필요한 몇 가지 참고 자료도 제공한다.

어떤 것들이 있을까?

러스트는 비교적 최신 언어이지만 그 생태계는 모든 것을 추적하기 어려울 정도로 충분히 성장한 상태이다. 필요한 것을 정확히 알고 있다면 자신만의 방법으로 적절한 크레이트를 검색해서 크레이트 저장소의 다운로드 통계와 사용량을 확인해 적절한 의존성인지 스스로 판단할 수 있을 것이다. 하지만 수많은 시간을 절약하고 설계에 대한 어려운 결정을 피하는 데 큰 도움이 되는데도 어떻게 찾아야 하는지 모르는 도구와 크레이트 그리고 일반적인 언어 기능들이 많다.

이번 절에서는 내가 몇 년에 걸쳐 유용하게 사용했던 도구와 라이브러리, 러스트 기능에 대해 설명한다. 이번 절에서 다루는 내용이 여러분에게도 도움이 되기를 바란다.

도구

먼저 내가 자주 사용하는 몇 가지 러스트 도구를 살펴보자.

cargo-deny

의존성 그래프를 린트하는 방법을 제공한다. 이 책을 집필하는 현재 `cargo-deny` 도구가 제공하는 기능은 특정 라이선스를 가진 크레이트만 허용하기, 크레이트나 특정 크레이트 버전 거부 목록 생성하기, 알려진 취약점이 있거나 깃 소스를 사용하는 의존성 탐지하기, 의존성 그래프에서 같은 크레이트의 서로 다른 버전이 여러 번 사용되고 있는지 여부 확인하기 등이다. 여러분이 이 책을 읽는 시점에는 더 많은 린트 기능이 추가될 수도 있다.

cargo-expand

지정한 크레이트의 매크로를 확장하고 그 출력을 검사할 수 있게 해 주는 도구로 매크로 변환기나 절차적 매크로에서 발생할 수 있는 실수를 쉽게 찾을 수 있게 해 준다. `cargo-expand`는 매크로를 직접 작성할 때 매우 유용한 도구이다.

cargo-hack

활성화된 피처의 조합에 대해 크레이트가 동작하는지 확인하는 도구이다. 이 도구는 카고 자체가 제공하는 인터페이스(예를 들어 `cargo check`, `build`, `test`)와 비슷한 인터페이스를 제공하지만 크레이트의 피처에 대해 가능한 모든 조합으로 명령을 실행할 수 있다.

cargo-llvm-lines

머신 코드를 실제로 생성하는 러스트 컴파일러 백엔드(LLVM)에 전달되는 중간 표현과 러스트 코드 사이의 매핑을 분석하고, 어떤 러스트 코드가 가장 큰 중간 표현을 생성하는지 알려 주는 도구이다. 중간 표현이 클 경우 컴파일 시간이 길어지므로 예를 들어 단형화로 인해 크기가 큰 중간 표현을 생성하는 러스트 코드를 알아내면 컴파일 시간을 줄이는 데 유용하다.

cargo-outdated

직접적이거나 간접적인 의존성에 대해 새로운 버전이 있는지 확인해 주는 도구이다. 중요한 점은 `cargo update`와 달리 새로운 주 버전도 알려 준다는 것이다. 구 버전의 주 버전 지정자로 인해 최신 버전을 놓치고 있지는 않은지 확인할 때 필수적인 도구이다. 다만 의존성의 주 버전을 업그레이드하면 해당 의존성의 타입을 인터페이스에 노출하는 경우 크레이트와 호환되지 않는 변경이 발생할 수도 있다는 점을 염두에 두자.

cargo-udeps

Cargo.toml 파일에 나열한 의존성 중 실제로 사용하지 않는 의존성을 찾아 주는 도구이다. 과거에는 필요했지만 이제는 불필요하게 됐을 수도 있고 `dev-dependencies`로 이동해야 하는 경우도 있을 수 있다. 이 도구는 의존성 클로저에서 불필요한 부분을 줄이는 데 도움이 된다.

러스트 코드를 개발하는 것과 직접 관련된 도구는 아니지만 `fd`와 `ripgrep` 역시 사용을 강력하게 권할 만한 도구들이다. 이 도구들은 기존 `find` 및 `grep`에 비해 월등히 개선되었을 뿐 아니라 러스트로 구현되었다. 나는 이 도구들을 매일 사용한다.

라이브러리

다음으로 살펴볼 것은 잘 알려지지는 않았지만 내가 자주 사용하며 장기간 의존하게 될 것으로 생각하는 크레이트들이다.

bytes

복사하거나 수명을 다루지 않고도 하나의 연속된 메모리 서브슬라이스를 전달할 수 있는 효과적인 메커니즘을 제공한다. 하나의 바이트 덩어리에 대한 여러 가지 뷰가 필요한데 복사는 할 수 없는 저수준 네트워킹 코드에 적합하다.

criterion

통계 위주 벤치마크 라이브러리로 수학을 이용해 벤치마크 측정값의 노이즈를 제거하며 시간에 따른 성능 변화를 안정적으로 탐지한다. 크레이트에 마이크로 벤치마크를 구현한다면 거의 확실히 이 크레이트를 사용하게 될 것이다.

cxx

러스트에서 C++ 코드를 호출하거나 반대로 C++에서 러스트 코드를 호출할 때 안전하고 편리한 메커니즘을 제공한다. 더 나은 교차 언어 호환성을 위해 인터페이스를 더 철저히 선언하는 데 시간을 투자할 의사가 있다면 꼭 주목해 볼 만한 라이브러리이다.

flume

러스트 표준 라이브러리가 제공하는 것보다 빠르고 유연하면서도 단순한 다중 생산자, 다중 소비자 채널을 구현한다. 비동기는 물론 동기식 작업도 지원해서 두 패러다임을 잘 이어 준다.

hdrhistogram

광범위한 값의 히스토그램에 대한 간결한 표현을 지원하는 HDR(High Dynamic Range) 히스토그램 자료 구조를 러스트로 구현한 라이브러리이다. 평균이나 최솟값/최댓값을 추적하는 곳이라면 거의 대부분 HDR 히스토그램으로 대체할 수 있다. 그러면 지표 분산에 대해 더 나은 통찰을 얻을 수 있다.

heapless

힙을 사용하지 않는 자료 구조를 제공한다. heapless의 자료 구조는 모두 정적 메모리를 사용하므로 임베디드 환경이나 메모리 할당이 불가능한 상황에 매우 적합하다.

itertools

표준 라이브러리의 Iterator 트레이트에 중복 제거, 그루핑, 멱집합 계산 등 수많은 새로운 편의 메서드를 제공해 확장하는 라이브러리이다. 이 확장 메서드를 이용하면 값의 시퀀스에서 최솟값과 최댓값을 동시에 찾거나(Itertools::minmax) 이 반복자에 아이템이 하나밖에 없는지 확인(Itertools::exactly_one)하는 등 일반적인 알고리즘을 구현할 때 코드에서 불필요한 부분을 상당 부분 줄일 수 있다.

nix

유닉스 시스템에서 시스템 호출에 대한 관용적인 바인딩을 제공해서 libc를 직접 사용할 때 C 호환 FFI 타입을 스스로 정의하는 것보다 훨씬 나은 경험을 제공한다.

pin-project

애너테이션이 적용된 타입에 대한 고정 안전성의 불변 조건을 강제하는 매크로를 제공해 해당 타입에 대한 안전한 고정 인터페이스를 제공한다. 이 라이브러리를 이용하면 타입에 대해 Pin과 Unpin을 정확하게 처리하는 데 필요한 번거로운 작업을 대부분 피할 수 있다. 또한 pin-project-lite 라이브러리도 있는데 절차식 매크로 장치에 대한 (현재) 다소 무거운 의존성을 피하는 대신 사용은 좀 더 불편하다.

ring

C로 작성된 암호화 라이브러리인 BoringSSL의 장점만 가져와 더 빠르고 간

단하며 실수를 방지할 수 있도록 설계된 인터페이스를 러스트에 제공하는 라이브러리이다. 크레이트에서 암호화를 사용해야 한다면 가장 먼저 고려해야 할 크레이트이다. rustls 라이브러리에서 이를 접해 보았을 텐데 rustls 라이브러리는 ring을 이용해 현대적이며 기본적으로 안전한 TLS 스택을 제공한다.

slab

HashMap<Token, T> 대신 사용할 수 있는 효율적인 자료 구조를 구현하는 라이브러리로 여기서 Token은 맵에서 항목을 구분하기 위해서만 사용하는 불투명 타입이다. 이 패턴은 리소스 관리에 자주 사용되며 현재 리소스의 집합을 중앙 집중적으로 관리해야 하지만 개별 리소스에도 어떻게든 접근해야 하는 경우에 유용하다.

static_assertions

컴파일 시점에 평가되어 실패할 수 있는 정적 단정문을 제공하는 라이브러리이다. 어떤 타입이 특정 트레이트(Send 같은)를 구현하는지 또는 특정 크기를 가지고 있는지 등을 단정하는 데 사용할 수 있다. 이런 종류의 단정문을 코드에 추가하는 것이 중요한 경우에 유용하며, 이를 통해 코드의 안전성과 정확성을 보장할 수 있다.

structopt

잘 알려진 인수 구문 분석 라이브러리인 clap을 확장해 애플리케이션의 명령줄 인터페이스를 완전한 러스트 타입 시스템(및 매크로 애너테이션)으로 표현할 수 있는 방법을 제공하는 라이브러리이다. 애플리케이션의 인수를 구문 분석할 때에는 정의한 타입의 값을 읽게 되므로 철저한 매칭 및 통합 개발 환경의 자동 완성 등 타입 검사의 장점을 모두 활용할 수 있다.

thiserror

4장에서 다루었던 것과 같은 사용자 정의 열거형 에러 타입을 쉽게 작성할 수 있게 해 준다. 권장 트레이트를 구현하며 확립된 규약을 준수하는 작업을 대신 처리해 주므로 애플리케이션에서 중요한 부분만 정의하면 된다.

tower

이 라이브러리는 `async fn(Request) -> Response` 함수 시그너처를 효율적으로 처리하고 이를 바탕으로 전체 생태계를 구현하게 해 준다. 그 핵심에는 요청을 응답으로 전환하는 타입을 표현하는 `Service` 트레이트가 있다.(내 생각에는 언젠가 표준 라이브러리에 탑재될 것 같다.) 이 추상화는 서비스처럼 보이는 모든 것을 구현하는 데 훌륭한 기반을 제공한다.

tracing

애플리케이션 실행을 효율적으로 추적하는 데 필요한 모든 설정을 제공하는 라이브러리이다. 중요한 점은 추적하는 이벤트 종류와 그 이벤트 처리 방식에 대해 독립적이라는 것이다. 로깅, 지표 수집, 디버깅, 프로파일링 등은 물론 추적까지 동일한 장치와 인터페이스를 통해 모두 처리할 수 있다.

러스트 도구

러스트 도구들에는 여러분이 잘 모를 수도 있는 몇 가지 숨겨진 기능이 있다. 이런 기능은 보통 특정한 용도를 위한 것이지만 필요한 경우에는 유용하게 활용할 수 있다.

rustup

러스트 도구 인스톨러인 rustup은 상당히 효율적으로 동작해서 백그라운드에서만 사용하며 잊어버리기 쉽다. 대부분은 그저 도구를 업데이트하거나 디렉터리 오버라이드를 설정하거나 컴포넌트를 설치할 때 사용할 것이다. 하지만 이 도구는 알아 두면 유용한 매우 편리한 기능을 하나 제공한다. 바로 도구 오버라이드 단축 명령이다. rustup이 관리하는 바이너리의 첫 번째 인수로 +toolchain을 전달하면 바이너리는 그 도구에 대한 오버라이드를 설정하고 명령을 실행한 후 오버라이드된 설정을 다시 원래대로 되돌린다. 즉, cargo +nightly miri 명령은 야간 버전의 도구를 사용해 미리를 실행하고, cargo +1.53.0 check 명령은 코드가 러스트 1.53.0 버전에서 컴파일되는지 확인한다. 특히 후자의 명령은 MRSV 계약에 문제가 없는지 확인할 때 유용하다.

rustup은 doc이라는 멋진 하위 명령을 제공하는데 이는 현재 버전의 러스트 컴파일러에 대한 러스트 표준 라이브러리 문서의 로컬 복사본을 브라우저에 표시한다. 이 명령은 인터넷 연결이 없는 곳에서 개발할 때 큰 도움이 된다.

카고

카고 역시 발견하기 쉽지 않은 유용한 기능 몇 가지를 제공한다. 첫 번째 기능은 카고 자체에 내장된 하위 명령인 cargo tree 명령으로 크레이트의 의존성 그래프를 조사한다. 이 명령의 주요 목적은 의존성 그래프를 트리 형태로 출력하는 것이다. 그 자체로도 유용하지만 cargo tree 명령이 진정으로 빛을 발할 때는 --invert 옵션과 함께 사용할 때이다. 이 옵션은 크레이트 식별자를 받아서 현재 크레이트로부터 의존성을 가져오는 모든 의존성 경로를 역순으로 보여 준다. 예를 들어 cargo tree -i rand 명령을 실행하면 간접 의존성을 포함해 현재 크레이트가 rand 크레이트를 참조하게 되는 모든 경로를 출력한다. 어떤 의존성을 제거하거나 특정 버전의 의존성을 제거했는데 왜 그 버전의 의존성이 자꾸 포함되는지 궁금할 때 매우 유용한 명령이다. 또한 -e features 옵션을 전달하면 특정 크레이트에 활성화된 카고 피처에 대한 정보도 함께 보여 준다.

카고의 하위 명령은 다른 사람과 공유하기 위한 목적이든, 개인 개발 환경에서만 사용하기 위한 목적이든 쉽게 구현할 수 있다. 카고는 알 수 없는 하위 명령을 지정한 경우 cargo-$subcommand 형식의 이름을 가진 프로그램이 있는지 확인한다. 해당하는 프로그램이 있으면 실행하고 명령 줄에 지정한 인수를 전달한다. 예컨대 cargo foo bar 명령을 실행하면 cargo-foo 프로그램에 bar 인수를 전달해 실행한다. 카고는 이 명령을 `cargo help` 명령에도 통합해 `cargo help foo` 명령을 실행하면 `cargo-foo --help` 명령이 실행된다.

더 많은 러스트 프로젝트를 경험할수록 카고(그리고 러스트)가 디스크 공간을 상당히 차지한다는 점을 알게 될 것이다. 각 프로젝트는 컴파일 산출물을 위한 타깃 디렉터리를 가지며, 시간이 지나면 공통 의존성에 대해 컴파일된 산출물의 여러 복사본이 계속 쌓인다. 각 프로젝트의 산출물은 프로젝트 간에 호환될 필요가 없으므로(한 프로젝트의 컴파일러 플래그는 다른 프로젝트와 다를 수 있다.) 별도로 관리하는 편이 좋다. 하지만 대부분의 개발 환경에서 빌드 산출물을 공유해야 합리적이며 프로젝트 사이를 오갈 때 상당한 컴파일 시간을 벌 수 있다. 다행히 카고가 빌드 산출물을 공유하도록 설정하는 것은 어렵지 않다. ~/.cargo/config.toml 파일의 `[build] target-dir` 섹션에 산출물을 공유할 디렉터리를 지정하면 나머지는 카고가 알아서 처리한다. 더 이상 타깃 디렉터리를 볼 필요가 없는 것이다. 그저 이 공유 디렉터리를 정기적으로 정리해야 한다는 것과 `cargo clean` 명령은 이제 모든 프로젝트의 빌드 산출물을 삭제한다는 것만 염두에 두자.

빌드 디렉터를 공유하면 컴파일 산출물이 target/ 디렉터리에 존재한다고 가정하는 프로젝트에서 문제를 유발할 수 있으므로 주의해야 한다. 또한 프로젝트가 다른 컴파일 플래그를 사용한다면, 영향을 받는 의존성을 그 프로젝트로 가져오거나 프로젝트 외부로 옮길 때마다 재컴파일해야 한다. 이런 경우에는 그 프로젝트의 카고 설정을 이용해 타깃 디렉터리를 고유한 위치로 지정하는 것이 최선이다.

마지막으로, 카고가 크레이트를 컴파일하는 시간이 의심스러울 정도로 길다면 아직은 안정화되지 않은 카고 `-Ztimings` 플래그를 사용해 볼 수 있다. 이 플래그를 이용해 카고를 실행하면 각 크레이트를 처리하는 데 걸린 시간, 빌드 스크립트를 실행하는 데 걸린 시간, 다른 크레이트의 컴파일이 완료되기까지 기다리는 크레이트 등을 비롯해 수많은 유용한 지표를 출력한다. 이를 통해 시간이 특히 더 오래 걸리는 의존성을 찾아 제거하거나 네이티브 의존성을 처음부터 컴파일하는 빌드 스크립트를 찾아 시스템 라이브러리로 대체하는 등의 조치를 취할 수 있다. 더 자세히 알고 싶다면 rustc -Ztime-passes 명령을 사용해도 좋다. 이 명령은 각 크레이트별로 컴파일러가 시간을 어떻게 할애하는지 보여 준다. 다만 이 정보는 여러분이 컴파일러 자체에 기여하고자 할 때에만 유용할 것이다.

rustc

러스트 컴파일러 역시 적극적인 개발자에게 유용한 몇 가지 잘 알려지지 않은 기능을 제공한다. 첫 번째 기능은 아직 안정화되지 않았지만 현재 크레이트의 모든 타입의 크기를 출력하는 -Zprint-type-sizes 인수이다. 이는 가장 작은 크레이트를 제외한 모든 크레이트에 대해 수많은 정보를 제공하며, memcpy 호출이 예상치 못하게 오래 걸리는 원인을 파악하거나 특정 타입의 객체 여러 개를 할당할 때 메모리 사용을 줄이는 방법을 찾을 경우 특히 유용하다. -Zprint-type-sizes 인수는 각 타입의 계산된 정렬과 레이아웃도 표시하므로 예컨대 usize가 u32로 바뀌어서 타입의 메모리 내 표현에 상당한 영향을 미치는 지점 등을 파악할 수 있다. 특정한 타입의 크기, 정렬, 레이아웃을 디버깅했다면 시간이 지나 이런 문제가 다시 발생하지 않도록 정적 단정문을 추가할 것을 권한다. 크레이트에 정의한 enum의 열것값 크기가 너무 많이 다를 경우 경고를 출력하는 variant_size_differences 린트도 살펴보면 도움이 될 것이다.

rustc 도구를 특정 플래그를 지정해 호출하는 방법은 몇 가지가 있다. RUSTFLAGS 환경 변수에 지정하거나 .cargo/config.toml 파일의 [build] rustflags 섹션에 지정하면 rustc를 호출할 때마다 해당 플래그가 지정된다. 또는 cargo rustc 명령을 실행하면 현재 크레이트에 한해 rustc 명령에 모든 인수가 전달된다.

스택 프레임 순서가 바뀌었거나 아예 없는 등 프로파일링 샘플이 이상하게 보인다면 -Cforce-frame-pointers = yes 플래그를 사용하면 된다. 프레임 포인터는 함수 호출에 더 많은 레지스터를 사용하기는 하지만 스택의 언와인딩(프로파일링하는 동안 수없이 실행된다.)을 더 안정적으로 실행하는 방법을 제공한다. 스택 언와인딩은 보통의 디버그 심벌만 사용하면(릴리스 프로파일에 debug

= true를 설정해야 한다.) 잘 동작해야 하지만 늘 그렇지는 않으며 이 경우 프레임 포인터가 문제 해결에 도움이 된다.

표준 라이브러리

러스트 표준 라이브러리는 다른 프로그래밍 언어에 비하면 작은 편이지만 폭의 부족함을 깊이로 보완한다. 러스트 표준 라이브러리에서 웹 서버 구현이나 X.509 인증서 구문 분석기를 찾을 수는 없지만, Option 타입에는 40개 이상의 다양한 메서드와 20개 이상의 트레이트 구현이 포함되어 있다. 러스트는 표준 라이브러리에 포함된 타입에 대해 편의성을 대폭 향상시킬 수 있는 관련 기능을 최대한 많이 제공하므로 장황한 코드를 피할 수 있다. 이번 절에서는 표준 라이브러리에서 자주 접하지 못했을 타입, 매크로, 함수 및 메서드 중 코드를 단순화하거나 개선하는 데 도움이 될 수 있는 것들을 소개한다.

매크로와 함수

독립적인 몇 가지 유틸리티부터 살펴보자. 가장 먼저 살펴볼 것은 write! 매크로이다. 이 매크로는 형식 문자열을 사용해 파일, 네트워크 소켓 또는 Write 트레이트를 구현하는 무엇에나 쓸 수 있게 한다. 이미 익숙할 수도 있겠지만 write! 매크로의 잘 알려지지 않은 기능 중 하나는 std::io::Write 및 std::fmt::Write 모두와 함께 사용할 수 있다는 점이다. 즉, std::fmt::Write를 통해 문자열에 형식화된 텍스트를 직접 기록할 수도 있다는 뜻이다. 예를 들어 use std::fmt::Write; write!(&mut s, "{}+1={}", x, x, + 1);과 같이 코드를 작성하면 String 타입 변수 s에 형식화된 텍스트를 덧붙일 수 있다.

iter::once 함수는 임의의 값을 받아 그 값을 한 번만 리턴하는 반복자를 만들어 낸다. 이 함수는 반복자가 필요한 함수를 호출해야 하지만 메모리 할당을 원하지 않는 경우나 Iterator::chain과 조합해 이미 존재하는 반복자에 아이템 하나를 추가하고자 할 때 편리하게 사용할 수 있다.

1장에서 mem::replace에 대해 간단히 설명했지만 다시 한번 살펴보는 것도 좋겠다. 이 함수는 T와 소유한 T에 대한 배타적 참조를 받아 둘을 교체해서 참조자가 T를 소유하게 하고 기존 참조에 대한 소유권을 리턴한다. Drop 트레이트를 구현할 때 등 배타적 참조만 가지고 있는 상황에서 값의 소유권이 필요한 경우에 유용하다. T: Default일 때 사용할 수 있는 mem::take 메서드도 살펴보기 바란다.

타입

다음으로 표준 라이브러리가 제공하는 몇 가지 편리한 타입을 살펴보자. BufReader와 BufWriter 타입은 I/O 리소스에 대해 작은 읽기와 쓰기를 빈번하게 유발하는 I/O 작업에 반드시 필요한 타입이다. 이 타입은 기반이 되는 타입의 Read나 Write 구현을 감싸는 Read와 Write를 자체적으로 구현하는데, I/O 리소스에 대한 작업에 추가 버퍼를 적용해서 작은 크기의 여러 읽기 작업을 한 번의 큰 읽기 작업으로 실행하고, 작은 크기의 여러 쓰기 작업을 한 번의 큰 쓰기 작업으로 실행한다. 그러면 운영 체제에 대한 시스템 호출을 자주 실행할 필요가 없어 성능을 크게 향상시킬 수 있다.

3장에서 소개했던 Cow 타입은 보관해야 하는 타입이나 리턴하는 타입에 유연성이 필요할 때 도움이 된다. Cow 타입을 함수 인수로 사용하는 경우는 거의 없겠지만(호출자가 필요에 따라 메모리를 할당하게 하는 편이 좋다는 사실을 상기하기 바란다.) 리턴 타입으로 사용하면 메모리가 할당되었든 되지 않았든 함수의 리턴 타입을 정확하게 표현할 수 있다. RPC와 유사한 API에 들어 있는 핵심 타입과 같이 입력 또는 출력으로 사용할 수 있는 타입에도 적합하다. 예컨대 코드 13-1처럼 RPC 서비스 인터페이스에 사용할 EntityIdentifier 같은 타입을 정의했다고 생각해 보자.

코드 13-1 입출력에 모두 사용하며 메모리 할당이 필요한 타입

```
struct EntityIdentifier {
  namespace: String,
  name: String,
}
```

이제 두 메서드를 가정해 보자. get_entity 메서드는 EntityIdentifier 타입을 인수로 취하며, find_by 메서드는 검색 파라미터에 따라 EntityIdentifier를 리턴한다. get_entity 메서드는 식별자가 (거의 항상) 서버로 전달되기 전에 직렬화되므로 참조만 있으면 된다. 하지만 find_by 메서드는 엔티티가 서버 응답으로부터 역직렬화되며 따라서 반드시 그 자체의 값을 표현해야 한다. get_entity 메서드에 &EntityIdentifier 파라미터를 사용하면 호출자는 반드시 소유한 String 타입을 할당해야 get_entity 메서드를 호출할 수 있다. 인터페이스에서 필요하지 않지만 애초에 EntityIdentifier를 구성하려면 필요하기 때문이다. 그 대신 get_entity 메서드를 위해 &str 타입만을 갖는 EntityIdentifierRef 타입을 정의해도 되지만, 그렇게 하면 한 가지를 표현하는 두 타입을 정의하는 셈이다. 이때 Cow 타입을 사용하면 된다. 코드 13-2는 Cow 타입을 내부에 보관하는 EntityIdentifier 구현을 보여 준다.

코드 13-2 입출력에 모두 사용하지만 메모리 할당이 필요하지 않은 타입

```
struct EntityIdentifier<'a> {
  namespace: Cow<'a, str>,
  name: Cow<'a str>,
}
```

get_entity 메서드의 파라미터로 EntityIdentifier<'_> 타입을 사용할 경우 호출자는 참조만 있으면 메서드를 호출할 수 있게 된다. 그리고 find_by 메서드는 EntityIdentifier<'static>을 리턴할 수 있고 이 경우 모든 필드는 Cow::Owned 타입이 된다. 이제 메모리 할당 없이도 한 타입으로 두 인터페이스를 모두 지원할 수 있다.

이런 방식으로 타입을 정의할 경우 모든 필드에 대해 Cow::into_owned 메서드를 호출해서 <'a> 인스턴스를 <'static> 인스턴스로 변경하는 into_owned 메서드도 함께 제공할 것을 권한다. 그렇지 않으면 사용자가 <'a> 인스턴스만 가진 경우 더 오래 지속되는 복제본을 생성할 방법이 없게 된다.

std::sync::Once는 동기화 도구로 주어진 코드를 초기화 시점에 정확히 한 번만 실행한다. 이는 FFI를 지원하는 라이브러리에서 FFI 경계 반대편의 클라이언트가 초기화를 단 한 번만 실행해야 하는 경우를 지원해야 할 때 유용하다.

VecDeque 타입은 std::collections 모듈 중에서 잘 사용하지 않는 타입이지만 스택이나 큐가 필요할 때 의외로 자주 사용할 수 있는 타입이다. 이 타입의 인터페이스는 Vec과 비슷하며 Vec처럼 메모리 내 표현에서 단일 메모리 블록을 사용한다. 반면 차이점은 VecDeque가 단일 메모리 할당 내에서 실제 데이터의 시작과 끝을 추적한다는 것이다. 그 덕분에 VecDeque의 양쪽 끝에서 상수 시간 내에 값을 푸시하고 팝할 수 있어서 스택으로, 큐로 또는 동시에 두 가지 모두로 사용할 수 있다. 다만 값들이 메모리 내에서 연속적이지 않을 수 있어서(순서가 바뀔 수 있다.) VecDeque<T>가 AsRef<[T]>를 구현하지 않을 수 있다.

메서드

몇 가지 간단한 메서드부터 살펴보자. 처음으로 살펴볼 Arc::make_mut 메서드는 &mut Arc<T>를 받아 &mut T를 리턴한다. Arc가 존재하는 인스턴스 중 마지막 것이라면 Arc가 보관하고 있는 T를 리턴한다. 그렇지 않으면 T의 복사본을 가진 새로운 Arc<T>를 할당하고 나서 현재 Arc가 참조하는 인스턴스와 교체한 후 새로운 싱글턴 Arc를 통해 T에 대한 &mut을 리턴한다.

Clone::clone_from 메서드는 .clone() 메서드의 또 다른 형태로 새로운 인스턴스를 할당하는 것이 아니라 타입의 인스턴스를 복사해 재사용하게 한다. 다시 말해 x: T를 이미 선언한 경우 x = y.clone()을 호출하는 것이 아니라 x.clone_from(y)를 호출해 메모리 할당을 줄일 수 있다.

std::fmt::Formatter::debug_* 메서드는 #[derive(Debug)]를 사용할 수 없는 경우 Debug 트레이트를 직접 구현하는 가장 쉬운 방법이다. 일부 필드만 포함하고 싶거나 타입 필드의 Debug 구현체가 제공하지 않는 정보를 노출하고 싶을 때 사용하면 된다. Debug의 fmt 메서드를 구현할 때에는 전달된 Formatter에서 적절한 debug_ 메서드(debug_struct나 debug_map 같은)를 호출하고 결과 타입에 포함된 메서드(예를 들어 필드를 추가할 때에는 field 메서드, 키-값 쌍을 추가할 때에는 entries 메서드)를 호출해서 타입에 대한 상세 정보를 채운 후 finish 메서드를 호출하면 된다.

Instant::elapsed 메서드는 Instant가 생성된 시점부터의 Duration 인스턴스를 리턴한다. 이는 새로운 Instant 인스턴스를 생성해 기존 인스턴스에서 빼는 것보다 더 정확한 결괏값을 제공한다.

Option::as_deref는 Option<P> 파라미터(여기서 P는 Deref를 구현하는 P: Deref)를 받아 Option<&P::Target>을 리턴한다.(as_deref_mut 메서드도 함께 제공된다.) 이 간단한 연산은 .as_ref().map(|r| &**r)처럼 Option 타입에 대한 연속된 함수 호출을 더 쉽게 구현할 수 있다.

Ord::clamp 메서드는 Ord를 구현하는 타입을 파라미터로 받아 지정된 범위 내에서 값을 제한한다. 즉, 최솟값 min과 최댓값 max가 주어졌을 때 x.clamp(min, max)는 x가 min보다 작으면 min 값을, max보다 크면 max 값을, 그 외의 경우에는 x를 리턴한다.

Result::transpose와 Option::transpose 메서드는 각각 Result와 Option이 중첩된 타입을 반전시켜 준다. 예를 들어 Result<Option<T>, E> 타입에 transpose 메서드를 호출하면 Option<Result<T, E>>가 되고 반대로 Option<Result<T, E>>에 대해서도 같은 방식으로 동작한다. 특히 ? 연산자와 함께 사용하면 Interator::next처럼 실패 가능성이 있는 메서드를 호출하는 코드를 더 깔끔하게 작성할 수 있다.

Vec::swap_remove 메서드는 Vec::remove와 비슷하지만 더 빠르게 동작한다. Vec::remove는 벡터의 순서를 유지한다. 즉, 중간 요소를 제거하면 이후의 모든 요소가 하나씩 앞으로 옮겨진다. 벡터의 크기가 크면 매우 느려질 수 있다. 반면 Vec::swap_remove 메서드는 제거할 요소를 마지막 요소로 교체한 후 벡터의 길이를 하나 줄여서 굉장히 빠르게 동작한다. 다만 벡터의 순서가 변경되어 기존에 탐색했던 인덱스가 무효화될 수 있음을 알아 두자.

실무에서 사용하는 패턴

직접 작성하지 않은 코드를 살펴보다 보면 이 책에서 지금까지 설명하지 않은 몇 가지 공통적인 러스트 패턴을 마주하게 될 것이다. 이런 패턴을 이해하면 다른 코드에서 패턴 활용을 쉽게 인지할 수 있고 그 목적을 더 잘 이해할 수 있다. 언젠가는 직접 작성한 코드에서도 이런 패턴을 적용할 날이 올 것이다.

인덱스 포인터

인덱스 포인터를 사용하면 대여 검사기와의 충돌 없이 데이터를 참조하는 여러 개의 참조를 하나의 자료 구조 내에 저장할 수 있다. 예를 들어 한 필드를 키로 사용하는 해시 맵과 여러 필드를 키로 사용하는 해시 맵을 동시에 보유해 데이터 컬렉션에 한 가지 이상의 방식으로 효율적으로 접근하고자 하지만 기반 데이터를 여러 번 저장하고 싶지 않을 때 유용하다. Arc나 Rc 타입을 사용할 수도 있지만 이 타입들은 불필요한 오버헤드를 유발하는 동적 참조 카운트를 사용하며 추가로 저장해야 할 데이터 때문에 컬렉션 내의 아이템마다 추가적인 바이트를 저장해야 한다. 참조를 사용한다면 데이터와 참조가 같은 자료 구조(8장에서 설명했던 자기 참조적 자료 구조) 내에 존재하기 때문에 수명을 관리하기가 매우 어렵거나 불가능해질 수 있다. 원시 포인터와 Pin을 조합해 포인터를 유효하게 관리할 수 있지만 그렇게 하면 복잡도가 크게 증가하는 것은 물론 안전성이 떨어져 주의를 요한다.

대부분의 크레이트는 인덱스 포인터를 사용한다.(나는 인덱스 참조라고 부르는 것을 선호한다.) 아이디어는 간단하다. 각 데이터 항목을 Vec처럼 인덱싱 가능한 자료 구조에 저장한 뒤 파생된 자료 구조에는 인덱스만 저장하는 방법이다. 그런 다음 연산을 실행하려면 먼저 파생된 자료 구조에서 데이터의 인덱스를 효율적으로 찾아낸 뒤 그 인덱스를 이용해 참조하는 데이터를 조회하는 것이다. 이렇게 하면 수명 문제가 발생하지 않고 원한다면 파생된 데이터에 사이클을 표현할 수도 있다.

반복 순서가 삽입 순서와 일치하는 HashMap 구현을 제공하는 indexmap 크레이트가 이 패턴의 좋은 예이다. 이 구현은 키를 키와 값의 매핑과 전체 키 목록 등 두 곳에 저장해야 하는데, 키 타입 자체의 크기가 클 경우 두 개의 키를 저장하고 싶지는 않을 것이다. 그래서 인덱스 포인터를 사용한다. 특히 모든 키-값 쌍을 하나의 Vec에 저장하고 키 해시와 Vec 인덱스의 매핑을 따로 관리한다. 맵 내의 모든 아이템을 나열하려면 그냥 Vec을 반복하면 되고, 특정 키로 조회하려면 키의 해시를 이용해 매핑으로부터 그 키의 Vec에서의 인덱스(인덱스 포인터)를 가져온 후 그 인덱스를 이용해 Vec에서 키의 값을 가져온다.

그래프 자료 구조와 알고리즘을 구현하는 petgraph 크레이트도 이 패턴을 사용한다. 이 크레이트는 한 Vec에 모든 노드의 값을 저장하고 또 다른 Vec에 모든 에지값을 저장한 후 이 Vec들만을 이용해 노드나 에지를 참조한다. 그래서 예를 들면 에지와 관련된 두 노드는 그 에지에 참조나 참조 카운트값이 아니라 단순히 두 개의 u32 값으로 저장되어 있다.

이 경우 삭제를 지원할 때 트릭이 약간 필요하다. 데이터 요소를 삭제하려면 먼저 파생된 모든 자료 구조 내의 인덱스를 찾아내서 각 요소를 삭제한 후 마지막으로 최상위 데이터 저장소에서 데이터를 제거해야 한다. 최상위 데이터 저장소가 Vec일 경우 요소를 제거하면 다른 데이터 요소의 인덱스가 변경되므로(swap_remove를 사용할 경우) 이동한 요소의 새 인덱스를 파생된 모든 자료 구조에 업데이트해야 한다.

드롭 가드

드롭 가드는 패닉 가능성이 있어도 코드가 실행되도록 하는 간단하면서도 안정적인 방법을 제공한다. 안전하지 않은 코드를 작성하다 보면 이런 것이 필요한 경우가 잦다. 예를 들어 f: FnOnce 클로저를 파라미터로 받아 원자적 연산을 이용해 상호 배제로 실행하는 함수를 생각해 보자. 이 함수는 compare_exchange 메서드(10장에서 설명)를 호출해 불값을 false에서 true로 변경하고, f 함수를 호출한 후 불값을 다시 false로 변경해 배타적 실행을 마무리한다. 하지만 함수 f에서 패닉이 발생하면 어떻게 될지 생각해 보자. 이 함수는 정리 작업을 실행할 기회가 없을 것이고, 이 함수가 잠근 배타적 실행 영역에 다른 어떤 호출도 진입하지 못할 것이다.

catch_unwind를 이용하면 이 상황을 모면할 수 있지만 드롭 가드가 더 편리한 대안이 되는 경우가 많다. 코드 13-3은 지금 설명한 상황에서 드롭 가드를 이용해 불값을 언제나 리셋하는 방법을 보여 준다.

코드 13-3 **패닉 언와인딩 후에도 코드를 실행하게 해 주는 드롭 가드 활용**

```
fn mutex(lock: &AtomicBool, f: impl FnOnce()) {
  // .. lock.compare_exchange(false, true).is_err() ..
  struct DropGuard<'a>(&'a AtomicBool);
  impl Drop for DropGuard<'_> {
    fn drop(&mut self) {
      self.0.store(false, Ordering::Release);
    }
  }
  let _guard = DropGuard(lock);
  f();
}
```

이 예에서는 Drop을 구현하는 지역 타입 DropGuard의 Drop::drop 메서드에 정리 코드를 구현한다. 필요한 상태가 있다면 DropGuard의 필드를 통해 전달할 수 있다. 그런 후 패닉을 유발할 수도 있는 함수 f를 호출하기 직전에 가드 타입의 인스턴스를 생성한다. 함수 f가 리턴되면 패닉이 일어났기 때문이든, 정상적으로 리턴됐기 때문이든 가드가 드롭되면서 소멸자가 실행되어 락이 해제된다.

중요한 점은 사용자가 제공한 코드가 실행된 후 스코프를 벗어날 때 드롭되는 변수에 가드를 할당했다는 점이다. 이는 가드를 할당한 변수를 전혀 사용하지 않더라도 let _ = DropGuard(lock)처럼 이름 없이 선언하면 사용자의 코드를 실행하기도 전에 가드가 드롭되므로 반드시 이름을 부여해야 한다는 것을 의미한다.

catch_unwind와 마찬가지로 드롭 가드 역시 패닉이 언와인딩될 때에만 동작한다. 코드가 panic=abort 옵션으로 컴파일되었다면 패닉 이후에는 어떤 코드도 실행되지 않는다.

이 패턴은 라이브러리가 클로저를 실행하는 동안에만 유효한 스레드 로컬 상태를 설정하고 실행이 끝나면 다시 정리해야 하는 경우 등 스레드 로컬과 함께 사용되는 경우가 많다. 예를 들어 이 책을 집필하는 현재 tokio 라이브러리는 이 패턴을 이용해 TcpStream 같은 리프 리소스에 대한 정보를, 사용자가 볼 수 있는 함수 시그너처에 노출하지 않고도 Future::poll을 호출하는 실행자에 제공한다. Future::poll이 패닉으로 리턴됐을 때 실행자 스레드가 활성 상태로 남아 있으면 문제가 될 수 있으므로 드롭 가드를 이용해 스레드 로컬 상태를 초기화한다.

스레드 로컬에서 Cell이나 Rc<RefCell>을 사용하는 경우를 자주 볼 것이다. 그 이유는 스레드가 호출 스택의 높은 곳 어딘가에서 이미 참조하고 있는 스레드 로컬을 다시 참조할 수 있으므로 공유 참조를 통해서만 스레드 로컬에 접근할 수 있기 때문이다. 이 타입은 싱글 스레드 환경에서만 사용할 목적으로 설계되어 별다른 오버헤드 없이 내부적인 가변성을 제공하므로 이런 경우에 사용하기 적합하다.

확장 트레이트

확장 트레이트(extension trait)는 어떤 크레이트의 타입이 다른 크레이트의 트레이트를 구현할 수 있는 추가 기능을 제공한다. 예를 들어 itertools 크레이트는 Iterator에 대한 확장 트레이트를 제공해 반복자 작업에 대한 일반적인 기능을(물론 그렇지 않은 기능도) 편리하게 사용할 수 있는 간단한 방법을 제공한다. 또 다른 예인 tower는 ServiceExt 트레이트를 제공하는데 이는 tower-service의 Service 트레이트가 제공하는 저수준 인터페이스를 감싸서 몇 가지 더 인간 공학적인 작업을 추가한다.

확장 트레이트는 Iterator처럼 기반 트레이트를 제어할 수 없는 경우나 Service처럼 기반 트레이트가 다른 크레이트에 정의되어 있고 단절적 릴리스가 거의 없어서 불필요한 생태계 분열을 유발하지 않는 경우에 유용하다.

확장 트레이트는 기본 트레이트를 확장해 만들어지며(예를 들어 trait Service Ext: Service) 제공되는 메서드만으로 이루어진다. 또한 기본 트레이트를 구현하는 타입 T에 대한 포괄적 구현(impl<T> ServiceExt for T where T: Service {})도 제공한다. 이 모든 조건이 결합되어 기반 트레이트를 구현하는 모든 타입에서 확장 트레이트의 메서드를 사용할 수 있게 된다.

크레이트 프렐류드

12장에서 use 문을 사용하지 않고도 타입과 트레이트를 자동으로 사용할 수 있는 표준 라이브러리 프렐류드에 대해 언급한 적이 있다. 이와 비슷하게 여러 타입, 트레이트 또는 함수를 노출하는 크레이트들이 `prelude`라는 모듈 형태로 각자의 프렐류드를 정의한다. 프렐류드는 크레이트의 일부 타입, 트레이트, 함수 등을 다시 내보내는 모듈이다. 이 모듈 이름에는 특별한 점이 없으며 자동으로 사용되지도 않지만 해당 크레이트를 사용하는 파일에 `use somecrate::prelude::*`를 추가해야 할 수도 있다는 점을 사용자에게 알린다. 여기서 `*`는 전역 가져오기(glob import)로 지정된 모듈의 모든 공개 아이템을 사용하라고 러스트에 지시한다. 크레이트에서 이름을 지정해 가져와야 할 아이템이 많은 경우 이 방법으로 간단하게 가져올 수 있다.

*를 통해 사용하는 아이템은 명시적인 이름으로 사용하는 타입보다 순서가 늦다. 그 덕분에 타입을 일일이 명시하지 않아도 표준 라이브러리 프렐류드에서 가져온 타입을 크레이트에서 정의한 아이템으로 덮어쓰는 것이 가능하다.

트레이트 메서드는 그 메서드를 정의하는 트레이트가 스코프 내에 있는 경우에만 호출할 수 있으므로 크레이트가 많은 확장 트레이트를 노출하는 경우에도 프렐류드를 유용하게 사용할 수 있다. 예를 들어 관계형 데이터베이스에 대해 편리한 접근을 제공하는 `diesel` 크레이트를 이용하면 확장 트레이트를 통해 다음과 같은 코드를 작성할 수 있다.

```
posts.filter(published.eq(true)).limit(5).load::<Post>(&connection)
```

이 코드는 모든 트레이트가 스코프 내에 있을 때에만 동작하므로 프렐류드를 사용하기 적합한 경우이다.

보통 코드에서 전역 가져오기를 사용하면 지정된 모듈에 대한 추가 사항이 하위 호환성에 문제를 유발하는 변경으로 이어질 수 있어 주의가 필요하다. 예를 들어 여러분이 전역으로 가져온 모듈에 누군가 새로운 트레이트를 추가했고, 그 트레이트가 이미 다른 `foo` 메서드를 가진 타입에서 메서드 `foo`를 사용할 수 있게 만든다면, 해당 타입에서 `foo`를 호출하는 코드는 이제 어떤 메서드를 호출해야 할지 알 수 없게 되어 더는 컴파일되지 않는다. 흥미로운 점은 전역 가져오기로 추가한 모듈은 엄밀히 말하면 하위 호환성에 문제를 유발하는 변경이 되지만 러스트 API 발전에 대한 RFC(RFC 1105: *https://rust-lang.github.io/rfcs/1105-api-evolution.html*)에서는 이런 변경에 대해 라이브러리가 새로운 주 버전을 릴리스할 필요는 없다고 명시하고 있다. RFC 문서에 그 이유가 자세히 설명되어 있으므로 한 번쯤 읽어 볼 것을 권한다. 요점은 의존 프로젝트에 최소한의 수정만 요구하는 부 버전 릴리스(예외 상황에 대해 타입에 추가적인 애너테이션을 추가하는 등)는 허용한다는 점이다. 그렇지 않으면 실제 사용자에게 거의 영향을 미치지 않는 변경임에도 새로운 주 버전 릴리스가 필요하게 될 가능성이 높기 때문이다.

특히 프렐류드의 경우 크레이트가 권장하는 대로 전역 가져오기를 사용하면 보통은 문제가 없다. 크레이트 소유자들이 프렐류드 모듈에 대해 전역 가져오기를 사용할 것을 이미 알고 있어서 주 버전 업그레이드가 필요할지 결정할 때 이를 충분히 고려하기 때문이다.

최신 정보를 유지하기

러스트는 아직 신생 언어여서 빠르게 개선되고 있다. 언어 자체와 표준 라이브러리, 도구 등을 비롯한 전반적인 생태계는 여전히 유아기에 해당하며 매일 새로운 개발이 이루어지고 있다. 이 모든 변경을 추적하기에는 현실적으로 어려움이 있지만 뛰어난 최신 기능을 프로젝트에 활용할 수 있도록 중요한 발전 사항들을 파악하는 데 시간을 투자하는 것은 가치가 있다.

새로운 언어 기능, 표준 라이브러리 개선, 핵심 도구 업그레이드 등 러스트 자체의 개선을 모니터링하기에는 공식 러스트 블로그(*https://blog.rust-lang.org/*)가 부담 없이 시작하기에 적당하다. 러스트 새 릴리스가 나올 때마다 이 블로그에 공지가 올라온다. 이 블로그는 정기적으로 읽어 볼 것을 권한다. 언어에 대한 지식을 천천히, 하지만 확실히 심화시킬 수 있는 흥미로운 정보가 들어 있기 때문이다. 더 깊이 파고들고 싶다면 러스트와 카고의 상세한 체인지로그를 읽어 보는 것도 강력히 추천한다.(보통 각 릴리스 발표 하단에 체인지로그 링크가 제공된다.) 체인지로그는 릴리스 노트에 굳이 언급할 정도로 크지는 않은 변경들을 설명하는데 2주 후에 이 변경 사항을 활용할 필요가 있을지도 모른다. 업그레이드가 잦지 않은 사항에 대해서는 'The Edition Guide'(*https://docs.rust-lang.org/edition-guide/*)를 참고하기 바란다. 이 가이드는 각 러스트 에디션에 새로 추가된 기능들을 소개한다. 보통 러스트는 3년 주기로 새로운 에디션을 출시한다.

클리피는 언어나 표준 라이브러리의 새로운 기능을 사용할 것을 권장하기도 하므로 항상 활성화하자.

러스트가 어떻게 개발되고 있는지 궁금하다면 'Inside Rust' 블로그(*https://blog.rust-lang.org/inside-rust/*)를 구독하는 것도 좋다. 이 블로그는 다양한 러스트 팀의 업데이트를 제공할 뿐 아니라 장애 보고, 대규모 변경 제안, 에디션 출시 계획 같은 정보도 제공한다. 러스트 개발에 참여하는 것을 개인적으로 강력히 권하는데 재미는 물론 엄청난 학습 경험이 될 것이기 때문이다. 러스트의 특정 부분 개선을 전담하는 다양한 러스트 워킹 그룹(*https://www.rust-lang.org/governance/*)을 확인해 보기 바란다. 관심이 가는 그룹을 찾아 모임에 참여하고 어떻게 기여할 수 있는지 물어보자. 러스트 내부를 다루는 커뮤니티(*https://internals.rust-lang.org/*)에도 참여할 수 있다. 이는 러스트 설계와 개발의 모든 부분에 반영되는 개념에 대해 통찰을 얻는 훌륭한 방법이다.

다른 대부분의 프로그래밍 언어가 그렇듯 러스트의 가치는 커뮤니티에서 비롯된다. 러스트 커뮤니티 구성원들은 개발자들에게 도움이 되는 크레이트를 지속적으로 개발하고 러스트 활용 기법과 설계 패턴을 발견할 뿐 아니라 러스트 언어를 최대한 활용하는 데 필요한 내용을 이해하고 문서화하고 설명함으로써 지속적으로 서로를 돕는다. 이 책에서 다룬 내용뿐 아니라 그보다 훨씬 많은 내용이 수천 개의 댓글과 블로그, 트위터, 디스코드 등에서 논의되고 있다. 이런 논의에 어쩌다 한 번 참여하기만 해도 언어 기능, 기법, 몰랐던 크레이트 등 새로운 정보를 얻게 될 것이다.

러스트 커뮤니티는 여러 곳에 분산되어 있지만 처음 시작하기 가장 적합한 것은 사용자 포럼(*https://users.rust-lang.org/*), 러스트 레딧(*https://www.reddit.com/r/rust/*), 러스트 커뮤니티 디스코드(*https://discord.gg/rust-lang-community*) 그리고 러스트 마스토돈 계정(*https://social.rust-lang.org/@rust*), 러스트 블루스카이 계정(*https://bsky.app/profile/rust-lang.org*) 등이다. 이 커뮤니티에 모두 참여할 필요는 없고 가장 마음에 드는 곳을 찾아 가끔씩 확인하자.

진행 중인 개발 사항에 대해 최신 정보를 지속적으로 얻을 수 있는 곳은 러스트 개발 진행 상황과 커뮤니티에 대한 주간 요약 정보를 제공하는 'This Week in Rust'(*https://this-week-in-rust.org/*) 블로그이다. 공식 발표 문서와 체인지로그에 대한 링크는 물론 인기 있는 커뮤니티 논의 주제와 참고 자료, 흥미로운 새 크레이트, 커뮤니티에 기여할 수 있는 기회, 다가오는 러스트 관련 행사, 러스트 관련 취업 정보 등을 제공한다. 심지어 흥미로운 언어 RFC와 컴파일러 PR도 제공한다. 어떤 정보가 유용한지 구별하기 조금 벅찰 수 있지만 그냥 훑어보면서 관심 가는 링크를 클릭하는 것도 새로운 러스트 지식을 꾸준히 모을 수 있는 좋은 방법이다.

특정 기능이 언제 안정화되는지 궁금하다면 'Can I Use'(*https://caniuse.rs/*) 사이트를 살펴보자.

그다음은?

자, 이 책을 처음부터 끝까지 읽으면서 모든 지식을 빨아들였는데 아직도 배가 고픈가? 좋다! 더 넓고 깊은 러스트 지식을 쌓을 수 있는 훌륭한 참고 자료가 지천에 널린 만큼 이 마지막 절에서는 여러분의 지속적인 학습을 위해 내가 좋아하는 참고 자료 목록을 제공한다. 사람들이 선호하는 학습 방식으로 구분해 두었으므로 여러분에게 맞는 참고 자료를 찾는 데 도움이 될 것이다.

특히 처음 시작할 때 혼자 공부하다 어려움을 겪는 부분이 바로 진척을 느끼기 어렵다는 점이다. 계속해서 문서와 다른 참고 자료를 보고 도움을 청하고 디버깅하면서 러스트의 동작 원리를 이해하다 보면 간단한 것을 구현할 때에도 필요 이상의 시간을 쓰게 된다. 이처럼 코딩 외의 작업이 많아지면 실제로 실력이 좋아진다기보다는 제자리걸음을 걷는 듯한 느낌을 받게 된다. 하지만 여러분은 학습 중이며 그 자체로 진전을 이루고 있다. 다만 자신이 진전을 이루고 있음을 인식하는 것이 조금 어려울 뿐이다.

동영상 시청을 통한 학습

경험 많은 개발자들이 코딩하는 모습을 지켜보는 것은 자기 주도 학습 초반에 진척이 더딘 점을 보완하는 좋은 방법이다. 이를 통해 다른 사람의 경험을 활용하면서 설계와 구현 과정을 관찰할 수 있다. 경험 많은 개발자들이 각자의 사고방식과 어려운 개념 또는 기술을 설명하는 것을 듣는 편이 혼자 문제를 해결하는 것보다 훨씬 나은 방법이 될 수 있다. 또한 디버깅 기법, 디자인 패턴, 모범 사례와 같은 다양한 부수적인 지식도 얻을 수 있다. 결국에는 직접 해야 할 때가 올 테고 그게 공부한 내용을 이해했는지 확인하는 유일한 방법이지만 다른 사람들의 경험에 의지하면 공부를 시작할 때 훨씬 수월할 것이다. 그리고 그 경험이 영향을 서로 주고받는 방식이라면 더 좋을 것이다.

그런 면에서 나는 다음 몇 가지 러스트 영상 채널을 권한다.

- 내 채널(*https://www.youtube.com/c/JonGjengset/*): 예상했겠지만 나도 채널을 운영한다. 시청 시간이 긴 코딩 영상과 조금 짧은 코드 기반의 이론·개념 설명 영상은 물론 흥미로운 러스트 코딩 사례를 가끔 소개하기도 한다.
- 'Awesome Rust Streaming'(*https://github.com/jamesmunns/awesome-rust-streaming*) 목록: 러스트 코딩이나 러스트 콘텐츠를 다루는 다양한 개발자를 소개한다.
- 《한 줄 한 줄 짜면서 익히는 러스트 프로그래밍》의 지은이인 팀 맥나마라 채널(*https://www.youtube.com/c/timClicks/*): 이 채널은 내 채널처럼 구현과 이론으로 나누어 영상을 제공하지만 맥나마라는 특히 창의적이고 시각적인 프로젝트를 다루기 때문에 시청하기에 훨씬 재미있다.

- 라이언 레빅 채널(*https://www.youtube.com/c/RyanLevicksVideos/*): 특정 러스트 개념을 다루며 구체적인 코드 예제를 제공하는 영상을 올리지만 간혹 마이크로소프트 플라이트 시뮬레이터를 위한 FFI 등의 구현 영상을 올리기도 하며 유명한 크레이트의 동작 방식을 설명하기도 한다.

내가 영상을 만든다는 점을 생각한다면 이 교수법을 좋아한다는 게 당연하다. 하지만 수용적이거나 상호 작용적인 학습이 반드시 영상 형태로만 이루어질 필요는 없다. 경험이 많은 개발자에게 배우는 또 다른 방법은 짝 프로그래밍이다. 러스트의 특정 부분에 대해 배우고 싶은 동료나 친구가 있다면 함께 문제를 해결하는 짝 프로그래밍 시간을 가질 수 있는지 물어보자.

실습을 통한 학습

여러분의 궁극적인 목표는 더 나은 러스트 코드를 작성하는 것이므로 프로그래밍 경험이 무엇보다 중요하다. 어떤 참고 자료를 보고 얼마나 많은 학습을 했든 결국은 공부한 내용을 실제로 적용해야 한다. 하지만 시작점을 찾기 까다로울 수 있으므로 몇 가지 조언을 하고자 한다.

프로젝트 목록을 살펴보기에 앞서 프로젝트 선택에 대한 기본적인 가이드를 제시하고자 한다. 먼저 다른 사람보다는 자신이 관심 있는 프로젝트를 선택하자. 유명하고 잘 관리되며 더 많은 기여자를 찾는 러스트 프로젝트는 많고, "잘 알려진 X 라이브러리에 기여한 경험이 있다."라고 말할 수 있다면 기분이 좋겠지만, 여러분의 최우선 순위는 자신의 흥미여야 한다. 구체적인 동기가 없다면 열정은 금세 사그라들고 기여할 부분을 찾는 것 자체가 하기 싫은 일이 될 것이다. 가장 좋은 대상은 여러분이 스스로 사용하고 문제를 경험하면서 수정할 수 있는 프로젝트이다. 자신을 오래 괴롭히던 뭔가를 제거하면서 동시에 커뮤니티에 기여하는 일만큼 만족도가 높은 경험은 없을 것이다.

이제 프로젝트 추천으로 돌아가자. 가장 먼저 러스트 컴파일러 및 관련 도구에 기여하는 것을 고려해 보자. 제대로 문서를 갖춘 고품질 코드이며 이슈가 끝없이 발생하고(여러분도 몇 가지 알고 있을 것이다.) 이 이슈 해결을 도와줄 훌륭한 멘토들도 있다. 'E-easy'나 'E-mentor'로 표시된 이슈들을 살펴보면 여러분이 기여할 만한 것을 금세 찾을 수 있을 것이다. 더 많은 경험을 쌓을수록 더 까다로운 부분에도 기여할 수 있는 수준에 도달하게 될 것이다.

이 방식이 마음에 들지 않는다면 여러분이 자주 사용하지만 다른 언어로 작성되어 있는 것을 러스트로 이식하는 방법도 있다. 원래 라이브러리나 도구를 대체할 필요는 없고 모든 기능을 스스로 고안하느라 너무 많은 시간을 할애하지 않고도 러스트 코드 작성에 집중할 수 있는 경험이 될 것이다. 원래 라이브러리나 도구는 이미 그 존재만으로 다른 사람에게도 필요한 도구라는 사실이 입증된 것이므로 잘만 된다면 여러분이 이식한 코드 역시 많은 사람의 관심을 받을 수 있을 것이다. 자료 구조와 명령 줄 도구도 좋은 대상이지만 여러분의 관심을 끄는 분야를 찾아보자.

여러분이 '처음부터 새로 구현하는 것'을 선호한다면 지금까지 개발 경험을 되짚어 보며 (러스트든 다른 언어든) 여러 프로젝트에서 비슷한 코드를 작성했던 경험을 떠올려 보자. 코드를 되풀이해 작성했다면 이는 재사용 가능하며 라이브러리가 될 수 있다는 뜻이다. 잘 떠오르지 않는다면 다른 러스트 개발자들이 요청한 작은 크기의 유틸리티 크레이트를 모아 놓은 데이비드 톨네이의 목록(*https://github.com/dtolnay/request-for-implementation/*)에서 영감을 얻어도 좋다. 좀 더 엄청나고 어마어마한 것을 찾는다면 러스트에 포함되었어야 하지만 아직 그렇지 않은 기능들을 모아 놓은 'Not Yet Awesome' 목록(*https://github.com/not-yet-awesome-rust/not-yet-awesome-rust/*)도 확인해 보자.

문서 읽기를 통한 학습

상황이 계속 나아지고 있지만 초급보다 수준 높은 러스트 읽을거리를 찾는 것은 여전히 어려운 일일 수 있다. 그래서 내가 좋아하는 몇 가지 참고 자료를 모은 목록을 공유하고자 한다. 이 목록은 새로운 것을 가르쳐 주거나 아주 세부적인 내용이 궁금할 때 좋은 참고 자료가 되어 주었다.

먼저, 러스트 학습 페이지(*https://www.rust-lang.org/learn/*)의 공식 러스트 도서 목록을 살펴볼 것을 추천한다. 'The Cargo Book'처럼 참고서에 가까운 것도 있고 'The Embedded book'처럼 가이드 형태도 있지만 이 모든 책은 각 주제에 대해 깊이 있는 기술 정보를 제공한다. 특히 'Rustonomicon'(*https://doc.rust-lang.org/nomicon/*)은 안전하지 않은 코드 작성에 큰 도움을 준다.

살펴볼 만한 책을 두 권 더 뽑자면 'Guide to rustc Development'(*https://rustc-dev-guide.rust-lang.org/*)와 'Standard Library Developers Guide'(*https://std-dev-guide.rust-lang.org/*)이다. 이 두 책은 러스트 컴파일러 동작 방식이나 표준 라이브러리 설계 원리가 궁금한 사람들에게 매우 훌륭한 참고 자료이다. 또한 러스트 자체에 기여하고 싶을 때 참고할 만한 유용한 팁도 제공한다. 공식 러스트 가이드라인도 소중한 정보 창고이다. 이 책에서 언급한 'Rust API Guidelines'(*https://rust-lang.github.io/api-guidelines/*) 외에도 'Rust Unsafe Code Guidelines Reference'(*https://rust-lang.github.io/unsafe-code-guidelines*)도 제공되며 여러분이 이 책을 읽을 때쯤이면 더 많은 참고 자료가 추가되어 있을지도 모른다.

*https://www.rust-lang.org/learn/*에 나열된 참고 자료 중에는 러스트 언어에 대한 완전한 명세인 'Rust Reference'가 있다. 이 중 일부는 구문 분석에 사용하는 정확한 문법이나 기본 자료형의 메모리 내 표현 같은 다소 건조한 내용이지만 일부는 매우 흥미로운 내용이기도 하다. 예를 들어 타입 레이아웃에 대한 부분이나 미정의 동작을 나열한 부분은 매우 흥미로운 내용이다.

비공식 러스트 책도 경험과 지식이 풍부하게 모여 있어 매우 가치 있는 참고 자료라고 할 수 있다. 예를 들어 'The Little Book of Rust Macros'(*https://veykril.github.io/tlborm/*)는 이상적인 매크로를 작성하고 싶을 때 필수 참고 자료이며, 'The Rust Performance Book'(*https://nnethercote.github.io/perf-book/*)은 러스트 코드의 성능을 향상시키기 위한 다양한 기법으로 가득 차 있다. 이 외에도 'Rust Fuzz Book'(*https://rust-fuzz.github.io/book/*)은 퍼징 테스트를 상세히 다루며, 'Rust Cookbook'(*https://rust-lang-nursery.github.io/rust-cookbook*)은 일반적인 프로그래밍 작업을 위한 관용적인 해법을 제시한다. 'The Little Book of Rust Books'(*https://lborb.github.io/book/unofficial.html*)에서는 더 많은 도서를 찾을 수 있다.

실습에 중점을 둔 책을 선호한다면 토키오 프로젝트에서 공개한 'mini-redis'(*https://github.com/tokio-rs/mini-redis/*)를 추천한다. 이 프로젝트는 레디스 클라이언트와 서버를 불완전하지만 관용적으로 구현한 것으로 비동기 코드 작성을 위한 가이드가 잘 문서화되어 있다. 자료 구조를 더 선호한다면 'Learn Rust with Entirely Too Many Linked Lists'(*https://rust-unofficial.github.io/too-many-lists/*)가 소유권과 참조에 대한 복잡한 세부 사항을 다루는 유익하고 재미있는 읽을거리이다. 하드웨어에 더 근접한 내용을 원한다면 필리프 오페르만의 'Writing an OS in Rust'(*https://os.phil-opp.com/*)가 운영 체제 스택을 자세히 다루면서도 좋은 러스트 패턴을 배울 수 있는 참고 자료이다. 또한 여러 글을 모아 둔 'Faster Than Light'(*https://fasterthanli.me/tags/rust/*)는 다양한 주제를 친근한 대화체로 상세히 설명한다.

자신의 러스트 기술에 충분히 자신이 있고 긴 튜토리얼보다는 짧은 참고 문서가 필요하다면 'Rust Language Cheat Sheet'(*https://cheats.rs/*)를 살펴볼 만하다. 대부분의 주제에 대한 시각적인 설명도 제공하므로 아직 충분히 익숙하지 않은 개념을 찾아볼 때에도 설명을 쉽게 이해할 수 있다.

마지막으로, 지금까지 러스트에 대해 얼마나 잘 이해하고 있는지 점검해 보고 싶다면 데이비드 톨네이의 'Rust Quiz'(*https://dtolnay.github.io/rust-quiz/*)를 풀어 보자. 머리를 쥐어뜯고 싶은 문제도 있지만 각 문제가 상세한 설명과 함께 제공되므로 답이 틀리더라도 그 경험을 통해 배울 수 있다.

가르침을 통한 학습

내 경험상 무언가를 잘 철저히 배우는 가장 좋은 방법은 그 내용을 다른 사람에게 가르쳐 보는 것이다. 이 책을 집필하면서도 많은 것을 배웠고 새 러스트 영상이나 팟캐스트 에피소드를 만들면서도 새로운 것을 배우고 있다. 그래서 이 책을 읽으면서 배운 것이나 다른 곳에서 앞으로 배울 내용을 다른 사람에게 가르쳐 보라고 강력히 권하고 싶다. 직접 만나서 가르치든, 블로그에 글을 쓰든, 트윗을 올리든, 영상이나 팟캐스트를 만들든, 발표를 하든 그 형태는 중요하지 않다. 중요한 점은 새로운 지식을, 그 주제를 이해하지 못한 사람에게 자신의 방식으로 전달하려고 노력하는 것이다. 그렇게 하면 여러분의 뒤를 따르는 사람들이 좀 더 수월하고 빠르게 적응하는 데 기여할 수 있다. 가르치는 것은 겸손하고 깊이 있는 교육 경험이므로 정말 강력히 추천한다.

가르치는 입장이든 가르침을 받는 입장이든 'Awesome Rust Mentors'(*https://rustbeginners.github.io/awesome-rust-mentors/*)는 꼭 한번 살펴보기 바란다.

요약

이번 장에서는 개발 작업에 필요한 것 이외의 주제를 다루어 봤다. 유용한 도구와 라이브러리, 러스트 기능 등을 알아보고 생태계가 계속 진화하는 동안 최신 정보를 유지하는 방법도 살펴봤으며 나아가 생태계에 직접 기여하는 방법도 알아봤다. 마지막으로, 이 책을 마무리한 다음 어떤 행보를 이어 갈지도 살펴봤다. 이제 다음과 같이 닫는 중괄호를 선언하며 이 책을 마무리하고자 한다.

}

옮긴이의 말

이 책을 처음 읽었을 때 '드디어 러스트 언어를 제대로 설명하는 책이 나왔구나.' 하는 느낌을 받았다.

이 책은 러스트를 사용하면서 막연히 받아들였던 규칙, 컴파일러가 요구하는 제약 그리고 unsafe 코드가 필요한 이유까지, 러스트로 개발할 때 갖춰야 할 토대가 되는 내용에 대해 차분하고 설득력 있게 설명한다. 또한 저자가 제시하는 다양한 사례와 설명은 단순한 이론에 그치지 않고, 실제 코드 리뷰나 장애 분석, 성능 문제를 다루는 과정에서 바로 활용할 수 있는 통찰을 제공한다. 이 책을 통해 독자들이 러스트의 제약을 불편함이 아닌 의도된 설계로 이해하게 되기를 바란다.

번역자로서 가장 고민했던 부분은, 이 책이 지닌 깊이와 밀도를 한국어로도 그대로 전달할 수 있을지였다. 문장을 단순히 옮기는 것이 아니라 저자가 의도한 사고의 흐름과 문제 제기 방식이 독자들에게 자연스럽게 전달되도록 노력했다. 그 과정에서 일부 표현은 직역보다 의미 전달을 우선했고 러스트 커뮤니티에서 이미 익숙한 용어는 그대로 사용하려 했다.

이 책은 쉽게 읽히지는 않지만 그만큼 많은 것을 얻을 수 있는 책이다. 러스트를 더 잘 이해하고 싶은 개발자라면 분명 여러 번 다시 펼쳐 볼 책이라고 생각한다. 이 책이 러스트 개발자들의 든든한 동반자가 되기를 바란다.

응원과 격려를 늘 아끼지 않는 아내와 가족에게 지면을 빌어 고마운 마음을 전한다.

찾아보기

S

T

U, V

W

기타